KB138772

# 나는 금성에서 왔다

옴넥 오넥 지음
편집부 옮김

도서출판 은하문명

*우주 식민지 건설과 성간(星間) 교신에 관한 논의에 있어서의 잘못된 주요 가정은 지구의 생물학적 지성체와 사회들이 조직과 물질의 복잡성 측면에서 최고의 본보기를 나타낸다는 생각이다. 그러나 우리는 지구상의 인류가 단지 생물진화의 전체적 위계 수준에서 덧없는 일시적 발전단계에 속해 있을 수 있다는 사실을 직시해야만 한다.

- 폴 데이비스(Paul Davies) 박사 -

(런던, 킹즈 대학)

*UFO에 관한 문제들은 단순히 하찮은 것으로 간과될 수는 없다. UFO에 대해 연구하지 않은 사람에게는 그 문제들이 언제나 무의미한 것으로 방기될 수 있을지 모르지만, 그것을 연구한 사람은 아무리 해도 쉽게 결론을 낼 수가 없다.

- J. 알렌 하이네크(Allen Hynek) 교수 -

소녀 시절의 옴넥 오넥

## ◎ 헌사(獻詞) 및 감사의 말

나는 이 책을 사랑으로 나의 아이들인 조우 돈 토비아 린(Joe Don Tobea Lynn), 젠다 오나스(Zandar Onath), 제이슨 프론(Jason Prron), 그리고 샤론 이본느(Sharon Yvonne)에게 바친다. 또한 전 인류뿐만 아니라 최고 창조신을 위해 보다 균형 잡힌 세계와 사랑을 추구하는 도처의 모든 이들에게도 이 책을 헌정하는 바이다.

나는 이 책이 나올 수 있도록 도움이 되어 준 세 명의 남성에게 감사를 드리고 싶다. 그들의 도움과 격려는 이 노력이 결실을 맺는 데 크나큰 힘이 되어 주었다.

첫 번째는 나의 자서전을 엮어준 레이니어 루이드크(Ranier Ruedke)이다. 그의 3년 간에 걸친 헌신과 조사, 인내어린 노력 및 힘든 작업이 없었다면, 이 책과 지구에서의 나의 사명은 미완으로 끝날 수도 있었다.

두 번째는 나의 아이들의 아버지인 스탠리(Stanley)인데, 그는 항상 자신의 꿈을 나눠주었고, 그것이 현실화되도록 도와주었으며, 내가 포기하지 않도록 항상 나를 격려해 주었다. 나는 그가 진정으로 모든 면에서 나를 헤아려주고 있음을 느낀다.

세 번째는 신념을 가지고 나에 대한 조사를 시작해준 웬델 C. 스티븐스(Wendelle C. Stevens)이다. 나는 그의 신념과 정직을 존경한다. 그는 나의 기원에 관한 이 상세한 서술내용을 출판해줌으로써 이것이 독자 여러분의 손에 들어갈 기회를 내게 제공해 주었다. 또한 그는 내가 모든 인류로 하여금 자신의 근원과 운명에 관해 이해할 수 있도록 돕는 사명을 수행하도록 도와주었다.

나는 특히 매우 아낌없이 조언해 주고 지원해준 곳곳의 수많은 친구들에게도 감사드린다. 그리하여 나는 다시 한 번 나의 참된 정체성을 회복하고 지구에서 비밀로 억제돼 온 이런 진실을 나눌 수가 있다. 아마도 인류는 이제 수많은 다른 존재들이 소속해 있는 '행성들의 형제단'에 합류할 수 있을 것이다. 또한 여러분은 대단히 독특한 인간의 소유물인 삶과 존재의 균형을 복원했다고 할 수 있으리라. 사랑과 존경으로
…

- 옴넥 오넥 -

◇ 개정판을 내며

옴넥 오넥의 이 책 초판이 처음 미국에서 발행된 것은 1991년이었고, 그 동안 어언 36년이란 세월이 흘렀습니다. 최초로 책이 나왔을 당시 이 책은 독자들의 선풍적인 관심과 인기를 끌었으며, 즉시 베스트셀러에 올랐습니다. 그 후 1990년대 2000년대에 독일과 프랑스를 비롯한 몇몇 유럽 국가들과 일본 등의 아시아에서도 이 책이 번역되어 출판되었는데, 역시 그곳에서도 쇼킹한 제목만큼이나 많은 독자들의 관심과 호평을 받았습니다. 그리고 우리 도서출판 은하문명에서 이 책의 번역판을 국내에서 처음 낸 게 2011년 1월이니, 어느덧 11년이 된 셈입니다.

세월이 많이 흐른 만큼, 미국에서 책을 처음 낼 때 44세 정도였던 옴넥 오넥도 이제 어느새 우리 나이로 75세의 할머니가 되었습니다. 이 책에서 언급되고 있다시피, 금성은 지구와는 다른 상위 차원의 문명 세계이고, 따라서 그곳에서는 지구상에서처럼 쉽게 늙고 병드는 일이 없습니다. 즉 그곳은 적어도 젊은 몸으로 몇 천세의 수명을 누릴 수 있는 낙원세계인 것입니다. 하지만 자신의 남은 삶을 지구에서 살기 위해 어린 소녀의 몸으로 UFO를 타고 지구에 온 옴넥은 지구에서 삶의 온갖 풍파를 겪었고, 결국 그녀도 지구에서의 가혹한 생존환경과 스트레스를 피해 갈수는 없었던 것 같습니다. 지구상의 보통 사람들과 똑같이 나이를 먹고 노화한 그녀의 오늘날 모습이 이를 여실히 뒷받침해 주고 있습니다. 그리고 그녀는 2009년에 뇌졸중을 앓다가 회복되기도 하였습니다.

어쨌든 옴넥이 금성에서 지구로 이어지는 파란만장한 자신의 삶을 회고하며 기록한, 매우 독특한 이책은 그동안 수많은 사람들의 의식을 일깨우고 우주적 시야를 확대해 주었습니다. 또한 지구인들로 하여금 전혀 무지했던 다른 외계 행성의 삶에 관해 깊이 이해 할 수 있도록 커다란 도움을 준 바 있습니다.

옴넥이 처음 책을 냈던 시절에 비하면 이 지구세계는 엄청나게 많이 변했습니다. 당시만 해도 어느 정도 생소했던 외계 채널링 관련 정보들이 지금은 홍수처럼 넘치고 있습니다. 그녀는 물론 전문적인 채널러는 아니지만, 이 분야의 선구자였고 헌신적인 개척자였다고 할 수 있을 것입니다. 어려운 환경 속에서도 일깨움과 도움을 준 옴넥에게 고마움을 전하며, 또한 〈나는 금성에서 왔다〉 및 그 후편인 〈금성에서 온 여인〉과 관련하여 오랜기간 지속적인 관심과 사랑을 주신 독자분들께도 이 자리를 빌어 다시 한번 고마움을 전합니다.

- 도서출판 은하문명 편집부 -

♣ 추천의 글

## "나는 금성에서 왔다"를 접하며

공학박사 김 재 수
한국과학기술연구원(KIST) 前 책임연구원
前 (사)한국정신과학학회 회장 / 충남대학교 교수

오랜 지인(知人)이자 도서출판 은하문명의 대표인 박찬호氏가 "나는 금성에서 왔다"라는 제목의 책 번역 원고를 보내 왔다. 그런데 그 원고를 읽으면서 나에게는 오랜 동안 잊어왔던 번역서인 "UFO와 우주법칙"을 처음 읽었을 때의 벅찬 감동이 또다시 파도처럼 밀려 왔다. 나에게 있어서 'UFO와 우주법칙'이라는 책은 우주에 대한 지적 갈증과 호기심을 불러일으키는 결정적인 역할을 한 책이라고도 할 수 있다. 이전까지 UFO는 나의 전공분야 외에 관심을 가지고 있던 몇몇 주제중의 하나였으며, 나아가 UFO는 단순히 지적호기심의 차원을 넘어 우리가 전혀 모르는 시간과 공간을 비롯한 우주의 비밀을 알 수 있는 '열쇠'라는 생각이 무의식중에 자리 잡고 있었기 때문이다.

1980년대 중반까지 만해도 국내에는 UFO에 관련된 서적들이 몇몇 출간되었으나, 그 내용은 단순히 UFO의 실재 여부만 다루는 호기심 차원을 벗어나지 못한 채, 관련정보는 제자리에서 맴돌고 있는 수준이었다. 그런데 그때 발간된 번역서 'UFO와 우주법칙'은 나의 우주에 대한 시각을 근본적인 바꾸는 결정적인 계기가 되었다. 이 책은 폴란드계 미국인 조지 아담스키(George Adamski)라는 사람이 우리 태양계의 금성인들과 접촉한 내용을 기술한 원제(原題) "우주선의 내부에서(Inside The Spaceship, 1955)"를 고려원에서 당시 'UFO와 우주법칙(1987년)'이라는 제목으로 번역하여 출간한 것이었다.

그런데 이 책은 이전의 책에서는 볼 수 없던 엄청난 내용을 포함하고 있어 나에게는 커다란 충격으로 다가 왔었다. 나는 명색이 〈한국과학기술연구원(KIST)〉의 과학자로서 일반인보다는 조금 더 과학적인 지식과 객관적인 분별력을 가지고 있다고 자부하고 있었으나, 그 책의 내용은 내가 지금까지 알고 있던 지식이 얼마나 보잘것없는 것인가와 지구과학기술이 아직 유아기적 수준을 벗어나지 못하고 있다는 것을 깨닫게 해주었다. 이를 계기로 나는 UFO와 관련된 외계와 외계인에 관한 정보는 물론 각종 채널링 정보를 보다 적극적으로 수집하고 탐구하는 계기가 되었다.

1950년대는 전 세계적으로 특히 UFO가 미 전역에서 관찰되고 촬영되면서 사람들의 지대한 관심을 끌 때였다. 이 때 조지 아담스키를 비롯한 다수의 UFO 접촉자들이 나타나고, 그들의 주장이 일반대중의 관심을 끌게 되었다. 그리하여 조지 아담스키를 필두로 하워드 멘저 등을 비롯하여 금성의 UFO와 조우 및 금성인과 접촉을 했다는 접촉자들이 연이어 출연했다. 그리고 이들을 통해 금성의 우주선의 사진과 상세한 구조, 추진방법에 대한 다양한 정보와 함께 그들이 지구인에게 전하는 메시지의 내용도 함께 전해짐으로써 UFO가 착시나 조작이 아닌 엄연한 현실임을 보여 주었다. 그러나 당시의 사회의 분위기는 소수의 지지자를 제외하고는 대부분이 이러한 사실에 대한 의도적인 부정과 함께 접촉자들을 믿을 수 없는 사람으로 경멸하는 수준이었다. 그런데 특히 50년대 후반부터 미소의 우주개발경쟁이 본격화되면서 지구권의 우주공간에서 수많은 UFO가 목격되고, 촬영되었다. 따라서 미 정부를 비롯한 구미의 여러 나라들은 자체적으로는 이를 조사, 연구하는 위원회나 조직을 통해 그 실체를 내부적으로는 인정하면서도 일반 대중들에게는 60여년이 지난 지금까지도 진실을 의도적으로 은폐하거나 조작해 왔다. 때문에 아직도 대부분의 사람들은 단순히 UFO 존재여부의 논쟁수준에 머물러 있다고 해도 과언이 아닌 것이다.

그런데 지금까지 시중에 나와 있는 수많은 외계인과의 조우 및 채널링 메시지들은 내용들을 비교해 보면, 상당부분에 걸쳐 유사성이 많이 발견되면서도 구체적인 사건이나 관점에서는 서로 상충되고 모순되는 정보가 많아 어느 선 이상은 사실의 진위여부에 대해 고심하지 않을 수 없는 경우가 상당히 많다. 그 근본 원인중의 하나는 시공간에 대한 우리 지구인의 인식체계가 직렬적인, 즉 순차적인 인식방법이라 인식범위가 매우 좁고 단순한데 비해 차원이 다른 외계의 존재들은 시공간에 대한 인식이 병렬적이며 인식범위가 상대적으로 매우 넓은 데서 오는 차이로 보인다. 그러나 이로 인해 상당수의 독자들이 정보에 대한 신뢰성에 의문을 제기한다. 일례로 플레이아데스인들과 조우 및 채널링 메시지들 중에는 언뜻 이해하기 어려운 모호하고 모순된 점들이 상당히 나타나며, 때로는 우리에게 거짓정보도 전해졌음을 알 수 있다. 그러나 지금까지 금성인들과의 조우 및 채널링 메시지들은 이러한 모순이 나타나지 않는 특징이 있다. 그 내용도 추상적이지 않고 매우 구체적이고 진실되게 느껴지며, 우리가 이해하기에 전혀 무리가 없다.

이번 "나는 금성에서 왔다"의 책 내용은 내가 지금까지 접해온 수많은 UFO 조우 및 채널링 메시지 책들 중에서도 가장 이해하기 쉬우면서도 그 깊이가 남다르다고 하겠다. '옴넥 오넥'이라는 금성의 여인이 지구로 이주하는 과정과 그 배경으로서 우주의 〈카르마 법칙〉이 자연스럽게 언급되고, 지구인이 아직까지 전혀 인식하고 있지 않은 서로 다른 진동수와 주파수를 가진 물질세계의 존재를 언급하면서 우리 태양계의 대부분의 행성에는 고등생명체들이 살고 있다는 놀라운 사실을 전해 주고 있다. 또한 자신이 체험한 금성의 삶은 아스트랄 파동차원으로서 현 물질적 파동의 지구의 삶과는 어떻게 다른지를 극명하게 보여주고 있다. 나아가 금성인들이 말하는 최고신의 법칙이란 무엇이며, 인간이 물질세계에 사는 근본 목적에서부터 영적인 여정에 이르기까지 매우 다양하고 깊이 있는 내용을 다루고 있다. 따라서 지금까지 그 어떤 책보다도 이해하기 쉽게 여성의 섬세한 감성으로 놀랄 만큼 잘 묘사하고 있는 누구에게나 한 번 쯤은 권하고 싶은 책이다.

바야흐로 21세기는 지구문명이 아날로그적 물질문명에서 디지털적 정신문명으로의 전환기이다. 이와 함께 그 동안 고정되어 있던 우주의 시공간에 대한 일반 대중들의 개념도 전환기를 맞고 있다. 그 발단은 20세기 말, 그러니까 1988년 스티븐 호킹의 '시간의 역사'가 화제가 되면서부터라고 해도 과언이 아니다. 당시 그 책은 전 세계적으로 900만부라는 많은 부수가 판매되면서 비로소 블랙홀, 빅뱅, 등등의 개념이 일반인들의 화제로 등장하였다. 그 근간은 20세기 들어와 양자물리학과 천문학의 놀라운 발전으로 이전에는 인식하지 못했던 우주에 대한 이론의 발전과 개념의 전환이다. 즉, 인류의 과학에도 다차원 우주의 구조, 평행우주, 다중우주, 초우주 등의 새로운 우주의 개념이 등장하고, 초끈이론과 함께 11차원의 우주론, 만물이론 등에 이르렀던 것이다. 또한 최근에는 시간여행이 이론적으로 가능하다는 실험결과는 물론이고 '스타트렉'이란 영화에서 보는 순간이동과 같은 기술이 실제로 가능하다는 기초 물리학의 실험들도 이미 여러 차례 성공적으로 이루어져 그 동안 UFO 현상에서 보아오던 믿을 수 없는 사건들에 대해서도 이해의 실마리를 제공하고 있다.

끝으로 최근 전 세계적으로 크나 큰 화제가 되고 있는 '위키리크스'의 문건에서도 'UFO 및 외계에 관한 정보'가 다량 있다고 한다. 위키리크스의 중심인물인 줄리안 어샌지에 의하면 그 내용은 "가히 충격적이라고 할 수 있는 놀라운 사실들을 포함하고 있다"고 언급한 바 있다. 아무튼 조만간 어떠한 형태로든 그 내용이 폭로될 것으로 보이니 우리 모두 기대해 볼만하다. 그러나 나의 개인적인 생각으로는 '나는 금성에서 왔다'를 읽어 본 독자들에게는 그런 정보들이 더 이상 충격적인 내용으로 다가오지는 않을 것이다.

## ● 발행인 - 머리말

이 책이 세상에 나오는 데 가장 큰 공헌과 주도적 역할을 한 사람은 미(美) 공군대령 출신의 베테랑 UFO 연구가인 웬델 C. 스티븐스(Wendelle C. Stevens)氏이다. 그는 군(軍)에 있을 때, 공군정보국의 작전장교로 근무한 경력이 있으며, 과거 1980년대에 스위스의 유명한 UFO 접촉자 빌리 마이어(Billy Meier) 사건을 최초로 조사하여 세상에 소개함으로써 세계적으로 널리 알려졌다.

1963년 퇴역 후 UFO 사건 조사에 전념해 온 웬델 C. 스티븐스는 오래 전 이 책의 저자인 옴넥 오넥이 시카고에서 했던 라디오 방송의 인터뷰 내용을 듣고 그녀에 관한 조사에 착수했다. 그리고 그녀를 만나 이야기를 경청하는 과정에서 일체의 편견 없이 그것을 열린 마음으로 수용함으로써 그녀가 집필에 착수할 수 있게끔 격려하고 조언해 주었다. 또한 그는 옴넥이 자신의 사명을 펼칠 수 있게 하는 이런 정신적 도움 외에도 이 책을 자기가 직접 출판하기까지 했던 것이다. 하지만 애석하게도 최근에 접한 소식에 의하면, 그는 지난 2010년 9월 7일 고령(高齡)과 심장병으로 인해 미(美) 아리조나 주(州) 투산의 자택에서 87세로 타계했다고 한다. 무려 54년간이나 UFO 연구 분야에 헌신해 온 그의 선도적 업적을 기리면서 고인(故人)의 명복을 비는 바이다.

그런데 약 30년 전의 당시 현실로서는 아마도 자신이 금성에서 살다가 지구에 왔다고 주장하는 여자를 제 정신을 가진 정상인으로 볼 사람은 드물 수밖에 없었을 것이다. 왜냐하면 당시는 물론이고 오늘날에도 우리는 학교와 대중매체를 통해 금성은 고온으로 인해 생명이 전혀 살수 없는 행성이라고 배웠고, 또 지금도 배우고 있기 때문이다. 그리고 이 책의 제목을 처음 접한 독자들 중에도 많은 이들이 '금성은 생명이 살기에는 부적합한 곳인데, 어떻게 거기서 왔다는 것일까?' 라는 의심과 의문을 가진 사람이 많을 것이다. 따라서 사람에 따라서는 이 책의 내용이 허구이거나, 아니면 단순한 상상의 소산이라고 가벼이 넘겨버릴 수도 있을 것이다.

그러나 우리는 불완전한 지구의 과학수준에서는 기존에 알려진 우주탐사 정보들에 얼마든지 오류가 있을 수 있고, 또한 미 NASA(항공우주국)를 위시한 많은 기관들에 의해 그 정보들이 고의적으로 은폐, 축소,

누락, 왜곡되었을 가능성을 염두에 두어야 한다. 실제로 지금도 UFO와 외계인에 관련된 방대한 정보들이 제대로 공개되지 않은 채, 여전히 소수의 지구 지배세력들에 의해 독점되고 있음은 부정할 수 없는 사실인 것이다.

우리가 염두에 두어야할 또 한 가지는 지구의 인간보다 진화된 생명체들은 그들이 지닌 높은 진동주파수로 인해 얼마든지 인간의 육안이나 관측 장비에 포착되지 않을 수도 있다는 사실을 인식할 필요성이 있다는 것이다. 어쨌든 역자 본인은 이 책을 통해 외계인이란 꼭 SF(공상과학) 영화에 나오는 기괴한 모습의 존재가 아니라 인간과 똑같은 모습으로 우리 이웃에 살고 있을 수도 있다는 인식의 전환과 더불어 UFO나 외계 생명체의 실존에 관한 논란이 확실히 잠재워질 수 있기를 기대해 마지 않는 바이다. 또한 독자 여러분 역시 이 책의 마지막 페이지를 넘겼을 즈음에는 처음의 의심이나 반신반의적 생각들이 많이 바뀌게 될 것이라고 믿는다.

이 책의 앞뒤에는 저자인 옴넥이 집필한 본문 외에도 앞서 소개했던 이 책의 영문판 발행인 웬델 C. 스티븐스氏의 보완적인 여러 관련 해설 내용들이 첨부돼 있다. 그런데 어쩌면 이런 부분들은 사람에 따라서는 읽기에 좀 지루하게 느껴질 수도 있을 것이다. 하지만 어디까지나 이것은 독자의 이해를 돕기 위한 그의 노력의 일환이므로 우리가 충분히 너그러이 받아들일 수 있는 문제라고 생각한다. 마지막으로 본문 각 페이지 하단에 달린 각주(脚註)에는 우선은 저자 옴넥 오넥이 직접 단 주(註)가 있고, 그 다음에는 웬델 C. 스티븐스氏가 달은 주가 있다. 그리고 세 번째로는 역자가 단 주와 뒤의 발행인 참고자료 및 해제(解題) 부분이 있음을 밝혀두는 바이다. 옴넥 오넥의 노고와 금성의 우주형제들에게 감사드리며 …

- 은하문명 편집부 -

□ 어떻게 그녀는 지구에서 살기 위해 이곳에 오게 되었는가?

- 웬델 C. 스티븐스 -

웬델 C. 스티븐스

이 독특한 책은 옴넥 오넥의 전폭적인 동의와 적극적인 협조를 통해 어떻게 그녀가 자신의 고향 행성을 떠나 UFO로 지구에 옮겨와 인간으로 살고 있는지에 관해 작성된 개인적인 보고서이다. 그녀는 자신의 아버지와도 같은 삼촌과 함께 지구에 도착했다. 그리고 이곳 우리 행성의 토착적인 삶의 흐름에 따라 물질사회에서 살고 성장하기 위해 주의 깊게 계획되었고, 훈련을 받았다.

금성에서 그녀의 어머니는 그녀가 탄생한지 얼마되지 않아 세상을 떠났다. 그리고 그녀는 아이가 없던 그녀 생모의 여동생 가정으로 데려가졌고, 스스로 자라났다. 그런데 그녀의 삼촌이 밀도가 높은 세계인 지구에서의 임무수행을 받아들였을 때 그녀는 함께 이곳에 오기를 선택했는데, 그것은 그녀가 물질세계에서의 경험이 결여된 자신의 부족함을 보충하고, 지구에서 끝내지 못한 다른 존재들과 얽힌 모종의 카르마를 청산하여 그 균형을 잡기 위해서였다.

그녀는 면밀하게 훈련을 받았으며, 7세 정도의 지구인의 몸으로 보이게끔 육체화 되었다. 그녀를 이곳에 호송해온 그녀의 삼촌과 승무원은 할머니의 집으로 가던 도중 끔찍한 버스 사고로 사망한 쉴라(Sheila)라는 7살 소녀를 대신해 미(美) 테네시의 한 가정으로 그녀를 들여보냈다. 손녀를 별로 본 적이 없는 할머니는 자신의 손녀가 바뀌었다는 것을 알지 못했고, 그 금성인 소녀를 자신의 친족으로서 학교에 보냈다. 몇 년 후 금성인 삼촌에 의해 쉴라의 양어머니는 그런 교체 사실을 알게 되었고, 그는 모든 것을 그녀에게 설명했다. 그리고 그녀는 옴넥 오넥을 자신의 딸 쉴라 대신 키우기로 동의했다.

비록 옴넥이 외모로는 7살의 소녀로 보이긴 했지만, 그녀가 1955년 지구에 도착했을 때 이미 지구 나이로 210세에 상당한 금성인으로서의 지혜와 지식을 가지고 있었다. 이것은 학교생활에서 그녀의 특출함과 거의 모든 면에서 남보다 뛰어난 실력을 가능케 했는데, 그럼에도 그녀는 자신의 진짜 정체가 드러나는 것을 막기 위해 그런 능력들을 숨기려고 노력했다.

따라서 이것은 그녀의 금성에서의 초기의 삶과 우리 지구에서 처음 UFO 소동이 일어났던 시기 와중의 그녀의 도착, 그녀의 이곳에 오기 위한 준비 및 지구의 삶에 적응하는 과정, 그리고 그 독특한 문제들, 또 금성에서는 그녀가 겪어보지 않았던 것들에 관한 이야기이다.

하지만 어떻게 이런 일이 가능한 것일까? 어떻게 우리가 이 보고서를 과학에 의해 조사되어 알려져 있는 금성 표면의 생명이 살기에는 부적당한 조건들과 양립시킬 수 있을 것인가? 옴넥 오넥은 이 책에서 땅과 물의 분리, 그리고 화성과 우리의 달뿐만이 아니라 그녀의 고향 행성인 금성의 기지들과 구조에 관해서도 언급한다.

우리는 금성이나 달, 화성에 어떤 인공구조물이나 생명의 증거가 없음을 알고 있으며, 그중 두 곳은 고해상도 카메라로 완전히 촬영된 바 있다. 또 우리는 그렇게 찍힌 해상도 높은 사진에 분명히 나타날법한 바다나 강, 다리, 항구시설 등을 발견하는 데 실패했다. 이런 지표면에 관계된 문제는 모순된 것으로 생각될 수 있으며, 아직 계몽되지 못한 많은 인류로 하여금 이 이야기의 나머지를 의심하도록 만든다. 하지만 이것이 불가피한 상황인 것일까? 지구사회에는 모든 인간역사를 통해서 우리와 함께 해온 매우 폭넓은 기반의 믿음들이 있으며, 그것은 이런 보고와 현대의 우리의 현실적 견해 사이의 외관상 갈등을 쉽게 조정한다.

어떤 동양의 믿음들은 우리가 사는 시간 및 공간과 동시에 존재하는 비가시적인 아스트랄(Astral) 세계를 인정하는데, 그것은 형태와 구조를 가지고 있고, 선(善)과 악(惡)의 존재들이 거주하고 있다고 한다. 아울러 그 세계는 우리를 알고 있고, 우리에게 영향을 미칠 수 있으며, 또 영향을 주고 있다는 것이다. 신지학자(神智學者)들은 과학적 열정을 가지고 이런 개념들을 연구했고, 우리가 스스로 알고 있다고 생각했던 물질과학의 근저(根底)에 놓인 이런 특성을 전문용어로 설명하고 진술하려고 노력했다.

원래 인도의 아디야르에서 출판되었던 지라다사(Jinradasa)의 "신지학의 제1원리들"은 지구인류에게 존재의 속성에 관한 가장 권위 있는 초기 논문을 제공한다. 유럽에서 시작된 프리메이슨도 상당히 비밀리에 유사한 아이디어를 제시한 바가 있다. 장미십자회 회원들은 프리메이슨과 유사한 기원을 갖고 있지만 그들의 사상을 보다 공개적으로 나누었다. 막스 하인델(Max Heindel)이 쓴"우주개념"이라는 책에서는 존재의 수많은 거대한 미스터리들이 현대의 서구 언어로 기술되어 있고, 다른 한편으로는 과학에 관해 언급하고 있다. 그리고 형이상학적 문헌들에는 유사한 언급들이 많이 있다.

프랑스의 에두아르드 스췌어(Eduard Schare)와 독일의 루돌프 스타이너(Rudolf Steiner)는 그와 같은 형이상학적 개념들과 이해에 관해 광범위하게 집필했다. 이런 모든 거대한 사념의 학교들은 존재의 속성상 여러 세계들로 분류하며, 그중 가장 낮고 밀도가 농후한 세계가 물질계이다. 그들은 물리적인 수준을 7단계의 밀도로 나누었는데, 그것은 고체, 액체, 기체, 플라즈마 상태(일종의 超氣體) 또는 4차 에테르, 3차 에테르, 2차 에테르, 1차 에테르이다. 열거한 이 모든 상태들은 여전히 형상의 세계를 이루고 있는 물리적 세계이고, 그 세계들은 모두 밀도와 형태, 질량, 무게, 관성을 지니고 있다. 또한 그 상태의 속성에 맞는 물리적 요소로 구성된 특성이 있다. 이러한 7가지 물리적 상태 사이에는 분명한 주요 구분이 있다. 편의상 하위의 3가지 세계는 형상의 세계, 또는 3차원의 세계, 3차원 밀도라고 불리며, 그 세계의 거주자로서의 우리에게는 유일한 세계이다. 비록 우리가 실제로는 이러한 7가지 상태의 세계들에 동시적으로 거주하고 있지만, 우리는 단지 낮은 3차원 세계만을 인식하고 있는 것이다.

보다 위대한 자각을 지닌 다른 존재들은 이런 우리의 한계에 익숙하지 않을 수가 있는데, 왜냐하면 그들은 좀더 전체의 현실을 꿰뚫어 보기 때문이다. 우리는 지각의 한계가 있고 존재의 일부를 받아들이지 못하는 까닭에 그들이 보는 추가적인 현실을 인식할 수가 없다. 하지만 인식할 수 없다고 해서 그 세계들이 덜 현실적인 것이 아니며, 우리의 지각이 증진되는 만큼 우리도 보다 많은 세계들을 볼 수 있게 될 것이다.

우리 인류는 우리의 인식범위를 확장하기 위해 매우 정교한 계기(計器)들을 발전시켰고, 물질의 하위 3가지 상태를 연구할 수 있는 달과 화성의 고해상도 화상(이미지)을 얻은 바가 있다. 따라서 이러한 레벨에 있는 빌딩 복합단지나 계획적으로 구축된 설비들은 확실히 그런 화상에 나타날 것이다. 우리가 그것을 몹시 믿고 싶긴 하지만, 모든 과학자들이 "은폐"공작에 관여돼 있지는 않다.

우리는 수만 장에 달하는 달 사진의 완벽한 파일을 가지고 있는데, 모든 사진들은 촬영할 때 카메라에 의해 자동으로 번호가 매겨져 있다. 화성 사진 역시 마찬가지이다. 잘못 잡은 영상을 포함해서 그 모든 사진들에서는 여전히 아무런 도시들이 보이지 않으며, 화성에서도 바다나 항구들은 나타나 있지 않다. 다른 사람들도 이런 파일들을 연구할 수가 있고, 동일한 결론을 내놓는다.

향후 5~10년 안에 저궤도 인공위성(우주왕복선)이 금성을 철두철미하게 구석구석까지 사진촬영을 할 것이다. 그리고 그들이 발견한 것이 무엇이든 그 자료는 연구자들에게도 마찬가지로 이용될 수 있게 될 것이다. 그런 자료들도 이미 공개된 달과 화성의 사진 이상의 것을 볼 수 있을 것으로 기대되지는 않는다. 하지만 우리의 인식이 증대될 때까지, 그리고 우리가 우리의 지각능력을 확대하기 위한 새로운 기기들을 개발할 때까지 우리는 여전히 연구 자료로서 낮은 형태의 상태에 있는 것들만을 얻을 것이다. 아울러 거기서 나타나지 않은 활동 증거들은 현재의 우리 노력여하에 달려 있을지도 모른다. 즉 만약 그 장소의 1차적인 실재, 건조물, 기계장치들이 형태적(물질) 세계의 다른 진동레벨에 있다면, 그리고 우리가 우리의 감각과 그것을 감지할 도구들을 발전시킨다면, 아마도 옴넥 오넥이 보고 또 자기 책에서 서술한 것들을 쉽게 발견할 수도 있다. 왜냐하면 그녀는 우리가 지닌 모든 한계들에 매여 있지 않았으므로 그녀의 생각은 자신에게 실제적이고 자연스러운 것이기 때문이다. 또한 그녀는 우리가 경험하는 커다란 한계들을 겪지 않은 까닭에 우리 인간의 한계들이 가진 어려움들을 충분히 알지 못할 수도 있다. 그리고 이런 한계점들은 우리의 것이지 다른 누구와는 아무런 관계가 없다. 즉 우리만이 그것을 극복할 수가 있는 것이다.

나는 광범위하게 보고된 다른 많은 UFO 사건 사례들을 연구했는데, 거기서는 관련된 외계의 방문자들이 우리 태양계 내의 다른 존재들의 삶과 금성 및 화성, 기타 행성들에 있는 도시와 인공구조물로 이루어진 문명들을 언급하고 있다. 그리고 또한 이런 행성들 간의 교류에 대해서도 기술하고 있다. 그런데 내가 판단하는 한 이런 사례들에서 옴넥도, 다른 목격자들도 서로에 대해 들어본 적조차 없는 사이였다. 이 양쪽 사례들의 경우 외계인들은 우리에게 보다 명백해질 수 있는 근거들을 제시해야 한다.

옴넥은 물질 수준의 상위차원이나 그것을 훨씬 넘어선 다른 행성들을 언급하며, 또한 그녀는 그것을 아스트랄이나 영적 차원 등으로 부른다. 이런 용어들은 그런 주제들에 관련된 우리의 형이상학적인 문헌과 부합되는데, 그것들이 공통의 기원을 갖고 있기 때문이다. 옴넥의 아스트랄계에 관한 묘사는 지구상의 동일한 형이상학적 개념들과 상당히 일치한다. 이제 옴넥이 금성에서 태어나 초년시절을 보낸 것이 존재의 다음 차원에서 있었던 일이라는 사실을 이해하는 것은 어렵지 않다.

옴넥은 이곳 지구에 오기 위한 초기 준비 과정으로서 서너 번 정도 특별한 목적으로 상위지역들을 여행했고, 그런 다음 다시 그녀가 일상적으로 살고 있던 진동 수준의 세계로 돌아오고 있다. 그녀와 그녀의 삼촌이 지구로 떠나기 위한 최종적인 준비를 마쳤을 때, 그들은 우선 스스로의 몸의 진동상태를 금성의 보다 농후한 밀도 수준으로 변화시켰다. 그곳에서 그들은 그런 낮은 진동상태, 즉 대략 우리 지구의 낮은 아스트랄계 수준과 엇비슷한 단계까지는 편의상 버블카(둥근 덮개의 승용물)를 이용했다. 그 다음에 그들은 탈 것을 바꾸었고, 보다 복잡한 구조의 금속성 비행체인 원반 형태의 승용물을 이용하였다. 변화된 그녀 몸의 뻑뻑한 어색함과 높은 밀도, 그리고 그 매개체의 제약된 여건들을 포함한 모든 것들의 속성과 여러 문제들 속에서 그들은 존재하고 있었고, 그들의 상태가 바뀌었던 것이다.

그들의 원래 세계에 있던 도시 리츠(Rets)는 이제 밀도가 더 농후한 현실계 안에 있는 리츠가 되었다. 비록 그 도시들이 현실 속에서 두 개로 분리된 세계의 시간과 공간 안에 실제로 공존하긴 했지만, 이 두 도

18

시 사이의 중요한 차이는 너무나 분명했다. 지금의 하위 레벨의 리츠에는 모든 것에 답답하고 숨 막힐 듯한 무거움이 있었던 것이며, 그러한 중압감이 그들이 지구로 출발했던 그곳에 존재하고 있었다. 몸의 어색함은 옴넥이 새로운 밀도에 적응하여 익숙해지는 것을 배울 때까지 매우 불편하고 힘들었다. 그렇다고 이것이 아직은 우리의 물질계와 같은 것은 아니었다. 그들은 금성을 떠나 지구로 향한 여행길에 오르기까지 이곳에 머물러 있었다. 도시 리츠의 양 수준 가운데 한쪽은 짙은 밀도가 없고, 우리에게 익숙한 지구에 상응한 자연 상태의 밀도에는 생명의 증거를 찾아 볼 수가 없다.

이곳 지구에 도착함에 따라 그들은 지구의 육체적 존재들의 상위계인 에테르 수준의 세계로 진입했다. 그리고 물리적 차원의 리츠에서처럼 비교적 농후한 물리적 밀도를 가지고 있는 이곳 지구의 에테르적 상응 장소라 할 수 있는 히말라야의 사원(寺院)으로 향했다. 거기서 그들은 지구의 물질 수준으로 자신들 몸의 진동을 다시 낮추는 준비를 하고, 좀 더 알맞은 상태로 컨디션을 조절하는 과정을 거쳤다. 다시 그곳에는 더욱 어려운 제약과 어려움이 기다리고 있었는데, 그녀는 인간세계에 적응하기 위해 히말라야의 그 수도원에서 더욱 면밀하게 배워야만 했다. 원반형 우주선 역시 그들의 행선지이자 옴넥이 오늘날까지 머물러 있는 이곳 지구로 그들을 호송하기 위해 밀도를 높였다.

또 다른 접촉 사례에서 한 외계인 방문자는 역시 인간과 그들 사이의 의식의 개화 수준 및 밀도 레벨의 차이를 지적했고, 지구와 가장 가까운 행성에서조차 생명의 파동을 찾아내지 못하는 우리의 명백한 무능력에 관해 언급한 바가 있다. 그 존재에 따르면, 우리의 의식(意識)이 시간과 공간 속에서 독특하게 구현되는 형태로 열리는 만큼 우리의 감각과 인식이 직접 접한 환경에서 벗어나 밖을 향해 진화한다고 한다. 즉 우리는 먼저 자신에 관해 알게 되고, 그 다음에는 가까운 주변 환경을 인식하며, 나아가 우리에게 가장 직접 영향을 미치고 관계하는 것들을 감지하고 이해하기 위한 감각기능들을 발달시키고 있는 것이다. 이것이 처음에는 매우 국소적이지만, 점차 필요에 따라 확장된다. 우리 인간의 초기 인식범위는 시간적 공간적으로 우리 자신의 가정과 주변의 매우 적은 장소들에 국한된다. 우리에게 있어 그 시점에서는 그 밖의 것은 아무 것도 존재하지 않는다. 우리의 의식이 인식하는 세계 바깥에 모든 것이 존재하고 있지만, 결과적으로 우리 수준에서 볼 때 다른 것은 없는 거나 마찬가지인 것이다. 그러나 보다 많은 경험을 통해 깨달은 존재에게는 거기에 더 많은 것, 또는 모든 것이 존재하고 있는 것일 수 있다. 우리의 의식이 열릴 때 우리는 좀 더 많은 것을 알게 되고, 그때 그것은 비로소 우리에게 현존하고 있는 것이다.

우선 가장 가까운 자기 가정과 가족에서부터 우리는 출발해 다른 가정들로 인식범위를 넓혀나간다. 그 다음에는 많은 가정들이 모인 사회, 그리고 국가로 확장되는데, 이런 우리의 새로운 지각은 발전해가고 있는 인식범위 내에서 우리에게 무한한 가능성들을 부여한다. 관측기기는 인간의 감각기관의 능력을 증대시키기 위한 것이지만, 우리는 아직 우리에게 우물 안의 세계를 초월해 새로운 감각 내지 시계(視界)를 제공할 새로운 기기들을 고안하지 않았다. 그리고 우리가 우주를 내다볼 때 우리는 단지 이처럼 제한된 감각들에 맞게 진동하는 것들만을 지각한다.

그 외계인은 말하기를, 인류가 지구의 모든 본질적 특성들을 알게 되었을 때 우리는 행성의식(Planetary Consciousness)을 가지게 된 것이라고 말할 수도 있는데, 그럼에도 그것은 여전히 매우 한계가 있는 것이라고 한다. 즉 더 멀리 확장된 의식(意識)은 우리의 진동율에 보다 인접한 수준에서 진동하는 다른 세계를 또 포착할 것이고, 우리는 그곳을 알게 될 것이다. 그리고 그 때 우리는 행성 외(外) 의식, 또는 인식을 얻었다고 말할지도 모른다. 이것은 이런 식으로 지구와 가까운 그 다음의 행성들로 점차 확대될 수가 있고, 우리가 태양계 의식을 성취할 때까지 넓혀질 수가 있는데, 그때 비로소 우리는 다양한 수준에 있는 태양계 내의 모든 생명과 존재들에 관한 온전한 인식을 가지게 될 것이다.

그때까지 우리는 단지 우리가 지금까지 성취한 의식의 개화수준에서 진동하는 것들만을 지각할 수가 있다. 그리고 우리 대부분에게 있어 이것은 오직 지구의 물질 진동수 범위 수준에서 진동하는 것들이며, 이런 상태는 우리 태양계의 다른 행성들, 다른 생명들에게는 명백한 현실세계인 그 진동 수준 근처에도 못 미치는 것일 수가 있다.

20

우리는 같은 출처(소식통)로부터 우리 태양계 내의 진화 속에는 다른 생명 파동들이 존재한다고 들었으며, 더욱이 그들은 우리의 고유 진동으로 이루어진 지구 안의 다른 차원의 세계와 다른 행성들에서 우리와 공존하고 있다고 한다.

　갑자기 우리는 현재 우리의 지각능력을 완전히 넘어서 있는 우주의 거대한 다면성(多面性)과 초차원의 생명 및 존재와 대면하고 있다. 우리가 그들을 인식하기 위해 성장, 발전할 수 있는 것과 마찬가지로 그들 중의 어떤 존재들은 이미 우리에 관한 모든 것을 알고 있고, 자기들 현실을 지배하는 방법을 배워 특별히 설계된 승용물로 우리 세계로 들어왔다. 그들은 우리만의 고유한 현실 속에 갇혀 있는 우리에게 모종의 시위 형태를 연출함으로써 우리에게 분명해지게 되었다. 그들은 자의적으로 우리에게 명백한 실체로 나타날 수도 있고, 또 불분명한 상태가 될 수도 있다. 다른 행성의 문명사회들은 우리의 현실에 출현하거나 다시 그것을 초월하는 다른 방법들을 가지고 있다. 그리고 그들은 어떤 장소에서 서서히, 또는 갑작스럽게 밀도가 증대됨으로써 우리에게 목격되고, 같은 방식으로 다시 증발돼 버린다. 즉 점차, 또는 돌연히 우리 현실의 한 지점에 나타났다가는 똑같이 사라져버리는 것이다.

　이상하게도 지금 이런 모든 사건들이 UFO 조사 보고서에 매우 풍부하게 보고돼 있다. 외계인 방문자들은 화성과 금성이 충분히 우리에게 발견되고 우리와 접촉될 수 있을 정도로 지구에 가깝게 진동하는 생명 파동을 가지고 있다고 계속 말했다. 그들은 또한 지상의 우리를 초월한 지구의 생명체들이 존재하므로 그들을 다른 차원으로 불러야만 할 것이라고 언급했는데, 왜냐하면 그들은 우리의 물리 화학적 세계에서 직접 진동하지 않기 때문이다. 그럼에도 불구하고 그들은 지구의 존재들로 간주되며, 그들 중 일부는 우리뿐만 아니라 화성과 금성, 다른 행성의 생명체들과 동등한 수준으로 접촉하고 있다. 그리고 그들 역시 그런 접촉을 위해 편의상 승용물(UFO)을 이용한다.(※역주: 지저세계의 존재들을 의미함)

　우리가 육안으로 다른 행성의 어떤 지점을 관측했을 때, 심지어는 확대기능을 가진 기기에 의해 도움을 받았을 때조차도 우리는 오직 지구의 물리화학적 속도로 진동하는 일부만을 감지할 뿐이다. 그리고 그곳은 우리에게 전혀 생명이 없거나 살기에 부적당한 황량한 곳으로 보일 수가 있다. 하지만 사실 그것은 실제로 존재하는 현실의 아주 적은 일부에 불과한 것이다. 사례(事例)에 관한 이런 보고 내용을 고려한다면, 의심할 바 없이 존재하는 이런 외래의 UFO 승용물의 일부가 그 탑승자들이 주장하는 대로 금성이나 화성에서 오는 것은 불가능하지 않다.

'날개 달린 뱀'은 많은 지구의 신화들, 예컨대 아즈텍, 톨텍, 심지어 아시아쪽의 신화들에서도 공통적으로 나타난다. 이 신화들은 대개 지혜와 지식을 가져오는 백인의 이야기와 연관돼 있는데, 그는 금성에서 온 것으로 믿어지거나, 그렇지 않으면 그 이야기 속에서 금성의 인물로 주목을 끈다. 이런 신화들은 금성인들이 이곳에 오는 것은 단일의 백인종으로서 그런 생명 파동을 조성하기 위해서라는 보고서 내의 내용과 일치하는 것으로 생각된다.

그런데 왜'날개달린 뱀'일까? 우리가 현실 속에서 그런 대응물을 갖고 있지 않기 때문일까? 마하바라타(Mahabarata)와 라마야나(Ramayana), 마하비라(Mahavira)와 같은 산스크리트 서사 신화들 내용 속에서 하늘 높은 곳에서 목격된다는 바늘 형태의 은백색 물체들, 빛나는 금속제의 "비마나(Vimana)"들은 무엇과 가장 흡사하게 보이는가? 당연히 뱀들과 그것들은 공중을 나는 날개 달린 뱀들, 즉 우주선들인 것이다. 고대 인도의 문헌인 베다(Veda)는 날아다니는 은백색 뱀들인 비마나의 여러 크기와 종류들을 묘사하고 있다. 예를 들어, "아그니호트라 비마나"는 2개의 엔진이 달려 있고, "킹피쉬어 비마나"와 "아이비스 비마나"처럼 새 이름이 앞에 붙은 다른 형태들은 엔진이 더 많다.

북인도의 아쇼카 왕은 비마나에서 발진한 보조 승용물인 "푸시파카(Pushpaka)"를 탄 것으로 알려져 있다. 라마야나에서는 "푸시파카"에 대해 다음과 같이 그 특징을 설명한다.

"브히마는 그의 전차(戰車)에 동승해 날았으며, 그 수레는 태양처럼 찬란했고 천둥처럼 요란했다 … 그 비행하는 수레는 밤하늘의 불꽃처럼 밝게 빛이 났다 … 그것은 혜성처럼 지나갔다 … 그것은 하늘에서 번쩍이는 제2의 태양과도 같았다 … 그때 불수레는 더 높이 날아 올랐고, 하늘 전체가 밝아졌다."

또 마하비라는 이렇게 묘사한다.

"〈천공(天空)의 수레〉인 '푸시파카'는 수많은 사람들을 아요디야의 고대의 수도로 수송한다. 하늘은 엄청나게 큰 비행 기기들로 가득차고, 공중은 밤처럼 어둡지만 노란색이 도는 섬광에 의해 앞을 분간해 나아간다."

이밖에도 거기에는 다른 많은 설명들이 있다. 비마나들은 금성에서 온 것으로 이해되었고, 그들은 아틀란티스와 남아메리카, 아프리카를 포함한 다른 지역들도 방문했다. 하지만 그들이 지구 인간들과 가진 가장 광범위한 접촉은 중앙아시아에서 있었다고 보고되었다. 이 점에 있어서 옴넥의 이야기 중에 주목할 만한 내용이 있는데, 즉 그녀는 이곳 지구의 밀도에 적응해 살기 위한 특별한 컨디션 조절을 위해서 한동안 히말라야의 한 사원(寺院)으로 데려가졌다는 것이다.

우리 시대의 최근 형이상학적 정보들 중 가장 위대한 주요 부분들 가운데 하나가 제인 로버츠(Jane Roberts)가 받은 "세스 매트리얼(Seth Material)"을 무색케 하는 방식으로 미 켄터키 주의 루이즈빌에 있는 돈 엘킨스와 칼라 쿡커트, 제임스 맥카티에 의해 수신되었다. 이것은 〈하나의 법(The Law of One)〉 1,2,3,4권으로 알려져 있다. 이 고도로 해박한 자료는 트랜스 채널링(Trance Channelling)을 통해 "라(Ra)"라는 존재로부터 받은 것인데, "라(Ra)"는 어떤 면에서 "세스(Seth)"와 유사한 5차원의 심(心)/신(身)/영(靈) 복합체이다. 이 책에서 "라(Ra)"는 우리 태양계 내의 금성에서 그곳의 주민들이 3차원에서의 속박에서 벗어나 4차원의 상태로 해방되기 이전의 3차원 밀도 상태에서 겪는 육체적 경험을 다루고 있다. 2차원 밀도의 경험이라는 것은 자연의 식물이나 동물 생명체들에 해당되며, 그것들은 물질적인 외피 안에서 이성적인 의식(意識)이 결여된 상태에 있다.

"라(Ra)"의 말에 따르면, 과거 우리 태양계에서는 금성이 지금의 이곳 지구의 모습과 매우 비슷하게 양극화되고 분열된 형태로 한창 번성하던 3차원 밀도의 행성인 때가 있었다고 한다. 그들은 금성의 후기 발전단계에 있었고, 지구의 아틀란티스 시대 후기와 영광스러운 이집트 시대 초기쯤인 약 15,000~12,000년 이전인 그때 3차원으로부터의 해방에 접근하고 있었다. 금성인들은 그들의 3차원 밀도에서의 진화와 과학이

무르익으면서 놀라운 기술들과 우리에게는 믿을 수 없는 기기와 장치들을 개발했다. 그리고 그들은 우주를 자유로이 여행했고, 지구뿐만이 아니라 화성과 기타 행성들을 왕래했던 것이다.

그들은 "유일의 최고 창조주"라는 일종의 신앙과 같은 새로운 사상들을 채택하게 되었으며, 영적인 지식을 향상시켰다. 아울러 궁극적으로 지구 인간들을 구원하거나 3차원 밀도로부터 해방시키겠다는 다짐을 하게 되었다는 것이다. 금성인들은 인도의 베다(Veda)와 아틀란티스인들의 문헌에 나오는 대로 거대한 비마나들을 타고 물리적으로 금성에서 왔고, 또한 그들 중 일부는 이 지구 행성에 인간으로 육화하여 태어났다.

금성인들은 그들이 지구상의 거대한 피라미드들 중에 여러 개를 설계하고 건조했거나, 건축 지도를 했으며, 그 가운데 어떤 것은 아직 발견되지 않은 채 있다고 주장한다. 또한 그들은 오늘날 이 세상에 존재하는 많은 종교들을 도입했거나, 아니면 그 원인이 되었다. 그리고 그들은 이집트 기자(Giza)에 있는 대피라미드 내의 입문의 방(왕의 침실) 벽에 그려져 있는 고도로 상징적인 22가지 그림들을 도안했으며, 그것은 나중에 이집트 궁정의 타로(Tarot) 카드가 되었고, 오늘날 알려진 모든 타로체계의 토대가 되었다.

그들의 3차원 밀도에서의 진화수준은 우리와 유사한 점이 있기는 하지만, 좀 더 발전해 있었고, 자기들 행성을 졸업하고 벗어나 4차원을 향하고 있었다. 그리고 금성인들 중의 진보된 일부는 이미 4차원 밀도의 심/신/영 복합체(육체가 아님) 단계를 마치고 5차원을 향하고 있는 상태에 있었다.

오늘날의 우리 인간처럼 양극화된 진화단계인 3차원 밀도의 문명은 대개 그들 행성의 물질과 자원의 대부분을 소모하여 고갈시키며, 그 기술은 우리가 막 겪게 될지도 모르는 것 같은 대변동의 정화작용에 이르기까지 자연의 모든 것을 오염시킨다. 그런 대변동은 결국 그들의 3차원 밀도에서의 이탈을 가속화하게 되었고 육신에서 떠나 옮겨가도록 촉진시켰다.

"라(Ra)"에 의하면, 금성의 4차원 밀도로 이동한 졸업자들은 대략 우리의 영혼, 또는 아스트랄/영적인 수준과 비슷했고, 그들의 행성에서 자체적인 진화를 계속해나갔다고 한다. 그런데 앞선 존재들은 이미 4차원 밀도를 통달하여 5차원으로 옮겨 갔으며, 또한 거기서 진화를 계속하고 있다는 것이다. 그리고 3차원 밀도의 대부분의 존재들은 4차원으로의 도약에 실패하는데, 그들은 3차원의 속박에서 벗어날 준비가 돼있지 않기 때문에 3차원 밀도 행성인 지구로 옮겨져 이곳에서 다시 재순환의 환생의 사이클을 돌고 있는 것이다. 그들은 거기서 죽어서 몸을 벗어났고, 이 양극화된 3차원 밀도의 현실계에서 자유의지의 활동이 가능하도록 하기 위해 그들의 과거에 관한 의식적 기억들을 봉인한 채 이곳 지구의 육체로 태어났다. 그런 까닭에 현재 지구에 육화돼 있는 다수의 심/신/영 복합체들은 변동 이전에 자기들이 금성인으로서 육체적 경험을 했던 희미한 기억들을 가지고 있다는 것이다.

우리는 금성의 4차원 밀도에서의 경험은 거의 (성경의) 에덴(Eden)과 같다고 들었다. 3차원 밀도의 물리적 표현은 이곳 지구처럼 매우 불완전한 문명이었지만, 금성은 지금 3차원의 고착된 한계들로부터 벗어나 자유로이 4차원을 구현하고 있기 때문이라는 것이다. 우리 3차원 밀도의 존재들은 당연히 오직 3차원 진동의 대상들만을 보고 지각할 수가 있으며, 이는 심지어 우리가 가진 최상의 관측 장비를 가지고도 그러하다. 그러므로 우리는 통제불능의 온실효과와 행성의 물리적 이변들에 관련된 것과 같은 어떤 결과들만을 이해하는데, 이런 3차원적인 것들은 4차원 삶으로까지 이어지지는 않는다.

우리는 5차원 밀도의 금성인 영혼들은 금성계 내에서 5차원의 진화상태로서의 이점을 가지고 있다고 들었으며, 또한 동시에 그곳의 4차원과 5차원 사이에는 어떤 상호간의 소통이 있다고 한다. 이런 이야기들은 아주 오래 전에 제시된 '엑칸카(Eckankar)'[1] 철학과 매우 흡사한데, 그것들은 사실 금성인 이주 영혼들에 의해 이곳에 옮겨진 진보된 지식들인 것이다. 그것은 또한 산스크리트 베다의 내용과 비슷하게 보인다.

우리는 지구상의 가장 오래된 사서(史書)들 속에서 금성으로부터 온

---

[1] 1965년 미국의 영적인 저자인 폴 트윗첼(Paul Twitchell)에 의해 창시된 새로운 종교적 운동이며, 이것은 신(神)의 빛과 소리를 경험하기 위한 영적인 훈련에 초점을 두고 있다. 폴 트윗첼은 생전에 14권에 달하는 영적인 저서들을 가지고 있었다.(역주)

UFO 방문자들에 관한 보고들을 찾아볼 수 있다. 인도의 '우파니샤드(Upanishad)'와 중국의 '도덕경(道德經)' 그리고 현대의 UFO 역사에도 광범위한 보고들이 있다. 수많은 UFO 컨택티(Contactee:접촉자)들이 그들이 만난 방문자들로부터 금성에서 왔다는 말을 들었다. 이런 지구 방문에 관한 많은 정보들을 공표했던 사람들 중에는 조지 아담스키, 하워드 멘저, 케빈 로우어, 빌 클렌딘, 미첼 시스터, 프랭크와 타나 하슬리, 윌버트 B. 스미스 박사 등이 있으며 그밖에도 다수이다. 이들 중에 일부는 불리한 평판을 받기도 했지만, 그렇다고 그 내용 속에 있는 실제적인 진실이 변하지는 않는다.

론 카드(Ron Card)는 15년 전 그가 마이애미에서 대학생이었던 시절부터 종(鐘) 형태의 UFO를 타고온 한 금성인과 접촉해 왔다. 그는 이런 접촉상황을 면밀하게 문서에다 기록했고, 그 분량은 현재 책 1권을 다 채울 정도이다. 이런 다양한 이야기들은 이런 접촉자들 중의 상당수가 어느 누군가 다른 이에게 그 내용을 전혀 들어본 적이 없음에도 불구하고 그 특성과 내용이 서로 일치한다. 이 책의 뒤에 첨부돼 있는 부록에 실린 내용을 참고하기 바란다.

앨버트 코어(Albert Coe)는 우리 태양계 바깥에서 온 우주인들과 접촉했는데, 그들은 자기들의 우주선에 금성인과 화성인을 데리고 있었다. 그는 자신의 기록을 책에다 담아 〈충격적 진실〉이라는 제목으로 20년 전에 출판한 바 있으며, 그 접촉은 그가 1984년 암으로 사망하기 바로 전까지 간헐적으로 지속되었다. 이것은 여기서 특별히 흥미를 끄는 부분인데, 옴넥 오넥을 지구에 데려온 금성인들이 그들의 도착을 도와주었던 한 화성인과 만났기 때문이다.

옴넥은 이 책에서 자기들은 금성에서 원래의 금성인 몸의 상태로부터 의식적으로 이곳 지구인에 가까운 동일한 육체로의 전환이 이루어졌다고 주장한다. 즉 그녀의 설명에 따르자면, 지구의 3차원 밀도 속에서 살기 위해 단계적으로 몸의 밀도를 농후한 상태로 높였다는 것이다. 그녀는 혼자 오지 않았고 일행과 더불어 우주선을 타고 왔는데, 그 우주선 역시도 이곳 지구라는 3차원 밀도의 환경에서 물리적으로 운용되기 위해 단계별로 밀도가 높여졌다. 그녀와 일행 및 밀도가 강화된 우주선은 다른 이들과 더불어 시가형의 거대한 호송선(모선)으로 지구 인근까지 왔다. 그리고 최종적인 밀도의 높임은 4차원 진동에 해당되는 지구 상의 히말라야에 있는 한 사원(寺院)에서 행해졌으며, 그곳에서의 적응 훈련은 이와 같은 여러 차원을 넘나드는 작업에 도움이 되었다.

그러므로 여러분이 이 책을 읽을 때 이 내용을 꾸며낸 일종의 과학적 인 픽션(Fiction)으로 여기거나 저자(著者)를 사람들의 주의나 끌어보려 는 영적인 광(狂) 정도로 폄하하지는 말기 바란다. 여러분은 선의(善意) 의 사명을 수행하기 위해 3차원 밀도의 세계로 들어와 적응한 외계 존 재들 중의 한 사람이 의식적으로 과거를 회상하는 내용을 읽게 될 것이 다. 그리고 금성인 영혼들이 우리 인류 속에 섞여서 다시 초등학교(지 구)를 떠맡고 있다는 사실과 그것은 그 영적인 이주자들이 인류의 후원 자로서 우리를 돕기 위한 것임을 알게 될 것이다.

이 사례의 보고를 고려해 볼 때, 우리가 UFO 탑승자들이 주장한 대 로 이런 외래의 UFO 승용물들의 일부가 실제로 금성에서 올 수도 있다 는 것을 믿기가 그렇게 어려운 것일까? 그리고 더 나아가 우리가 여기 서 그들의 주장을 알고 있다시피 그들이 우리 인간들 속에다 자기들의 대표자들을 남겨 놓았을지도 모른다는 사실을 말이다.

하지만 모든 판단은 여러분 자신의 몫으로 남겨두는 바이다. 여기 금 성에서 온 옴넥 오넥의 이야기가 있다.


　　　　퇴역대령 웬델 C. 스티븐스(Wendell C. Stevens)

# ‖ 목 차 ‖

# 3장 티타니아(Tythania: 금성)의 역사

# 4장 자궁 속에서

# 5장 금성계

# 6장 테우토니아

# 10장 다시 디스(Des)로

# 11장 쉴라

# 12장 나의 지구 가족

## 13장 금성에 비교하다

# 제1장

## 나는 금성에서 왔다

# 나는 금성에서 왔다

## 네바다 사막에 착륙하다

때는 깊은 밤이었다. 번쩍이는 우주선(UFO)이 멀리보이는 산과 황
량한 네바다 사막 사이에 내려앉았다. 윙윙거리는 기묘한 소리는 점점
더 옅어져 갔다. 그러자 원형의 우주선 어디선가에 둥근 입구가 나타
나고 몇 명의 사람들이 다가오고 있는 차의 전조등 불빛 속으로 내려
섰다. 한 사람은 키가 크고 금발의 긴 머리를 헬멧 속으로 단정하게
밀어 넣은 잘 생긴 남성이었다. 그 사람의 옆에는 작은 소녀와 우주
선의 조종사가 서 있었다. 몇 분 후, 키가 큰 사람과 그의 조카인 금
발의 작은 소녀는 사막의 울퉁불퉁한 길을 따라 떠나갔으며, 수수께끼
의 우주선은 쏜살같이 이륙하여 창공 속으로 사라졌다.

세상을 뒤흔들 만큼 가장 놀라운 사실은 지구에 최초로 주민이 살
게 된 이래, 대부분의 사람들이 인간과 같은 고등한 생명체가 존재하
지 않는다고 믿고 있는 이 태양계 내의 다른 행성들로부터 외계인들

이 이 지구에 계속 도착하고 있다는 것이다. 이들이 타고 온 우주선은 세상 사람들의 접촉이 없는 아주 외딴 곳에 착륙하며, 거기서 이미 지구 사회에 동화된 친구들을 만나고 있다. 새로 오는 존재들의 대부분은 이곳에서의 삶에 몰두하게 되고, 무엇인가가 오랫동안 진행되고 있다. 그러나 우리들에 대해 알고 있거나 우리 같은 이들이 존재하고 있다고 추측이라도 하는 사람들은 숫자상으로 극소수에 불과하다.

거의 30년간의 침묵의 세월이 흐른 뒤인 오늘, 그 황량한 사막의 밤에 관한 진실을 밝힐 수 있게 되었다. 때로는 영원할 것 같았던 이 순간이 오기까지 나는 '쉴라(Sheila)'라는 사람으로 살아왔다. 그러나 '쉴라'라는 이름은 단지 내가 누구이며, 정말로 어디에서 왔는지에 대해 지구의 사람들에게 말할 때까지만 사용하기로 한 이름이었다. 바로 그 때가 온 것이다.

나의 진짜 이름은 '옴넥 오넥'이며, '에코 레이아(Echo Leia)'라고도 불린다. 나는 황량한 밤에 네바다 사막에 착륙했던 그 어린 금발의 소녀였으며, 내 옆에 서있던 건장한 남성은 나의 사랑하는 삼촌 오딘(Odin)이었다. 우리 두 사람은 인간들이 "금성"이라고 부르는 〈티타니아(Tythania)〉에서 왔다. 나는 나의 남은 삶을 지구에서 어린아이로서 살기로 선택했고, 그것은 운명적으로 얽힌 카르마적인 이유 때문이다.

## 지구에 있는 인근 행성들로부터 온 많은 존재들

나는 지구를 자신의 고향으로 삼고자 이웃 행성에서 온 수천 명의 존재들 중에 한 명이다. 이러한 존재들 중에는 특별한 사명을 완수할 정도로 이 지구에서 충분히 오래도록 살고 있는 이들도 있지만, 많은 존재들이 자신들의 남은 생을 여기에서 보내기로 용기 있는 선택을 한 것이다. 이러한 진보된 행성들로부터 온 과학자들, 의사들, 교육자들, 예술가들, 엔지니어들을 비롯하여 일반 시민들에 이르기까지 이들

은 지구인들과 뒤섞여 살면서 비밀리에 일하고 있다.

오늘날에는 사람들이 이 우주에서 지구만이 지적인 생명체가 존재할 수 있는 유일한 행성은 아니라는 견해를 일반적으로 인정하고 있다. 또한 많은 사람들이 UFO들은 지구보다 더 진보한 먼 행성에서 온 우주선이라고 믿고 있다. 그리고 나의 삶에 관한 이 이야기에 대해 알고 싶다고 생각하는 대담하고 용기 있는 사람들은 몇 걸음 더나아가, 이 태양계에 존재하는 행성들에 관련된 기존의 낡아빠진 내용들을 잠시 제쳐둘 것이다.

금성과 지구에서의 삶에 관한 이야기를 집필하는 과정에서 내가 가장 바라는 것은 사람들이 어떤 진실이 믿기 어렵다고 생각되는 만큼그 진실에 대해 좀 깨어나게 되었으면 하는 것이다. 이러한 행성들이생명체가 살 수 없는 불모(不毛)의 부적합 행성이라는 관념이 사람들의 마음속에 오랫동안 주입돼 왔다는 것은 슬픈 일이다. 아마 지구상의 어떠한 아이도 금성과 화성에 대한 극단적인 사실을 배우지 않고서 학교를 졸업하지는 않을 것이다. 물론 망원경과 우주 탐사선은 모두 똑같은 것을 말해주고 있으며, 또한 그렇게 보이는 것도 사실이다. 지구의 우주 비행사가 이웃 행성에 도착할 때, 그들이 발견하지 못하는 것 한 가지는 인간 생명체이다. 따라서 오늘날의 사람들이 지구 이외의 다른 행성에 무엇인가가 존재하고 있을 것이라는 당초의 생각을 거의 가질 수 없게 된 것도 무리는 아니다.

## 사람들은 행성들에 대해 잘못 알고 있다

그러나 행성들에 대해 대다수의 일반인들이 가지고 있는 생각은 나의 경험에 비추어보아 진실과 거리가 있다. 금세기에 정부가 숨기는 가장 큰 비밀은 그들이 우리 태양계 내에 있는 많은 행성들에서 진보된 문명들을 발견했다는 사실이다. 그리고 매일 하늘에 보이는 물리적인 우주선들의 상당수가 바로 그곳으로부터 온 것들이다. 세계 정부는 나처럼 지구인들과 뒤섞여 비밀리에 살아가고 있는 외계 존재들이 수천 명에 달한다는 것도 또한 잘 알고 있다.

나중에 설명하겠지만, 지구상의 정부와 군(軍)의 권력자들은 자신들만의 개인적 이유로 모든 수단을 다하여 UFO의 목격, 우주 탐사선, 우주 비행사, 천문학자, 그리고 우리를 알고 있을 수도 있는 그 밖의 사람들로부터 비밀이 새어나가지 못하도록 힘으로 억누르고 있다. (※ 내 말은 그렇다고 모든 우주비행사와 천문학자들이 모든 것을 다 알고 있다는 뜻은 아니다.) 한편 대다수의 일반인들은 천문학자와 정부가 발표하는 불확실한 정보를 듣고 이에 만족할 수밖에 없다.

*의심할 바 없이 진실은 그렇게 믿기 어려운 것이다!* 나와 같은 사람들이 왜 머리가 돈 미치광이 취급을 당하는지 나는 이해할 수 있다. 거기에 어떤 커다란 비밀이 있을지도 모른다고 의심하기 보다는 우주 탐사선이 전해주는 최신 증거를 믿는 편이 훨씬 더 편하니까 말이다.

실제로 금성을 비롯한 나머지 12개 행성들은 모두 생생하게 살아있다.1) 그리고 우리의 태양계 내 절반 이상의 행성들에는 고등한 생명

---

1)여기서 옴넥이 12개라고 언급하는 것은 금성인들의 탐사결과가 그러하기 때문이다. 과거 조지 아담스키가 접촉했던 금성인들도 태양계 내 행성들의 숫자가 12개라고 언급한 바 있다. (역자 주)

체들이 존재하고 있다. 또한 내가 알고 있는 문명들은 모두 영적으로
나 기술적으로 지구보다 훨씬 더 진보되어 있으며, 현재 지구에 살고
있는 어떤 인종보다도 지혜가 높다. 그리고 이 행성들 너머에는 셀
수 없을 만큼 많은 태양계가 존재하고 있고, 이러한 태양계의 대부분
에도 외계 인류가 살고 있다. 진실로 우리 인간도 이 우주에 존재하
는 하나의 종(種)일 따름인 것이다.

나의 삶에 관한 이야기를 계속하기에 앞서, 우리 외계 사람들에 관
해 답을 해야 하는 많은 질문들이 지구상의 고대인들의 이야기를 언
급함으로써 깨끗이 풀릴 것이다. 최근에는 점점 더 많은 사람들이 인
류의 진부한 과거 이야기들에 대해 다시 생각하고 있다. 고고학자들은
수만 년에서 수백만 년 전에 이미 지구에 진보한 문명이 실제로 존재
했었다는 사실을 인정하고 있다. 또한 역사 이전에 인류는 오늘날보다
도 더 뛰어난 기술들을 가지고 있었다는 것을 나타내주는 충분한 증
거들이 있다. 또한 역사를 통틀어서 다른 행성에서 온 사람들이 지구

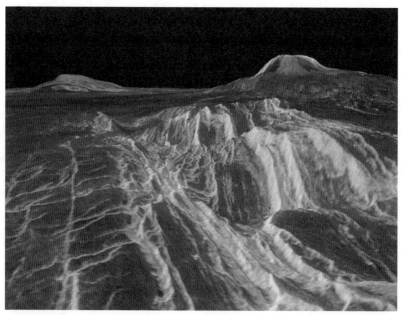

미 NASA의 허블 우주망원경에 의해 촬영된 금성의 지표면이라고 발표된 사진

의 문명을 방문해왔고, 도움을 주었다는 증거가 있다. 오래 전부터 나는 이것을 알고 있었으며, 이것은 또한 사실인 것이다.

매 시대마다 외계에서 온 방문자들이 지구에 사는 사람들의 문화와 기술에 영향을 주었다. 세상에 있는 경전(經典)들에는 날아다니는 우주선과 하늘에서 착륙하여 대단히 경이로운 것들을 가져다주는 인간과 같은 존재들을 기록하고 있다. 또한 전설과 신화에서도 땅에 착륙해서 사람들과 뒤섞여 살아가는 인간과 같은 존재들에 대해 언급하고 있다. 고대에 도시들이 파괴된 흔적들도 존재하고 있는데, 이것들은 오늘날의 기술로도 복제할 수 없을 정도이며, 바위에 새겨놓은 조각들은 이것들을 외계인들이 만들어놓았다는 것을 명백하게 말해주고 있다. 또한 전 세계에 흩어져 있는 설명할 수 없는 모든 것들이 똑같은 것을 말해주고 있는 것처럼 보인다. 고대인들은 지금의 사람들이 인정하고 있는 것보다 훨씬 더 현명했으며, 그들은 혼자가 아니었다.

## 지구는 외계로부터 주민들이 입식된 행성

내가 태어나고 자란 금성의 마을은 테우토니아(Teutonia)라고 하는 곳이다. 나는 소녀 시절에 테우토니아에 있는 역사 도서관에서 지구에 사는 사람들에 대해서 배웠으며, 이 도서관은 학교라기보다는 타임머신(Time Machine)과 더 닮아 있는 배움의 장소이다.

수백만 년 전에 우리측의 첫 번째 탐험대가 태양계 내 행성들 중에서 가장 젊은 행성인 "칼 나-르(Kal Na-ar:지구)"에 착륙했다. 몇몇 행성들의 우주 과학자들은 지구가 진화과정을 밟고 있는 것을 지켜보았으며, 조사를 목적으로 아주 자주 우주선을 그곳으로 보냈다. 그런데 태양계의 행성들은 모든 것이 동시에 창조되지는 않았다. 그리고 그것들은 인간처럼 새로 태어나고, 성숙하고, 그리고는 노화되어 죽어간다. 또한 새로운 행성들은 거주민들이 계속 정착하게 되며, 죽어가는 행성들은 버려지게 되는 것이다.

우리의 탐험대는 이 지구가 태양계 내에서 가장 식물이 무성한 녹색의 행성이라는 것을 알게 되었다. 그러나 당시의 지구는 너무나 아름다운 만큼이나 여건상 살기에는 적합하지 않다는 것이 곧 밝혀졌다. 그리고 우리들 중의 누구라도 여기에 정착해 살아가는 것이 매우 위험하다는 사실은 의심의 여지가 없었다. 결국 소문이 퍼지면서, 지구는 부적합하고 부정적인 행성으로 알려지게 되었다. 지구가 '부정적인 아이'라는 뜻의 "칼 나-르"라고 불리게 된 것도 바로 그 때였다. 그리고 그러한 탐험 이후에는 꼭 필요한 경우가 아니면 누구도 그곳에 머물지 않았다.

지구가 지닌 문제점은 위성으로서 하나의 달만을 가지고 있다는 것이었다. 물리적인 면에서 우주에 있는 행성들은 대개 둘 또는 그 이상의 위성들을 가지고 있으며, 그렇게 됨으로써 서로 상대방에게 영향을 미쳐 균형을 잡아주게 되는 것이다. 따라서 달을 전혀 가지고 있지 않은 경우가 오히려 좋으며, 하나의 달만을 가지게 되면 행성이 균형을 이루지 못할 수도 있었다. 그러므로 이 지구는 태양계 내에서 아주 독특한 행성인 것이다.

달이 지구의 둘레를 회전함에 따라 달의 중력이 지구를 약간 끌어당기게 되어, 조수(潮水)의 간만(干滿)을 만들어내게 된다. 이와 같은 조류의 문제 하나만이 있었다면, 탐험가들은 기뻐했었을 것이다. 하지만 달은 여기에 살고자 결정한 사람들이나 이곳에 태어나 있는 모든 사람들에게도 영향을 미치게 된다. 부분적으로 인체 내에 존재하는 수분 때문에 달은 대양(大洋)과 마찬가지로 우리에게도 일정한 부정적 영향을 주게 되는 것이다. 이것은 우리의 마음과 감정에 해로운 영향을 끼치게 되며, 그러한 상황은 전 역사를 통해 지금까지 존재해 왔고, 앞으로도 하나의 달이 존재하는 한 그렇게 될 것이다.

이로 인한 여러 문제들 중의 하나는 많은 사람들에게 부정적인 감정이 불타오르게 하여 실제로 이것은 자기 파괴적인 힘을 나타내게 된다는 점이다. 또한 정신적인 질병도 달의 위상과 관계가 있다. 언어 장애도 이러한 영향으로 생기게 되는 것이다. 지구를 방문하는 존재들은 여기 이 지구에서의 삶에 적응하는 데 도움을 주기 위해 보름달

기간에는 많은 물을 복용하라고 조언을 해주기도 하였다.

달은 사람들의 감정에 영향을 줄 뿐만 아니라 전체적인 불균형의 영향으로 사람들의 수명도 단축시키게 된다. 또 지구 행성의 진동이 금성이나 화성보다도 더 거칠고 조밀하기 때문에 훨씬 더 많은 질병을 유발하고 우울증도 심하게 된다. 따라서 지구는 초기 시절에는 인기가 없는 행성이었으며, 금성과 이웃 행성에서의 삶이 급격하게 변화되기 전까지는 이주해서 살지도 않았다.

## 우주인들은 전 인류의 역사에 걸쳐 지구에 관여돼 있다

아주 오래 전 금성에서는 사회적, 문화적인 개혁이 수천 년에 걸쳐 매우 느리게 진행되고 있었다. 삶이 오늘날의 지구에서와 같이 아주 힘들었으며, 심지어 더 안 좋은 상황이었는데, 서민들은 이에 어떤 조치를 취하고자 결심하게 되었다. 이러한 변혁의 분기점은 행성 차원에서의 개혁으로 지구에서는 한 번도 일어난 적이 없는 방식이었다. 그런데 그것은 피 흘리지 않고 돈과 계급구조를 영구히 철폐하는 것이었다. 아울러 금성인들의 의식(意識)도 변혁됨에 따라 한 때 부(富)나 권력을 가졌던 사람들은 변화하든지, 아니면 행성을 떠날 수밖에 없었다. 그리고 다른 행성들 역시도 제각기 적합한 시기에 똑같은 유형의 성장의 고통을 겪은 바가 있다.

마침 당시 우연히도 지구는 금성과 가장 가까워 이주할 수 있는 행성이었으며, 그리하여 금성을 떠나기로 한 사람들은 이 지구에서 기회를 잡게 되었다. 지구에 도착했을 때에 그들은 진보된 기술을 바탕으로 준비가 잘 돼있었으며, 오늘날의 현대인들도 발견하지 못한 반중력 비행선, 전기, 태양열 발전과 원자력, 그리고 기타 간단한 기계장치들을 갖추고 있었다.

하지만 그들이 지구에서 만든 정부와 삶의 형태는 고향의 행성에서는 이미 폐기된 것과 아주 똑같은 것이었다. 그들은 많은 사람들의 희생으로 소수의 사람들이 혜택을 보는 그러한 방식으로 제도를 만들

금성의 모습

었으며, 노예제도는 일상적인 것이었다. 문명들은 잠시 번창했었다.

그러나 결국 비켜갈 수 없는 일이 일어나고 말았다. 그들은 욕심과 허영심, 그리고 분노와 같은 격정 속에 빠져들게 되었고, 새로 이주해온 사람들은 불안정한 이 행성이 지닌 부정적인 영향에 압도당하게 되었다. 사람들의 감정이 돌출되고, 수명은 짧아졌으며, 자연의 재해는 삶을 악몽으로 만들었다.

지구는 기복이 아주 심한 행성이 되어 버렸는데, 그것은 오늘날과 대단히 흡사했다. 사람들이 영적으로 성장하지 않는 한은 지구는 반복해서 전쟁과 파괴를 겪어야 하는 운명에 처해 있었고, 그것은 오늘날까지도 이룩하지 못한 상태인 것이다. 마침내 최초의 이주자들은 핵전쟁과 자연의 대재앙으로 끝나게 되었으며, 세대를 거듭하면서 지식과 문화를 서서히 잃어가게 되었다. 또한 살아남기 위해 자연의 힘과 맞서 싸우느라 많은 시간이 소비되었으므로 청소년에 대한 교육은 어려움에 처하게 되었고, 귀중한 지식들은 잊혀졌다. 그러자 곧 살아남은 자들 중에서 강한 자들은 상대적으로 약한 자들을 지배하게 되었다.

〈무 대륙(the land of Mu)〉의 레무리아 시대 이전에 이 지구에는 2개의 주요 종족이 살고 있었다. 이러한 사람들은 누구도 고향의 행성에서 배웠던 것처럼 전쟁에 대한 교훈과 평화로운 진보에 대해서 배우지 못했다. 고대의 역사는 하나의 거대 문명에 관해 연속되는 이야기로서 한 문명의 뒤를 이어 또 다른 문명이 태동해 지구의 좋은 지역을 선택해 지배하게 되는 이야기이다.

비록 레무리아가 이 지구에서 발전한 가장 진보한 문명들 중의 하나이긴 했지만, 레무리아 역시도 다른 문명들과 마찬가지로 생겨났다가 사라졌다. 무 대륙의 광활한 지역은 어느 날 갑자기 생존자들에게 일부 흔적만을 남기고 오늘날 태평양이라고 부르는 바다 속으로 가라앉아 버렸던 것이다. 카라호타(Kharahota)라고 하는 그 수도는 지금의 거대한 고비사막의 밑에 놓여 있다. 그리하여 다시 한 번 힘없는 약자들은 힘 있고 욕심 많은 지배 계급의 손에 의해 또 다시 억압을 받게 되었다.

아틀란티스도 따로 떨어진 거대한 대륙이었으며, 오늘날 대서양이라 부르는 바다 속에 가라 앉아 있다. 아틀란티스인들은 모든 면에서 오늘날의 인간들보다 기술적으로 뛰어났지만, 그들도 기술을 통제할 영적인 성숙이 이루어지기도 전에 과도한 기술경쟁에 돌입하게 되었다. 결국 핵실험과 그들이 지닌 기타 많은 기술들을 남용함으로써 대륙은 파괴되었으며, 마지막 남아 있던 섬들마저도 단 하루 만에 극소수의 생존자만을 남겨둔 채 바다 속으로 침몰하고 말았다.

이러한 모든 격랑의 세월을 통해 〈행성들의 형제단〉은 이 지구를 지도가 필요한 '미성년의 아이'라고 생각하게 되었다. 문명들이 흥망(興亡)했을 때, 금성, 화성, 토성, 목성으로부터 우주선들이 이곳에 왔으며, 우리 외계 주민들도 이곳에서 살기위해 계속해서 지구로 도래했던 것이다. 이들 4개의 행성들은 주민들을 지구로 이주시켜 식민한데 대한 책임이 있으며, 또한 이들 각 행성은 이 지구에서 진화해가고 있는 다음과 같은 4개 인종의 원래 고향이기도 하다.

● 아리안족(Aryans)으로 알려진 백색인종은 금성으로부터 온 존재들이다. 우리는 UFO 접촉자들 사이에서 회자되는 키가 큰 "천사적인 존재들(angelic beings)"이다. 일반적으로 우리는 키가 7~8피트 (2m 10cm~2m 40cm) 정도이며, 금발의 긴 머리카락과 푸른 또는 녹색의 눈을 가지고 있다. 손은 넓고, 손가락은 가늘고 길며, 끝이 뾰족하다. 바깥쪽 손가락은 가운데 손가락을 향해 구부러져 있으며, 각각의 손은 마치 초의 불꽃과 같이 보인다. 이마는 비정상적

으로 넓은 편이며, 눈은 크고 눈 사이가 많이 벌어져 있고, 광대뼈는 툭 불거져 나와 있다. 관자놀이는 대개 쏙 들어가 있고, 이마의 양 쪽에 있는 골격은 아주 보이지 않을 정도로 작을 뿐만 아니라 머리카락으로 덮여 있다.

● 황인종은 화성(火星)에서 왔다. 이들은 호리호리한 키에 금발이나 짙은 갈색의 머리를 지녔으며, 올리브색에서 황색에 이르는 안색을 지니고 있다. 이들의 눈은 눈 꼬리가 치켜 올라가 있고, 피부색은 회색에서 짙은 갈색의 중간쯤 된다. 화성인들은 은밀한 성격을 지니고 있으며, 공상과학 영화에서 볼 수 있듯이 여러 수준에서 선진화된 정교한 도시들을 건설한 것으로 알려져 있다.(현재 화성인들의 생명 파동은 지구와 같은 물질적인 밀도 속에 존재하지 않는다) 화성인들은 동양 사람들과 고대의 스페인 사람들의 역사와도 연관이 있다.

● 적색인종은 토성(土星)계통에서 왔으나, 이들은 처음에는 수성(水星)에서 진화했다. 수성의 궤도에 변화가 생겨 수성이 태양에 더 가까워짐에 따라 삶의 조건이 악화되어 토성으로 이주하게 되었다. 토성인들은 머리색이 붉은색에서 갈색에 이르기까지 다양하며, 안색은 불그스레하고, 노란색에서 녹색에 이르는 눈을 가지고 있다. 키는 땅딸막하며, 이들은 태양계 내에서 운동에 소질이 있는 것으로 알려져 있다. 아틀란티스인들과 미국의 인디언들도 그들의 문화적 전통을 추적해 거슬러 올라가면 토성이 나오게 된다. 그외 고대 이집트인들과 아즈텍(Aztec) 사람들도 토성인들로부터 많은 영향을 받았다.

● 흑색인종은 목성계(木星界)에서 진화했다. 이들은 키가 크고 귀족처럼 보이며, 넓은 이마와 사각의 턱을 지니고 있다. 이들의 머리카락은 윤기가 나는 짙은 검정색이며, 눈은 자주색에서부터 보라색까지

다양하다. 목성인들은 목소리가 아름답고, 마음을 터놓고 이야기하는 성격을 가지고 있다. 이들의 후손들은 아프리카와 기타 세계의 여러 지역에 살고 있다.

모든 투쟁의 역사 속에서도 지구는 한 번도 잊혀지거나 등한시된 적이 없었다. 고향의 행성에서 온 자비로운 많은 존재들은 항상 이 지구에 있으면서 자신들의 종족을 도와주었다. 지구인들이 대대로 내려오는 진정한 전통을 기억할 때도 있었으며, 우주에서 온 방문자들과 이곳에 살던 우리들이 공개적으로 환영도 받고 서로 알고 지냈던 적이 있었다. 그러나 아주 원시적인 시대와 최근에 들어서는 외계인들이 그들의 존재가 알려지는 것에 대해 아주 조심스러워 하고 있다.

레무리아와 아틀란티스 시대에 우리가 지구인들의 영적, 문화적, 기술적 진보에 관심을 가지고 있다는 것은 인식돼 있었다. 예를 들어, 토성인들은 아틀란티스가 부흥하는 데 도움을 주었다. 그리고 고대의 이집트에서는 외계인들과 파라오(Pharaoh) 간에는 좋은 관계가 형성되어 지속되었다. 그 후에도 아틀란티스에서와 마찬가지로 다른 행성들에서 온 과학자들이 영적이고 기술적인 지식들을 지구에 가져다주었다. 고대에 피라미드를 건설한 기술자들 중에는 다른 행성들에서 온 존재들도 있었다. 이집트에서 문화가 급격하게 부흥한 것도 이러한 영향 때문인 것이다.

소위 과거 어둠의 시대라고 불리던 시기는 유별난 것이 아니었다. 다만 이 시기에도 역시 우주의 여행자들이 이 지구에 왔으나, 인간들이 그들을 있는 그대로 보지 않고 마치 신들(gods)처럼 보았던 것이다. 전 세계에 존재하는 많은 신성한 경전이나 전설에서는 이 외계인들과 이들이 지구에서 한 일들에 관해서 언급하고 있다.

그리고 또한 이들 방문자들도 이러한 과정을 통해서 자신들이 습득해야 하는 교훈을 배웠던 것이다. 이들은 체험을 통해 지구의 독특한 성질과 새로운 기술들이 권력과 지배를 위한 싸움에서 얼마나 빨리 활용될 수 있는지를 배웠으며, 그 결과는 엄청난 재앙을 가져 왔다.

그들은 지구인들을 아주 경계했고, 결과적으로 그들이 가진 지식을 인류와 함께 공유하지 않았다. 이러한 지식을 공유하지 않게 되자, 지구인들은 자신들이 가진 진정한 유산(능력)을 거의 깨달을 수가 없게 되었다. 다만 우주에서 영적인 지도자들이 보다 자주 파견되어, 아주 조금씩 안전할 만큼만 어떤 기술적인 도움을 주었다.

성경(聖經)을 배경으로 한 시대에는 우주인들이 지구인들의 영적성장에 지대한 영향을 미쳤다. 당시 많은 예언가들과 영적인 거인들이 외계인들이었다. 구약성서에는 우주선에 대한 많은 언급이 있는데, 천상의 존재들이 하늘에서 내려오고 종교 지도자들이 신과 이야기하기 위해 떠나는 것으로 묘사되어 있다. 또한 그 외 세계의 여러 지역에서도 인간들에게 영적인 진리를 가져다주기 위해 천상에서 온 신들의 방문을 받는 체험을 하였다.

하지만 그들은 기술을 자유롭고 완전하게 지구에 전해주지는 않았다. 과학자들은 그들이 제공하는 지식들이 남용되지 않도록  당시의 사회 속에 침투하여 은밀하게 인류를 도왔던 것이다. 그리고 이러한 방법은 오늘날까지도 계속되고 있다.

## 정부는 진실을 알고 있다 - 특급 비밀

한편 지구에서는 과학과 기술이 비약적으로 성장했다. 전기, 철강, 엔진, 비행기, 원자력, 그리고 더 많은 것들이 재발견되었다. 전쟁들은 계속되고, 더 치명적이 되어가고 있으며, 대다수의 사람들은 우주에 있는 지구의 많은 이웃 행성들에는 영적인 생명체가 없는 것으로 알고 있다.

1940년대 후반에 들어서부터 엄청나게 많은 숫자의 UFO가 나타나 보고되기 시작했다. 그리고 많은 사람들이 그 비행체들이 인간이 만든 최첨단의 비행기를 훨씬 능가한다는 것을 알고는 놀라게 되었다. 전 세계의 정부들과 군(軍)은 당혹스러워 했지만, 매우 큰 관심을 가진 채 침묵했다.

2004년 9월, 핀란드의 구스타비에서 촬영된 UFO

당시에 외계인들이 지구에 갑작스러운 관심을 가지게 된 것을 알고 있는 사람들은 극소수에 불과했다. 그 과정은 다음과 같다. 지구의 과학자들은 당시 지속적인 레이더(Radar) 실험과정에서 레이더 빔(Beam)을 발사하게 되었으며, 이 빔이 결국에는 금성에까지 도달하게 되었다. 금성의 감시국(monitoring station)에서는 처음에는 지구에서 보내온 지원요청 신호와 같은 것을 받았다. 그리고 그 응답이 지구로 보내졌다. 물론 지구의 전문가들은 그 신호들을 해독할 방법이 없었지만, 그 신호들이 가까운 곳에서 보내진 것이라는 사실을 정확히 알아 맞혔다.

결국 금성의 우주선들이 조사를 위해 지구로 보내졌다. 그리고 그들이 발견한 것은 놀라운 것이었다. 즉 지구는 전에 없었던 강력한 핵무기를 개발해 실험을 하고 있었던 것이다. 지난 50년 간 지구에서는 엄청난 기술적인 성장이 이루어졌지만, 거기에 맞는 수준의 영적 성장은 거의 이루어지지 않았다. 슬프게도 전에 아틀란티스와 레무리아에서 있었던 패턴이 똑같이 재현되고 있었다. 따라서 무시무시한 원자과학의 재탄생은 행성들의 형제단에 속해 있는 과학자들과 영적 지도자들에게 중대한 관심사가 되었다. 지구의 문제는 더 이상 지구만의 문제가 될 수가 없었다. 이와 같은 핵에너지를 알게 됨으로써 이 행성은 전 태양계에 하나의 위협이 되고 말았던 것이다.

결과적으로 전세계 많은 국가들의 수도와 산업단지, 군사기지, 연구

단지 및 핵실험장에서 의문의 UFO들이 목격되기 시작했다. 이러한 우주선들에는 승무원이 타고 있었으며, 고도의 기술에 의해 조종되고 있다는 것은 의심할 여지가 없었다. 군(軍) 당국자들은 우려하기 시작했다.

당국의 입장에서는 그런 비행체들이 불가사의해 보이는 것만 해도 상황이 좋지 않았지만, 그것들에 관한 진실을 아는 것은 더더욱 최악이었다. 게다가 지도자들은 지구 외의 지역에서 진화된 인간 생명체가 살고 있다는 충격을 받아들일 준비가 전혀 되어 있지 않았다. 이 모든 것들이 위기에 처하게 되자, 형제단의 대표들은 자신들이 누구인지에 대한 충분한 근거자료를 가지고 지구상의 주요 지도자들을 만났다. 그리하여 한 사람 이상의 미국 대통령이 최초로 이 놀라운 사실을 알게 되었다. 그리고 우리의 메시지는 여러 가지 충고에 대한 내용을 담고 있었지만, 절대로 강제적인 것은 아니었다.[2]

몇 년간에 걸쳐 여러 견해들이 오고 갔으며, 다른 행성들과 거기에 사는 주민들에 대한 많은 내용들이 그들에게 알려졌다. 우리 측 대표자들은 자신들이 진보된 힘들을 가지고 있지만, 지구의 일에 관여할 생각이 없다는 사실을 설명해주었다. 우리가 마음만 먹으면 언제든지 지구를 정복할 수도 있으나, 이것은 모든 개개인이 스스로 의사결정을 할 수 있는 자유가 있고 자신의 체험을 받아들여야 한다는 우리의 영적인 믿음과도 일치하지 않는 것이었다.

심지어 핵전쟁으로 발전하여 우리의 대표자들이나 우주선들이 위험에 처하게 된다 하더라도 우리는 개입하지 않을 것이다. 우리는 누구도 죽이지 않을 것이며, 단지 우리는 각 개인별로 또는 하나의 국민으로서 자기방어 외에는 하지 않을 것이다.

핵무기와 핵무기의 위험이 이러한 대화의 가장 중요한 초점이었다. 두 주요 강대국들은 그러한 대립이 얼마나 위험하고 무모한 행동인지

---

[2] 이때 〈행성들의 형제단〉 대표로 가서 당시 미국의 아이젠하워 대통령을 만났던 존재가 바로 금성인 사령관 발 토오(Val Thor)이다. 이에 관한 보다 자세한 내용은 본 도서출판 은하문명에서 간행된 책인 "미 국방성의 우주인"을 참고하시기 바람.
(역주)

에 대해 직접적으로 충고를 받았다. 그리고 우리의 과학자들은 최고 군사지도자들과 핵 과학자들에게 핵실험을 계속하는 것은 스스로 파멸을 초래하게 될 것이라는 것을 명확하게 주지시켰다. 우리는 그들에게 설명하기를, 우리의 우주선과 우주 실험실에 탑재된 장치들이 지구의 과학자들이 알지 못하는 위험들을 탐지한 바 있다고 언급했다.

하지만 우리가 정치 제도(구조)에 관심을 기울이자 그들은 눈살을 찌푸리며 반대하고 나섰다. 우리의 경험으로는 둘 또는 세 개의 정당제도는 말할 수 없는 많은 문제를 야기한다는 사실이었다. 왜냐하면 국민의 대다수가 권력을 잡은 정당이 하는 행위에 대해 만족하지 못할 뿐만 아니라 언제까지나 진정으로 자비로운 마음을 가진 자는 아무도 없기 때문이다. 정당제도에는 부패, 불공정한 관행, 소모적인 정쟁(政爭)이 제도화되어 있다. 우리는 이것이 단순한 이론이 아니라 지구에 사람들이 정착하기 전에 다른 행성에서도 이미 동일한 문제에 직면했었다는 것을 강조하였다. 아울러 우리는 일상적인 권력 투쟁이 얼마나 소모적인 것이며, 국가 간에 싸움은 대개 유치한 아이들의 놀이에 지나지 않는다는 것을 지적했다.

의회 민주주의를 포함한 진정한 민주주의는 이 행성의 어디에서도 찾아볼 수가 없었다. 사실상 전 세계는 부(富)를 점유하고 있는 소수의 독재자들에 의해 지배되고 있으며, 그들의 피에 흐르는 것은 돈밖에는 없다. 여러분은 이런 식으로 세계가 통제되는 것이 정말 얼마나 철저한 지에 대해서 전혀 모르고 있다. 만약 진정한 내막을 알게 되면, 여러분이 이웃 행성에 대한 진실을 아는 것 만큼이나 쇼킹하고 믿을 수 없게 될 것이다.

이 대화의 결과는 어떻게 되었을까? 결국에 두 초강대국과 많은 국가들이 대기권 내에서의 핵실험을 종식하고 서로 공멸할 수밖에 없는 "대규모적인 전쟁수단"에서 벗어나기로 동의하기는 하였다. 그러나 그들은 우리 측이 제시한 대다수의 문제들은 거부하였으며, 결과적으로 회담결렬과 동시에 비밀주의의 시대가 시작되었다. 오늘날 너무 많은 사람들이 진실이 알려지는 것과 관련하여 개인적으로 많은 관심을 가

2009년 4월 8일 미 샌프란시스코에 나타난 UFO

지고 있다. 만약 우리 외계인의 존재에 대해서 누구나 다 알게 된다면, 이것이 곧 지구행성에 널리 퍼져있는 부패와 착취의 종식을 고하는 신호가 될 것이다.

이곳 지구에서는 아주 극소수의 사람들이 대부분의 자원과 토지, 공장과 자금을 소유하고 있으며, 돈은 곧 유효한 통제의 수단이다. 이해하기 어렵겠지만, 우리는 금성에서 화폐나 돈을 사용하지 않고 사는 법을 배웠다. 그로 인해 직접적으로 나타난 결과는 사재기나 축재, 그리고 무기의 사용과 같은 일이 전혀 생기지 않았다는 것이다. 삶에서 일어나는 그 변화는 엄청나게 놀라운 것이다.

또한 금성에는 중앙정부나 국가적인 정부형태는 존재하지 않으며, 계급구조와 비슷한 것도 없다. 그러므로 우리에 대해 알고 있는 지구상의 부(富)와 권력을 거머쥐고 있는 자들은 대중들이 우리와 같은 삶

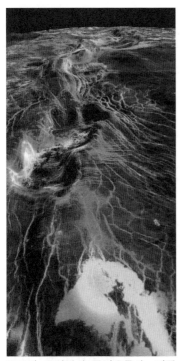

NASA의 금성탐사 무인우주선 <마젤란>호가 촬영했다는 금성의 지형

의 방식을 배우는 것을 원치 않는다. 말하자면 비밀을 유지하는 것은 그들에게는 생존의 문제인 것이다. 아울러 에너지 산업에 금전적인 이해관계가 있는 사람들은 UFO나 거기의 탑승자들에 관계된 그 어떤 것도 은폐하려하며, 대단히 불안해한다. 기술적으로 진보해 있는 행성들에서는 자기력(磁氣力)과 태양력이 에너지의 공급원이다. 무제한적이고 비용이 거의 들지 않으므로 이러한 기술들을 도입하게 된다면, 기타 에너지 산업은 폐업하게 될 것이다. 자기력(磁氣力)은 비행접시와 그 보다 큰 모선(母船)을 작동하는 데 사용된다. 모든 사람들이 그러한 비행선을 가지고 있다 하더라도 운영비는 거의 들지 않으며, 자동차나 제트기 및 기차도 더 이상 필요가 없게 될 것이다.

또한 고속도로나 철도, 공항, 그리고 현대의 삶을 살아가는 데 불편한 기타 수백 가지의 사항들도 불필요하게 될 것이다. 그리고 도시에 살 필요도 없게 될 것이다. 왜냐하면 매일 수 천 마일을 출퇴근하는 것이 간단하고, 빠르며, 돈도 많이 들지 않기 때문이다. 이렇게 되면 기득권층에 얼마만한 손실이 생기게 될지 한 번 생각해보라. 그들의 입장을 뻔한 것이다. 지구의 이웃 행성으로부터 기술이 들어오게 되면, 기득권을 유지하고자 하는 이기적인 사람들에게는 결코 원치 않는 변화를 가져오게 될 것이다.

오늘날 우리에게는 많은 적들이 있다. 그리고 일반사람들은 두 팔을 벌려 우리를 환영할지 모르겠지만, 그럼에도 우리는 지구를 호전적(好戰的)인 행성이라고 생각하고 있다. 우리의 우주선들은 군(軍)과 경찰,

그리고 놀란 시민들에 의해 총격을 받은 바가 있다. 우리가 적의(敵意)를 나타내지 않았는데도 그들은 우리를 발견하고는 끝까지 추적해 오곤 했었다. 이 때문에 우리는 인구가 많이 모여 있는 지역을 피해서 다니고 있는 것이다.

## 망원경을 통해 모든 것을 다 볼 수는 없다

행성 형제단은 지구가 성숙하지 못한 것을 경계하고 있으며, 이러한 미성숙은 지구의 젊은이들의 상태에 반영되어 나타난다. 모든 사람들이 우리의 우주선과 같이 예기치 않았던 어떤 것들과 그들이 가진 개념과 전혀 맞지 않는 어떤 것들에 대해서 너무 자주 부정적인 방식으로 반응하고 있다. 지구인들은 너무 많은 전쟁과 재앙을 겪어왔으므로 다른 행성들에 생명체가 존재한다는 것이 별로 위로가 되지 못하고 있다. 그리고 지구를 침략하는 외계 생명체들에 관한 공상과학영화들은 어떤 도움도 되지 못했다.

우리의 우주선들은 적의 영역들 위를 날아다니기 때문에 피해 다니지만, 사람들이 우리의 우주선들을 진짜 적으로 생각하지는 않는다. 우리를 적의를 드러낼 가치도 없는 것으로 취급할 뿐만 아니라 정부와 군은 실제 목격되고, 착륙하고, 접촉한 것을 철저히 비밀로 단속해 왔다. 그리고 군과 정보기관들이 얼마나 지속적으로 언론을 통제하고, 목격담을 말하지 못하게 하고, 거짓말을 하고, 귀중한 증거들을 몰수해 갔는지를 보여주는 책들이 집필돼 왔다. 이는 불행한 일이다. 대부분의 사람들이 검열에 대해서 알고 있지만, 그 검열이 얼마나 심각하고 철저한지 알게 되면 많은 사람들이 충격을 받게 될 것이다.

이러한 방해에도 불구하고 우리의 우주선들은 이곳에서 해야 하는 임무를 계속 수행하고 있다. 기술의 발달로 우리의 관찰능력은 수 세기 동안 최고 수준에 이르렀다. 우리의 많은 호위선들이 하늘과 땅을 순회하고 정찰하고 있으며, 역사가 기록되기 이전보다도 더 많이 지구인들과 접촉하고 있다. 그리고 이곳에 살고 있는 우리측 사람들은 우리의 존재를 믿을 만한 친구들에게 점점 더 많이 알리고 있다.

이야기를 계속하기 전에 모든 UFO가 행성들의 형제단이나 우리의 태양계로부터 온 것은 아니라는 점을 언급하고자 한다, 다른 태양계에서 온 것들도 있다. 어떤 것들은 실제로 별빛과 차원간의 존재들이며, 우리도 알지 못하는 것들도 있다. 또 어떤 것들은 대단히 멀리서 오기도 한다. 전체의 그림을 복잡하지만, 많은 착륙과 접촉은 우리가 행한 것이다.

세계 전역에서 우리의 우주선들이 활동하고 있으며, 지구의 대기와 땅과 바다를 주시하고 있다. 지진과 기후 및 지축(地軸)의 변화와 같은 자연적인 것들뿐만 아니라 계속되는 핵실험의 심각한 영향에 대해 특히 우려하고 있다.

이 모든 활동을 보면서 점점 더 많은 사람들이 UFO가 실제로 더 진보된 행성으로부터 온 것임을 확신해가고 있으며, 누군가가 UFO나

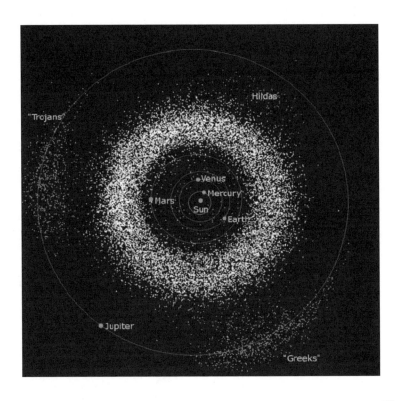

UFO 승무원과의 접촉했던 경험들을 거짓이라고 비웃던 것도 줄어들고 있다. 그러나 이웃 행성들과의 교신은 공식적으로는 이루어지지 않고 있고, 또 당분간은 이루어지지 않을지도 모른다.

흥미로운 것은 토성과 목성의 중력이 과학자들이 생각하는 것처럼 그렇게 크지 않으며, 천왕성과 해왕성, 명왕성, 그리고 그외 행성들도 얼음과 같이 차지 않다는 것이다. 수성을 제외하고는 태양과의 거리가 행성의 지표면의 온도에 영향을 미치지 않는다. 사실은 명왕성과 그외 행성들은 해왕성과 명왕성 사이에 존재하는 다른 소행성대로부터 영향을 받는데, 이 소행성대가 전기 격자의 구실을 함으로써 태양에서 나오는 복사에너지를 증가시키게 된다. 또한 화성과 목성 사이의 존재하는 구름 모양의 띠도 목성과 토성, 천왕성, 그리고 해왕성에게 동일한 역할을 하게 되는 것이다.

미국과 러시아의 우주계획이 꽃을 피우면서, 그들은 가까운 행성들에 탐사선들을 보냈다. 마침내 다른 행성의 대기권 속으로 들어갈 수 있는 기회가 처음으로 주어졌으며, 가까운 거리에서 사진도 찍을 수 있게 되었던 것이다. 그러나 검열을 고려한다면, 나는 어떤 놀라운 사실들이 곧 알려지게 될 것인지는 의심스럽다. 지구로 전송된 대부분의 자료는 밝혀지지 않고 있다. 즉 다른 행성들에는 인간과 같은 생명체가 존재할 수 없다는 증거들만 면밀하게 선정하여 일반 사람들에게 보여주게 되는 것이다. 어쨌든 직접 다른 행성의 지상으로 보내진 우주 탐사선이 거짓말을 할 수는 없다. 그러나 그것을 통제하는 자들은 얼마든지 거짓말을 할 수 있는 것이다.

지구에서 살기로 선택한 우주인들, 특히 중요한 임무를 가지고 있는 우리 측 사람들은 여기에 대해 침묵하고 있다. 현 시점에서 그들이 어떤 말을 하는 것은 불가능하기 때문이다. 그들이 말을 하게 되면 잃을 것이 너무 많으며, 지구에서의 사명 또는 자신의 생명까지도 잃을 수가 있다. 미국의 핵연구소에 근무하는 존경받는 과학자가 어느날 갑자기 자신이 금성에서 온 과학자라고 한다면 어떻게 되겠는가? 아니면 정부의 고위 관리가 그렇게 한다면 어떻게 될까? 아마 그는 조롱거리가 되든지, 아니면 신뢰를 받을 수도 있겠지만, 그 어느 쪽도 만족스럽지는 못할 것이다.

왜 우리 측 사람들이 여기 지구에 살고 있다는 것을 스스로 밝히지 않고 이 행성을 돕고자 하는지 여러분은 잘 이해하지 못할 것이다. 왜 평화롭고 편안한 삶을 포기하고 여기 이 지구의 부정적인 환경 속에서 살고자 할까? 사람들은 나에게 똑같은 질문을 하곤 한다. 내가 금성에서 훨씬 편안한 삶을 살 수 있었는데, 왜 금성을 떠나게 되었을까? 답은 우주의 계획 안에 놓여 있으며, 또한 이 지구가 우리의 태양계 내에서 독특한 행성이기 때문이다.

우리의 우주 여행자들은 수천 년 동안 물리적 우주를 탐험했으며, 모든 곳에서 아주 엄격한 질서와 규칙이 존재한다는 것을 알게 되었다. 이것은 원자뿐만 아니라 모든 행성과 태양계에 적용되는 자연의 법칙으로서 이 은하가 만들어지기 이전부터 존재하고 있는 것이다. 우주의 계획과 법칙이 존재하고 있고, 지구인들은 이 법칙을 거의 알지 못하고 있다. 그러나 물리적 우주의 계획은 그 비밀을 발견한 사람들에게 중요한 의미가 있는 것이다.

## 왜 우리 측의 외계 존재들이 계속해서 지구를 방문하는가?

우주는 궁극적인 실재의 마음 속 한 생각으로 설계되어 있고, 자체의 수많은 형태의 생명을 부양하는 것이다. 지구의 과학자들이 이제 막 알게 된 바와 같이 생명은 우연히 존재하는 것이 아니며, 생명을 지배하는 태양계에서 발견된 많은 자연의 법칙들이 존재하는 것도 아니다. 우리는 물리적 우주에 존재하는 모든 수준의 생명에서 우리가 받아들이고 배워야 하는 패턴과 질서, 주기가 존재한다는 것을 발견했다.

우주적 존재는 물질적 우주내의 상위 생명 형태인 인간을 잊지 않았다. 물리나 화학 법칙이 모든 곳에 적용되듯이, 광물과 식물, 그리고 동물에서도 마찬가지이다. 사실, 얼마나 많은 식물과 동물이 정말로 지구에서 생겨난 토종(土種)이 아니라는 것을 안다면, 여러분은 아마 놀랄 것이다. 이것들은 이주자들에 의해 이 지구로 옮겨져 온 것이다. 모든 행성들은 여러 수준에서 생명체를 뒷받침하도록 되어 있으며, 따라서 우주여행을 통해 많은 행성들이 인류를 지원한다는 것을 알아도 놀라운 것이 아니다. 인간은 지구에서 창조된 창조물이 아니라 지구에 식민지를 건설해 이주했던 우주의 창조물이다. 인간의 종(種)은 일반적으로 여러 장소에 존재할 수 있도록 설계돼 있고 또 적응하도록 되어 있다. 만약 탐험가들이 북극권에 살고 있는 에스키모를 찾지 못했다면, 오늘날 대중들이 인간은 그런 극한의 조건에서 적응할 수 없다고 생각했을 수도 있다. 그러나 시간이 지나면서 인간의 몸은 아주 다른 극한 상황 속에도 적응할 수 있으며, 또한 적응하고 있다.

머지않아 내가 말한 사실들이 증명될 것이다. 우주적인 생명의 한 형태로서 인간은 다른 행성들에서 진화해 왔으며, 어떤 경우에는 영적으로, 지능적으로, 육체적으로 지구인들이 상상할 수도 없는 차원들에서 진화해 왔다.

## 부정성의 행성, 지구

금성인들과 형제단의 우리 친구들은 자비로운 사람들이다. 우리 역시도 오늘날에 이르기까지 여러분과 아주 유사한 역사를 가지고 있었다. 과거에는 금성에서도 전쟁과 권력투쟁, 가난한 자들에 대한 억압과 잔혹함이 있었다. 그런데 우리가 우려하는 것은 지구에서 고통이 점차 커지고 있다는 것이다. 동일한 실수가 다시 반복되고 있다. 지구는 전쟁을 뛰어넘어 진보하기는커녕, 엄청나게 오랜 세월을 제자리 걸음만 하고 있으며, 상황이 좋아지는 것이 아니라 오히려 나빠지고 있다. 행성 전체에 먹구름이 드리워져 있다.

지상에 사는 모든 계층의 사람들이 삶을 계속해가는 동안, 우리의 과학자들이 지구의 높은 대기권 위에 떠있는 거대 우주선에서 일을 하고 있는 이유가 있다. 우리는 지구인들이 겪고 있는 고통에 대해 일종의 연민을 느끼고 이곳에 와 있는 것이다.

나 자신을 포함하여 우리들 중의 많은 사람들이 지구에서 삶을 지속하면서 개인적으로 자신의 성장에 필요한 것들을 완수해가고 있다. 지구는 우리의 태양계에 속해 있는 부정적인 행성으로서 자신들의 성장에 필요한 일부로서 부정적인 체험을 필요로 하는 사람들을 끌어당기게 된다. 동양 사람들은 이러한 필요를 책임, 또는 카르마(業)라 부르며, 이것은 환생(還生)을 수반하게 된다.

행성들의 형제단에 속해 있는 존재들 사이에서 환생은 하나의 삶의 진실로 보편적으로 받아들여지고 있다. 진화한 문화 속에서 살고 있는 모든 사람들이 알고 있는 바와 같이 이것은 대단히 실제적인 것이다. 오랜 세월에 걸친 영적 및 기술적인 진보를 통해 우리는 과학적으로 죽음이라 부르는 장벽을 타파했다. 오늘날 물리적인 우주 속에 살아 있는 모든 사람들은 이전에도 수많은 생(生)을 살았지만, 일반적으로 서양 사람들은 이것을 잘 알지 못하고 있다. 환생이라는 것을 염두에 두고서, 우리가 부정적인 행성인 이 지구에 살고 있는 것이 꼭 비극적인 사실만은 아니라는 것을 이해하시기 바란다.

부정적인 체험들은 단지 많은 생들과, 그리고 때로는 다른 행성들에서의 삶을 통해 오랜 기간에 걸쳐 성장해가는 과정의 일부에 지나지 않는다. 그리고 각자의 개성은 비록 지구나 시공간 속에 존재하는 우주의 어떤 다른 장소에서 더 이상 환생을 하지 않는다 하더라도 개별적으로 존재하게 될 것이다.

카르마(Karma)는 그것이 마음에 들든, 그렇지 않든, 또는 믿든, 믿지 않든 우리 모두가 따라야 하는 보이지 않는 법칙이다. 이 카르마는 '인과(因果)의 법칙'이라고도 알려져 있는데, 이는 한 개인이 행하고 생각하고 느끼는 모든 것들이 그에게 영향을 미치기 때문이다. 어느 한 사람이 행한 행동에 대한 효과나 결과가 몇 년 후에 또는 몇 생 뒤에 나타날 수도 있지만, 그것을 피해갈 수는 없는 것이다.

카르마의 법칙은 빚지고 있는 모든 것들이 청산되거나 균형이 올바르게 잡혀지기 전까지는 삶의 모든 환경에 영향을 미치게 된다. 그렇다고 이것이 운명결정론적인 것은 아니다. 왜냐하면 우리는 매순간마다 새로운 카르마를 만들면서 낡은 과거 카르마에 대한 응보(應報)를 받고 있기 때문이다. 이것은 정확한 법칙으로서 아무도 자신이 스스로 야기한 고통이나 행복으로부터 피해갈 수는 없다.

## 카르마로 인해 나는 지구에 왔다

내가 지구에 온 이유 중의 하나는 카르마에 대한 균형을 맞추기 위해서이다. 나는 자비(慈悲)에 대한 교훈을 배울 필요가 있었으며, 지구에서의 지난 삶에서 마무리 하지 못하고 떠났던 일들을 종결짓기 위해서 오게 되었다. 금성에서의 삶은 더없이 즐거웠고, 나는 편하게 그곳에 머물 수도 있었다. 그러나 나는 남은 삶을 끝까지 금성에서 살아가는 것은 언젠가는 맞이해야 할 불가피한 일을 지연시킬 뿐이라는 것을 깨닫게 되었다. 결과적으로 나는 지구에서 다시 거듭날 수 있게 되었다. 지금 과거를 뒤돌아보면, 내가 살아오며 겪었던 모든 고통과 어려움에도 불구하고 이 지구에서 남은 삶을 보내기로 결정하게 된 것을 대단히 기쁘게 생각하고 있다.

금성인들이 이와 같이 카르마의 균형을 맞추기 위해서 나와 동일한 목적으로 이 지구에 오는 것은 그리 이례적인 일이 아니다. 이러한 존재들은 지구에 살고 있는 사람들이나 과거 생(生)에 관계를 가졌던 이들과의 카르마적인 빚을 청산하고자 하든지, 아니면 전쟁이나 빈곤과 같은 부정적인 체험을 필요로 하기 때문이다. 그리고 우리의 태양계 내에서 이와 같은 체험을 할 수 있는 곳은 지구 외(外)에는 더 이상 어디에도 없다.

내가 한 소녀로서 이곳에 오게 된 것은 아주 독특하고 색다른 것이다. 새로운 인간 사회에 흡수되는 것은 몹시 까다롭고 어려울 뿐만 아니라 위험하기도 하다. 지구에 착륙하는 성인으로서의 외계존재들은 훈련과 체험을 통해 이미 준비된 상태에서 오게 되지만, 나는 알지도 못하는 지구의 가족 속으로 들어가 뿌리를 내려야 했다. 그들에 관해 정통해 있던 우리쪽 요원들의 지략으로 계획은 성공했다. 우리 외계인에 대해 아는 가정도 있고 나를 키워주었을 다른 가정들도 있었겠지만, 카르마적으로 내가 이 특별한 가정에 마음이 끌리게 된 것은 확실한 것이다.

내가 젊었을 때, 나는 가족들과 친한 친구들에게도 금성에 대한 이야기는 한마디도 하지 않았다. 물론 금성을 출발하기 전에 나는 그렇게 하는 것이 얼마나 어리석고 위험한 지를 여러 차례 주의 받았다.

사람들은 금성에 생명체가 존재한다는 사실조차도 알지 못하고 있다. 공상과학영화 속에서는 우주 비행사들이 늘 다른 행성에서 괴물이나 사악한 독재자들, 그리고 전쟁을 일삼는 제국들만 발견하는데, 오히려 이는 지구에서 우리의 우주선들이 매우 쉽게 목격하는 상황인 것처럼 보인다.

정신과 의사들이 나를 보면 틀림없이 내가 과대망상증에 걸려 있으며, "저 가엾은 아이를 환상에서 구해내야 돼!"라고 말했을 것이다. 그 후 내가 살아가면서 말하는 데 실수라도 했다면, 마치 궤변으로 들렸을 것이다. "저 여자 아이는 테네시의 시골에서 올라온 정신이 좀 이상한 아이가 틀림없어. 어린 시절에 감정적으로 고통 받아서 탈출구를 찾아 꿈속으로 도피한 거야. 금성은 안식을 찾기에 환상적인 곳이고, 새로운 삶의 의미를 찾기에는 안성맞춤인 장소지." 나에 관한 이야기를 하면, 종종 이런 반응의 말을 듣게 된다. 하지만 그렇다고 해서 내 마음이 상하지는 않는다. 왜냐하면 나는 사람들의 이해의 폭이 제한되어 있다는 것을 잘 알고 있기 때문이다.

## 왜 나는 지구에서의 삶을 선택하게 되었는가?

금성의 리츠(Retz)라는 도시에 있을 때 나는 처음으로 나의 어떤 카르마를 청산할 수 있을 뿐만 아니라 지구에서 살 수도 있는 기회가 있다는 것에 대해 듣게 되었다. 동시에 나는 인류에게 나의 존재에 대한 비밀을 털어놓고, 행성들의 형제단에 대한 이야기를 해줌으로써 우리들의 특별한 사명을 완수하고자 하였다. 그리고 나는 그 후 나의 삶에서 추가적인 세부사항들을 접하게 될 것이었다.

우리들의 이야기가 하늘에 나타나는 이상한 현상이나 우주선의 지상 착륙을 통해서만 설명될 수는 없기 때문에 나는 이와 같이 책을 통해 대중들의 주목을 받도록 선택된 것이다. 이러한 것들은 과거에 늘 그랬던 것처럼 공격받을 수도 있으며, 적당히 얼버무려지거나 은폐될 수도 있다. 대중들이 모여 있는 곳에서 우주선에서 승무원이 걸어나오는 것처럼, 접근방식이 너무 충격적인 것이 되어서는 안 된다. 그것은 자유로운 선택을 할 수 있는 기회를 지나치게 부정하는 것이며, 받아들일 수 없는 문화적인 충격을 초래하게 된다. 그 대신 우주에서 갑자기 나타난 외계인처럼 보이지 않는 누군가가 진실한 이야기를 인간들에게 들려줄 필요가 있는 것이다.

내가 금성에서 태어났다는 것을 인정한다고 해서 어떤 비밀 임무를 수행하는 데 어려움을 겪게 되는 것도 아니다. 나는 UFO 호위선들이나 자기력(磁氣力)에 대한 지식을 가지고 있는 과학자가 아니다. 오늘날 내가 해야 하는 임무는 이와 같이 〈자서전(自敍傳)〉을 쓰는 것이다. 그리고 그것은 단지 우리의 삶의 방식에 관한 정보를 여러분과 함께 공유하고자 하는 진심에서 우러난 노력인 것이다.

처음 금성을 떠나기로 결심했을 때, 나는 나의 미래를 하나의 모험 이상의 어떤 것으로 생각했다. 물론 리츠의 마스터들은 쉽고 편안한 삶을 기대하지 말라고 했지만, 나의 마음은 온통 다른 행성으로 간다는 생각으로 들떠 있었다. 내가 들었던 지구에서의 고통은 나에게 실제적인 것 같지 않았다. 우리는 지구에서의 고통과 빈곤, 그리고 전쟁들에 대해서 알고는 있지만, 개인적으로 이러한 것들을 삶에서 직접적으로 체험하지는 못했다. 이것은 기아(飢餓)에 허덕이는 아시아(Asia)로부터 별로 영향 받지 않은 부유한 서구인이 개인적으로는 굶주림에 대한 체험을 겪어보지 못한 까닭에 그것을 잘 알지 못하는 것과 매우 흡사했다.

네바다(Nevada)에서 그날 밤 내가 우주선에서 내려왔을 때, 나는 나 자신에 대한 확신이 없었으며, 일어날 모든 일들에 관해 불안해했었다. 당시에는 내가 갚아야 하는 카르마가 무엇인지 알지 못했던 것이 다행이었으며, 그렇지 않았다면 그곳에서 바로 되돌아서 고향으로 갔을지도 모른다. "금성인들은 울지 않는다."라는 말은 내가 이 책에 붙이려고 처음에 마음속에 간직하고 있던 제목들 중에 하나이다. 왜냐하면 우리의 삶은 기쁨으로 가득 차 있어서 울 일이 거의 없기 때문이다. 물론 일부 예외는 있으며, 지구를 생각한다거나 그곳에서의 지난 과거의 삶을 생각하는 경우에는 울기도 한다. 그렇지만 이 지구에 온 이후, 나는 너무나 많이 울어서 어쩌면 운 이야기가 곧 지구에서의 내 삶의 이야기가 될 수도 있다.

지구에서의 나의 삶은 모험과 호기심으로 가득 차 있었다. 한편으로는 나를 진실로 잘 돌보아주고 사랑해주는 사람들 속에 살아간다는 것은 드문 일이었다. 이 지구에 온다고 하는 것은 창조적이고 평화로운 삶과 내가 알고 있고 사랑했던 모든 것을 떠난다는 것을 의미했다. 나의 삼촌이 미(美) 아칸소에 나를 남겨두고 고향으로 되돌아간 후, 나는 "이국땅에 있는 이방인"처럼 홀로 남게 되었다.

이 지구에 살면서 나는 온갖 것에서 너무나 자주 다른 사람들로부터 상처를 받은 까닭에 오늘날 나는 다른 살아 있는 존재를 해치기보다는 차라리 죽는 것이 낫다고 느끼고 있다. 나는 고난과 고통, 그리고 비참함이 어떤 것인지 너무 잘 알고 있다. 나를 키워준 지구의 가정에서 양아버지들은 너무나 심하게 벌을 주었기 때문에 나는 참는 법을 배워야만 했다. 양아버지 중의 한 사람은 내가 14살 때, 두 번째 양아버지는 16살 때 총알이 든 총을 내 머리에 들이댄 채 나를 성폭행했다. 그는 이미 나의 팔에 총을 쏘았기 때문에 나는 저항하고자 하는 용기나 대담함도 갖지 못했다. 그러나 그때 나는 내가 죽을 때라고 느끼지는 않았다.

한 번은 술 취한 양아버지가 양어머니를 죽이려고 하는 것을 막다가 칼에 찔린 적도 있으며, 두들겨 맞은 것은 셀 수도 없을 정도로 많았다. 지옥 같았던 삶은 내가 집을 나오고 나서야 끝이 났다. 집을 나온 이후에도 나의 삶은 그리 순탄치 않았으며, 또 이런 내용을 글로 씀으로 해서 앞으로 얼마나 많은 괴롭힘을 당하게 될 지 누가 알겠는가?

나는 체험을 통해 카르마가 얼마나 실제적인 것인지 알게 되었다. 이곳에서의 나의 생(生)은 이 한 번의 삶에 카르마가 산더미와 같이 응축돼 있어서 이번에 이것을 영원히 처리하게 될 것이다. 만약 사람들이 자신들이 저지른 나쁜 행위가 언젠가는 반드시 돌아와 마주치게 된다는 것을 알았다면, 어떻게 제정신으로 타인을 해할 수 있겠는가? 타인들이 여러분에게 해주기를 원하는 것을 타인들에게 행하기 바란다. 왜냐하면 여러분이 타인들에게 행한 모든 것은 궁극적으로는 자신에게 행하는 것이기 때문이다. 이것이 바로 내가 여러분과 함께 나누고자 하는 커다란 교훈 중에 하나이다.

지금은 그렇게 고통스럽게 살지는 않는다. 과거는 지나간 일이므로 나는 현재의 즐거움을 만끽하려 애쓰고 있다. 내가 세상 사람들에게 대한 것과 똑같이 세상 사람들도 나를 대하게 되는 것이다. 그리고 모든 사람들은 좋은 것이든, 나쁜 것이든, 자신의 경험으로부터 성장하게 된다. 어떤 다른 행성들에 사는 모든 개개인들이 자신들에게 필요한 교훈을 배우듯이, 나도 개인적으로 단순히 자비심이라는 교훈을 배웠던 것이다. 그리고 지구에서의 나의 삶은 내가 진보된 행성에서 태어났다고 해서 과거생에서 배웠어야 할 교훈을 회피할 수는 없다는 것을 입증하고 있는 것이다.

## 오늘날 인류의 의식은 높아지고 있다

몇십 년 전만해도 당시의 사람들은 이 자서전(自敍傳)에서 말하고 있는 개념들을 받아들일 준비가 되어 있지 않았다. 그러므로 우리가 많은 이야기를 했다하더라도 아무 소용이 없었을 것이며, 그렇게 한 것을 곧 후회했을 것이다. 지금 이 책이 가능해지도록 만든 것은 새로운 수준의 의식(意識), 또는 자각(自覺)이 있었기 때문에 가능한 것이다. 나에 대한 대중들의 반응 여하에 따라서 우리들 중에서도 자신의 참된 정체를 밝힐 사람들이 더 많이 나올 수도 있다.

여기에 존재하는 개인적인 동기 외(外)에도 우리는 지구인들의 의식에 대해서도 큰 관심을 가지고 있다. 이것은 생명과 우주에 대한 기본적인 이해와 그 전체 속에 존재하는 그 자신의 자아에 관한 자각과 관계가 있다.

우리가 잘 알고 익숙해져 있는 정신적인 텔레파시나 예지력(豫知力)과 같은 타고난 능력들은 불과 몇 년 전까지만 해도 잘 받아들여지지 않았다. 또한 비교(祕敎)의 비전적(祕傳的)인 주제들은 대개 개인적으로 작은 집단에게만 가르쳐졌다. 신비적인 주제들에 관한 책들은 거의 주목을 받지 못했으며, 잘 알지 못하는 사람들에 의해 조롱거리가 되곤했을 뿐만 아니라 대중 매체들도 심령적인 주제들을 진지하게 다루는 것을 꺼려했다. 이처럼 사람들의 타고난 능력들이 사악한 것이거나 존재하지 않는 허황된 것으로 취급되고 있는 것은 참으로 슬픈 현실이라 아니 할 수 없다.

오늘날 우리가 가지고 있는 총괄적인 관심은 영적으로 지구가 깨어나도록 일정한 역할을 수행하는 것이다. 정치적, 사회적인 개혁은 우리의 직접적인 목표가 아니다. 금성인들이 이해하고 있듯이, 지구에서의 삶의 방식은 각 개인으로서의 지구인들의 영적 계발상태와 의식을 그대로 반영하고 있다. 또한 물리적 우주에서 삶이 존재하는 이유는 영적으로 각성하기 위한 것에 지나지 않으며, 어떠한 생명도 전체적인 이 주요 체계로부터 분리돼 있지 않다.

## 영적인 개화에 대한 관심

우리가 영성(靈性)을 이해한다는 것은 아마도 여러분이 예상하지 못했을 것이다. 영성을 이해한다는 것이 반드시 종교적으로 광신도가 되거나 깊은 신앙심을 가지고 살아야 된다는 뜻은 아니다. 우리의 영적인 가르침은 진보된 과학의 형태를 띠고 있는 행성적인 가르침이다. 어떤 면에서 보면 과학의 진보는 삶과 죽음, 신(神), 내생(來生)에 대한 이해를 제공하며, 그리고 지구상의 종교적이고 영적인 길에 관한 다양한 주제들을 철저하게 탐구해 갈 수 있도록 해준다. 우리는 각 개개인이 사후(死後)의 내세가 어떠하며, 여러분들이 신(神)이라 부르는 것이 무엇인지를 실제적인 체험을 통해 스스로 입증하도록 내버려 두고 있다. 또 다른 한편으로 우리의 가르침은 물리적인 우주와 우주의 법칙에 대한 철저한 이해를 포함하고 있고, 이러한 우주의 법칙은 불가사의(不可思議)하고 놀라운 우리 기술 속에 그대로 반영되어 있다.

우리는 지구에서 생겨났던 영적인 행로들과 종교, 그리고 신비학교들(occult schools)에 늘 관심을 가지고 있다. 과거에 우리는 영적인 지도자들을 이곳에 보내는 데 관계했으며, 이러한 지도자들 중에는 종교로 발전한 것들도 있다. 그들이 자신들을 따르는 제자들에게 가르쳤던 자유와 지혜, 사랑의 길이 한계가 있는 것은 사실이지만, 우리는 그러한 지도자들을 아무도 비난하지는 않는다. 왜냐하면 그들 각자는 일정한 의식수준에서 제자들을 모았고, 그러한 수준들이 모두 똑같지는 않기 때문이다. 만약 어떤 한 영적행로가 개인에게 필요한 것을 제공해주고 그를 만족시켜 준다면, 그 사람에게는 그것이 좋은 길인 것이다.

영적으로 성숙해갈수록 사람들은 형식적인 종교나 방식들이 더 이상 자신을 만족시키지 못한다는 것을 알게 되는데, 이는 극히 중요한 어떤 것이 결여되어 있기 때문이다. 내가 지구에 왔을 때, 나도 이와 똑같은 문제에 직면하게 되었다. 나는 어린 나이에 좌절을 겪었지만, 나에게는 많은 지구 사람들이 이해하는 범위를 초월한 지식으로 가득 차 있었다. 그리고 다른 사람들의 생각을 알게 되는 것과 같이 나에게 자연스럽게 일어나는 현상들을 억누른다는 것이 어렵다는 것을 알게 되었다. 나는 나의 모든 친구들과 심지어는 혼미한 상태로 거리에서 이리 저리 배회하는 사람들의 생각을 읽고 그들에게 말을 하려다 멈춘 적도 여러 차례 있었다.

금성에서의 나의 영적 성장과정은 지구에서 내가 배운 것과는 아주 달랐으며, 내가 지구에 있는 동안 나는 어떤 것도 받아들이지 않았다. 나는 테네시에서 어렸을 때는 개신교 교회 환경에서 자라났으며, 그 교회는 나에게 매우 원시적으로 보였다. 결국 나는 내가 이 나라에서 접한 종교들의 영적 가르침의 한계를 알고는 좌절과 상처를 입게 되었다.

금성인들은 삶의 모든 면에서 인간이 만든 법보다는 영적인 법과 자연의 법칙에 따라 살아가고 있다. 이 부분은 다른 행성들과 지구 사이에 근본적으로 다른 부분이다. 그리고 개인적인 체험은 전통적인 종교와 영적행로에서 놓치고 있는 극히 중요한 부분을 보충해주는 것이다.

금성을 떠나오기 전에 나는 지구에서의 영적인 가르침들이 여러 가지 한계가 있고 내가 만족하지 못할 것이라는 말은 들었지만, 지구에서 살아가면서 언젠가는 금성에선 옴-노티아 제디아 (Om-Notia Zedia)라고 부르는 최고신의 법칙인 우주적인 가르침들을 발견하게 될 것이라는 약속을 받았다. 이름은 다르다 할지라도 가르침은 같은 것이며, 적절한 시기가 되고 사람들이 준비가 되면 이것은 앞당겨 질 수도 있다. 이 법칙은 지구 행성이 식민지로 개척된 이래로 계속해서 존재해 왔다. 그리고 서로 다른 많은 이름으로, 때로는 공개적으로, 또 때로는 개별적으로 은밀하게 가르쳐져 왔다. 레무리아 시대와 아틀란티스 시대에는 양성화되었으나 대부분의 시기에는 감춰질 필요가 있었다. 왜냐하면 이 법칙에 대한 가르침이 자유와 자각을 가져다주기 때문이다. 그러므로 조직화된 종교와 통치자들은 그것이 자신들의 안녕(well-being)과 자기 보호에 위험을 초래한다고 생각하고 있다. 이러한 이유 때문에 권력을 가진 자들은 이러한 법칙을 대개 은폐하려고 하는 것이다.

## 최고신의 법칙, 금성과 지구

그리스의 피타고라스(Pythagoras)는 철학자를 가장하여 이러한 우

금성과 지구의 크기를 비교한 사진. 금성은 직경으로 볼 때 지구의 약 95% 정도
의 크기이다.

주의 법칙을 은밀하게 가르쳤던 마스터들 중의 한 사람이었다. 그리고
예수는 그것을 사랑의 지혜로 가르쳤다. 가장 오래된 이러한 가르침은
수천 년 동안 티베트에 존재해온 것으로 알려져 있다. 지구가 최초로
식민지화된 이후부터 이러한 가르침은 이 행성에 알려졌다. 그 후 강
력한 종교들이 이러한 법칙을 억압하던 시대가 있었으며, 그리하여 다
시 한 번 더 이러한 법칙들을 지구에 가져와야만 했다. 그리고 이러
한 기초적인 작업을 수행하도록 보호하기 위해 멀리 떨어진 히말라야
가 선택되었으며, 오늘날까지도 그대로 존속하고 있다. 티타니아
(Tythania) 사람들이 진보를 이루는 데 어떤 중요한 요인이 있었다
면, 그것은 우리가 '최고신의 법칙'이라고 부르는 과학이 되어야만 할
것이다. 이것은 우리가 우주의 가장 깊은 시공간과 물질과 에너지에
대한 비밀을 발견하도록 해주었다. 우리는 가장 깊고 심오한 인간 자
체에 대한 비밀, 그리고 마음과 의식에 대한 비밀을 발견했다. 이 모
든 것들은 금성에서의 삶의 경이들, 그리고 지구에서의 공상과학과 지
구의 이상향(유토피아)에 못지않은 경이로운 것들 속에 그대로 나타나
있다.

　우리 사회에는 전쟁이나 빈곤과 같은 것은 존재하지 않으며, 또한

질병을 알지도 못한다. 수명은 수백 세 이상에 이르고, 육체적인 노화 (老化)는 20~30살 사이에서 멈추게 된다. 우리가 사는 도시들은 작고, 단순하게 계획돼 있으며, 범죄라고는 없다. 그리고 오래 전에 이루어 진 자기력(磁氣力)과 태양력의 개발로 우리의 삶은 대변혁을 맞이하게 되었다.

우주에는 우리가 도전해볼 만한 거대한 목표들이 있다. 우리는 지식에 목말라 있고, 우주는 항상 더 배워야할 많은 것들이 존재하도록 설계되어 있다. 우리의 우주선들은 중력이나 마찰에 영향을 받지 않으며, 소위 빛의 속도로 날 수 있을 뿐만 아니라 길이가 수 마일(Mile)에 이르는 것들도 있다. 이 태양계에 존재하는 다른 행성들을 단 며칠도 안 돼는 단시간에 다녀 올 수 있다. 게다가 태양계간의 여행은 이보다 더욱 빠르다.

## 금성(Venus)

금성인들은 각 개인별로 마음과 의식(意識)의 진정한 힘에 대하여 잘 알고 있다. 여러분들이 소위 심령력(心靈力)이라고 부르는 것은 우리에게는 아이들 장난과 같은 것이다. 정신적인 텔레파시는 우리가 의사소통하는 데 상시 사용하고 있는 것이며, 그리고 우리는 미래를 내다보고 과거의 삶을 기억할 수 있다, 또 생각만으로도 물체를 움직일 수 있다. 우리들 중의 많은 사람들이 시간을 앞뒤로 움직여가는 법을 배워 알고 있다. 하지만 그러한 능력을 사용하고자 하는 사람들은 이러한 능력을 사용하는 데 따른 책임을 질 수 있을 정도로 영적으로 성숙해 있어야 한다. 즉 부정적인 행성에서는 이러한 능력들이 너무 쉽게 남용될 수 있는 것이다. 혹시라도 지구인들 중에 그러한 능력을 자신도 모르게 어리석게 장난삼아 해보는 사람이 있다면, 그는 앞으로 다가올 많은 생에 걸쳐서 이러한 잘못으로 인한 대가를 지불하게 될 것이다. 나는 절박한 경우가 아니면 그러한 능력을 사용하지 않으며, 그리고 오용되지 않도록 항상 주의를 기울여야 한다.

우리는 물질세계를 벗어난 다른 우주가 존재한다는 사실을 발견했고, 이러한 세계들을 마음대로 다녀오는 법을 배웠다. 금성에서는 이것 자체가 하나의 과학이다. 지구에 사는 어떤 작가들은 이러한 우주를 "평행우주(Parallel Universe)"라고 부르고 있다. 이러한 존재계는 시공간과 물질과 에너지의 다른 좌표(座標)들에 실재하고 있는 것이다. 그러한 세계들을 발견하고 탐구하는 과정 속에서 우리는 죽음이라 부르는 수수께끼를 풀었다. 죽음이란 이와 같은 다른 세계들 가운데 하나로 이동하는 것에 지나지 않으며, 개개의 생명체가 지니고 있는 아주 자연스러운 부분인 것이다. 그러나 이 지구에서는 죽음이라는 것이 수수께끼로 남아 있는데, 이는 이러한 여러 세계를 발견하고 탐구한 사람들이 되돌아와 그 내용을 이야기해주는 경우가 매우 희귀하기 때문이다.

## 이 책은 어떤 역할을 하게 되나?

지구에 사는 인류가 해야 하는 커다란 일은 생명의 신비를 밝히는 것이다. 나는 이 책이 여러분이 살고 있는 세계에 대한 안목을 넓혀주고 개인으로서 여러분 자신에 대해 보다 잘 이해할 수 있도록 해주기를 바라고 있다.

## 상상

만약 여러분이 금성에서의 나의 삶을 내가 상상으로 지어낸 것이라고 생각한다고 하더라도, 나는 별로 개의치 않는다. 인간이 만든 모든 창조물, 즉 여러분 주위에서 볼 수 있는 인간이 만든 모든 것들은 상상으로 인해 생겨난 것이다. 상상은 인간이 지니고 있는 가장 강력한 재능이며, 인간으로 하여금 초인(超人)이 될 수 있게 하는 열쇠이기도 하다. 바로 이러한 상상을 가짐으로써 인간이 신(神)과 같은 창조자가 되는 것이다.

# 제2장

## 최고신의 두 가지 법칙

# 최고신의 두 가지 법칙

## 이런 법칙들의 중요성

금성은 우리의 태양계 내에서 오래 되고 보다 진화한 행성들 중의 하나이다. 금성인들은 아주 오래 전부터 존재해왔으며, 나의 선조들은 지구가 발전하는 모습과 지구가 처음으로 살기에 적합하게 되었을 때 이 녹색 행성을 탐험하는 것을 지켜볼 수 있었다. 그 후 우리는 하나의 문명으로서, 그리고 각 개인으로서 영적으로, 문화적으로, 기술적으로 지구인들에게는 믿을 수 없을 정도로 성장했다. 금성에서의 나의 삶은 지구와는 너무나 다르다. 때문에 이 장(章)을 통해 먼저 우리의 문화와 역사를 이해하지 않고 그곳에서의 나의 이야기, 즉 나의 출생과 가정 등의 평범한 이야기들로 옮겨가는 것은 도움이 되지 않을 것이다.

티타니아인들(금성인들)과 지구인들 사이의 근본적인 차이는 각 개인의 자각(self-awareness)에 있으며, 그것이 여전히 엄청나게 다른 세계를 만들어내고 있는 것이다. 수백만 년에 걸친 행성의 성장은 그 곳의 주민들이 얼마나 영적으로 깨닫고 각성해 있느냐에 달려 있다.

금성인들이 자신들의 문화와 기술, 그리고 삶의 어떤 면에 대해 이야기 할 때마다 모든 영예는 항상 〈최고신의 법칙〉이라고 불리는 행성의 과학과 가르침에게 돌아가게 된다. 영성(靈性)과 과학은 동일한 것의 두 측면을 나타내는 것이며, 우리는 오로지 이 진보된 과학의 형태를 통해서 여러모로 성장해온 것이다.

오직 이 과학에 대한 인식을 통해서만이 지구인들은 금성인들과 나의 삶에 관해 이해할 수 있다. 최고신의 법칙이 없었다면, 금성도 오늘날의 지구와 같이 혼란한 곳이 되었을 것이다. 금성의 모든 아이와 어른들과 마찬가지로, 나도 어렸을 때 중요한 법칙들에 대한 기초를 튼튼히 다졌다. 이러한 가르침들은 이미 오래전에 그것이 진실한 길이고 전 행성을 위한 올바른 이해라고 밝혀졌다. 그 후 지구에서의 삶을 살면서 나는 최고신의 법칙들이 얼마나 소중한 것이며, 이러한 가르침을 철저하게 배우게 된 것이 얼마나 다행스러운 일인지 깨닫게 되었다.

## 이 가르침들이 나에게 어떠한 도움이 되었는가?

내가 카르마와 물질세계에서의 삶의 목적에 관해 알고 있고, 또 물질 우주를 초월해 존재하는 여러 우주들에 대해 자각하고 있었기 때문에 나는 악몽과 같았던 지구에서의 삶에서 좀 더 편안한 마음으로 살아남을 수 있었다. 그리고 금성에서의 삶을 통해 나는 감정적인 면에서 앞으로 부딪치게 될 난관을 극복하는 데 필요한 힘을 얻게 되었다. 그리하여 나는 보다 성숙하게 지구에서의 나의 삶과 내가 처한 곤경을 이해하고 받아들일 수 있었다.

이러한 가르침에 마음이 열려 있는 지구인이라면 누구나 물질세계에서 일어나는 여러 문제들을 초월할 수 있다. 내가 금성을 떠나오기 바로 전에 미래에 이러한 가르침이 어떻게 될 것인지에 대해 이야기를 들었다. 언젠가는 최고신의 법칙들이 이 지구에서도 있는 그대로 인식되어질 것이다. 이미 씨앗들은 뿌려졌다. 그러므로 우리 금성인들이 이것이 현실화되도록 점점 더 많이 관여하게 될 것이다.

내가 말하고자 하는 요지는 각 개인이 최고신의 법칙을 배우는 데 있어 살아 있는 체험을 통해서 이해해야 한다는 것이다. "나는 누구인가?"라고 스스로 자문하게 되면, 여러분들의 마음에는 많은 생각들이 있을 수 있다. 지구에는 사람들의 숫자만큼이나 많은 자아에 관한 개념들이 있을 수 있는 것이다. 사는 곳이 금성이든 지구이든, 아니면 어떤 은하에 존재하는 다른 행성에서든 모든 존재들의 삶에 큰 차이를 만들어내는 것이 바로 이 자아개념(自我概念)이다. 여러분들의 참 자아가 무엇이며, 누구인지를 완전하게 깨달을 수 있도록 성장해가는 것이 이 물질우주와 다른 여러 우주에서 삶을 영위해 나가는 목적인 것이다. 한 개인이 셀 수 없이 많은 생을 살아가면서 얻게 되는 모든 체험을 통해 완전한 자각(自覺)과 자신이 누구인지에 대해 철저히 인식하게 되는 것이다. 최고신의 법칙은 비록 여러 가지 다른 이름으로 불리지만, 여러 시련과 경험들로 점철된 수많은 생들을 통해 목표를 성취할 준비가 된 사람들에게는 공개적으로, 또는 은밀하게 모든 행성에 항상 존재하고 있다.

모든 행성에 존재하는 모든 개인들은 하나의 영혼이며, 그 이상도 그 이하도 아니다. 내가 영혼이라는 말을 사용하는 이유는 금성인들의 거기에 해당하는 말이 그 용어에 가깝기 때문이다. 그런데 지구에서 영혼이라는 말은 아주 오랫동안 종교나 영적인 철학적인 개념으로 사용돼 왔으며, 우리가 의미하는 것과 가깝다. 그러나 최고신의 법칙을 통해 우리는 "나는 영혼이다."라고 말하거나 단순히 그것을 믿는데 머물러 있지는 않는다. 우리는 영체 속에 존재하는 가장 강력한 감각들과 기능들을 사용하여 영체의 의식적인 체험을 통해 그것을 명확히 알고 있는 것이다.

영혼은 너무나 실질적인 것이어서 영혼의 존재를 아는 데 꼭 죽을 때까지 기다릴 필요는 없다. 그것은 지금 당장이라도 체험할 수가 있다. 물질세계에서 영혼은 몸 중에서 양미간 사이의 뒤쪽에 존재하는 것으로 알려져 있다. 그러나 영혼으로서 여러분은 살아 있는 동안에 육체로부터 분리되는 법을 배울 수가 있고, 몸에서 수십 센티(Cm)에서 수 킬로(Km)까지 떨어져 있을 수도 있으며, 아니면 종교에서 천국이라고 말하는 여러 세계들 중에 하나에 있을 수도 있다.

영혼은 자각(인식)의 한 구성단위이다. 영혼은 알 수 있고, 존재할 수도 있으며, 볼 수도 있다. 영혼은 그 속성에 있어서 신(神)이라 불리는 존재의 복사판인 까닭에 그 사실을 제쳐놓고는 영혼의 근본적인 특성에 대해 많은 이야기를 할 수가 없다. 소음이나 혼란으로부터 벗어나 눈을 감고 조용히 앉아 있으면, 여러분 몸속에는 아주 각성돼 있는 한 지점이 있는 것을 알게 될 것이다. 이 부분은 대개 머리의 양미간 사이의 뒤쪽 중앙에 위치해 있으며, 육체적인 감정, 소리, 시각, 그리고 느낌으로부터 분리되어 있을 수도 있고, 자각할 수도 있다. 우리는 어떤 사람이 자신의 존재에 대하여 잘못 알고 있을 지도 모르는 모든 것들을 관찰할 수 있는 형언할 수 없는 무엇인가를 가지고 있다. 이 분리된 관찰자가 바로 영혼이며, 진정한 여러분인 것이다.

## 영혼이란 무엇인가?

여러분이 눈을 감고 마음의 창에다 친구의 얼굴을 떠올린다면, 그 그림을 지켜보고 있는 것이 바로 영혼이다. 마음은 보이지가 않으며, 마음은 단지 상(像)을 만들어내고 간직하는 데 사용되는 도구이다.

영혼의 실체를 체험하기 위한 또 다른 방법은 이렇게 하면 된다. 예를 들어 내가 어떤 친구에게 말을 할 때, 그 말이 나의 입에서 생성되는 것일까? 물론 아니다! 내가 말을 하면서 말이 나오는 것을 주의 깊게 지켜본다면, 그 말 하나하나를 충분히 인식할 것이고 그것을 듣고 있는 무엇인가가 존재한다는 것을 알아차리기 시작하게 될 것이다.

그것은 하나의 생각이 아니라 어떤 자각의 구성부분이다. 왜 이것이 하나의 사고(思考)나 마음이 아닌 것일까? 올바른 사고(思考)를 가진 사람이라면 마음과 영혼 사이에 무슨 차이가 있을까? 라고 궁금하게 생각할 것이며, 마음을 통해 사고가 흘러갈 때 그것을 알아차릴 수 있다고 나는 생각한다. 마음이 만들어내는 생각들을 말없이 조용히 지켜보고 있으면서 이것들이 사념이라는 것을 아는 어떠한 존재가 있는데, 이것이 우리가 영혼이라고 부르는 자각단위인 것이다. 생각과 이를 지켜보는 자각의 단위를 혼동하는 경우가 많이 있다. 우리는 "나는 나의 사고를 충분히 인지하고 있다"고 생각하며, 이것을 진실이라고 받아들이게 되는데, 이것도 또한 하나의 생각에 불과하다는 것을 잊고 있다. 그것 역시 영혼으로서의 상태에서 의식적으로 관찰될 수 있다. 자각과 사람의 사념적 정신작용의 세계와는 명확히 서로 다른 것이다.

여러분이 영혼이라는 것을 가장 잘 알 수 있는 좋은 방법은 살아 있는 상태에서 영혼의 형태로 몸을 떠나는 것이다. 이것을 '유체이탈(幽體離脫)'이라고 하며, 이는 여러분이 육체를 초월한 어떠한 존재라는 것을 입증하고 있는 것이다.

영혼으로서 여러분이 얼마나 오래 되었느냐 하는 것은 아무 의미가 없다. 왜냐하면 영혼 그 자체는 시공간을 초월하여 존재하고 있기 때문이다. 이번 생애 이전에 살아온 생(生)의 숫자를 세어보면, 여러분의 나이는 쉽게 어림잡아도 수백만 년이 될 것이다. 이러한 모든 생애를 통해 여러분은 개인으로 존속해 왔으며, 마지막으로 육화한 그 이후에도 한 개인으로서 존속하게 될 것이다. 육체적인 몸과 개성, 주변의 상황들, 체험들은 변해왔지만, 참된 각성과 참자아(眞我)뿐만 아니라 교훈들에 대한 배움, 영적인 개화는 항상 존재해 왔다. 그리고 아주 오래전에 영혼이 물질세계에 들어오게 된 첫 번째 이유는 바로 배우고, 성장하고, 깨닫기 위해서이다.

## 물질계 너머의 세계들

물질세계를 향한 영혼의 여정에는 우리가 살고 있는 지구 너머의 많은 다른 세계들도 거기에 포함된다. 이러한 세계들이 내가 말하고자 하는 소위 〈평행우주(parallel universe)〉이며, 금성인들과 많은 다른 존재들이 이러한 우주들을 발견하고 탐험한 바 있다. 금성인들에게 있어서 이러한 존재계들은 생명의 수수께끼들에 대한 해답을 그 속에 지니고 있는 최종적인 미개척 분야인 것이다.

지구에는 다른 세계들에 관해 집필된 책들이 있는데, 사람들이 호기심을 가지게 된 이후로 그러한 세계에 대해 궁금하게 생각해 왔다. 하지만 생을 살아가는 동안 의식적으로 이러한 세계를 방문할 수 있는 비결은 거의 찾을 수가 없었다. 그러나 가까운 장래에 이것이 바뀌게 될 것이다. 의식적으로 그러한 세계의 방문을 체험하게 되는 것은 그러한 세계가 실존하여 입증할 수 있다는 것을 의미하며, 반대로 그것을 전혀 체험하지 못하는 것은 그러한 세계가 막연하며 현실적이지 못하다는 것을 뜻하는 것이다.

이들 각각의 세계나 존재계는 서로 다른 진동수와 주파수를 지니고 있다. 물질을 초월한 세계를 이루는 성분들은 주파수가 너무 높아서 그곳에 살고 있는 존재들은 여기 물질계의 벽과 산, 그리고 사람들을 쉽게 통과해 갈 수 있다. 지구의 과학자들이 감지할 수 없는 가장 높은 소리도 물질우주를 초월한 세계에서는 가장 낮은 음(音)에 불과하다. 이런 이유 때문에 지구에서 이러한 세계의 존재들은 과학으로 증명될 수 있는 개인적인 체험이라기보다는 종교적인 문제가 되는 것이다.

저 너머의 영적 세계들은 물질세계와 유사한 점이 많이 있지만, 그러한 세계는 물질세계보다 훨씬 더 아름답고 천국과 같으며, 그러한 세계에도 온갖 종류의 사람들과 도시, 마을, 동물, 식물, 산, 대양, 사막, 그리고 일몰이 존재한다. 그러나 상상할 수 있는 모든 방법을 다 동원하더라도 이러한 세계들은 물질세계에서 가장 진보한 행성들보다도 훨씬 더 아름답다. 색상들은 더할 나위 없이 아름답고, 빛나며, 숨이 막힐듯하여 말로는 다 설명할 수가 없다. 우리의 세계보다 한 단계 위의 우주는 너무나 아름다워 죽은 이후에 그곳에서 사는 사람들은 그곳이 마지막 천국(天國)인 것으로 잘못 알고 있다.

나는 잘 알려진 비유법을 사용하여 이러한 세계들이 어떻게 설계된 것인지를 설명하고자 한다. 먼저 하나의 '원심분리기(遠心分離機)'를 준비하도록 한다. 이 원심분리기는 액체를 아주 빠른 속도로 돌려주는 과학기구이다. 물이나 진흙, 모래, 돌을 섞어서 원심분리기에 넣고 아주 빠른 속도로 회전을 시키면, 무게 별로 무거운 물질들이 바깥쪽에 모이게 될 것이다. 중앙으로 갈수록 총중량이 덜 나가는 물질들이 모이게 되며, 정중앙에는 오직 공기만이 존재하고 아무 것도 없다는 것을 알 수 있을 것이다.

이와 같이 제일 바깥층이 밀도가 가장 짙고 물질세계 중에서도 가장 물질적인 물질우주에 비유될 수 있다. 이 실험에서 중앙을 향해 들어갈수록 보다 미세한 층들이 만들어지는 사실을 알 수 있을 것이다. 시공간의 세계도 이와 같으며, 이러한 시공간은 보다 높은 주파수를 띠게 된다. 물질세계에 사는 우리와 마찬가지로 그곳에 사는 사람들도 사물들이 실재적이고 견고하다고 느낀다. 이는 그곳에서 사용되는 감각도 똑같이 높은 주파수를 띠고 있기 때문이다. 따라서 우리의 육체적인 감각을 가지고는 그곳에 있는 사물과 사람들을 느낄 수가 없다. 왜냐하면 육체적인 감각은 오직 물질우주에서만 사용할 수 있도록 고안되었기 때문이다.

회전하는 액체의 중앙에는 공기만이 존재하며, 이는 시공간을 초월한 순수한 영적인 세계에 비유될 수 있다. 이러한 세계가 영혼의 고향이며, 또 종교에서 신(神)이라 부르는 것으로서 궁극적인 실체인 것이다. 영혼은 시공간을 초월한 그 순수하고 절대적인 영적세계에서 유래된 것이지만, 이 우주의 바다에서 무의식적인 하나의 원자로서 탄생했다.

# 영(靈)과 하위 세계들의 창조

최고의 신(神) 그 자체는 실제로 텅빈 진공(眞空)이다. 최고의 신은 그 외부의 어떤 것과도 관련이 없다. 이 때문에 이 궁극의 실재에 관해서는 아무 것도 말로 언급될 수 없는 것이다.[1] 그러나 다만 체험될 수는 있다. 말로 설명하기 가장 좋은 방법은 "최고신은 단지 존재한다!"는 것이다.

최고의 신으로부터 분출되어 물질세계를 포함한 모든 세계에 생명을 부여하고 유지하게 하는 것은 들을 수 있는 영(Spirit)이 지닌 생명의 흐름이다. 우리가 사는 세계의 물질과 에너지는 이러한 우주의 에너지가 진동수를 단계적으로 낮춘 것에 지나지 않는다. 영혼(Soul)이 존재하는 곳도 바로 이러한 영(Spirit)의 바다 속에서 가능한 것이다. 영혼은 영(靈)의 일부이다. 영혼이 하나의 무의식적인 원자(an unconscious atom)로서 처음 창조될 때에는 영혼은 자신과 최고신이 누구이며 왜 존재하는지, 그리고 자신이 통제할 수 있는 능력이 무엇인지를 몰랐다. 영혼은 이러한 영의 바다 속에서 잠들어 있었으며, 따라서 어느 정도는 깨어나야 했고, 심지어 자신이 존재하고 있다는 사실에 대해서도 자각해야 할 필요가 있었다.

영혼이 깨어나도록 기회를 주기 위해 최고의 신은 여러 형태의 세계를 창조했으며, 이러한 세계에는 우리가 칼(Kal) 또는 부정적인 힘이라 불리는 영의 정반대되는 것(the opposite of Spirit)이 존재하고 있다. 그곳에서 영혼은 자각할 때까지 시험과 정화(淨化)의 과정을 거치게 된다. 그러한 세계에서 영혼들은 깨어나는 데 필요한 체험을 얻게 되며, 이를 통해서 영혼은 신(神)의 몸체로부터 분리되어 있지만 아직까지도 신의 일부로서 의식을 지닌 원자(a conscious atom)가 되는 것이다. 이렇게 되면 영혼은 영원토록 신성을 지닌 개별적인 존재로 남게 될 것이다.

---

1)이른바 불교의 선(禪)에서 말하는 언어도단(言語道斷) 경지, 노자(老子)가 〈도덕경〉에서 언급한 "도가비상도(道可非常道)"를 뜻하는 듯하다.(역주)

영혼은 자연적으로 순수하고 절대적인 영적 세계에 존재하게 되며, 그곳에는 물질과 에너지, 그리고 시공간이 존재하지 않는다. 이곳에는 부정적인 힘의 흔적조차도 존재하지 않는다. 이러한 세계들은 아주 실재적이기는 하지만, 이를 말로 표현하기란 거의 불가능하다. 왜냐하면 이러한 세계들은 마음이나 마음이 작용하는 영역의 범위를 넘어서 있기 때문이다. 그러한 세계를 알고자 한다면, 스스로 그러한 세계를 체험해야만 한다.

밀도가 짙은 세계들은 이원성(二元性)과 칼(Kal)이라고 하는 부정성을 통해 영혼의 성장을 할 수 있는 학교로서의 구실을 하기 위해서 만들어졌다. 영혼은 배워야 할 교육과정을 다 마치고 졸업할 때까지 이러한 긍정성과 부정성을 지닌 세계에 머무르게 된다. 모든 영(靈)과 관련된 하위세계는 영겁 이전에 영혼이 분화되고 그 진동이 낮추어져 처음으로 들어갔던 수준의 세계이다. 이런 하위세계들 가운데 천국과 가장 비슷한 바로 아래의 세계를 에테르계(eheric planes)라고 부른다.2) 영적인 용어로 이런 세계들은 밀도가 짙은 물질세계와 고차원의 영의 세계 사이의 교차층이라 할 수 있다.

## 인간의 여러 복체(複體)들

영혼들이 밀도가 점차 짙은 이러한 세계들과 접촉하게 되면서 스스로를 보호해줄 덮개나 몸이 필요하게 되었다. 영혼에게 있어 낮은 세계에서 가장 필요한 보호방법은 그러한 세계에서 자연적으로 구할 수 있는 질료로 만들어진 몸을 갖는 것이다.

여러분이 입었던 최초의 몸은 **영혼을 둘러싸고 있는 투명한 덮개나 빛과 같은 것**이었다. 이것이 지구에서는 *잠재의식(潛在意識)*으로 알려져 있으며, 밀도가 짙은 세계에서 영혼이 사용할 수 있는 가장 강력

2)신성(神性;Deity)의 바로 아래 단계의 의미로 여기서 사용된 "에테르"라는 용어는 신지학이나 연금술에서 사용하는 용어와는 다른 것이다. 여기서는 신성에서부터 시작하여 중간밀도를 거쳐 우리가 알고 체험하고 있는 물질세계를 설명하는 것이라는 것을 잊지 마시기 바란다.
(스티븐스 주)

한 도구들 중의 하나이기도 하다. 인간의 잠재의식이라는 무한한 원천은 이 *에테르계*에 존재하고 있고, 이 에테르계를 통해 많은 성자들과 신비가들이 우주의식(宇宙意識)을 수신했다. 이러한 세계는 하나의 존재계로서 물질세계만큼이나 실제적인데, 어떤 측면에서는 물질계보다 더 실재적이다. 에테르 세계에도 사람들이 살며, 도시들이 있고, 우리들 중에서도 물질세계에서 몸을 이탈하는 수행을 했던 사람들이 보고 기억할 수 있는 아름다운 경치와 볼거리들이 존재하고 있다.

영혼들이 하위세계로 들어갔던 그 다음 단계의 낮은 세계를 *원인계(Causal Plane)*[3]라 한다, 이곳에서 영혼은 보다 견고한 원인체(Causal Body)를 가지게 된다. 이 원인체를 통하여 영혼은 낮은 세계에서 살았던 과거의 삶들을 회상해낼 수 있게 되는 것이다. 지구의 어떤 가르침들에서는 이것을 씨앗체(seed body)라고 부르기도 하는데, 이는 우리가 행한 행동에 대한 카르마의 씨앗이 이 원인체에 심어져 나중에 그 과보(果報)를 받아야 하기 때문이다.

어떤 종교에서는 이 원인계를 '아카식(Akashic)'이라고 부른다. 본질적인 '아카식 레코드(Akashic Record)'는 낮은 세계 위에 존재하지만, 원인계를 방문하는 사람들은 원인계 아래의 세계들에서 살았던 지난 삶에 대해 배울 수 있는 기회를 가지게 된다. 미국의 유명한 심령능력자인 에드가 케이시(Edgar Cayce)[4]가 바로 그것을 행했던 인물이다. 그는 원인계에서 인간의 전생(前生)을 탐사하여 이런 기록들을 열람했던 것이다. 누구든지 적절한 때에 원인계를 방문하여 배우고, 지구와 다른 행성에서 자신이 살았던 지난 생(生)에 대한 여러 가지 사실들을 알 수가 있다.

원인계의 다음에 존재하는 것이 바로 *멘탈계(Mental Plane)*이다.

---

3)신지학에서는 이 원인계를 "상위 멘탈계"로 분류하여 부르기도 한다.(역주)
4)미국의 저명한 심령능력자이자 예언가로서 수많은 아카식 리딩 정보와 예언들을 남겼다. 그는 인간의 전생(前生)을 탐사하는 '라이프 리딩'과 육체적 건강문제의 원인을 찾기 위한 '피지컬 리딩'을 행했는데, 평생동안 영적인 문제로 고통 받는 수많은 사람들을 상담하고 리딩해줌으로써 많은 도움을 주었다. 뿐만 아니라 케이시는 미래에 관한 정확한 수많은 예언들을 적중시켜 많은 이들을 놀라게 했고, 인류의 20세기 영적분야에 커다란 영향을 미친 바가 있다.(역주)

이 세계도 장엄한 모습과 소리를 지니고 있으며, 이러한 세계들 중의 어떤 것들은 지구의 종교문학에도 기록되어 있다. 성 요한(Saint John)은 유체이탈을 한 상태에서 이 정신계를 방문하였으며, 그가 카이라쉬(Kailash)라고 불리는 수도를 포함하여 그곳에서 보았던 것을 묘사하였다. 세상의 종교들에서 말하는 많은 천국들이 이 세계에 있는 것들이다.

이와 같이 밀도가 엷은 곳에서 생존하기 위해 영혼은 멘탈체(Mental Body)[5], 또는 마음이라고 불리는 좀 더 두툼한 체(體)로 스스로를 보호해야만 한다. 우리의 마음은 바로 이러한 체(體)이며, 마음이 지닌 에너지는 생각과 동시에 나타나게 된다. 우리 모두는 이러한 체를 가지고 있는데, 이는 영혼이 낮은 세계에서 일을 하는데 사용하게 되는 도구이기 때문이다. 마음 자체는 생명력을 지니고 있지 않으므로 영혼이 가지도록 허용한 에너지에 의존하게 된다.

주파수적인 면에서 멘탈계 아래 단계의 세계는 인간의 물리적인 삶을 영위하는데 있어 가장 큰 역할을 하는 세계로서 *아스트랄계(Astral Plane)*라고 한다. 이곳은 여러분이 영혼으로서 아스트랄체를 얻은 곳으로, 감정이라 부르는 것을 이 아스트랄체를 통해 기록할 수 있게 된다. 이러한 이유 때문에 아스트랄계가 '감정의 세계'라고도 불리워지는 것이다. 인간이 감정을 체험하게 될 때, 이 감정은 아스트랄체를 통해서 흐르는 에너지인 것이다. 모든 삶 속에서 여러분의 아스트랄체는 정확히 육체의 복사본과 같으며, 단지 보기에 좀 더 아름다울 뿐이다.

시공간에 존재하는 다른 여러 세계들과 마찬가지로 이 아스트랄계

---

5)이 멘탈체라는 용어를 굳이 번역한다면, 우리 말로는 지성체(知性體) 또는 사고체(思考體), 이지체(理知體) 정도가 될 것이다. 아스트랄체를 다른 말로 '감정체'라고 하는 데, 우리가 감정을 컨트롤하고 제어하는 것이 이성(理性)이나 지성이듯이, 이 멘탈체는 아스트랄체보다는 상위에 해당되는 체(體)이다. 이 책에서는 원어 그대로 멘탈체, 또는 멘탈계라고 번역했다. 이런 식으로 우리의 영(靈)이자 진아(眞我)는 수많은 복체들로 겹겹이 싸여 있는데, 육체-물질계, 아스트랄체-아스트랄계, 멘탈체-멘탈계, 원인체-원인계와 같이 각 복체에 상응하는 천상의 영적인 세계가 따로 존재하고 있는 것이다.
(역주)

도 매우 실제적인 세계이다. 사실 물질세계에서 우리가 알고 있는 모든 것들, 즉 사람과 산, 나무, 집과 도시들은 아스트랄계에서 먼저 존재하고 있다. 물질세계는 마음속에 있는 아스트랄로 창조된 것이나, 다채롭지 못하며 별로 빛이 나지 않는다. 아스트랄계에 사는 사람들은 여러 가지 능력들을 가지고 있는데, 예를 들면 텔레파시, 마음으로 어떤 것이든 구현해내기, 또 운송수단이나 장치를 이용하지 않고도 엄청난 속도로 여행을 할 수도 있다. 아스트랄체는 빛이 나고, 우리가 알고 있는 육체적인 고통도 없기 때문에 사람들이 이 아스트랄체와 영혼을 혼동하게 되는 것이다.

이러한 여러 몸체들을 지님으로써 영혼은 가장 낮은 세계에도 들어가 체험을 할 수 있게 되는 것이며, 언젠가는 최고신과 더불어 창조하게 되는 의식적인 공동 창조자에 이르게 되는 것이다. 우리 모두는 이러한 세계가 물질 우주라는 것을 알고 있고, 이곳에서 영혼은 물질적인 껍질이나 몸을 가지게 되는데, 이것들은 이곳에서 살아남고 체험을 시작하기 위해 필요한 것들이다.

## 물질세계에서의 진화

여러분이 물질세계에 들어가기 시작한 초기에 곧 바로 인간의 형태를 취한 것은 아니었다. 모든 존재들이 완벽해지기 위해서 반드시 겪어야만 하는 모든 가능한 체험을 얻기 위해서는 물질세계가 제공하는 모든 의식 상태를 체험할 필요가 있다.

그리고 영혼으로서 여러분이 최초에 겪었던 체험, 또는 여러분이 살았던 최초의 의식의 단계는 광물 상태였다. 그렇다. 광물은 우리가 생각할 때 자각능력이 전혀 없는 것처럼 보이지만, 무엇보다 먼저 영혼이 깨어나서 물질적인 존재를 이해해야 하기 때문에 광물 상태의 삶을 통해 비록 제한적이라 하더라도 체험이 필요한 것이다. 초기에 우리들의 대부분은 필요한 체험이 무엇이냐에 따라 아주 오랫동안 광물 상태에 있었다. 물론 그렇다고 여러분들이 실제로 광물이나 바위는 아니었다 하더라도 영혼은 자신의 진화과정에서 한때 그러한 몸체 속에서 살았었다.

삶과 삶 사이의 중간에 의식의 수준에 따라서 여러분이 물질세계 위의 세계에 존재하기도 했다. 아주 초기에 대부분의 영혼들은 물질우주 속으로 다시 육화하기 전까지 아스트랄계에 들어가 잠시 머물기도 한다.

광물 상태와 광물 단계에서의 자각을 거친 후에 영혼은 식물 상태의 체험을 하게 된다. 하나의 식물로서 영혼은 햇빛과 바람, 비를 느끼게 되며, 그리고 고차원의 생명체를 위한 식량이 되어 봉사를 하게 된다. 지구나 다른 행성에서 이끼, 꽃, 채소, 나무가 되어 많은 생(生)과 사(死)를 거친 후에야 영혼은 다음 단계로 옮겨갈 준비가 된다. 이때 영혼은 비로소 의식(意識)을 지닌 동물 상태로서의 삶을 시작하게 되는 것이다.

## 인간으로서의 영혼의 성장

하나의 개체로서 영혼은 자신의 본성이나 개성에 적합한 몸체에 거주하게 될 것이다. 영혼은 동물 속에서는 생명력으로 나타나지만, 항상 하나의 독특한 개체로서 존재하게 된다. 영혼은 이러한 지각을 지닌 동물로서 아주 오랜 세월을 보내게 되며, 어느 하나의 종(種)에서 다른 종으로, 예를 들어 곤충에서 파충류나 새, 포유동물 등으로 진화하게 된다. 지구에는 이러한 생명체들이 항상 존재하는 것이 아니지만, 다른 많은 행성에서는 존재하고 있다.

물질세계에서 전개되는 마지막 단계, 즉 영혼이 물질세계에서 도달할 수 있는 가장 높은 단계는 인간이다. 인간은 물리적 우주에서 진화할 수 있는 최고의 정점이며, 영혼이 물리적 우주에서 마지막 체험을 하기 위해 사용하게 되는 형상이 인간인 것이다. 하나의 인간으로서 영혼은 가능한 모든 경험을 겪어야만 한다. 한 번의 생(生)은 진화의 과정에서 아주 짧은 시간에 불과하며, 물질우주에서 필요한 것들을 배우고 성장하는 데 있어서의 짧은 한 순간에 지나지 않는다. 하지만 지구에 사는 사람들은 한 번 육화하여 144년이라는 하나의 완전한 주기를 끝마치지도 못하고 있다.

## 카르마(Karma)

영혼은 필요한 경험들을 하기 위해 수백만 년에 걸쳐 인간으로서의 환생을 거듭하게 된다. 역사는 우리 선조(先祖)들의 이야기가 아니다. 즉 역사는 우리 자신들의 이야기이다. 왜냐하면 우리가 과거생에 우리의 선조들이었기 때문이다. 우리들 각자는 많은 다른 인물들로, 또 남성과 여성, 다른 많은 인종들로, 많은 행성에서, 그리고 이루 셀 수 없을 만큼 많은 환경과 상황 속에 살아가고 있는 것이다. 그리고 우리가 되돌아올 때마다, 새로운 몸과 새로운 마음을 지니고 오게 된다.

하지만 새로운 영혼들이 끊임없이 창조되고 있고, 그럼으로써 낮은 세계들은 계속 존속하게 될 것이다. 최고의 신은 이러한 계획을 이용하여 변함없이 일정한 생명들이 이런 창조계를 체험하도록 하여 멸망하지 않게 하고 있는 것이다.

우리가 과거 생(生)들을 기억하지 못하는 것은 우리 자신을 위해서이다. 만약 사람이 그 많은 기억들에 압도되어 살아간다면, 아마 아주 쉽게 삶을 포기할 수도 있을 것이다. 이러한 기억들은 영혼이 지닌 지식의 일부이며, 우리는 그러한 기억을 감당할 정도로 충분히 성숙해지기 전에는 잘 이해할 수 없다.

다행히 운이 좋아서 시공간을 초월해 존재하는 세계를 체험할 수 있는 사람은 낮은 세계들이 완전하지 않다는 것을 알게 된다. 그렇다면 영혼으로서 우리는 왜 이토록 낮은 세계에 오랜 세월을 머물러야 하는 것일까? 우리가 순수하게 정화되고 완전해지도록 하기 위해 부정적인 힘들이 우리를 가능한 한 오랫동안 이곳에 묶어두고 있는 것이다. 묶어두는 도구가 바로 "카르마(業)의 법칙"이며, 이것이 중력의 법칙과 마찬가지로 우리를 이곳에 잡아두어 윤회(輪廻)의 경험을 통해 영혼의 존재 자체를 깨닫게 하는 것이다. 카르마의 법칙이 보이지는 않지만, 카르마가 어떻게 존재하는지를 알지 못하면 못할수록 그 만큼 우리가 오랫동안 물질세계에 속박돼 머물러야 한다는 것은 논쟁의 여지가 없다.

예수가 "뿌린 대로 거두리라."라고 한 말은 "카르마의 법칙"을 두고 한 말이다. 지구상에 존재하는 거의 모든 종교와 도(道)의 영적 지도자들은 일찍이 이러한 우주의 법칙을 가르쳤으며, 그리고 오늘날 다수의 사람들이 카르마에 대하여 알고 있다. 특히 동양에서는 더욱 그러하다.

## 영혼이 하나의 가르침을 깨닫게 되다

마음은 꼭 필요한 일꾼이 되기도 하지만, 끔찍한 주인이 되기도 한다. 또 영혼은 항상 밀도가 짙은 몸들을 통제하고 있어야 하지만, 그렇지 못한 경우가 너무나 자주 발생한다. 영혼이 마음을 관리하는 대신에 칼(Kal)의 힘(어두운 부정적 힘)이 이를 맡아 관리하게 됨으로써 사람은 마음이 지닌 다섯 가지 격정, 즉 분노, 자만심(허영), 성욕, 탐욕, 그리고 물질에 대한 집착 속으로 빠져들게 된다. 이러한 경우가 생기는 한, 영혼은 카르마적인 빚을 만들어내게 됨으로써 반드시 낮은 세계로 들어가게 될 것이다. 왜냐하면 카르마적인 빚을 갚아야 하므로 다시 환생해야 하기 때문이다.

한 인간으로서 많은 환생을 하는 동안 영혼은 카르마의 굴레에 빠지게 된다. 여러분은 과거생에 가난한 자와 부유한 자도 돼봤으며, 강한 자와 약한 자였던 적도 있었고, 유명한 사람과 무명인도 되었었다. 또 건강한 사람도 장애인도 돼봤고, 지적으로 예리한 사람도, 그리고 둔한 사람도 되어봤다. 그러나 물질세계에서 영혼이 평형상태에 이르게 되는 시기가 있다. 개인이 이곳에서의 자신의 삶을 마무리 지으면서 그는 자신의 존재 이유, 그리고 왜 이곳에 존재하는지, 자신이 어디로 가고 있는지, 물질세계를 초월하여 존재하는 거대한 힘은 무엇인지에 대해 진지하게 답을 구하고자 한다. 그리고 그는 기존의 전통적인 방법에 더 이상 답이 없다는 것을 깨닫는다. 그리고 이 시점에서 마음속으로 그는 자기 자신, 즉 자신의 느낌, 생각, 의도를 더 자각하기 시작한다. 그리하여 곧 그는 진리를 찾아서 물질을 초월한 세계를 의식적으로 탐구하기 시작하게 되는 것이다. 이제 영혼은 지금의 종교에는 진리와 해답이 존재하지 않으므로 거기에는 더 이상 만족하지 않게 된다. 비로소 영혼으로서 여러분은 물질세계를 초월하여 존재하는 그 무엇인가를 찾을 준비가 된 것이다.

이때가 바로 여러분들이 영혼에 대하여, 그리고 물질세계에 존재하기 이전의 자신의 존재에 대해서 영적인 가르침을 탐구해야 할 시기이다. 그리고 여러분은 의식적으로 이러한 가르침을 받음으로써 영혼의 여행(Soul Travel)에 관해 배울 수 있는 것이다. 이러한 기법과 과학을 통해 일시적으로 육신을 떠나 영혼의 몸으로 물질우주를 초월한 어떤 세계나 모든 세계들을 방문하고 탐구하게 되는 것이다. 이것이 아마 종교들에서 가르치는 죽기 이전에 천국을 보았다고 하는 경우일 것이다. 그리고 오직 이러한 체험만이 각 개개인이 죽은 이후에도 생명이 계속된다는 것을 증명해줄 것이다.

## 영적인 여행

영혼여행(Soul Travel)은 최고의 신이 지닌 여러 법칙들 가운데 주요 특징으로서 다른 가르침들과 구별되는 것이기도 하다. 전체의 체계는 이 세계를 초월하여 존재하는 여러 세계들에서의 개인적인 체험에 근거하고 있다. 이러한 개인은 사후(死後)에도 생명이 존재한다는 것을 단순히 바라거나 믿으려고 애쓰기보다는 자신이 육체로부터 분리되어 직접 사후생명을 체험하며, 육체가 죽은 이후 최종적으로 살게 될 여러 장소들도 방문하게 된다. 그리하여 그는 죽음과 영적 여행의 차이를 쉽게 알게 된다. 영적 여행에서는 자신이 머물고 있는 육신으로 다시 돌아올 수가 있다. 반면에 죽음에서는 모종의 이유로 육체가 더 이상 움직이지 않으므로 돌아올 수가 없다. 이러한 사람은 환생(還生)을 단순히 믿는 것이 아니라, 고차원의 세계들을 직접 방문하고 자신의 과거생들을 회상한 후에 환생이 실제로 존재한다는 것을 알게 되는 것이다.

## 신(神)의 협력자가 되는 것

그리고 의식적으로 이러한 것들을 이해함으로써 과거의 삶을 통해

생성된 카르마의 균형을 이룰 수 있는 기회를 가지게 된다. 육체가 교훈을 배우기 위한 매개체에 불과하다는 것을 배우게 될 때에 비로소 밀도가 짙은 세계에 더 이상 육화할 필요가 없게 되는 지점에 도달하게 되는 것이다. 여러분은 육체적인 죽음을 맞이하기 이전에도 창조주(Creator)와 함께 의식적인 공동 창조자가 될 수 있는 선택을 할 수 있다.

## 자아와 신(神), 그리고 자각

반드시 물질세계만이 카르마의 균형을 잡아야만 되는 곳은 아니다. 이러한 세계는 영혼이 살았고 인과(因果)를 만들어냈던 아스트랄계, 멘탈계, 그리고 원인계도 마찬가지이다. 위를 향해 올라가는 영적 여정에서 영혼은 먼저 자신이 낮은 세계에 있으면서 완수하지 못한 모든 일들을 끝마쳐야 한다. 시공간을 초월한 영혼계라 불리는 영적인 세계를 맨 처음 시작하면서 영혼이 확고하게 자리잡기 위해서는 카르마나 환생에 대한 속박이 없어야 한다.

이렇게 되어야 영혼으로서의 자기실현, 즉 완전하게 자기를 구현하게 되는 것이다. 영혼계 위의 몇몇 세계들은 신의식(God-consciousness)이 존재하는 고차원의 영적 세계이다. 여기에서 영혼은 자신과 최고신이 동일하다는 것을 깨닫게 된다. 이곳에서 영혼은 완전한 자각상태에 머물게 되는데, 그 상태는 여러분이 아직 육체적으로 살아 있는 동안에도 도달할 수 있는 것이다. 그러나 이러한 곳에서도 영혼의 성장은 끝난 것이 아니며, 그 위에도 더 많은 세계들이 존재한다. 영원토록 나아가야 할 단계는 항상 있기 마련이다.

## 모든 행성들에 있는 우주적 가르침

〈최고신의 법칙(The Law of the Supreme Deity)〉이란 우리가 모든 행성과 모든 세계들에 존재하는 가르침을 부르는 명칭이다. 금성만이 이러한 가르침을 독점하고 있는 것은 아니며, 우리는 이것이 우리들이 살고 있는 행성에 이미 공적으로 알려진 영적인 가르침이라고 알고 있다. 각각의 행성들은 밀도가 짙은 세계들 너머에서 유래된 이러한 가르침을 가지고 있으며, 이런 진리들은 진화할 준비가 되어 있는 영혼들을 돕게 되는 것이다.

## 낮은 세계의 가르침

밀도가 짙은 세계에는 엄청난 수의 가르침들이 존재하는데, 이러한 가르침의 목적은 추가적인 체험을 얻기 위해 밀도가 짙은 세계에 머물러야 하는 영혼들의 의식을 적응시키기 위해서이다. 이러한 가르침들은 영혼이 충분히 강해지고, 그러한 세계를 충분히 벗어날 만큼 자각할 수 있을 때까지 영혼을 밀도가 짙은 세계에 묶어두기 위해 만들어지게 된다. 이러한 가르침들은 유한한 가르침들로서 이러한 목적에 맞게 제 역할을 하고 있으며, 밀도가 짙은 세계들에 존재하는 여러 가지 의식 수준들에 적합하도록 다양하게 이루어져 있다.

각 개개인은 진리를 구하고자 하는 자신의 내면의 요구를 충족시키지 못하는 가르침들의 유혹에 빠지지 않도록 주의해야 한다. 또한 구도자(求道者)들은 카르마의 법칙이 적용되는 낮은 세계를 진실한 영적 세계로 착각하지 않도록 경계해야 한다. 오늘날 아스트랄계에도 그곳이 물질세계보다도 훨씬 아름다운 궁극의 천국이라고 믿는 존재들이 많이 살고 있다. 영적인 법칙에 따라 살아가는 행성들은 지구인들에게는 마치 천국과 흡사한 여러 가지 조건들을 가지고 있다. 금성도 그와 같으며, 이는 그곳에 살고 있는 사람들의 의식(意識) 때문이다. 이와 동일한 원리가 지구에도 적용된다. 부정적인 카르마를 많이 지니고 있는 영혼들은 가능한 부정적인 체험을 하기 위해서 (지구와 같은) 어느 한 행성으로 다 같이 이끌리게 되는 것이다.

그렇다고 지구가 전적으로 부정적인 행성이라는 뜻은 아니다. 지구 역시도 생명체의 긍정적인 측면에 의해 어느 정도 균형이 맞추어져 있다. 여러분이 살고 있는 밀도가 짙은 행성이나 세계들은 당신들이 지닌 태도에 따라서 부정적 또는 긍정적인 행성이 될 수도 있다. 왜냐하면 여러분들이 지닌 태도, 즉 마음가짐이 생각의 힘으로 자신의 개인적인 세계를 창조하기 때문이다. 즉 이 모든 것은 의식과 자각의 정도에 달려 있는 것이다.

## 금성이 아스트랄계가 되다

이미 서술한 바와 같이, 금성도 한 때는 오늘날의 지구와 같이 매우 부정적인 행성이었다. 수백만 년에 걸쳐 금성인들은 영적으로 성장하여 어떤 특출하지 않은 진화단계에 도달했다. 그러나 지구인들에게는 그것이 평범한 것이 아니다. 왜냐하면 그러한 단계를 알지 못하기 때문이다. 우리의 영적 및 기술적인 성장이 바람직한 방향으로 매우 완전해짐으로써 전체문명은 더 이상 물질세계에 존재할 필요가 없게 되었다. 즉 물질적 행성으로서의 금성은 여전히 살아서 남아 있지만, 전 문명과 금성인들은 아스트랄 차원으로 변형되었던 것이다.

# 제3장

## 티타니아(금성)의 역사

# 티타니아(금성)의 역사

## 물질 우주에서의 생명의 기원

생명 그 자체가 어디에서 오게 되었는지를 이해하는 것은 이 물질 우주에서는 쉽지 않은 일이다. 이것은 아주 오래전의 이야기이다. 지구에 주민들이 이식되기 전에 이미 우리의 태양계의 다른 여러 행성들에는 잘 발달된 진보한 문명들이 존재하고 있었다. 또한 이 태양계가 생겨나기 전에 이 은하계에는 고대 문명을 유지하고 있던 다른 태양계들이 존재하고 있었다. 그때 지구는 자신이 살아갈 광대한 세계를 지각해가는 초기단계의 유아기와 같았다.

지구의 과학자들은 어디에서 생명이 유래하게 되었는지 열심히 찾고 있다. 지구보다도 훨씬 오래된 행성들에 사는 과학자들도 장구한 세월에 걸쳐 생명의 기원을 찾고자 하였으나, 모든 노력은 수포로 돌아갔다.

물질우주에서는 생명이 창조될 수 없다. 그러나 제반여건들이 맞으면, 생명이 물질우주 너머의 초월계로부터 이러한 물질세계로 들어올 수는 있다. 오직 신(神)의 의식(意識)을 지니고 있는 자만이 생명이 어디에서 창조되고, 왜 창조되는지 알 수 있는 것이다.

티타니아인들(금성인들)은 자신들의 지난 과거와 다른 행성들에 관해 배우고 분석함으로써 외견상 보이는 것처럼 모든 것들이 무질서하지 않다는 것을 알게 되었다. 행성들에 살고 있는 생명체들은 자연 속에 존재하는 다른 것들과 마찬가지로 필연적으로 자연의 법칙을 따른다. 각 개인이 여러 단계에 걸쳐 성장과정을 겪는 것처럼, 행성과 거기에 살고 있는 주민들도 자연의 주기(週期)와 여러 시대들을 거치게 된다. 그리고 시대의 순서를 살펴보면, 행성에서 살아온 생명의 형태가 어떠한 것인지를 짐작할 수가 있다. 초기에는 황금시대였으며, 지구에서 이 시대는 아담과 이브, 그리고 천국의 정원과 관련이 되어 있다. 이 시기가 모든 시대를 통틀어서 가장 아름다웠던 시기였다. 이 시기의 사람들이 지닌 내면의 의식은 아름답고 순수했다.

이 기간 동안에 생명체들은 평화로웠고, 대지는 생명체들의 안락과 안녕에 필요한 모든 것들을 제공해주었다. 각 개인들은 영적인 내면의 정의감에 의해 인도되었기 때문에 인간이 만든 법률 같은 것은 존재하지 않았다. 또한 이 시기에는 사람들의 삶 속에는 어떠한 전쟁이나 조그마한 충돌조차도 없었다.

## 우주의 사이클(週期)

부정적인 삶의 방식이 행성 전역으로 퍼져나가면서 '황금시대'는 곧 '백은시대(Silver Age)'로 들어가게 되었다. 이 때 쯤에는 여러 요소들이 인간에게서 등을 돌리게 되었으며, 얼마나 자신을 잘 보호하느냐에 따라 생존과 죽음의 차이를 만들어내게 되었다. 사람들 간의 분리와 사소한 분쟁들은 더욱 탄력을 받았으며, 마침내 황금시대의 안정된 삶의 방식을 끝내도록 만들었다. 그리고 행성이 다음 단계로 진입함에 따라서 생명들은 더욱 부정적으로 변해 갔다. 이 백은시대(白銀時代)는 황금시대보다 수십 만 년이 짧았다. 지구에서 새로운 시대는 이전의 시대보다 매번 짧아지게 된다.(성경에서는 예언가들이 시대가 단축되고 있다고 기록함)

다음은 '청동의 시대'로, 처음에는 부정성과 긍정성이 균형을 이루게 된다. 5가지 격정(激情)이 마음에서 자라나고, 다른 사람들보다 더 잘 사는 어떤 무리나 집안들은 습격을 받았다. 그리고 인간이 만든 법률이 삶의 모든 영역으로 퍼지게 되면서, 통치자들은 원래 각 개인들이 소유한 권리나 특권을 스스로 소유했다. 지구에서 '청동의 시대'는 백만 년도 가지 못하고 끝나게 된다.

## 모든 행성이 한 때는 부정성에 물들다

뒤를 이어, 모든 시대 가운데 가장 부정적이었던 제4기의 시대는 지구에서 수십만 년간 지속되었다. 이 시대는 철의 시대(Iron Age) 또는 칼리유가(Kali Yuga:소멸기:부정의 시대)로 불리고 있다. 이 시기에는 어둠과 부패가 만연하고, 거리에는 범죄가 넘쳐나게 된다. 사람들은 살육되고, 전체 행성을 몰아넣은 무분별하고 잔혹한 전쟁으로 도시들은 완전히 폐허가 되고 만다. 이것은 곧이어 행성간의 전쟁과 핵전쟁으로 인한 엄청난 파괴를 가져오며, 악(惡)의 검은 마법들이 날뛰게 된다. 이러한 단계에 있는 행성은 격리되는 것이 당연하다. 왜냐하면 다른 모든 존재들에게 위험이 되기 때문이다.

그러나 다행스럽게도 지구에서 450만년 동안이나 계속된 하나의 이러한 전체 주기가 완전히 끝나가고 있다. 이러한 부정성의 시대가 종식되면서, 행성은 훗날 재조정기를 맞을 때까지 활동이 멈추는 휴지(休止)상태로 들어가게 된다. 그리고 나면 새로운 황금시대가 다시 펼쳐지게 되며, 생명체들은 또 다른 주기의 새로운 시대를 다시 맞이하게 될 것이다.

## 금성의 역사가 왜 중요한가?

금성인들은 금성의 지난 역사를 연구함으로써 셀 수 없을 만큼 많은 시대적 주기(週期)를 겪어왔다는 것을 알게 되었다. 패턴은 지구와 동일하다. - 황금기에서 철의 시대까지 이어진 후, 휴지기를 맞고 나면 또 다른 황금시대로 되돌아가게 되는 것이다. 우리는 화성인과 토성인들을 처음 만나고 나서 이들 행성들도 유사한 주기를 겪으면서 진화해 왔다는 것을 알게 되었다. 그리고 형제단에 속해있는 우주 여행자들이 방문했던 수많은 행성들과 마찬가지로 지구도 이런 우주적 주기를 따르고 있다.

모든 행성들이 동시에 동일한 시대를 맞이하는 것은 아니다. 우리의 지난 과거 이야기를 시작하게 될 지점은 바로 금성의 지난 황금시대의 초기이다. 실제로 금성의 역사는 그 황금시대 이전의 몇 개의 주기들 속에 기록되어 있지만, 나는 이 정도까지만 기억을 하고 있다.

금성의 역사는 매우 다채롭고 흥미진진하며, 지구를 포함한 여타 행성의 역사도 마찬가지이다. 이 이야기 속에 포함된 진정한 가치는 우리의 과거가 여러분의 지구와 아주 닮아있다는 사실에 있다.

그 당시 우리는 오늘날 지구를 괴롭히고 있는 동일한 여러 문제들을 한꺼번에 맞이하게 되었다. 전쟁이 일어났고, 도시는 노후화되었으며, 거리에는 범죄가 넘쳐났다. 또한 도덕은 타락하고, 착취가 심했으며, 시민들의 일상생활은 아무런 의미가 없었다. 이와 같이 산적한 문제들과 절망적인 시기를 우리가 어떻게 극복하게 되었는지에 대한 의문을 통해 지구에 사는 여러분은 몇 년 이내나 몇 십 년 내에 영감을 받게 될 것이다. 그리고 우리의 지난 이야기를 통해 여러분과 같은 물질 우주에서 금성이 어떻게 독특한 위치를 차지하게 되었는지를, 그리고 내가 어떻게, 왜 이곳에 오게 되었는지를 알게 될 것이다.

## 금성에서의 황금기

금성의 마지막 황금시대도 다른 황금시대와 마찬가지로 아주 평화롭고 안정된 시기였다. 사람들은 원시적이거나 야만적이지도 않았다. 야외에 있는 뜰에서 많은 시간을 보냈으며, 사람들에게 필요한 사항들은 대부분 풍부한 자연 환경을 통해 해결할 수 있었다. 그리고 적도의 기후 속에서 채소와 과일들이 풍부하게 자라났다.

## 시대가 타락하다

그러한 황금시대가 끝나갈 무렵, 결정적인 시기(critical period)가 도래했다. 몇 년간에 걸쳐 수증기 함유량이 감소하고, 가뭄이 잦았으며, 장기간에 걸친 한발이 전지역으로 퍼져 나갔다. 짙은 구름층이 형성되기 전까지, 특히 이 시기에 태양은 뜨거웠다. 어떤 지역에서는 이상한 질병에 걸리게 되었으며, 이 질병은 태양에서 나오는 기이한 광선 때문이었다.

## 지하에서의 삶

이 모든 것들 때문에 사람들은 몹시 놀란 나머지 행성 전역에 걸쳐 집단적으로 살던 마을을 버리고 지하에다 식민지를 건설했다. 그리고 약 1세기 동안 감히 어느 누구도 사람을 죽음에 이르게 하는 태양에서 나오는 광선이 무엇인지를 밝히려 하지 않았다.

이 시기에 금성은 지하에서 편안한 삶을 지낼 수 있을 만큼 기술적으로 충분히 진보해 있었다. 거류지들은 대개 수평으로 지어졌으며, 통로가 아주 좁아서 그곳에 가기 위해서는 걸어서 가야 했다. 전력은 수맥과 연결된 소형 발전기에 의해 공급되었고, 원래의 태양열 집열장치는 지상에 남겨두었다. 전력은 절약했고, 빛과 통풍, 식량 생산, 음식의 보존과 요리를 위해서 사용되었다. TV나 라디오, 가전제품은 사용하지 않았다. 왜냐하면 에너지가 부족했기 때문이다. 지하에서의 삶은 원시적이기는 해도 편안했으며, 사람들은 살아 있다는 것만 해도 다행이라고 느꼈다.

이러한 형태의 삶이 100년이 채 못 되게 지속되었지만, 지하에서의 삶이 어떤 사람들에게는 아주 긴 기간이었다. 몇몇 세대들이 여기에 포함된다. 부모나 조부모가 지하에서 태어나, 그곳에서 삶을 살았던 가족들이 많았다. 그런데 금성인들이 궁극적으로 지상으로 되돌아가는 데 있어 이와 같이 젊은 가정들이 크게 이바지했다. 그리고 태양에 대한 두려움은 이들 젊은 세대들이 직접 체험한 것이 아니라 이전의 조상들의 체험이었다. 그리하여 이제 젊은 세대들에게는 최초에 사람들을 지하로 들어가게 한 것은 아마도 미신에 사로 잡혀 그렇게 되었을수도 있다고 생각되었다.

## 자드리언(Zadrien)의 작업

사람들이 어리석고 미개하여 태양에 대한 두려움을 가지고 있다고 의심을 하면서도 누구도 감히 나서서 이것이 사실인지를 밝히려 하지 않았다. 그런데 그 후 사람들을 바깥으로 안내하기 위한 사명을 가지고 태어난 사람이 있었다. 그의 이름은 자드리언(Zadrien)이었으며, 그는 나중에 금성에서 유명한 사람이 되었다. 그는 자신의 생각에 대해 확고한 신념을 가진 영적으로 진화한 존재로서, 지하에서 사는 것이 어리석으며 아주 불필요하다는 생각을 가지고 있었음에 틀림이 없다. 햇빛을 쬐는 것이 죽음을 의미하는 것이 아니라는 것을 증명하기 위해 자드리언은 지하의 집단촌을 떠나 밖으로 나감으로써 가족들과 친구들에게 충격을 주었다. 그러나 그는 모든 사람들이 틀림없이 죽었을 것이라고 생각했을 만큼 오랫동안 지상에서 생활한 후, 어느 날 지하로 돌아왔다. 놀랍게도 반항아 자드리언은 살아 있었으며, 분명히 건강해 보였다. 그의 피부는 전보다 더 아름다웠고, 햇빛에 그을려 빛이 났을 뿐만 아니라 전보다 훨씬 창백해 보이지도 않았다. 또한 자드리언은 자연에서 자란 식품들이 얼마나 더 영양가가 있는지를 보여주기 위해 햇빛에서 자란 채소를 가지고 돌아왔다.     그 당시에는 집성촌간의 통신은 존재하지 않았으므로 자드리언은 금성인들에게 태양이 얼마나 유익한 것인지를 증명하기 위해 용기 있는 자신의 제자들과 많은 곳을 여행했다. 많은 면에서 그는 마치 그리스도와 같았다. 결국 사람들은 자드리언의 말이 사실이라는 것을 깨닫고 다시 지상에서 살기 위해 나왔으며, 그들은 자드리언을 칭송하는 온갖 이야기와 설화 그리고 노래를 만들게 되었다.

자드리언은 이 위대한 시기에 금성 최초의 영적인 지도자가 된 존재들 중의 한 사람이었다. 그리하여 사람들이 지상으로 되돌아 왔을 때, 자드리언은 사람들의 삶에서 영적인 마스터로서의 역할을 하게 되었다. 그리고 자드리언이 창조주와 우주에 관해 사람들에게 알려준 많은 지식들은 최고신의 법칙을 형성하는 발단이 되었다. 자드리언이 가지고 있던 개인적인 지식은 그의 부모가 자드리언에게 가르쳤던 것으로, 처음에 그의 부모들은 지하로 들어가고 싶지 않았지만 강제로 나머지 주민들과 함께 들어가게 되었던 것이다.

자드리언은 사람들에게 인간이 만든 법률은 필요치 않으며, 오히려 창조주의 법칙이 필요하다고 가르쳤다. 나도 자드리언이 가르친 3가지 원리를 알고 있다. 하나는 항상 대지(大地)를 그 대지에서 구할 수 있는 어떤 것으로 다시 채워 보충하는 것이다. 또 다른 하나는 모든 사람들을 육체를 지닌 하나의 개인으로 보지 않고 영혼으로 보는 것이다. 세 번째는 자신이 똑같은 체험을 하기 전까지는 누구도 비난해서는 안 된다는 것이었다.

금성의 그들은 여러 시대 동안에 자신들의 주기(週期)를 겪어 가면서 여러 문명들이 흥망성쇠(興亡盛衰)했으며, 과학은 진보와 몰락, 또는 여러 문명들과 함께 파멸을 맞기도 하였다. 과학에 대한 지식이 커져감에 따라 영적인 법칙을 지키려고 하는 의지는 점점 약해져 갔고, 삶은 점점 더 부정적으로 되어 갔다. 또한 전쟁과 사람들 사이의 분열이 증폭되었고, 현 시대의 지구에서는 찾아볼 수 없는 테러가 자행되기도 했다. 낮은 계층에 대한 착취가 너무 심했으며, 결국 이 하류계층들은 행성의 분배를 균등하게 만들기 위해 혁명을 준비할 수밖에 없었다.

금성에는 피부색이 흰 하나의 인종만이 있기 때문에 편견이나 갈등이 결코 인종차별이나 국민적 감정으로 비화되는 일은 없었다. 그리고 사실 당시 금성에서는 국가 체제라는 형태로 발전하지도 않았다. 각각의 대도시들이 한 지역의 중심이었으며, 전쟁은 대부분 개개의 도시들이나 연합한 도시들 사이에서 일어났다. 하나의 정부 형태를 만들고자 하는 시도가 수천 년에 걸쳐 이루어졌지만, 행성정부를 만드는 데는 성공하지 못했다. 이러한 도시-주(州)의 형태가 통합된 정부를 만들려고 하는 시도를 빈번히 좌절시키고 말았던 것이다.

## 낡은 도시들과의 전쟁

금성인들을 괴롭혔던 전쟁들은 서로간의 사고방식의 차이와 물론 지구에서와 같이 욕심으로 인해 촉발되었다. 국가가 존재하지 않았기 때문에 전쟁은 지구에서보다는 작은 국지전(局地戰) 형태를 띠었다. 하나의 도시를 다스리는 지배층들은 자신들이 다스리는 도시나 지역에 만족하지 않고, 이웃하고 있는 부유한 도시나 주(州)와 마찰을 일으켜 전쟁으로 몰고 가려는 구실을 찾고자 하였다.

금성은 전력과 기술적인 면에서 가장 진보된 형태로 급속히 발전해 갔다. 사람들이 지상으로 나온 후 얼마 되지 않아서 자기(磁氣)와 태양을 활용한 발전 기술이 개발되었다. 그리고 자드리언은 사람들에게 이웃 행성들과 접촉하도록 동기를 부여하는 데 큰 역할을 하였다. 그 후 얼마 지나지 않아서 금성인들은 우주 여행을 하게 되었다. 원자력과 핵폭탄은 행성이 성장하는데 일조하였다. 하지만 도시들은 필사적으로 상대 도시들에게 이러한 무기들을 사용하여 방대한 지역의 아름다운 대지를 파괴했다.

금성은 소규모의 부유한 사람들에 의해 지배를 받게 되었다. 오늘날 지구에도 똑같은 상황이 존재하고 있다. 삶은 이 적은 숫자의 엘리트 집단을 위한 놀이에 불과했으며, 오랫동안 가장 많은 돈을 지배할 수 있는 자가 승리자가 되었다. 물론 낮은 계층 내에 있는 대다수의 사람들은 그들의 볼모였다.

금성의 과거 도시들을 살펴봄으로써 당시의 슬픈 시대를 보다 더 잘 그려낼 수 있을 것이다. 대체적으로 도시들은 아름답게 발달했지만, 거리, 빌딩, 공원 등의 모든 측면에서 여러 다른 수준이 존재했다. 가난하고 배우지 못한 노동자 계급은 최하의 수준으로 살았으며, 이들이 사는 곳은 너무 어둡고 침침했기 때문에 마치 최악의 상태에 있는 지구의 빈민가에 비유될 수 있다. 햇빛은 가장 낮은 곳까지는 거의 들어오지 못했다. 시간이 지남에 따라 이 불운한 사람들은 삶이 더욱 악화되어 갔다. 오랫동안 몇 번의 혁명이 시도되었지만, 성공하지는 못했다. 왜냐하면 사람들은 지배계급이 만들어 놓은 게임을 자신도 모르게 계속하고 있었기 때문이었다. 그리하여 노동자 계층은 행성의 모든 도시에서 동시에 비밀리에 폭동을 일으키는 것이 유일한 방법이라는 것을 깨닫게 되었다. 사람들은 그렇게 살아야 하는 운명에 대해 지쳤으며, 그들은 어느 누구도 다른 사람을 지배할 권리는 없다고 단언하고 자신들의 계획을 은밀히 추진해야만 했다. 그러나 그들이 추진하는 계획이 보다 큰 결과를 얻기 위해서는 여러 해에 걸친 많은 어려운 작업과 희생을 필요로 했다. 행성의 변화는 하루 아침에 이루어지지 않았던 것이다.

## 새로운 시작

노동자 계급은 정부의 지시에 충실히 따름으로써 신뢰를 쌓아 본격적으로 정부기관으로 침투하기 시작했다. 이들의 소망은 자신들의 손으로 정치 지도자를 선출하여 고위 공직자로 보내고, 나중에 그들이 권력에서 물러나서는 사람들을 편안하게 인도해주는 것이었다. 그리하여 올바른 대상자를 선정하여 훈련시키고 다양한 캠페인을 통해 그들을 고위 공직자로 보내는 데 많은 시간이 소요되었다.

마침내 중심 인물들이 선출되는 날이 다가 왔으며, 모든 사람들이 그토록 기다려온 이날을 금성의 역사에서는 "시작(the Beginning)"이라고 부르고 있다. 이 잊을 수 없는 날에 금성에서 가장 존경받고 자랑스러운 지도자들은 정부와 군대를 해체시켰다. 그리고 도시에 사는 사람들은 자신들이 지니고 있는 돈을 거리와 쓰레기통에 버리거나, 기쁜 마음으로 불태워버렸다. 이 영광스러운 첫 날에 모든 사람들은 단지 옷과 음식, 땅에 파종할 씨앗만을 가지고 무리를 지어서 도시를 떠나 행진해 나갔다. 아울러 낡은 도시와 재산, 집과 차, 그리고 지난 삶을 지탱해왔던 모든 것들을 영원히 그곳에 남겨두고 떠났다. 목적은 간단했다. 시골로 내려가 각자가 독자적으로 가족을 부양하기 위해서였던 것이다. 이와 같이 안정된 가정을 버리고 불확실한 새로운 삶을 찾아 떠나는 이러한 사람들의 결정과 용기, 그리고 신념은 그야말로 놀라운 것이었다. 물론 일상적 삶의 편리함에 애착을 느끼고 있던 사람들 중에는 선뜻 떠나는 것에 마음이 내키지 않는 사람들도 많이 있었다. 그렇지만 그들도 점차 버려진 도시에 남는 것이 옳지 않다는 것을 깨닫게 되었다.

부유한 권력가들의 모양새는 좋지 않았다. 하지만 하층계급들은 어떤 형태의 사회적 구조를 계속 유지하거나 재산과 권력의 재분배를 추구하기보다는 지난날의 삶의 형태를 철저하게 버렸다. 그들은 권력가들이 더 이상 장난칠 수 없고, 하고자 할 수도 없는 새로운 게임을 스스로 만들어냈다. 결국 하룻밤 사이에 금성의 권력가들은 모든 것을 잃어버리고 말았다.

그렇다고 금성의 전체 역사를 통해 하루 아침에 행성의 모습이 완전히, 그리고 극적으로 바뀐 것은 아니다. 처음에 금성이 지향했던 길은 여러분이 살고 있는 물질 우주의 중심지가 되는 것뿐만 아니라 아스트랄 문명이 되는 것이었다. 그 때까지는 전쟁과 혁명, 그리고 용기 있는 행위들이 오직 권력을 바꿔놓았던 것이다. 그동안 권력을 추구하는 집단은 전반적인 삶의 방식은 달라지지 않은 채 모양새만 다르게 대체시켰고, 정치적, 경제적 제도는 이전과 그대로였다. 하지만 이제 모든 것은 달라졌던 것이다.

사람들의 의식(意識)도 변화하여 오랜 시간이 경과하면서 상승하게 되었다. 금성인들은 물질적인 안락이나 기존의 안전한 방법을 버리고, 태도와 이해에서 근본적인 변화를 보였다. 그리고 물질적으로 이루고자 하는 탐욕과 집착은 모두 사라져 버렸다.

결국 상류층은 홀로 남겨졌다. 자기들을 잘 따르던 대중들도 없어지고, 정부의 조직들은 없어졌기 때문에 그들은 할 일이 없었다. 또한 공장도 없어지고 일 할 곳도 없어진 까닭에 다른 사람들처럼 그들도 가난하게 지내야만 했다. 고용인들과 대형 시장이 존재하지 않았으므로 사업도 할 수가 없었다. 모든 것들이 극적으로 변화했으며, 대부분의 사람들은 그동안 축적된 기술적인 지식과 생산 기술을 지닌 채 보다 단순한 자급자족하는 삶의 형태로 옮겨가게 되었다. 비록 일부 반대자들이 자기들만의 거주지를 세워보려고 시도해 보았지만, 그들의 숫자는 너무 적었고 대부분의 도시들은 버려진 채 남게 되었다. 그렇다고 패배한 지도자들을 비롯한 남아 있던 상류층들이 무슨 일을 해야 할 지를 결정을 하는데 큰 어려움은 없었다. 즉 이러한 사람들은 행성을 떠나기로 했던 것이다.

보다 더 자신들에게 적합한 행성을 찾아서 떠나는 것이 그들의 목표였다. 당시 그들은 지구가 초목이 푸르게 우거진 녹색 행성이며, 금성에서 멀지 않다는 지식을 가지고 있었다. 이처럼 지구는 금성을 떠나고자 하는 사람들을 받아줄 가장 선망하는 후보지가 되었다. 여러 가지 여건상 지구가 균형이 잡혀있지 않은 행성이라는 것에 대한 많은 이야기들이 있었지만, 이것은 무시되었다. 그로부터 머지않아 금성의 귀족들을 태운 첫 번째 우주선이 취항하기 시작했으며, 이들은 금성의 변화된 사회 속에서 더 이상 살아갈 수가 없었던 것이다. 그리고 곧이어 유사한 사건들이 일어난 데 자극받은 우리가 사는 태양계와 그 너머에 살고 있는 행성의 일부 주민들도 지구로 이주하게 되는 계기가 되었다.

## 새로운 사람으로의 성장

　한편 보다 나은 삶을 가져다 줄 것이라고 믿고 전원(田園) 지역으로 내려갔던 금성인들은 여러 가지 어려움에 직면하게 되었다. 비록 이들은 여러 가지 면에서 커다란 고난에 부딪쳤지만, 자신들이 추구했던 삶을 쟁취했던 미국의 개척자들과 같았다. 이들이 겪은 체험은 여타 다른 행성들에서 정상적인 성장과정에서 겪게 되는 것과는 아주 달랐다. 원시적으로 살아가던 초기 시절에 사람들은 필요한 식품을 스스로 재배하고 생필품들을 스스로 공급하면서 시골에서 단순하게 생활했다. 그 후 산업에 있어서 일종의 전문화가 이루지면서 삶이 점점 복잡해지고 다시 부정적이 되기도 했다. 마침내 새로운 기술이 더욱 발전하면서, 사람들은 이러한 과정에서 퇴보함이 없이 현대적 기술을 갖춘 채 전원으로 다시 돌아갔다. 보다 자연적인 기술과 자연적인 삶의 방식은 오늘날 지구에서 볼 수 있는 것과 같은 복잡하고 인위적인 기술이 아니라 기술적으로 보다 발전되고 산업화된 독창성을 갖게 하였다.

　변혁이 시작되던 초기에 금성인들은 자유가 거의 없거나 전혀 없는 삶으로부터 탈출하고 있었다. 즉 그들은 자신들의 시간을 고용주를 위해 바치는 것은 노예형태에 지나지 않으며, 무의미하고 만족감도 없다는 깨닫게 되었다. 경제는 더욱 전문화되어 대다수의 사람들은 자기의 직업에 대해 만족감을 느낄 수 없었다. 그리고 직업을 선택할 수 있는 기회도 많지 않았다. 이러한 기회는 사회가 필요한 정규교육을 받도록 만들어 놓은 기준에 달려 있었다. 하지만 대부분의 하위층들은 그러한 기준을 충족시킬 수 없었을 뿐만 아니라 자신이 재능을 가진 분야에서 일할 기회도 없었다. 인간이 만든 수없이 많은 법률들이 제정되었으며, 그로 인해 영적인 법칙들은 오늘날의 지구에서와 같이 관심 없는 것이 되어 버렸다. 삶은 수많은 해야 할 것들과 하지 말아야 할 것들로 이루어졌고, 사람들은 마치 파도에 밀려 떠다니는 유목(流木)과 같았던 것이다.

　(변혁 이후의) 새로운 삶 속에서 각 가정은 처음에는 스스로 노력하

여 필요한 식량을 조달할만한 터전을 마련하였다. 초기에 사람들은 생산한 제품을 이리 저리 교환했지만, 점차 어떻게 하는 것이 더 좋은 방법인지 확실하게 알게 되었다. 그럼에도 그들은 전문화를 최소화하고, 자급자족하려고 노력했다. 사람들에게 기초적인 기술들을 가르치는 교육이 실시되었으며, 얼마 후 모든 가정들은 필요한 대부분을 충족시킬 수 있었다. 10년이 지나지 않아서 자급자족하는 마을들이 행성 전역으로 퍼져 나갔다.

충분한 식량을 재배하는 것이 최대로 힘 드는 일이었다. 모든 가정마다 인공적인 비료나 화학제를 살포하지 않고, 생산성을 높이는 경작법을 배우는 데 깊이 몰두해 있었다. 이러한 시도를 시행한 초기에는 수확량은 좋지 않았으며, 금성인들의 기술로도 굶주림의 고통을 줄일 수가 없었다.

어느 마을에서 보다 큰 사업을 처리하기 위해 사람들이 함께 모여 공동작업장을 설립하였다. 이곳에는 소형 비행선과 다른 장치들을 제작하는 데 필요한 도구와 시설들이 있었으며, 이렇게 되기 위해 그들은 지식과 노력을 함께 기울여야 했다. 생산라인과 전문화는 결코 더 이상 발전하지 못했다. 우주선과 같은 것들이 한 개인이나 소수의 사람들에 의하여 제작되었다. 그러나 마침내 우주선들이 컴퓨터화된 기계들에 의해 자동화되어 생산되기에 이르렀다. 새로운 삶의 방식 속에서도 육체노동이 경시되지는 않았다. 왜냐하면 개인적으로 창의적인 일에 종사하는 것이 각 개인들에게 성취감을 주었기 때문이다. 각 가정별로 살 집과 작업장을 스스로 만들었으며, 필요한 것들을 이곳에서 제조했다. 삶의 모든 수준에서 개인이 가장 중요시되었고, 노예화되는 것을 피하기 위해 인간들이 포기해버린 현대 문명의 이기(利器)보다도 훨씬 더 개인을 중요하게 생각했었다. 어떤 일을 하는데 있어서 어떤 하나의 방식으로 해야 하는 것은 아니었다. 왜냐하면 그렇게 하는 것이 늘 갈등을 야기할 뿐만 아니라 개인적인 개성을 촉진하지도 않기 때문이다.

금성에서의 새로운 삶은 예전과는 아주 달랐으며, 이것을 설명하는 데만 해도 한 권의 책이 필요할 것이다. 주목해야 할 중요한 점은 이와 같은 새로운 삶의 방식이 사람들이 지닌 고차원적인 의식을 반영하고 있었다는 것이다. 그러나 이러한 새로운 삶의 방식은 받아들일 준비가 돼 있지 않은 사람들에게 강제로 하게 하거나 강요될 수는 없는 것이었다.

아무도 땅을 소유하지 않았으며, 금성에 새로 형성된 공동체에 세금을 내는 일도 없었다. 만약 어느 가족이 이사를 하고자 했을 때는 다른 가족에게 집과 땅을 물려주고 떠나고는 했다. 그리고 두 번 다시 중앙 정부를 만들지도 않았다. 왜냐하면 중앙정부를 만드는 것은 권력에 굶주린 사람이나 인간이 만든 법률을 적용하기 좋은 환경을 만들 뿐이기 때문이었다. 그러므로 결코 법률을 통과시키거나, 정책부서를 필요로 하거나, 돈을 찍어낼 필요가 없었다. 그리고 오늘날까지도 금성에는 화폐(貨幣)의 형태가 존재하지 않는다.

## 최고신의 법칙

나는 이러한 삶의 방식이 과거 이 지구에도 존재했는지에 대해서는 알지 못한다. 아마도 한 두 번은 공동체를 만들고자 시험적으로 실시해 보았을 것이다. 내가 알기로는 금성에서 새로운 삶의 방식이 성공을 거둔 것은 이들이 최고신의 우주 법칙을 잘 이해하고 이에 따라 생활했기 때문이다. 이들은 욕심이나 분노, 허영심, 그리고 물질에 대한 집착을 예전보다 덜 가지게 되었다. 그리고 *모든 개개인들이 자신은 영혼이며, 따라서 많은 생(生)을 살아가는 불멸의 존재라는 사실을 깨닫고 있었던 것은 삶이 원활하게 흘러가는 데 도움이 되었다. 그들이 물질세계에 존재하는 것은 일시적인 것이며, 재산이나 더 많은 땅을 차지하기 위해 싸우는 것은 어리석은 일이라는 것을 알았다. 대신에 어느 한 가정이 더 많은 물질적인 것들을 가짐으로써 행복할 수 있다면, 그들은 가진 것들을 기꺼이 나누었다.* 이러한 것들에 대한 개인적인 태도는 대변혁이 시작되기 훨씬 전부터 시작되었지만, 사회의 전통적인 구조와 체계가 그것을 가로막고 있었던 것이다.

변혁 이후에 금성의 마을들에서는 원시적인 생활을 하지 않았으며, 단지 단순하면서도 자연적인 삶을 살았다. 아주 진보한 기술들이 이미 존재하고 있었으며, 태양이나 자기(磁氣) 에너지처럼 필요한 에너지를 얻기 위해서는 다만 이것들을 보다 세련되게 개조하기만 하면 되었다. 또한 엄청난 수용능력을 지닌 원반형 비행체들이 우주를 탐험하는 데 이용되었다. 먼 지역으로부터 정보를 수집하는 대화형 기계들이 존재했는데, 심지어 이러한 기계들은 이질적인 언어를 우리 행성에 맞는 언어로 번역을 해주기도 하였다. 채굴작업은 자기적(Magnetic)인 힘을 이용하여 지하에 있는 원소를 지상으로 끄집어내는 장치를 사용함으로써 이루어졌다. 그리고 이것은 모든 것들에 적용될 수 있는 기술들 중에 한 가지 예에 불과한 것이다. 우리의 기술적인 성장은 멈추지 않았으며, 과학기술이 주인이 되어 우리를 지배하기보다는 오히려 그것은 우리의 하인이 되어 우리에게 봉사했다.

## 아스트랄계로의 변형

가장 힘들었던 도전은 이 거대한 우주에 관해 좀 더 많은 것들을 알기 위한 우주탐험을 하는 것이었다. 그러나 우리의 경우에 우주여행이 몇몇 과학자들이나 우주비행사들에게만 국한된 것이 아니었다. 금성의 우주선들은 중력을 중화시킴으로써 일반인들도 우주여행을 하는 것이 가능하게 되었다. 행성 간의 통신장치도 개발되었으며, 우정과 형제애는 모든 사람들이 우주의 신비를 정복하도록 도와주었다. 우주여행을 통해서 물질세계에 대한 사람들의 시야가 엄청나게 확대되었고, 행성에서의 우리의 삶이 수세기 동안 대단히 성장함으로써 마침내 아스트랄계에 이르게 되었던 것이다.

그리고 최고신의 법칙을 관찰함으로써 개인적인 면에서 이전보다 영적으로 훨씬 성장하게 되었다. 개개인들이 마음대로 물질세계를 초월한 세계들을 점점 더 많이 방문하게 되었는데, 이것은 개인들의 삶

금성의 아스트랄 문명에 관해 설명하는 옴넥 오넥

에 큰 변화를 가져오게 된다. 이들은 점점 더 영혼으로서 자신을 자각하게 되었고, 물질세계는 영혼의 삶 속에 포함되어 있는 작은 곳에 불과하다는 것을 깨닫게 되었다. 금성인들의 높은 의식 상태는 당시 금성이 가장 최근의 '철의 시대'로 접어들었음에도 삶의 방식을 아주 긍정적으로 인도하였다. 생명의 파동이 아주 부정적이 아니라 오히려 매우 긍정적이었으므로 삶이 한 차원 높은 수준으로 고양되었다. 이러한 일이 생기게 되면서 금성은 아주 특별한 행성이 되었다. 우리의 수도인 리츠(Retz)는 아직까지도 우리의 새로운 우주의 중심지이기도 하다. 하지만 금성인들이 어느 날 정신을 차리고 보니 갑자기 아스트랄계에 존재하게 된 것은 아니다. 이러한 변화는 점진적으로 미세하게 일어났으며, 수많은 세월에 걸쳐 일어났었다. 내가 여러분에게 상기시키고자 하는 것은 이제까지 금성에 관해 말한 내용들은 수백만 년에 걸쳐 일어났던 사건들로서 전체 역사를 아주 요약해서 언급했다는 사실이다.

사람들이 영적으로 성장한 만큼 물질세계와 물질적인 즐거움은 점점 덜 추구하게 되었다. 의사소통도 점점 더 정신적으로 하게 되었으며, 이들의 의식(意識)도 점점 더 아스트랄 수준에 가까워졌다. 그리고 이윽고 영적으로, 기술적으로 금성인들은 스스로의 힘으로 삶과 죽음을 통제할 수 있다는 깨달음에 이르게 되었던 것이다. 그들의 의식이 아스트랄계와 보다 더 적합해짐에 따라서 자신들의 육체와 물질적인 밀도를 가진 것들에 더 이상 집착을 느끼지 않게 되었다. 그리하여 궁극적으로 대부분의 금성인들은 육체를 버리고 전환하기로 하였으며, 지금은 아스트랄 밀도에서 삶을 계속하고 있는 것이다.

## 금성인들의 물질적인 카르마

그들이 한 차원 위로 옮겨 올라가는 이런 과정에서 금성인들은 그대로 금성인으로 남았다. 즉 인종이 없어진 것이 아니며, 사람들은 〈대전환(Great Transition)〉이 일어난 이후에도 예전 그대로의 동일한 형상과 외모를 지니고 있다. 아스트랄체라는 것은 형태상 육체와 똑같은 복사본과 같은 것이다. 다만 밀도가 덜하고, 보다 더 영속성을 지니고 있다는 점을 기억해주기 바란다. 그러므로 금성의 문화는 과거 그대로 남아 있으며, 사람들은 예전과 같은 습성과 습관, 사고방식, 옷 입는 방식, 건축 및 언어 등을 그대로 보존하고 있다. 도시와 풍경들은 물질 차원에 남아 있던 것과 동일했지만, 좀 더 밝고 아름다웠다. 내가 살던 테우토니아(Teutonia)라는 도시도 다른 모든 것들과 마찬가지로 아스트랄계라는 복사판 속에 존재했다. 다른 물질 행성과의 친목과 상호관계도 계속되었으며, 또한 지구에 대한 우리의 관심도 변치 않고 계속되었다. 우리는 밀도를 통제하는 법을 배웠다.

## 물리적 행성으로서의 금성은 지속되다

금성인들이 물질세계를 떠남으로써 마치 사라진 것처럼 보이겠지만, 우리는 단지 스스로의 선택에 의해 아스트랄계에서 삶을 계속하고 있었다. 그러나 물질세계에서 지은 카르마적인 빚을 지니고 있는 사람들은 언젠가는 아스트랄계를 떠나 다시 물질세계에 태어나서 그 빚을 갚아야만 한다.

우리가 보다 가벼운 밀도로 이동한 것은 부정성이 강한 마지막 〈철의 시대〉를 긍정적으로 살아갈 수 있는 하나의 방법으로서 우리 문명을 위한 것이었다. 오늘날 금성은 새로운 황금시대로 재진입하고 있으며, 물질행성은 아스트랄계를 떠나는 사람들에 의해 정착될 것이다.

## 육체로 전환될 수 있다

〈대전환기〉 동안에 육체를 버리고 아스트랄계로 옮겨간 많은 사람들은 수명이 길기 때문에 아직까지도 살아 있다. 이러한 사람들은 아스트랄계에서 죽어 물질세계에 다시 태어나지 않는 한, 물질세계로 다시 돌아갈 수는 없다. 그러나 아스트랄계에서 태어난 이들의 자녀들과 손자들은 물질세계로 들어오기 위해 꼭 죽을 필요가 없다. 다만 그들은 육체로 전환하여 나타나기만 하면 된다. 그리고 일단 육체로 물질세계 속에 오게 되면, 육체가 죽지 않는 한, 다시 아스트랄계에서 살기 위해 돌아갈 수가 없다. 왜냐하면 육체로 변형시킨 것을 계속 유지할 책임이 있기 때문이다.[1]

대부분의 사람들과 생명체들이 아스트랄계에 존재하고 있는 시기인 이번 생(生)에 나도 아스트랄계인 금성에서 태어나고 자랐다. 어린 아이였을 때 나는 진동을 낮추어 아스트랄체의 복제본인 육체를 구체화시켜 나타나도록 하였다. 그리고 나의 삼촌과 동료와 함께 지구에서 살기 위해 물질 행성인 금성을 떠났던 것이다. 금성에서의 어린 시절의 이야기는 우리의 아스트랄 문화가 어떤 것인지를 말해주고 있으며,

---

1)여기서 이 내용을 통해 우리가 미루어 짐작할 수 있는 것은 아스트랄체에서 완전히 육체로 바뀌는 것은 임시로 진동을 낮추어 물질화, 육체화되는 것과는 다르다는 사실이다. 그리고 아스트랄 차원의 행성에 사는 외계인들이라고 해서 그들 모두가 마스터는 아니라는 점이다. 예컨대 상위의 영적차원과 진동이 낮은 물질행성을 넘나들며 물질화와 비물질화를 자유자재로 하고, 공간이동 할 수 있는 능력은 아마도 대사(大師) 차원의 존재들만이 가능한 것으로 생각된다. (역주)

내가 물질행성의 문화에 대해서 배운 것도 그 무렵이었다.

## 아스트랄계에서의 나의 삶

만약 내가 물리적인 금성에서 태어나서 그처럼 어린 시기에 떠났다면, 나는 이 책을 집필하지 못했을지도 모른다. 어떻게 어린 시절을 상세하게 기술할 수 있을 만큼 잘 기억할 수가 있겠는가? 나의 삶에 관한 이야기는 내가 어린 시절을 선명하게 기억하고 있기 때문에 아주 흔치 않은 이야기인 것이다. 나는 아스트랄계에서 태어나 살아온 것을 사진과 같이 선명하게 기억하고 있다. 의식적인 면에서 아스트랄계는 물질계보다 높은 수준에 있으며, 그곳에서 사는 사람들 역시도 삶의 모든 면에서 보다 큰 능력을 가지고 있다. 따라서 내가 지난 사건들을 선명하게 기억할 수 있는 것도 별로 대단한 일이 아니다. 사실 나는 자궁 속에서의 일도 잘 기억할 수가 있다!

# 제4장

## 자궁 속에서

# 4장

## 자궁 속에서

자궁 속에 처음 있을 때는 아주 여유 공간이 많았다. 나는 하나의 어린 싹에 불과했으며, 나의 세계는 온통 어둠과 따뜻함으로 가득차 있었다. 영혼으로서 나 자신이 유일한 빛의 근원이었고, 비록 보거나 들을 수는 없었지만 나는 내가 들어갔던 새로운 세계를 자각하고 있었다. 나는 어머니인 샤윅-에코 레이(Shawik-Echo Lei)의 자궁 속에 있던 처음 며칠과 몇 주일에 대해 잘 기억하고 있다.

그 느낌은 다른 존재의 일부이면서도 완전히 분리되어 있다는 멋있고도 평화로운 느낌이었다. 나는 태어나는 데 필요한 에너지를 공급받음에 있어 사랑스런 어머니에게 얼마나 많이 의존하게 되는지도 잘 알고 있었다.

그것은 모든 것을 잘 알고는 있으면서도 어떻게 할 수가 없는 이상한 체험이었다. 영혼으로서 우리들 각자는 무한한 지식과 능력을 가지고 있다. 우리가 태어날 때에, 그리고 태어나기 전에 일단 살아갈 가정과 몸을 선택하게 되면, 우리는 어떻게 할 수가 없는 상태가 된다.

새로운 몸은 새 팔다리와 새 감각을 가지고 있고, 새 뇌(腦)가 발달되어야 하기 때문에 많은 주의와 에너지를 기울여 점차 익숙해지도록 해야만 한다. 한편 새로운 환경에서 사용하게 될 언어로 의사소통을 하기 위해 성대를 통제하는 법을 익히고 새로운 감각과 두뇌를 사용하는 배워야 하므로 영혼으로서 우리가 지니고 있는 지식들은 항상 잠재의식 속에 묻히고 마는 것이다.

드물지만 비범한 재주를 가지고 있는 사람들의 경우 잠재의식(潛在意識)과 의식(意識)이 분리돼 있지 않으며, 따라서 때로는 어린 아이들이 여러 생애에 걸쳐 취득한 지식을 가지고 있는 경우도 있다. 사람들은 누구나 나중에라도 이러한 지식들을 활용할 수가 있으나, 처음에는 감추어져 있다. 아스트랄계에 있으면서 나는 영혼에 대한 자각에 한 발 더 가까이 다가갈 수 있었고, 지금도 그 시절의 초기에 관한 기억을 가지고 있다.

나의 새로운 몸이 형성되어감에 따라 나는 내가 알고 있던 모든 것들에 대해 많이 숙고하게 되었다. 영혼으로서 나는 밀도가 짙은 세계로 처음 내려가 광물과 식물, 동물로서 셀 수 없을 정도로 많은 삶을 살았던 초기의 상황을 기억하고 있다. 그 다음에는 무수한 인간으로서의 삶을 살았으며, 남성과 여성으로서, 상상할 수 있는 모든 상황 속에서, 그리고 많은 행성들에서 살았다. 그러한 수백만 번의 생애들 사이에는 물질계 너머에서의 많은 다른 삶들도 있었다.

나는 영혼으로서 내가 기억하고 있는 것에 대해서 끝없이 계속 회상할 수 있었지만, 대개는 내가 살아갈 새로운 가족에 관해 생각했다. 나는 이전에 같이 살았던 적이 있는 영혼들인 나의 어머니와 아버지를 선택했다. 또한 나는 영적으로, 그리고 감정적으로 필요했던 부분을 이행하기 위해 그들과 삶을 함께 해야 할 운명을 지니고 있었다.

## 나의 부모와의 카르마적인 인연

우리 세 사람은 이전에도 금성에서 함께 살았지만, 지금은 나는 그들의 첫 번째이자 유일한 자식인 옴넥 오넥(Omnec Onec)이 되었다. 새로운 어머니가 될 사람은 오래 전의 지난 생애에서 나와 자매 사이였으며, 당시 금성은 전쟁을 종식시키고자 노력하고 있던 지금보다는 어린 행성이었다. 그러한 힘든 세월 속에서 사람들은 질병과 역병에 시달려야 했다. 그리고 그때 그녀도 치유할 수 없는 끔찍한 질병으로 고통을 받았던 사람들 중에 한 명이었다.

그리고 그 당시 나는 육체적으로 그녀를 나의 에너지로 치료하여 살리고자 하는 마음에서 질병이 생긴 그녀의 카르마를 기꺼이 내가 짊어지고 그녀를 대신해 죽었다. 그리고 이번의 (금성에서의) 새로운 삶에서 아버지인 사람은 과거 당시 나의 연인으로 의사였으며, 그때 그는 나의 동생에 대해서 분개했었다. 왜냐하면 그녀는 살고, 대신 내가 죽었기 때문이었다. 내가 죽은 슬픔 속에서 결국 당시 그는 스스로 굶어서 죽음에 이르게 되었다. 그런데 나의 동생(이번 생에서 나의 어머니) 역시도 그 당시에 그를 사랑했었다. 그런데 이렇게 됨으로써 결국 그녀는 그 생애에서 자신에게 소중했던 두 사람을 한꺼번에 잃어버리고 말았던 것이다.

이번의 금성에서의 삶에서는 그이와 동생은 남편과 아내로 만나 서로를 사랑하게 되었으며, 이러한 관계를 통해 그는 오래 전에 지니고 있던 원망을 해소할 수 있는 기회를 가지게 되었다. 또한 과거 동생이었던 그녀도 이번에는 지난 생에서 그토록 갈망하던 대로 자신의 삶의 일부를 그 사람과 함께 할 수 있었다.

그리고 이제 나는 그녀의 자녀로 태어나야 하는 것이다. 그리하여 내가 당시에 삶을 포기한 대가를 보상하기 위해서 이제 그녀는 나에게 생명을 불어넣어주고, 내가 태어날 때 변형(죽음)을 맞이하게 될 것이었다. 이것이 과거 생(生)에 그녀가 지은 업(業)을 청산하기 위해서 그녀가 선택한 것이며, 그녀의 운명인 것이다. 이번 생에서 그(아버지)는 살아 있는 것을 원망했던 그녀를 떠나보내게 될 것이며, 당시에 그토록 사랑했지만 떠나보낼 수밖에 없었던 그 사람(나)을 만나게 될 것이다. 그는 감수성이 강한 사람이므로, 사랑하는 아내를 그리워하게 될 것이며, 나를 외면하고 자신의 일에 몰두하게 될 것이었다. 나는 영혼으로서 이 모든 것들을 알고 있었다.

나는 어머니의 자궁 속에서 커가면서 자주 어머니에 대해서 생각했다. 나는 나에 대한 어머니의 따뜻한 사랑을 느꼈으며, 내가 이리 저리 움직일 때 그들이 관심을 기울이고 기뻐하는 것도 알게 되었다. 아버지도 또한 나에게 따뜻한 사랑을 보내주었다. 나는 그들이 조용조용하게 말하는 소리를 들었으며, 내가 발로 차거나 돌아다닐 때 그들의 손이 더듬거리는 것도 느낄 수 있었다.

나는 우주와 하나가 되어 있는 말할 수 없는 기쁨에 넋이 나갔다. 우주의 리듬이 나를 통해 흘러 들어왔고, 생명의 흐름인 빛과 소리가 최고신으로부터 흘러나와 모든 갖가지 생명체가 유지될 수 있도록 해주고 있었다. 자궁 속에 있다는 것은 삶의 특별한 시기로서 영혼은 여러 세계들을 초월하여 자유롭게 여행할 수가 있다.

시간이 흐르면서 나는 성장하게 되었다. 매일 내가 점점 더 인간적인 외형으로 되어가고 있다는 것을 느낄 수 있었다. 점차 주위의 공간이 너무 좁아서 움직이는 것이 점점 더 힘들어졌다. 팔 다리를 뻗어 기지개를 펴는 것도 거의 힘들게 되었다. 외부에서 들리는 소리는 차단되어 있지만, 어머니의 심장박동과 숨 쉬는 소리는 더 잘 들렸다.

## 탄생

태어날 날이 다가오자, 기쁨과 슬픔이 혼합된 느낌이 되었다. 기쁜 마음과 더불어 한편으로는 새로운 체험에 대한 두려움이 밀려 왔지만, 이미 선택한 것이었으며, 때가 다 돼 있었다.

갑자기 빛과 소리 속으로 빠져나오게 되는 혼란스러움이 다가왔다. 그리고 예전과 똑같은 자신이지만 새로이 분리되어 있다는 충격에 빠지게 되었다. 낯설고 미소 짓는 여러 얼굴들이 나를 반갑게 맞이했으며, 곧 바로 나는 이 새로운 가족들을 인식하고 사랑할 수 있었다. 나는 울면서 세상에 태어났는데, 이는 내가 느끼고 알았던 모든 것들과 소통할 수 없을 뿐만 아니라 너무 작고 나약해서 아무 것도 할 수 없었기 때문이었다. 어머니가 나를 안고 돌보아 주었고, 나는 어머니의 따스함과 나를 원하고 사랑한다는 것을 느낄 수 있었다.

나는 어머니의 품에 안겨 있으면서도 그녀가 나와 오랫동안은 함께 하지 못할 것이라는 사실을 잘 알고 있었다. 그녀는 말없이 사랑이 깃든 눈으로 나를 쳐다보며 많은 것들을 말해주고 있었다. "애야! 너를 사랑하지만, 곧 네 곁을 떠나게 돼. 나는 너와 함께 하면서 삶의 기쁨과 슬픔을 같이 나눌 수 없을 거야. 이미 선택은 이루어졌기 때문에 너는 살고, 나는 카르마의 균형을 맞추어야만 된단다."

## 어머니의 죽음

나는 따스함과 함께 내가 필요한 존재이며 사랑받고 있다는 것을 느끼면서 편안한 잠 속으로 빠져 들었다. 눈을 떴을 때는 혼자 침대에 누워 있었다. 어렴풋이 조금 떨어진 곳에서 아버지가 방안을 서성거리고 있는 것을 알았다. 아버지는 내 가까이 다가오지 않았고, 어머니는 아무 곳에도 보이지 않았다. 내가 잠이 들기 바로 전에 어머니가 마지막에 한 말이 나의 뇌리를 스쳐 지나갔다. 어머니는 아버지에게 "아기를 잘 돌보주세요."라고 말을 했었다. 당시에는 잘 깨닫지 못했지만, 어머니는 이미 변형(죽음)되었으며, 영혼으로서 나는 이 모든 사실들을 잘 알고 있었다.

## 처음의 환경들

작은 아기였을 때의 기억이 가장 희미하며, 나는 그 이후의 잡다한 기억들은 아주 또렷하게 가지고 있다. 이러한 기억들을 합치기만 하면, 어린 시절의 모습을 마음속으로 그려낼 수가 있다.

침대 옆에는 한 낯선 이웃이 서 있었는데, 그녀가 나를 간호해주고 돌보아 주었다. 그녀가 바로 나를 맞아주고, 나를 금성의 테우토니아에 있는 새 집으로 데려 갔던 사람이다. 방안의 내 주위에 있는 모든 것들로부터 나는 어수선한 무거운 분위기를 느꼈다. 내 위에 둥근 모양은 천정이었다. 천정의 중앙에는 연꽃이 조각되어 있었으며, 중앙을 둘러싼 꽃잎에서부터 우아하지만 복잡한 여러 가지의 무늬들이 아래로 향해 내 둥근 침실의 벽 아래로 뻗어 있었다. 그리고 그릇 모양의 나의 침대는 꽃들로 둘러싸여 있는 천정에서부터 금색의 로프에 의해 매달려 있었다. 가까운 곳에 창문이 열려 있었고, 이를 통해 나는 정원을 바라다보고, 감미로운 향기를 맡을 수 있었다. 미풍(微風)이 천천히 내 침대를 향해 불어오고 있었다.

나는 새로운 광경들을 보고 즐거워했다. 내 침대 곁에서는 황금색 새장 안에 있는 새들이 노래를 하고 있었다. 어머니가 남긴 마지막 요청 사항중의 하나가 내 방에 살아 있는 새들을 갖게 하는 것이었다. 내 머리 위에는 자동으로 된 장난감이 이리 저리 날라 다니거나 공중에 움직이지 않고 떠서 재미있는 음악소리를 만들기도 했다. 매일 보모(保母)가 와서 나를 돌보아 주었다. 내가 그녀에게서 느낀 감정은 사랑이 아니라 의무감이었다. 내 생각에는 내가 그녀의 자식이 아니었기 때문에 좀 냉정하지 않았나 생각한다. 비록 갓난아기지만 나는 이러한 냉정함을 알고 있었다. 따라서 물질세계에 있는 아기들도 어머니가 지닌 진정한 느낌을 알고 있다고 나는 확신한다.

나는 자주 멀리서 들리는 아버지의 목소리를 들을 수 있었지만 절대로 아버지의 얼굴을 쳐다보지는 않았다. 내가 태어난 이후에 단 한 번 짧은 시간 아버지를 보았지만, 어머니가 세상을 떠난 슬펐던 그날 이후로 아버지는 내 가까이 다시는 오지 않았다. 나는 내가 느꼈던 이 어수선한 분위기의 주된 원인이 나였다는 것을 확실히 알았다. 이 따금씩 내가 밖으로 나가 정원에 있을 때, 아버지의 연구실에서 나오는 기계소리를 들을 수 있었지만, 아버지를 보지는 못했다.

**이모와 삼촌이 나를 집으로 데려다 주다**

맑은 어느 날 아침에 보모가 나를 밖으로 데려가 정원의 푹신한 담요 위에 나를 내려놓았다. 따라서 그곳에서 나는 나비와 새, 그리고 아름다운 꽃들을 즐길 수 있었다. 그러나 나는 아주 친숙한 소리, 즉 나의 아버지의 목소리에 훨씬 더 관심이 많았다.

아버지가 다른 두 사람과 나에게 일어날 일에 관해 상의하는 소리가 들려왔다. 새로 태어난 갓난아기였기 때문에 나는 이들이 나의 이모와 삼촌이라는 것을 알지 못했지만, 나의 이름이 아주 자주 언급되고 있는 것은 알았다. 그리고 뒤늦게 서야 무슨 일이 일어났는지를 알게 되었다.

어머니의 동생인 아레나(Arena)와 그의 남편인 오딘(Odin)이 아버지를 찾아와서 나를 어떻게 처리해야 되는지를 상의했던 것이다.[1] 아버지는 어머니의 죽음에 대해 슬퍼하고 있었으며, 모든 책임이 나에게 있다는 생각을 가지고 있었다. 아버지는 아레나와 오딘에게 자신은 나에 대해 감정적인 애착을 가지게 되는 것을 원하지 않으며, 또 나에게 어떠한 감정적인 기분도 가지고 싶지 않다고 설명했다. 어머니와의 이별은 충분히 힘이 드는 상황이었지만, 만약 아버지가 나에 대해 집착하게 되었다면, 과거와 똑같은 이야기가 완전히 다시 한 번 반복되었을 것이다.

아버지는 사랑하는 이를 잃어버린 것이 너무 힘겨워 자신의 아이가 커가는 것을 지켜보는 감정을 견딜 수가 없었을 것이다. 아버지는 어머니에 대해 감정적인 면에서 지나친 애정을 가지고 있었기 때문에 어머니의 사심 없는 선택을 기꺼이 따를 수가 없었다. 물론 그렇게 하는 것이 아버지의 입장에서는 이기적인 행위였으며, 아버지도 이를 인정했다. 어쨌든 나는 하나의 아이에 불과했고, 친구가 아니었다. 이것이 아버지가 그 상황을 바라보는 방식이었다.

---

1)여기서 오딘(Odin)이라는 존재는 이모 아레나의 남편으로서 촌수상 이모부이지만, 아울러 그는 사실 옴넥 아버지의 동생이기도 하다. 그러므로 그는 옴넥에게는 이모부인 동시에 삼촌에 해당되기도 하는 것이다. 따라서 이 책에서는 오딘을 그냥 삼촌으로 번역했다. 오딘은 형이었던 옴넥의 아버지와 함께 금성에서 발명품을 연구하는 일에 종사했다.
(역주)

아버지는 아이를 양육하는 데에는 많은 사랑과 보살핌을 필요로 하지만 자신은 아이에게 쏟을 시간이 없다는 것을 이모와 삼촌에게 설명했다. 아버지께서는 과학자로서 해야 할 일이 많았으므로 나를 보살피는 것은 힘 드는 일이었다. 어머니가 안 계시기 때문에 아버지는 이모 내외가 나를 데려가 그들의 자식과 같이 양육하는 것이 최선이라고 느끼고 있었다. 물론 이모 내외는 자신들의 자녀가 없었던 까닭에 나를 데려가 키우는 것을 너무나 좋아했다.

아레나가 나를 집안으로 데려가기 위해 정원으로 나왔을 때, 나는 곤히 잠들어 있었다. 어렴풋하게 기억나는 것은 내가 이모의 품에 안겨서 방으로 왔다는 것이고, 이모는 조심스럽게 나를 침대 위에 내려놓고는 내게 필요한 물건들을 챙길 준비를 했다.

눈을 떴을 때, 이모 아레나가 약간 곱슬진 황금빛 머리카락을 어깨 위로 늘어뜨리고 서서 나를 향해 침대 위에서 미소 짓고 있는 얼굴을 보았다. 나는 내가 마치 그녀의 친자식인 것처럼 느꼈으며, 그녀의 친근하고 부드러운 얼굴을 쳐다보며 그녀의 웃음 짓는 녹색의 눈을 응시하였다. 나의 이모는 매우 아름다운 여성이었고, 외모는 나의 어머니와 아주 흡사했다.

삼촌은 은빛이 섞인 머리카락을 머리에서 어깨 위로 늘어뜨렸고, 거의 청록색의 반짝이는 눈을 가졌는데, 아주 즐거워 보였다. 그는 키가 크며, 건장한 외모를 지닌 남성적인 모습을 지녔지만, 아레나와 아주 닮아 있기도 했다.

모든 내 장난감과 옷가지들, 그리고 심지어 내 침대마저도 이미 포장돼 있었다. 나는 집을 떠난다는 것과 그리고 그토록 사랑했던 아버지와 헤어진다는 것을 알았다. 나는 내가 안긴 채 현관 문 밖으로 나왔고 친숙했던 주위에 있는 것들을 그때 마지막으로 보고 있었다는 것을 지금도 기억한다. 우리가 버블카(투명 돔이 있는 비행선)에 도착할 무렵, 멀리서 아버지가 잘 가라고 하는 말을 들었다. 나의 보모는 내 볼에다 잘 가라고 키스를 해주었으며, 이것이 전부였다.

우리 3명은 우주선 속으로 들어갔고, 그것은 곧 이륙했다. 실제로 아스트랄계에서는 반드시 우주선을 타고 여행할 필요는 없다. 그곳에서는 생각만으로도 여행을 할 수가 있다. 즉 목적지에 의식을 집중하게 되면, 그 장소에 나타나게 되는 것이다. 하지만 많은 사람들이 여행할 때에는 가끔 각자가 서로 헤어져서 정해진 시간에 잘못된 장소나 다른 장소에 나타나기도 한다. 그러므로 단체로 여행하게 될 경우에는 다 같이 비행선을 타고 이동하여 동일한 시간과 장소에 도착하는 편이 낫다. 또 비행선을 타고 이동하며 경치를 즐기는 것도 어떤 장소에 단순히 나타나는 것보다 다 함께 누리는 아름다운 체험이 되는 것이다.

우리가 타는 〈버블카(Bubble Car)〉는 놀랍도록 단순한 비행체로서 내부에 좌석이 있는 마치 투명한 유리 거품방울과 같이 보인다. 삼촌은 생각의 힘만으로 시동을 걸고 비행선을 운전할 수 있기 때문에 버블카에는 엔진이나 조정실이 따로 없다.

우리가 탄 비행선이 다양한 색상을 지닌 나무들 위로 솟구쳐 올라갈 때 나는 아버지가 살고 있는 집의 모습을 얼핏 보았다. 우리 집의 중앙은 둥글지만 끝이 약간 뾰족한 형태로 흰색의 멋진 지붕으로 돼 있었는데, 내가 그 아래에서 잠이 들었으며 내 삶의 몇 주를 그곳에서 놀았던 것이다. 집의 양쪽으로는 날개 형태의 부속건물이 있어서 비록 둥근 지붕이 좀 더 터키 스타일로 디자인되어 있기는 했지만, 지금의 나에게는 마치 미국의 국회의사당을 연상케 했다. 넓은 대지 위에는 수많은 각양각색의 나무와 꽃들이 가지런하게 정렬되어 있었다. 그리고 왼쪽으로는 아버지가 일하는 연구실이 있었다. 그것은 숲과 정원의 나무들 사이에 앉아 있는 마치 무지개 빛깔의 유리로 된 거품과 같았다.

## 나의 새로운 집과 첫 날

나는 이모의 집을 보는 순간 그 집을 좋아하게 되었으며, 그 집은 마치 지평선 위에 떠오르는 달이나 땅에서 솟아나는 하나의 원(圓)과 같았다. 디자인상으로 더 이상 단순할 수가 없었다. 낮지만 우유 빛이 나는 청백색의 반구형 집은 색다른 나무들과 다채로운 꽃들과 조각상들, 그리고 물이 흐르는 분수에 의해 둘러싸여 있었다.

돌로 된 도보 길의 끝에 우아해 보이는 아치형의 대문이 있었고, 대문의 양쪽에는 보다 작은 아치형의 구조물과 연결되어 있었다. 그리고 이 조그만 현관은 바로 침실로 이르게 설계되어 있었다. 좌우로 경사진 대문의 안쪽으로는 어깨높이의 철제 펜스가 쳐져 있었으며, 녹색 잎과 자색 및 흰색의 꽃을 지닌 포도넝쿨로 장식되어 있었다. 이 펜스가 침실과 거실을 구분해주는 역할을 하고 있었는데, 이 펜스들은 잎과 꽃이 어우러져 복잡하게 얽혀 있었다.

방 중앙의 앞쪽에는 자주색이 감도는 청백색 대리석의 마루 위로 움푹 파인 둥근 벽난로가 있었다. 난로를 둘러싸고 있는 구부러진 긴 의자는 이모의 마음 상태나 기분에 따라서 날마다 색깔이 바뀐다는 것을 알게 되었다. 방안의 다른 곳에는 밝은 색상의 소파(Sofa)가 있었으며, 이 소파는 모피와 기분을 좋게 하는 부드러운 물질로 만들어져 있었다.

실내 정원에 있는 음악 폭포와 풀장은 방의 뒤쪽으로 연결되어 있었다. 이국적인 나무들이 물고기들에게 그늘을 제공해주었고, 작은 귀여운 새들이 즐겁게 노래하면서 가지 사이를 날아다니고 있었다. 우리 집은 마치 자연을 실내로 옮겨놓은 것 같았다. 서로 친구가 된 식물과 꽃, 새와 이모는 집 어디에서나 쉽게 볼 수 있었다.

1층에는 단지 침실들과 거실만이 있었다. 위를 쳐다보면, 둥근 대리석으로 된 식당의 바닥이 마치 떠있는 것처럼 위에 보였다. 실내 정원의 왼쪽으로는 대리석 무늬의 비취(翡翠)로 만들어진 계단이 집의 내부를 둘러싸고 있는 발코니의 난간과 연결되어 있었다. 발코니와 2층 사이에는 전 구간에 걸쳐 남자 키만큼의 공간이 있었다. 그리고 흙냄새 나는 짙은 붉은 색 나무로 만들어진 동양풍의 인도교(人道橋)들이 일정한 간격마다 아치 형태를 이루고 있었다.

2층의 모서리 둘레에는 똑같은 진한 붉은 색의 윤기 나는 나무로 된 허리 높이의 담이 쳐져 있었다. 담의 윗부분의 넓은 면적은 식물과 작은 조각상들, 그리고 도기류들로 운치 있게 장식되어 있었다. 그리고 거기에는 세공된 목제(木製)의 5조 테이블과 의자로 이루어진 가구들이 완비되어 있었다. 이모는 단순하고도 우아한 것을 좋아했다.

둥근 돔 형태의 천정은 구부러진 벽이 되어 아래로 뻗어 있어 보기에 장관이었다. 천정과 벽은 유리와 같이 투명하여 집의 내부에서 밖을 볼 수 있으며, 정원과 다채로운 구름, 그리고 가까이 있는 산들을 항상 볼 수가 있었다. 그리고 테이블과 의자가 배치되어 있는 곳 바로 위에 있는 돔의 중앙에는 색유리로 된 직사각형의 모자이크가 있었다. 2층의 마루는 유리와 같이 투명했지만, 침실에서부터는 청백색의 대리석과 자주색의 천정이 보였다.

집에 있는 모든 가구들이 그 자체로 예술작품들이라는 것은 말할 것도 없고, 가구 하나하나가 정교하고도 독특한 예술품과도 같았다. 더불어 건물 전체와 모든 장소에 말로 형언할 수 없는 아름다움과 조화가 깃들어 있었다.

이모와 삼촌은 첫날 나에 대한 동정적인 이야기를 주고받았다. 이분들은 나의 아버지의 심정을 이해할 수 없었지만, 아버지가 별개의 개인이라고 생각하게 되었으며, 자신들이 동일한 체험을 하지 않는 이상 아버지의 심정이 어떠한지 알 수는 없는 것이었다. 다만 이모 내외는 아버지의 이러한 결정을 수용했고, 양육할 아이를 갖게 된 것을 기쁘게 생각하며 나를 받아들였다.

아레나 이모 내외의 자식이 된다는 것은 큰 변화를 만들어 냈다. 이모님 내외는 나를 얻게 되어 기뻤지만, 한편으로는 내가 아버지와 어머니 두 분을 잃게 된 것에 대해서는 슬픔을 느꼈다. 동시에 그들은 이 모든 것이 카르마의 문제이며, 최선을 다해 나를 보살펴주고 좋은 삶을 베풀어줘야 한다는 것을 잘 알고 있었다.

나의 새로운 침실은 폭포수 가까이에 있었고, 나의 침대는 사발 모양으로서 거무스레한 색으로 채색된 천장에 황금색의 고리와 체인으로 매달려 있었다. 이것은 마치 핑크색의 버들고리 모양이었으며, 푸른 잎을 지닌 청색과 황색의 꽃으로 장식된 체인이 꼭대기에서부터 바닥까지 지그재그 형태를 이루고 있었다.

이모 아레나는 침대보를 새로 만들어주었는데, 이 침대보는 솜털의 깃털과 같이 느껴졌고, 한 조각의 구름과 같이 부드러웠다. 이 침대보에는 작은 동물들과 꽃들이 수놓아져 있었고, 색이 수시로 변화했다. 나를 내려놓기 전에 이모는 내게 맛있는 과일주스를 먹여주었으며, 이모가 들려주는 금빛 하프 소리를 들으면서 나는 잠이 들었다.

아이들을 돌봐주고 먹을 것을 주는 것이 안정감과 즐거움을 주기는 하지만, 금성에서는 실제로 반드시 그럴 필요는 없다. 아스트랄계에 사는 사람들은 그곳에서 살아가는 데 필요한 모든 에너지를 대개 휴식을 취하는 동안에 에테르계로부터 직접 흡수하게 된다. 아스트랄체가 물질로 된 몸체보다도 훨씬 가벼운 주파수의 에너지로 구성되어 있기 때문에 이런 작용이 가능한 것이다. 우리들은 특별한 경우에 한해서만 상을 차려 정성들인 음식을 먹게 된다. 즉 우리도 하나의 인간으로서 음식 맛을 즐기고 좋은 음식을 먹는 감각을 느껴보는 이와 같은 습성을 물질세계로부터 이어오고 있는 것이다.

금성에서 다섯 살 미만의 아이들이 하는 온갖 재미있는 놀이들은 삶의 기초적인 것들을 배우는 것과 관련이 있다. (다섯 살이란 의미는 지구의 5살 먹은 아이들이 인지할 수 있는 정도와 같은 시기를 말하는 것이다.) 기초적인 이러한 가르침은 〈배움의 신전(Temples of Learning)〉에 들어가기 전에 가정에서 부모들이 가르쳐야 하는 의무사항이기도 하다. 아레나 이모는 매일 시간을 내어 내가 우리의 문화와 최고신의 법칙들을 배울 수 있도록 도와주었다. 나는 우리가 쓰는 문자와 언어, 숫자체계, 그리고 간단한 기술도 배웠다.

## 놀이

다른 아이들과 마찬가지로 처음에는 나도 게임을 통해서 학습을 했다. 나는 그림그리기와 종이에서 어떤 것들을 오려내기, 그리고 알파벳 놀이를 좋아했다. 이모는 내가 서로 다른 여러 글자들을 모아 낱

말을 만들고, 숫자를 셀 수 있도록 도와주곤 했다. 이러한 방법을 통해 나는 아주 빨리 배웠다.

내가 가지고 놀았던 장난감에는 모형도시를 만드는 데 사용되는 여러 형태의 블록들(Blocks)과 서로 다른 재료와 색상으로 만들어진 기초적인 기하학적 모형들이 포함돼 있었다. 이러한 블록들은 다양한 아름다운 나무와 금속, 그리고 수정으로 만들어졌다. 삼촌 오딘은 나를 자주 생각해주었으며, 많은 관심을 끌게 하는 물건들과 손잡이를 돌리고 단추를 누르거나 크랭크를 돌리면 온갖 소리를 내고 다른 작용이 일어나는 학습용 완구를 집으로 갖다 주었다.

내가 2~3살이 되었을 즈음에 나는 창의적인 놀이와 재주를 익히는 데 좀 더 몰두하게 되었다. 처음에는 이모가 그림을 그리고 색칠을 하는 것을 가르쳐 주었다. 그러나 곧 나는 스스로 그림을 그리고, 다치지 않는 연장을 사용하여 나무를 조각하게 되었다. 또한 나는 우리 세계에 존재하고 있는 음양(긍적적인 측면과 부정적인 측면)을 나타내는 두 개의 작은 인형을 가지고 노는 것을 좋아했다.

오래지 않아서 나는 피아노와 같은 악기뿐만 아니라 하프도 연주하게 되었으며, 그 이후 음악은 내 삶에서 없어서는 안 될 것이 되었다. 무엇보다도 춤추는 것을 좋아했기 때문에 나는 항상 이모가 자신이 좋아하는 음악을 연주하는 시간을 기다렸다. 왜냐하면 그 때에 내가 생각해둔 새로운 동작들을 연습할 수 있었기 때문이다. 내가 좋아하는 놀이가 무용(舞踊)이라는 것은 쉽게 알 수 있었다. 나는 낮에 음악적인 그림 앞에서 몇 시간에 걸쳐 춤을 추거나 내 스스로가 음악을 작곡하기도 했다.

우리가 가지고 있는 음악 장치는 거실의 천장 속에 들어가 있는 하나의 확성기처럼 보이지만, 단순한 장치가 아니다. 어떤 교향곡이나 악곡 또는 음악을 생각만 해도 연주가 시작되며, 집안 전체를 소리로 가득 채우게 된다. 이것은 완전히 생각으로 통제되며, 마음으로 작동하는 것이다.

# 정원

집을 둘러싸고 있는 거대한 원형은 정원으로서 내가 좋아했던 세계들 중의 하나였다. 이모와 삼촌은 정원의 한 쪽에다 여러 가지 나무와 관목, 꽃들을 수집해 놓았는데, 이것은 금성의 여러 지역과 인근의 행성들에서 가지고 온 것들이었다. 이것들은 온갖 다양한 모양과 크기, 색상을 지니고 있었다. 살아 있는 것들의 다채로움은 정말로 멋있었다.

특히 나는 어느 한 나무를 좋아했는데, 이 나무는 하나의 뿌리에서 뻗어 나와 네 개의 줄기로 퍼져나가서 마치 동양의 부채 모양으로 생긴 것이었다. 줄기는 번갈아서 밝은 녹색과 청색을 띠었으며, 자연 상태에서 잎은 밝은 황색을 지니고 있었다. 또한 가지에서 늘어진 꽃덩굴을 가지고 있었고, 나무의 전체 모습은 마치 커다란 부채 모양을 하고 있었다. 나는 거의 하루 종일 이 나무 밑에서 놀고는 했었다. 나는 이 나무를 대단히 좋아했으며, 때로는 이 나무에 기어 올라가 한 마리의 새처럼 흉내를 내기도 하였다.

우리의 정원에서는 이상하게 생긴 나무들도 흔히 볼 수 있었다. 어떤 것들은 엄청나게 큰 꽃을 가지고 있었으며, 또 어떤 것들은 줄기와 가지, 잎이 똑같은 색상, 즉 밝은 황색, 청색 또는 붉은 색을 지닌 것들도 있었다. 나무들처럼 꽃들도 깃털과 흡사한 것을 지니고 있어서 미풍에 흔들리면서 달콤한 향기를 내는 이상한 것들이 있었다. 또한 지구인들에게 익숙한 해바라기, 장미, 튤립과 기타 많은 꽃들이 우리 정원의 한 쪽에 심어져 있었다.

나는 많은 시간을 밖으로 나가 새들과 동물들에게 먹이를 주고, 이들을 보살폈다. 나는 항상 새로운 새들과 동물들을 애완동물로 생각했었다. 그리하여 그들도 점점 더 나를 사랑하게 되고, 나도 그들을 사랑하게 되었다.

과일과 채소들은 관목과 꽃, 그리고 나무들 사이에서 자유롭게 자랐다. 이것은 모든 가정들이 자신들이 먹을 음식을 재배했던 물질시대에 있던 관습들이 그대로 넘어온 것이다. 나는 '유냐(yunya)'라는 과일을 좋아했으며, 음식을 먹을 때마다 생각이 나곤 한다. 이 과일은 배와 체리의 중간 정도의 맛이 나는데, 단지 이것들보다도 훨씬 더 과즙이 많다. 나는 뒤뜰에 있는 분수 옆에 앉아서 콸콸 소리를 내며 물이 쏟아져 튀는 것을 쳐다보기 좋아했으며, 하루 종일 이 분수는 내부에서 밝게 빛을 내고 있었다. 이것은 마치 빛을 발하는 4개의 버섯모양과 아주 흡사했고, 각각의 버섯은 가장자리가 조가비 형태였으며, 위로 올라 갈수록 크기가 작아졌다. 맨 위에 있는 연꽃의 조각상에서는 맑은 물이 위로 뿜어져 나왔는데, 바로 아래에 있는 것은 노란색으로 물들었고, 그 다음 것은 자주색으로 물들었다. 그리고 맨 아래에 있는 물은 밝은 오랜지색이 되었다. 이것은 아주 매혹적이었다.

잔디가 무성한 빈터에는 삼촌이 나를 위해 특별히 만들어준 그네가 있었다. 이 그네는 어떤 것에도 매달려 있지 않았다. 바람이 불어오면, 이 그네는 공중에 떠서 앞뒤로 부드럽게 흔들렸다. 보기에 따라서 이것은 마치 해먹(hammock)과 비슷하게 생겼는데, 예쁜 흰 레이스로 디자인되어 있었다. 내 친구와 나는 삼촌이 만들어준 이 특별한 선물 속에서 몇 시간을 놀기도 했다.

내가 사귄 첫 친구는 제무라(Zemura)라는 여자 아이였으며, 그녀는 나와 동일한 의식 수준에 있었다. 제무라의 부모님은 매일 제무라를 데리고 와서 나와 놀게 하였다. 금성에서는 나이보다도 더 중요한 것이 이 의식의 수준으로서 이것은 느낄 수는 있지만 볼 수는 없는 것이다. 놀이 친구나 벗들은 함께 시간을 보내면서 내면의 동일한 본질들을 함께 나누며 서로의 교제를 즐기게 된다.

우리가 함께 놀았던 게임은 대부분의 아이들이 하는 놀이와 비슷했지만, 훨씬 더 복잡한 놀이였다. 정원에서 우리는 사람들과 차들을 조그맣게 갖춘 완전한 모형 도시를 만들어내기도 하였다. 우리는 생각만으로도 도시들이 움직이거나 사람들이 서로 이야기하게 하고, 심지어 스스로 옷을 입게 할 수도 있었다. 우리는 정성을 들여 건물들을 아주 자세하게 만들었으며, 이것은 마치 금성이나 다른 행성에 있는 실제 도시들의 복사판과도 같았다. 어떤 것도 빠지지 않았다. 정원과 강, 보트, 다리들, 동물들과 실제의 도시들에 있음직했던 기타의 것들도 거기에 있었다.

아스트랄계에 있으면서, 제무라와 나는 쉽게 스스로를 보이지 않게 하거나, 또는 몸을 꽃이나 나무로 위장하고 숨바꼭질을 하기도 했다. 우리 자신들을 아주 작게 축소함으로써 꼬마 요정(妖精)처럼 위장을 하기도 했으며, 우리가 하고자 하는 이야기들을 꼬마 요정을 통해서 표현하기도 하였다. 삶속에서 우리 앞에 놓인 새로운 경험들은 거의 끝이 없었다. 그리고 주변이 어떤 모습을 하고 있는지를 알아보기 위해 아주 큰 나비를 만들어서 그 등 위에 올라타고 근방을 날았던 것을 나는 기억하고 있다.

나이가 점점 들어가면서 나와 여자 친구들은 부모를 흉내 내는 데에 관심을 갖게 되었다. 우리는 소꿉놀이를 하면서 어른들이 하는 것처럼 옷도 잘 차려입고, 파티를 열어 누구나 춤을 추고 노래를 부르게 하였다. 우리 각자는 어느 면에서 창의적인 재능을 가지고 있었기 때문에 모두 이 즐거운 놀이에 참여했다.

놀이를 할 때마다 우리는 항상 새로운 것들을 배우고 우리가 가진 재능을 발전시키고자 하였다. 우리가 게임을 하는 도중에 우리들 중에 누가 어떤 생각을 떠올리면, 다른 사람이 그것을 행동으로 옮기거나, 아니면 춤을 추거나 시를 낭송하여 그것을 표현하기도 했다. 우리는 삼촌이 집에 가져온 다른 행성의 역사에 관해 집필된 책을 활용하여 여러 가지 복장과 머리 스타일을 함으로써 그 시대를 시현해보기도 했다. 그리고 우리가 만든 옷가지들은 과거에 실제로 존재했던 것과 같은 복제품이었다.

물질에 대해 마음이 지니고 있는 힘이 이 같은 게임을 가능하게 만드는 것이다. 아스트랄계에서는 물질이 아주 높은 주파수를 지니고 있어서 우리의 생각만으로도 그것을 움직이거나 변화시킬 수 있으며, 또한 에너지로부터 그것을 구현해낼 수도 있다. 우리가 소꿉장난을 할 때에도 우리는 실제로 진짜 집이 나타나게 만들었으며, 옷을 입을 때에도 정확히 마음속으로 우리가 만들 옷을 시각화함으로써 옷가지들을 창조해내게 되는 것이다.

물질행성에 사는 아이들이 걸음마와 읽고 쓰기를 배워야 하듯이, 이곳의 아이들도 이러한 창조의 능력에 대해서 가르침을 받게 된다. 내가 아주 어렸을 때, 즉 2~3살이 되었을 때, 이모는 나에게 창조하는 훈련을 가르쳐주기 시작했다. 나는 알맞은 크기와 색상, 옷감 등에 대한 정확한 이미지를 마음속에 지니고 있어야 했으며, 내가 구현하고자 하는 많은 것들에다 집중해야 했다.

아스트랄계에서도 무(無)에서 유(有)를 창조할 수는 없는 것이다. 우리는 무한한 무료의 에너지(free energy)를 우리가 얻고자 하는 것으로 변환시키기 위해 상념을 이용한다. 이것은 마치 마술과 같이 보이는데, 이는 물현시키고자 하는 것들이 텅빈 허공에서 나타나기 때문이다. 물질세계에서도 똑같은 생각의 힘이 존재하지만, 그것이 마법과 같지는 않다. 왜냐하면 창조의 과정이 훨씬 더 느리고, 원재료와 노력이 필요하기 때문이다.

이러한 능력에는 많은 책임이 수반된다고 나는 배웠다. 최고신의 이름으로 적절하게 행하지 않는다면, 내가 하는 행위는 좋거나 혹은 나쁜 카르마를 만들어내기 때문에 내가 창조하는 것들이 다른 사람들의 삶을 방해하지 않도록 주의해야 한다.

그물 침대에 누워서 실내의 정원에서 들리는 낙수물 소리를 듣는 것은 내가 좋아했던 체험들 중의 하나였다. 그 물이 하프 위로 쏟아져 내리는 것처럼 황홀하기 그지없는 아름다운 소리를 만들어냈다. 나는 계속 변화하는 멜로디 소리를 들으며 안개 속에서 항상 그것이 만들어내는 무지개를 응시하는 것을 싫증내본 적이 없다.

내 방의 투명한 벽을 통해 멀리서 빛나는 쿠믈리(Kumli) 산과 바로 옆에 있는 싱그럽고 다채로운 정원을 바라볼 수 있었다. 그것은 나의 생각과 느낌을 혼자 즐길 수 있는 나만의 세계였다. 4살이 되었을 쯤에는 대부분의 가구를 내가 직접 디자인하여 스스로 구현해냈다. 황색과 푸른색의 작은 꽃들로 장식된 잔디처럼 보이고 느껴지는 융단이 자주색, 청색 및 흰색의 대리석의 마루를 덮고 있었다. 삼촌 오딘은 내게 주는 특별한 선물로 조그만 나무 모양의 천연의 작은 나무 테이블을 손으로 조각해주었다. 복잡하게 조각되고 손으로 색칠한 녹색의 나뭇잎들이 둥근 윗부분의 가장자리를 장식하고 있었으며, 그 견고한 기저(基底) 부분은 나무의 줄기처럼 보이도록 조각돼 있었다.

각각의 침실에는 욕조가 갖추어져 있었고, 물론 나도 내 자신의 욕조를 디자인할 수 있도록 허용돼 있었다. 그것은 바다 조개 속에 장착된 둥근 욕조였다. 욕조 바닥의 정중앙에는 불가사리가 새겨져 있었다. 물꼭지는 물이 뿜어져 나오는 황금색의 물고기 모양을 하고 있었다. 그리고 천정에 붙어 있는 별 모양의 물꼭지는 샤워용이었다.

모든 것 중에 가장 이상한 것은 내 방에서 자라는 살아 있는 나무였다. 그것이 정원에 있을 때 나는 그 나무를 아주 좋아했는데, 실내에 옮겼는데도 아주 잘 자랐다. 금성인들이 먹을 필요가 없는 것처럼, 그곳의 나무들도 땅에 뿌리를 내릴 필요가 없다. 왜냐하면 나무들도 마찬가지로 필요한 에너지들을 직접 흡수하기 때문이다. 이 나무는 참나무가 꼬여 있는 것처럼 생겼으며, 짙은 녹색의 잎과 향기로운 향기를 지닌 꽃을 가지고 있었다. 나는 많은 시간을 이 나무 가지에 매달려 있는 희고 조그만 그네에서 보냈다. 금성인들에게 나무는 생명의 상징이기도 했다. 이는 나무가 자라는 곳에서는 인간도 살아갈 수 있기 때문이다.

배움은 항상 내 삶에서 귀중한 일부분이었다. 금성인들의 사회에서는 나이에 상관없이 각 개인의 삶에서 매 순간 일어나는 어떤 일들이 있다. 우선 무엇보다도 금성에는 공장의 제조 및 조립 라인에서 완성품이 쏟아져 나오는 듯한 지구에서와 같은 교육제도는 존재하지 않는다. 우리가 알고 있듯이, 배움은 영혼으로서 개인의 성장에 필요한 끝없는 체험이다. 금성의 아이들은 교육이 성가신 허드렛일이 아니라 기쁨과 만족을 가져다주는 것으로 알고 있다. 왜냐하면 아스트랄계인 이곳에서는 먹고 살아가는 데에 따른 부담이나 걱정, 괴로움이 없기 때문이다. 우리는 삶에 있어서 예술과 과학 분야에서의 창조와 창의에 관심을 가지고 있으며, 교육 제도도 우리의 삶의 방식을 그대로 반영하고 있는 것이다.

## 배움의 신전

테우토니아의 중심부도 이 지역에서 살고 있는 사람들의 문화적 중심지이며, 상업적인 중심지가 아니다. 아스트랄의 생활 속에는 비즈니스(Business), 즉 돈벌이 행위란 존재하지 않는다. 대부분의 도시들은 〈배움의 신전〉에 헌신적으로 이바지하고 있으며, 신전 하나하나마다 그 자체로서 하나의 예술 작품인데, 이러한 신전들은 예술이나 과학의 한 분야를 촉진하는데 기여하고 있다. 각각의 신전에서는 어른들뿐만 아니라 아이들도 배우고자 하는 분야의 대가(마스터)들로부터 지도를 받고 있다. 한 분야에 헌신하는 사람들에게는 학생단계에서부터 마스터에 이르는 발전과정이 항상 존재하고 있다. 고급반의 학생들은 신입생들을 안내하는 데에 참여하도록 항상 초대받게 된다.

모든 아이들은 신전에서 공부할 시기를 결정할 수 있는 자유를 가지고 있다. 심지어 부모라 할지라도 아이 스스로를 제외한 그 누구도 그러한 결정을 할 권한이 없으며, 또한 강요할 수도 없다. 배우고자 하는 과제가 무엇인지, 그리고 언제 배울 것인지에 대한 완전한 선택의 자유가 아이들에게 주어져 있고, 교과과정이나 졸업, 학위증 같은 것은 존재하지 않는다. 신전에서의 배움은 전적으로 개인의 문제인 것이다.

## 예술의 신전

모든 배움의 신전들 중에서도 나는 예술을 배우는 곳을 가장 좋아했다. 5살이 가까워지면서 나는 그곳에서 공부하게 되었으며, 거의 항상 마루 위에 있었는데, 이곳은 전적으로 무용예술만 하는 곳이었다. 춤은 내가 과거 지구상의 인간으로 태어났던 삶 중에 가장 가치 있는 육화 중의 하나인 고대 이집트의 모세 궁전에서 궁정 무용수로 살았던 이후부터 나의 삶의 일부였다. 물론 다른 신전들도 많이 방문했지만, 나는 주위가 온통 대리석 기둥과 계단으로 된 이 거대하고 돔 형태를 지닌 〈예술의 신전〉을 정말로 좋아했다.

매일 아침 도시로 들어가기 전에 나는 잠자리에서 일어나는 것으로서 하루의 일과를 시작했다. 아스트랄계에서 잠을 잔다거나 휴식을 취한다는 말은 피곤함을 느끼는 육체가 존재하지 않기 때문에 단지 마음의 휴식을 의미한다. 휴식을 위해 우리는 의식적인 마음이 없어질 때까지 한 가지 일이나 단어 또는 하나의 생각이나 물체에 집중하기만 하면 된다. 깨어나면서 내가 늘 하는 첫 번째 일은 그날 내가 어떤 종류의 사람이 될 것인가를 결정하는 것이었다. 우리는 매일 다른 형태의 사람이 되고자 노력한다. 왜냐하면 항상 똑같은 인격을 지니고 살아간다는 것은 하나의 제한적이고 지루한 삶의 방식이기 때문이다.

## 어린 시절의 놀이들

어떤 날은 명랑하고 행복해 보이는 사람이 되고, 또 어떤 날에는 별로 말이 없는 과묵한 사람이 되기도 했다. 그렇지 않으면 나는 여왕이 되기로 선택하고 왕처럼 꾸몄는데, 이것은 그저 아이들의 장난이 아니었기 때문에 모든 사람들이 그런 식으로 나를 여왕으로 받아들여주곤 했다. 금성에서 모든 사람들은 삶을 보다 흥미롭게 하기 위해 자신들의 개성을 날마다 변화시키려고 노력하며, 자신들이 겪은 체험에 있어서 스스로를 제한하려고 하지 않는다. 매일 나는 나의 새로운 개성에 잘 어울리는 옷을 선택할 수 있었으며, 나는 늘 아주 여성스럽고 가벼우며 부드러운 옷을 좋아했다. 오직 나의 상상만이 내 옷의 디자인과 옷감, 그리고 스타일을 제한했을 뿐이었다. 나는 햇빛처럼 보이는 태양의 옷을 입을 수도 있었으며, 혹은 별빛 같은 옷, 또는 아름다운 바위 위를 흐르는 개천의 물과 유사한 옷을 입을 수도 있었다.

나는 예술의 신전으로 떠나기 전에 먹는 것에는 거의 신경을 쓰지 않았다. 항상 나는 신전의 대리석 계단 앞에 그냥 나타나면 되지만, 어떤 날 아침에는 기분전환을 하고자 마을을 가로질러 걷고는 했었다. 그리고 시내로 이어지는 골짜기 위에 놓인 다리를 건너 도중에 볼 수 있는 여러 가지 경치와 소리를 즐기며 갈 때도 있었다.

신전 내에도 여러 층이 있는데, 어떠한 특정 주제에 대한 분위기가 형성될 수 있도록 각각의 층들은 많은 예술분야 중에서도 어느 한 부분을 다루고 있다. 각각의 층에는 커다란 원형의 홀이 있으며, 이 홀은 수백 명의 사람을 수용할 수가 있었다. 이곳은 배움의 주된 장소였고, 소규모의 연구실이 이 홀을 둘러싸고 배치되어 있는데, 각 개인들은 이곳에서 혼자 작업을 하거나 생각에 잠기기도 하였다.

1층에서는 예술에 관한 기초적인 사항과 느낌과 생각, 그리고 이미지들을 종이 위에 구현하는 법을 배운다. 여기에서 내가 말하는 것은 우리들이 앉아서 생각의 힘을 사용하여 다만 어떤 것을 스케치하는 것을 배운다는 의미가 아니다. 물질 행성에서 예술가들이 하는 것처럼 우리도 예술의 신전들에서 자신들의 손과 기타의 재능을 활용하여 창의적이 되는 법을 배우는 것이다. 그 다음 층에 중앙 홀(Main Hall)이 있는데, 이곳에서 우리는 다른 방식으로 그림을 그리는 법을 배우게 된다. 또한 층들 전체에서 조각과 콜라주(Collage), 종이 오리기와 접기, 나무조각, 그리고 모든 확실한 예술적인 표현수단들을 다룬다. 춤을 배우는 층은 그 위의 층에 있었다.

모든 신전들에서 항상 서로 다른 룸(Room)과 층들은 각기 동일한 예술과 과학에 사용되도록 설계되어 있다. 왜냐하면 진동(Vib-ration)을 맞추어야 하는 공통적인 목적이 있기 때문이다.

수업이 끝나고 나면 지구의 아이들이 그러하듯이 나도 집에 가서 친구들과 놀았지만, 언쟁을 하거나 싸우지는 않았다. 우리가 가장 좋아했던 놀이 중의 하나는 향기 나는 다채로운 꽃들을 아주 길게 여러 줄로 엮어서 인근을 가로질러 달려가며 나무와 집들 사이에 매달리게 하는 것이었다. 며칠이 지나면 이것들은 없어지게 되며, 그러면 우리는 또 다시 처음부터 다시 시작할 수 있었다.

특히 행진(퍼레이드)놀이가 아이들 사이에 인기가 높았는데, 물론 특별한 날에만 이 행진놀이를 하는 것은 아니었다. 아이들에게는 매일 매일이 특별한 날이었다. 즐거운 시간을 갖기 위해 모든 아이들이 이색적인 옷으로 차려 입고 좋아하는 악기를 가지고 나와 조화로운 소리를 내면서 마을 주변을 행진했다. 그 후 우리는 다 같이 주저앉아 뒹굴면서 대단히 재미있어 하곤 했었다.

대부분의 아이들은 물질세계의 아이들이 하고 있는 것과 아주 비슷했다. 우리는 과거의 역사 시대로 다시 돌아간 것처럼 가장하여 놀이를 하는 것을 좋아했는데, 그 놀이의 아주 세부적인 데까지 우리가 마음대로 창조해낼 수 있었다.

나는 집에서도 계속해서 노래와 춤, 그리고 하프를 배웠다. 다른 예술과 마찬가지로 춤도 하면 할수록 배울 것이 많다는 것을 깨닫게 된다. 춤도 또한 하나의 독특한 예술 형태로서 다른 예술이 표현하지 못하는 영적인 체험을 표현할 수가 있다. 금성의 춤은 딱딱한 스텝(Step)과 규칙을 따르지 않으며, 오히려 감정이나 느낌을 표현하는 해설적인 춤이라 할 수 있다. 그리고 나는 무수히 많은 다양한 결합과 동작들을 습득할 수 있었다.

나는 항상 옷을 디자인하는 것이 가장 어려운 일 중의 하나라고 생각했다. 완성된 옷은 언제든지 입고 즐길 수가 있다. 나는 사람의 품위를 떨어뜨리는 것보다는 오히려 그 사람에게 잘 맞는 옷을 만드는 데 많은 관심을 가지고 있었다. 모든 사람들이 똑같은 스타일의 옷을 입는다고 해서 다 잘 어울릴 수는 없는데, 그것이 나로 하여금 다른 사람들에게 얼마나 잘 어울리는 지를 알아보기 위해 다른 스타일과 디자인의 옷을 만들어 실험하도록 고무했다.

우리 금성인의 의식 속에는 이기심(利己心)이 아니라 이타적(利他的)인 마음이 뿌리 깊이 심어져 있으며, 이것이 우리들의 삶의 모든 영역에 영향을 미치고 있다. 이는 교육에 있어서 한 아이가 어떤 예술과 기술에 숙달될 때, 그는 초급생인 다른 아이들을 인도하게 되리라는 것을 의미한다. 나도 친구의 도움을 받아 하프를 연주할 수 있는 재능을 키운 반면에 나 역시도 많은 친구들에게 춤을 가르쳐 주었다.

일주일에 한 번씩 나는 이모와 함께 아이디어에 대한 강습에 참석해서 들었다. 우리는 창의적인 사람이 되는 동시에 보다 제한적인 환경 속에서 살고 있는 물질세계의 사람들을 돕기 위한 하나의 방법으로서, 이웃에 살고 있는 여자들끼리 매주 문제에 대한 창조적인 해결방법을 공유하고 평가하고자 만나고는 했다. 여기에서 추진하는 과제들은 물질행성에서 전 시대에 걸쳐 입을 수 있는 새로운 옷의 형태를 개발하는 것과 같이 항상 쉽지 않은 일이었다. 누구나 삶의 모든 요소, 즉 기후, 운송수단, 도덕적 가치, 그리고 그 외 여러 가지 상황을 고려하고는 했었다. 그 후 다음 번의 수업에서 다양한 아이디어들과 해결방안들을 함께 공유하게 되며, 가장 좋은 방안 또는 조합들이 채택되어 아스트랄 박물관(Astral Museum)으로 보내졌다. 그리고 미래에 물질세계에서 사용하게 될 모든 새로운 발명품들은 이 박물관에 저장되게 된다. 그리고 지구 및 다른 물질행성에 사는 발명가들은 그들이 지닌 문제들에 대한 해결책을 얻기 위해서 의식적으로, 또는 몸을 벗어난 꿈의 상태에서 이 박물관을 방문하는 것이다.

## 삼촌 오딘(Odin)

삼촌 오딘은 자신의 전 삶을 과학을 연구하는 데 바친 사람이다. 이것이 인류에 대한 그의 사랑이요, 공헌이었는데, 즉 이는 보다 어려운 여건의 물질세계에 있는 모든 사람들의 삶을 좀 더 편리하게 해주는 것이었다. 아스트랄계에는 어디에나 그와 같이 물질세계의 영적인 발전이 촉진되도록 돕고 있는 존재들이 많이 있다. 여러분이 사는 물질계에 있는 모든 발명품들이 바로 이 거대한 아스트랄 박물관으로부터 유래된다는 것은 사실이다. 최초의 발명은 아스트랄계에 사는 나의 삼촌과 같은 과학자들에 의해 먼저 이루어지게 되며, 그 아이디어를 위(상위계)에서 아래(하위계)로 가지고 와서 이 세계에 맞도록 완성하게 되는데, 그것으로부터 물질세계에 맞도록 적용할 수 있는 것이다. (각각의 밀도 내에서의 변화는 반드시 그 밀도가 지니는 특성과 법칙에 맞아야 한다.) 농후한 밀도를 지닌 세계에서의 창조란 밀도가 보다 옅은 상위 현실계에 존재하고 있는 것을 수용하는 것에 지나지 않는다. *기본적인 영적 법칙은 "위에서와 같이, 아래에서도"인 것이다.*

삼촌이 집에 있을 때는 하루도 어떤 새로운 기계장치를 만들기 위해 무엇인가를 만지작거리지 않은 날을 본 적이 없었다. 그는 밖에서 많은 시간을 보내며, 금성과 다른 행성에서 동일한 분야에서 일하고 있거나 유사한 계통에서 일하고 있는 과학자들을 만나는데, 이들은 삼촌이 추진하고 있는 프로젝트에 아이디어를 제공해주기도 한다.

삼촌이 집에서 시간을 보낼 때는 늘 재미가 있다. 왜냐하면 그는 우리를 마치 실험용 대상 취급을 하며 자신이 개발한 최근의 발명품을 실험해 보는 버릇이 있기 때문이다. 즉, 삼촌은 자신이 개발한 것을 아스트랄 박물관에 보내기 전에 항상 그것들을 집에서 실험해 본다. 삼촌이 추진하고 있던 프로젝트들 중에는 진보된 방식으로 태양에너지를 활용하는 방법들도 포함돼 있었는데, 그것은 인체에 해가 없는 침투광선으로 음식을 요리하고, 전기를 사용하지 않고도 실내의 기온을 조절하는 방법, 그리고 주부의 일을 훨씬 더 편안하게 할 수 있도록 고안된 것들이었다.

삼촌이 추진했던 가장 위대하고도 중요한 과업은 지구의 공상과학(SF) 작가들이 많은 관심을 가지고 있고 우리가 살고 있는 태양계 내의 진보한 문명들조차도 아직까지 이루지 못한 프로젝트였다. 나의 아버지와 삼촌은 이것을 이루기 위해 많은 노력을 쏟아 부었다. 이것은 물체의 순간이동 시스템으로서 물질세계에서 살아 있는 사람이 어떠한 수신 장치도 사용하지 않고 일시적으로 아스트랄계의 수준으로 진동수를 높였다가 다음 낮춤으로써 안전하게 한 장소에서 다른 장소로 이동할 수 있는 것이다.

아스트랄계에 있는 사람들은 생각의 힘만으로 여행할 수 있는 타고난 능력이 있기 때문에 이와 같은 발명품이 전혀 필요가 없다. 그러나 물질세계에서는 이것이 운송수단에 큰 변혁을 불러올 수가 있으며,

심지어 우리의 호위함이나 모선들이 필요 없게 될지도 모르는 것이다.

오딘과 아버지는 이 장치가 아스트랄계에서 사용될 수 있는 정도까지는 개발했었는데, 물질세계에서는 물질의 법칙에 따라 좀 더 계속 작업이 더 이루어져야 하는 단계에까지 이르렀었다. 이것이 바로 내가 지구를 향해 떠났던 그 시기에 삼촌이 자신의 진동을 낮추어 금성의 물질행성에서 살고자 했던 이유이다. 내가 가장 최근에 받은 소식에서도 그는 아직까지도 이 장치를 완성하는 작업을 계속하고 있다고 한다. 이 장치는 처음에 생각했던 것보다도 훨씬 어려운 프로젝트이며, 이는 물질세계보다는 아스트랄계에서 창조하는 것이 보다 쉽기 때문이다.

나는 항상 삼촌이 가장 최근에 만든 발명품을 집으로 가져오기를 기다렸는데, 물론 집에 새로운 발명품이 있다는 것을 동네 아이들이 알게 되면 곧 집안이 애들로 넘쳐나게 되곤 했었다.

오딘은 나에 대해서 별로 말이 없었다. 그는 말수가 적었지만 처신을 잘했으며, 만약에 지구에서 그를 본다면 아마 여러분은 그를 왕(王)처럼 생겼다고 생각할 것이다. 그는 스스로의 존재만으로도 그가 어디에 있든 사람들의 주의를 끈다.

그의 눈은 언제나 반짝 반짝 빛났으며, 언제라도 웃을 것 같았다. 그는 유머 감각도 대단했다. 그는 항상 장난을 치거나 뭔가 재미있는 일을 하지만 그것에 대해서는 전혀 내색을 하지 않는다. 누구도 그것을 그가 한 일이라고 생각하지 않았다. 그는 저 멀리 구석에 말없이 서서 정작 자신은 아무 것도 모르는 듯이 행동하며, 자신이 만들어낸 혼란한 상황과 사람들이 흥분하는 모습을 지켜보고만 있고는 했었다.

삼촌은 마음이 아주 넓은 사람이었으며, 항상 자신보다도 남을 더 많이 배려했다. 그는 내가 알고 있는 가장 초연한 사람들 중의 한 사람이었다. 무엇이 잘못되어도 그는 평정심을 결코 잃지 않았다. 그저 그것을 잊거나, 아니면 그것을 다시 시작하고는 했다. 왜냐하면 시간은 얼마든지 있다는 것을 알기 때문이다.

이모는 성격이 정반대로 매우 감정적이며, 다른 것들에 집착하는 경향이 있었다. 그녀의 꼼꼼하고 체계적인 성향 때문에 모든 것들이 똑바로 돼있어야 했으며, 그렇지 않으면 불편해 했다. 삼촌은 뭔가가 잘못되어 있다면 우리가 다른 일을 하면 되지만, 그 일이 그녀의 일이라면 어느 정도 잘못된 것을 잘 되도록 해야 한다고 생각했다. 이것이 바로 화목을 이루기 위한 우리 집의 규칙이었다.

## 영적인 삶

저녁에는 우리 가족 모두는 항상 난로 주위에 둥그렇게 둘러앉아서 최고신의 법칙에 대한 영적인 훈련을 실습했다. 우리가 자주 그렇게 불렀던 학습시간(study time)은 영적인 공부에 전념하는 시간이었으며, 그러한 공부를 하지 않고는 하루의 일과가 절대로 마무리되지 않았다. 실제로 영적인 훈련은 모든 일을 하는데 있어 전반적인 기초가 된다. 왜냐하면 하위 차원의 몸체는 남겨 둔 채 영혼이 더 높은 상위 차원의 세계를 체험하도록 하는 것이기 때문이다.

영적인 여행자들이나 진정한 영적인 마스터들(Masters)은 영혼여행과 초보자들이 육체를 떠나도록 안내하는 데 달인(達人)들이다. 이러한 존재들은 모든 행성과 세계들에서 찾아볼 수 있으며, 특히 현재 지구에서 활동적인데, 지구가 바로 그들을 몹시 필요로 하는 곳이기 때문이다. 진정한 마스터는 자신이 활동하고 있는 세계에 살고 있으면서 영혼들을 그 낮은 세계들 너머로 인도할 수 있는 존재이다. 즉 진정한 마스터는 사람이 육체를 떠나는 것을 도우면서 자신은 물질세계에 살고 있어야만 하는 것이다.

어린 아이일 때 나는 놀이친구들과 함께 아스트랄계 상위의 세계들을 자주 체험했지만, 시공간을 초월한 세계들에 대한 그러한 체험은 거의 말로는 설명할 수가 없다. 그러한 세계들은 각자가 자신들만의 방법으로 경험되어야만 한다.

내면의 시야에 마스터가 나타날 때까지 종종 정신집중을 유지하는 것을 포함한 영적인 수련을 실습하고 난 후 우리는 배운 것들과 마음

속으로 떠오른 어떠한 생각들을 서로 함께 나누었다. 나는 어렸기 때문에 많은 질문을 했으며, 이렇게 함으로써 영적인 가르침에 대해 많은 것을 배우게 되었다.

비록 각자의 생애가 배움의 기간이기는 하지만, 환생(還生)과 카르마(業), 창조자 실현(Creator-realization), 칼의 힘(Kal force), 사랑, 초연, 균형, 불간섭들이 우리가 대화를 나누었던 주요 화제들이었다. 모든 개인들이 독특한 존재들이기 때문에 서로의 견해를 공유하는 것은 매우 도움이 되며, 어떤 것을 새로운 방식으로 바라볼 수 있도록 해주기도 한다.

## 깜짝 생일파티

내 삶의 어느 한 특별한 날은 기쁨이 아니라 슬픈 마음으로 시작된 적이 있다. 나는 삼촌이 만든 물체를 공중으로 부양할 수 있는 약간 검은 상자 모양으로 된 재미있는 기계장치를 가지고 놀고 있었다. 그리고 이 장치는 궁극적으로 물질세계에서 사용될 수 있게 하기 위해 아스트랄 박물관으로 보내질 예정이었다. 그런데 웬일인지 이 장치가 망가져 버렸다. 결국 삼촌 오딘은 내게 벌을 주었으며, 그 벌로서 집으로 들어오라고 할 때까지 하루 종일 놀지 말고 그네에 앉아 있도록 했다. 그로 인해 나는 마음의 상처를 심하게 받았다. 나는 평소 벌을 별로 받지 않았지만, 이것이 내가 받은 벌 중의 하나였다. 하지만 나는 삼촌을 존경하고 사랑하는 마음에서 내가 한 일에 대해 미안하게 생각했으며, 벌을 받는 것은 당연한 일이라는 것을 깨닫게 되었다.

그네에 앉아 놀지 못한다는 것은 내가 어떤 것도 생각해서는 안 된다는 것을 의미했는데, 왜냐하면 내가 생각을 하면 나는 뭔가를 창조하게 될 것이기 때문이다! 그리고 그렇게 벌을 서는 것은 끔찍한 일이었다. 나는 몇 시간 동안을 거의 꼼짝도 하지 않고 그네에 앉아서 내가 저질렀던 일과 또한 비참한 상황에 집중해야 했다. 삼촌이 나를 집으로 들어오라고 불렀을 때, 드디어 나는 해방될 수가 있었다. 그러나 이상한 이유로 삼촌은 내게 눈을 감도록 하였다. 삼촌은 내 손을 잡고 나를 거실 중앙으로 인도했으며, 그곳에서 나는 눈을 떴다. 그리고 나는 깜짝 놀라고 말았다! 그곳에 모든 나의 친구들이 있었고, 그들은 웃으면서 내 생일을 축하해 주었다. 얼마나 멋있는 광경인지, 나는 정말로 놀랐다! 나는 내 생일을 까맣게 잊고 있었던 것이다. 그리고 생기가 넘치고 환하게 웃고 있는 이 모든 친구들을 보고 나는 너무 기뻤고, 흥분해서 할 말을 잊어버렸다.

주의를 둘러보니, 집 전체의 내부가 중세의 성(城)과 같이 바뀌어 있었다. 내 머리 위에는 빛나는 왕관과 옥좌가 놓여 있었으며, 삼촌은 내가 제국의 여왕(女王)이며, 참석한 모든 사람들은 신하라고 말했다. 나는 보석으로 장식된 옥좌에 앉아 궁중 연회를 주관하게 되어 있었다.

내가 금성에서 살면서 단순하고 평범한 파티를 체험해본 적은 한 번도 없었다. 금성인들은 축하할 일이 생기면, 최선을 다해 상상함으로써 예기치 못한 화려한 행사를 창조해 낸다. 이날의 생일파티도 예외가 아니었다. 여왕으로서 나는 아무런 꺼림이 없이 삼촌을 궁중의 어릿광대가 되도록 했다. 이모는 항상 나에게 일과 심부름을 시키므로, 궁녀가 되게 하였다.

축제의 첫 번째 이벤트는 궁중연회였으며, 이 연회에는 김이 나는 속을 꽉 채운 구운 돼지고기가 방의 한 쪽 끝에서 다른 한 쪽 끝까지 이어져 있는 테이블 위에 놓여 있었다. 그러나 우리는 절대로 그 고기를 먹지 않으며, 단지 궁중 연회의 일부로서 입에 사과를 물고 있는 구운 돼지 모양을 상상만으로 만들어 낸 것이었다. 여기에다 진수성찬으로 차려진 음식과 와인 몇 잔을 곁들이면, 전체적인 설정은 실제 있었던 동화 속에 나오는 것과 같아 보였다.

내가 특별히 부탁한 음악이 시내로부터 도착했으며, 여흥이 시작되었다. 노래와 춤, 그리고 여왕이 바라는 모든 것들이 기분 좋은 분위기로 저녁때까지 이어졌다. 나는 내 친구들 중에 6명은 옥좌 앞에서 곡예를 하게하고, 다른 8명은 전통춤을 추게 하였다. 모든 공연이 멋

있었다.

공연이 끝난 후 우리는 정원에서 내 선물을 찾는 보물찾기 놀이를 했다. 나뭇잎들 사이의 작은 노란 꽃의 줄기 부근에 숨겨 놓았던 것은 내가 태어날 때까지 어머니가 끼고 있던 반지였다. 그 소중한 선물을 손에 지니고 잔디에 무릎을 구부릴 때, 나는 밀물과 같이 슬픈 감정이 밀려오는 것을 느꼈다, 그리고 그 감정이 썰물처럼 밀려나갈 때 나는 과거는 영원히 돌아오지 않는다는 것을 깨달았다. 그 반지는 특이하게 생겼지만 매력적이었다. 거기에는 에머랄드와 티타늄 조각들이 은으로 된 테 위에 길쭉한 형태의 짙은 적갈색의 홍옥수(커넬리언)와 붙어 있었다. 내 손가락이 너무 작아서 나는 삼촌 오딘이 내 목에 걸어준 은 목걸이에다 그 소중한 반지를 걸고 다녔다. 삼촌은 내 어머니도 어렸을 때 할머니로부터 그 반지를 받았으며, 그 반지는 할머니의 선물이었다고 설명해주었다. 이 날 이후부터 나는 내가 테우토니아와 금성을 떠날 때까지 항상 그 반지를 목에 걸고 있었다.

내가 그날 저녁 침대에 누워 있을 때 내 마음은 이 특별한 날에 있었던 멋진 추억들로 온통 가득 차 있었다. 나는 내 생(生)에 이처럼 기쁜 날을 가져다준 이모와 삼촌에게 사랑의 감정을 보냈으며, 내가 벌을 받은 것은 생일축하 준비가 이루어지는 동안 나를 밖에 나가 있도록 하기 위한 수단에 지나지 않았다는 것을 깨달았다. 그리하여 나는 "슬픔을 체험했을 때라야, 비로소 기쁨을 제대로 느낄 수가 있다"는 커다란 교훈을 얻었음을 어렴풋이 알게 되었다.

그것은 금성에서 있었던 나의 마지막 생일이었다.

# 제5장

## 금성계(金星界)

# 5장

## 세계들을 비교하다

아스트랄 세계는 거대한 우주로서, 모든 태양계와 은하들로 이루어진 물질계보다도 더 크고 더 방대하다. 금성도 그런 아스트랄계 내에 있는 많은 다른 세계들 중의 하나에 지나지 않으며, 또한 자체의 밀도를 지니고 물리적 차원에 있는 우리의 제한된 현실 내의 한 점에 불과하다. 하지만 아스트랄의 세계 역시도 밀도가 적은 우주의 많은 존재계들 가운데 하나에 지나지 않는 것이다.

유체이탈을 통해 이러한 세계들을 체험한 많은 사람들은 이러한 세계들을 '천국(天國)'이라고 부른다. 그곳에서의 제반 상황들이 너무나 아름답고 평화롭기 때문에 그들의 말로는 다 표현 할 수가 없었다. 바로 이들이 과거에 서술했던 것들이 오늘날에는 종교적이고 신화적인 문헌이나 영적인 문학이라 불리게 된 것이다.

**아스트랄체, 아스트랄 여행**

아스트랄계는 물질계보다 훨씬 이전부터 존재했으며, 물질계보다도 더 오래 지속될 것이다. 그리고 이곳 물질세계에서 알고 있거나 인식하고 있는 가장 흔한 것들은 아스트랄계에 먼저 존재했다. 당연히 아스트랄계에는 물질계에 존재하지 않는 것들이 아주 많이 있지만, 이곳에 존재하는 모든 것들은 똑같은 복사본과 그 외의 것들이 아스트랄계에 존재하고 있고, 또 거기에 더 많다.

아스트랄계와 물질계의 차이를 인식하는 데에는 어느 정도의 설명이 필요하다. X-레이가 단단한 바위보다도 더 높은 주파수에 존재하고 있는 것처럼, 아스트랄계도 물질계보다도 훨씬 높은 주파수에 존재하고 있으며, 이것이 바로 지구의 과학자들이 아스트랄계의 존재를 규명하지 못하는 이유 중의 하나이다. 그와 같은 높은 진동수는 지구의 과학자들이 사용하는 어떠한 장비로도 탐지할 수가 없는 것이다.

아스트랄계에 존재하는 물질들은 주파수가 아주 높기 때문에 그곳에 사는 사람들은 생각의 힘만으로도 그러한 물질들을 완전히 통제할 수가 있다. 지구에서는 마음으로 물질을 통제할 수 있는 능력을 계발한 사람들이 거의 없다. 하지만 금성에서는 마음으로 물질을 지배하며 사는 것이 일상적인 삶의 방식이다.

아스트랄계에 사는 주민들은 생각의 힘만으로도 상상하고 있는 형태나 물질을 구현해낼 수 있다. 중력이 물질 행성들에 적용되는 기본적인 법칙이듯이, 이러한 상념에 의한 구현의 능력도 그곳에서는 일종의 자연법칙이다. 실질적으로 이것은 주위에 존재하는 에너지를 원하는 형태의 물질로 변환시키는 것이다. 그러므로 우리가 의식을 집중하는 곳은 어디에서나 창조의 대상이 나타나게 된다. 어릴 때에 특별히 습득한 정신적인 과정을 통해 우리는 집과 의복, 가구, 나무, 음식, 보석, 그리고 상상할 수 있는 무엇이든 창조하게 되는 것이다.

그러나 이러한 능력에도 제한이 있다. 똑같은 이러한 능력으로 창조한 물건들을 파괴하거나 다시 에너지로 바꿀 수는 없다. 원래 애초부터 일시적인 용도나 성(城), 큰 목장, 그리고 정성들여 만든 창작연극처럼 일정 기간을 정해 창조한 경우를 제외하고는, 이것들을 창조한 사람이 아스트랄계를 떠나지 않는 한 그것은 사라지지 않는다. 내가 인형을 창조했지만 곧 싫증이 났다면, 그 인형을 다른 형태의 인형으로 바꿀 수는 있다. 하지만 그 인형을 원망하여 순식간에 없어지게 하거나 영원히 사라지게 할 수는 없다. 만약 이모인 아레나가 어떤 의자가 마음에 들지 않으면, 이모가 할 수 있는 것은 오직 그 의자를 개조하는 것뿐이다. 즉 이모가 그 의자를 책으로 만들거나 의자 이외에 다른 것으로 만들 수는 없는 것이다.

한편 우리가 어떤 것들을 창조할 때에 겉으로 보기에는 이것들이 아무런 이유도 없이 나타나는 것처럼 보인다. 그러나 이것은 아스트랄계에 사는 사람들에게는 일상적인 일이며, 마치 지구에서 차를 운전하는 것과 같이 흔하게 받아들이고 있다.

우리는 각각의 영혼들이 지닌 개성을 존중하기 때문에 다른 사람들이 창조하는 것을 방해하지 않는다. 만약에 내가 다른 사람의 집 앞에 있는 밝은 색의 푸른 나무가 마음에 들지 않는다고 해도 그것을 바꾸는 짓은 하지 않는다. 이러한 행위는 간섭이며, 카르마적인 책임을 만들어내게 된다.

우리의 생각이 물질을 만들어내므로 아스트랄계에서 매일 매일 접하는 일상적인 사물들은 생생하고 실제적이다. 대리석으로 된 마루는 대리석과 같이 보이고 느껴지며, 피부는 피부처럼, 물은 물처럼 느껴진다, 꽃은 꽃처럼 향이 나며, 꿀은 꿀처럼 달게 느껴진다. 기타 등등도 마찬가지이다.

물론 물건을 이동시키는 것도 선택과 생각의 문제로서 아주 쉬운 일이다. 원한다면 마음의 힘만으로 탁자에서 물 한 잔을 떠오르게 하여 공중에 떠있게 할 수도 있다. 또한 내가 기대어 쉬는 거대한 소파를 공중으로 들어 올리는데 들어가는 노력이 침대를 흔들거리게 하는 것보다 더 많은 힘이 필요하지도 않다.

장소를 옮겨 다니며 여기 저기 여행을 하는 것도 쉽다. 걷기 좋아하는 사람은 그렇게 하기도 한다. 또한 우리는 공중부양을 하여 공중에 떠있거나, 걷는 대신에 미끄러지듯 활강할 수도 있다. 보다 먼 여행의 경우에는 생각의 속도로 직접 목적지로 여행을 하는데, 이렇게 되면 그곳에 바로 몸이 나타나는 것처럼 보이게 된다. 만약 내가 테

우토니아의 도심에 있는 〈예술의 신전〉으로 여행을 하고자 하면, 내가 있고자 하는 곳에 정확하게 집중만 하면 된다. 잠시 나는 정신을 집중한 채 침실에 서있을 것이고, 그 다음 순간에 어느 새 주위는 바뀌어 내가 신전 앞에 서있게 되는 것이다. 이것은 매우 간단하다. 이것이 어떻게 작동하게 되는지 그 원리는 모르지만, 그냥 그렇게 작용한다.(지구인들도 보통은 전기에 대해 잘 모르지만, 누구나 이용하는 것과 마찬가지이다.)

생각의 속도는 물질세계의 과학자들이 알고 있는 소위 빛의 속도보다도 훨씬 빠르다. 우리는 아스트랄체를 활용하여 아주 빠르게 여행할 수가 있다. 왜냐하면 그러한 세계에서는 모든 것들이 그렇듯이, 아스트랄체 자체가 완전히 생각으로 통제할 수 있는 응축된 에너지로 구성되어 있기 때문이다.

아스트랄체는 육체와 동일한 형태를 가지고 있지만, 단지 훨씬 더 아름답다. 아스트랄체는 단순한 한 덩어리의 빛이 아니라, 육체와는 달리 주위로부터 직접 에너지를 흡수하여 빛을 내며 살아 있는 것이다. 실질적으로 내부의 소화기관은 없지만, 이곳에 사는 사람들은 단지 습관적으로, 그리고 재미삼아서 먹게 된다. 또 편리하게도 음식을 삼키자마자 그것이 에너지로 바뀌게 되는 것이다.

생각의 힘을 사용하여 우리는 쉽게 외모를 바꾸거나 완전히 보이지 않게 할 수도 있다. 물질 행성에서와 같이 육체적인 고통이나 피로도 없기 때문에 그것이 아스트랄계에 새로이 들어오는 사람들이 이 세계를 천국이라고 부르는 이유이다.

우리의 일상적인 삶에서 나타나는 색상들은 이루다 설명할 수가 없다. 아스트랄계의 빛나며 활기 넘치는 색상들과 비교했을 때, 물질세계의 색상들은 잘해야 어슴푸레하거나 어둡고 탁하다. 아스트랄계에서 가장 칙칙한 붉은 색이 물질세계에서는 겨우 가장 밝은 색이라 할 수 있다. 또 우리가 당연한 것으로 받아들이는 아주 많은 색상들이 물질세계에는 존재하지도 않는다.

우리 집의 주변에는 형언할 수 없을 만큼 꽹장히 멋있고 다양한 색상들이 모여 있었다. 모든 것들이 멋있게 빛을 발하고 있다. 아스트랄계에 존재하는 물질은 아침 햇살에 비친 맑은 유리잔과 같이 빛을 낸다. 그리고 하늘과 구름들은 아주 다양한 밝은 색상을 지니고 있다.

## 이곳이 최종적인 단계는 아니다

지구인들은 아스트랄체와 아스트랄 세계에 대해 아직까지 완전히 이해하지 못하고 있다. 물질세계에 사는 모든 사람들도 앞서 최고신의 법칙편(2장)에서 언급한 것처럼 다른 체들과 더불어 아스트랄체를 가지고 있다. 아주 소수의 사람들이 아스트랄 투사(Astral Projection)에 관계된 자기들의 경험에 관해 책을 써냈는데, 이것은 아스트랄체를 통한 제한된 형태의 유체이탈 여행이다. 보다 안전하게 고차원의 세계를 여행하는 방법은 영혼체(Soul body)를 활용하는 것으로, 영혼체를 활용하면 아스트랄의 세계와 같은 어느 하나의 세계에 국한하지 않고 여행을 할 수가 있다. 하지만 물론 아스트랄 투사를 할 수 있다고 해서 모두가 영혼 여행을 하는 것은 아니다.

물질세계에 사는 개개의 사람들은 비록 자신이 평생 동안 실제로 아스트랄 세계에 있는 도시나 사람들을 보지 못한다고 하더라도 날마다 아스트랄체을 체험하고 있다. 육체는 감정을 가질 수가 없다. 즉 보거나 냄새를 맡는 것처럼 육체적인 감각은 있지만, 사랑, 분노, 기쁨과 정신적인 고통 등과 같은 느낌들은 없다. 하지만 우리 모두는 우리가 느끼는 감정이 삶 속에서 매우 실제적이고, 또 현실적으로 존재한다는 데에 흔쾌히 동의할 것이다. 그렇다면 그것들이 어디에 있으며, 무엇이겠는가? 바로 아스트랄체인 것이다.

이러한 이유로 아스트랄의 세계를 "감정의 세계"라 부르는 것이며, 아스트랄체를 곧 "감정체(Emotional Body)"라 부르는 것이다. 감정을 체험할 때마다, 우리는 아스트랄체를 통해서 이러한 감정을 느끼고 있는 것이다. 감정이란 아스트랄체를 통해 서로 다른 여러 종류의 에너지가 흐르면서 생각과 행동에 영향을 미치는 것을 지칭한다. 따라서 아스트랄계는 거대한 힘을 지닌 감정이 자리하고 있는 곳으로서, 영혼은 이러한 감정적인 문제를 완벽하게 다룰 수 있어야 한다. 그리고 사실은 육체를 지닌 모든 사람들이 부분적으로는 아스트랄계에 살고 있지만, 일반적으로 아스트랄계에서의 삶을 충분히 인지하지 못하는 것뿐이다.

또한 이 모든 것이 사념(思念)에도 해당된다. 생각이란 어떤 막연한 어떤 것이 아니라 물리적인 물질이나 에너지, 또는 아스트랄적인 질료나 에너지보다도 더 높은 주파수대에 존재하는 아주 실질적인 것이다. 기억해야 할 것은 마음 역시도 "멘탈체(Mental Body)"라 불리는 실질적인 하나의 체(體)로서 "멘탈계(Mental Plane)"에서 작용하며, 이 세계는 아스트랄계를 초월하여 존재하고 있는 또 다른 완전한 우주이다. "멘탈체"는 영혼을 에워싸고 있는 푸른빛을 띤 빛의 덮개이다. 우리가 어떤 생각을 할 때마다 이 체(體)는 고등한 감각에 의해서 목격될 수 있는 상념체(Thought Form)[1]를 생성한다.

생각이란 전파와 아주 흡사하여 에너지들이 멘탈체를 거쳐 밖으로 흐르는 것에 지나지 않는다. 비록 누구나 다 의식적으로 멘탈계 속에 존재하는 도시들, 사람들, 경치들을 보지는 못하지만, 또한 모든 사람들이 멘탈체를 가지고 있는 까닭에 부분적으로는 멘탈계에서 살고 있는 것이다.

만약 영혼의 여행을 통해 의식적으로 아스트랄계나 멘탈계를 방문하게 된다면, 여러분이 지닌 감정과 생각이 방출하는 완전한 색상과 여러분 자신의 아스트랄체와 멘탈체를 볼 수 있다. 뿐만 아니라 지구에서 살았던 적이 있는 존재들을 만날 수도 있다. 지구의 많은 종교들은 아스트랄계나 멘탈계에다 그들의 천상의 거처(뿌리)를 두고 있다.

## 육체의 죽음, 아스트랄의 삶

육체적인 죽음을 맞이하기 전에 아스트랄계와 그 세계를 여행할 수 있는 각자의 능력에 관해 점점 더 많은 이야기를 듣게 될 수도 있다. 우리 모두는 그곳에서 삶을 영위했으며, 영혼으로서 우리는 그 세계를 잘 알고 있다는 것을 잊지 말아야 한다. 비록 아스트랄계가 그곳에 살고 있는 많은 사람들에게는 궁극적인 천국인 것처럼 보일지 모르지만, 아스트랄계도 여전히 낮은 세계들 중의 하나이다. 아스트랄계 위에도 몇 개의 다른 세계가 더 있다. 낮은 세계들 입장에서는 이 세계들 역시도 궁극적인 천상(天上)인 것처럼 보이지만 실은 그렇지가 않다. 영혼계(Soul Plane)의 하부에 존재하는 모든 것들은 낮은 세계들의 일부이다. 우리의 진정한 목표는 영혼계에 도달하고 그것을 초월하는 것이다.[2] 이것은 우리가 노력만 한다면 이번의 생애에서도 가능한

---

1) 비교(祕敎)에서 언급되는 비가시적 형성물로서 마음의 창조력에 의해서 만들어지며, 〈사념체〉라고도 한다.
2) 여기서 옴넥이 사용하는 영혼계라는 표현은 멘탈계와 동의어로 쓰고 있는듯하다.
　(역주)

일이다. 즉 선택은 우리들 각자에게 달려 있는 것이다.

## 미래 조망과 하부적인 측면들

미래에 대한 직관은 항상 영혼계나 그 위의 원인계(Causal Plane)
에서 일어난다. 영혼은 선택에 따라서 시간의 트랙(Track)을 확대하여
미래나 과거를 볼 수도 있다. 비록 자신이 미래를 보고 있다는 것을
그러한 미래가 실현되기 전까지는 알지 못한다고 해도, 이러한 체험은
일상적으로 꿈을 꾸는 것보다도 훨씬 더 실제적인 것처럼 보인다. 금
성에 사는 주민들은 40일 앞을 아주 정확하게 내다볼 수 있다. 그리
고 우리가 지닌 미래의 사건을 내다볼 수 있는 능력은 내가 여러분의
지구로 오는 여행을 준비하는 데 도움을 준 바가 있다.

아스트랄계 내에도 많은 층이 있고, 사람들의 의식수준에 맞는 많은
하부의 세계들이 존재한다. 이러한 층들은 서로의 위에 포개져 층층이
쌓여 있는 것이 아니라, 오히려 의식수준이 서로 다른 별개의 종교와
흡사하다. 금성에서의 삶은 낮은 아스트랄계와 고차원의 아스트랄계
중간의 어딘가에 위치해 있다. 그 이유는 대부분의 금성인들이 아직까
지도 물질적인 습성이나 관습에 대한 애착이 남아 있기 때문이며, 물
론 자기들의 문화에 대해서도 그러하다. 그리고 아스트랄계의 어떤 지
역은 천국에 대한 확고한 믿음을 가지고 임종을 맞이하는 사람들을
위한 종교적인 낙원으로서 별도로 할당되어 있다.

어느 사람이 육체적인 죽음을 맞이하게 되면, 그는 이전에 죽은 친
구나 친척을 만나게 된다. 그 다음에 그 사람은 자신의 육체가 누워
있는 곳으로 데려가지게 되며, 결국 자신이 더 이상 물질세계에 살고
있지 않음을 깨닫게 된다. 또 보통 아스트랄계에서는 상황에 따라 각
개인이 일정 기간 잠들어 휴면을 취하는 것도 허용이 된다. 그리고
깨어났을 때, 그는 자신이 영적으로 성취한 특별한 세계, 즉 자신의
의식(意識)에 적합한 세계로 가게 되는 것이다. 이 모든 것은 카르마
를 관리하는 아스트랄적인 존재에 의하여 결정된다. 어떤 경우에는 죽
은 후에 곧 바로 물질세계로 되돌아 갈 수도 있으며, 특히 전쟁이나

자살(自殺)로 인해 갑작스럽게 죽음을 맞이한 경우에는 다른 육신으로 재탄생할 수도 있다. 그리고 자살한 경우에는 회피하고자 했던 동일한, 또는 유사한 문제들에 또 다시 직면하기 위해서 다시 태어나게 된다.

만약에 죽은 후에 어떤 영혼이 한 동안 아스트랄계에 계속 머물게 돼 있다면, 그 사람은 어느 가정이나 친숙한 환경 속에서 정신을 차리게 될 것이다. 그리하여 가까이에 살고 있는 친구나 사랑하는 사람을 발견하게 될 것이다. 또한 그 사람은 자신이 물질세계에 있을 때 속해 있던 영적인 행로나 종교를 다시 찾게 될 것이다. 이 모든 이유들 때문에 대부분의 사람들이 육체를 떠나면서도 여전히 물질세계에 대한 커다란 감정적인 애착을 가지게 되는 것이다. 아스트랄계는 사람들이 편안하게 있을 수 있고, 생각의 힘으로 자신의 낡은 집을 새로 재건함으로써 점차적으로 적응해갈 수 있도록 계획돼 있는 곳이다. 이것은 아주 중요한 사실이다.

자신이 영혼이라는 것을 깨닫지 못하는 사람들은 물질세계에 너무 집착한 나머지 물질세계 너머의 미지의 세계에 대해 두려움을 가지게 될 것이다.

그런데 결과적으로 아스트랄계가 지닌 아름다움과 조화 때문에 사람들은 이곳에 도착한 후 자신이 궁극적인 천국에 도달했다고 믿게 될 것이다. 이곳에서 사람들은 자신이 원하는 모든 것들을 가질 수 있는 까닭에 쉽게 아스트랄계에서의 삶에 애착을 느끼게 되며, 그 너머에 존재하는 세계에 대해서는 감히 모험을 하려고 하지도 않는다. 그리고 자신들이 살고 있는 아스트랄의 천국보다 더한 세상이 존재한다는 것을 깨달을 때까지 이러한 삶이 계속되는 것이다.

지구에 존재하는 종교문학에서 아스트랄의 여러 도시들에 관해서 언급하고 있는데, 이는 작가들이 유체이탈을 통해 그곳을 체험했기 때문이다. 내가 금성과 아스트랄계를 떠나기 며칠 전에 삼촌은 우리 가족들과 내 친구들에게 사하스라-달-칸월(Sahasra-dal-Kanwal)이라고 불리는 곳과 아스트랄계의 여타 지역을 구경시켜 주었다. 그래서 지금은 왜 그렇게 많은 사람들이 그곳을 낙원이라고 믿는지 그 이유를 알게 되었다. 그곳에 사는 사람은 상상할 수 있는 것은 그 어떠한 풍경이라 하더라도 볼 수가 있다. 또 어떤 것들은 지구의 것들과 아주 유사하다. 그리고 유사한 성향과 기호(嗜好)를 지닌 사람들은 동일한 지역에 함께 모여 살고 있다. 따라서 우리 태양계 내의 다른 물질 행성들에서 볼 수 있는 아름다운 풍경들이 거기에 존재하고 있다.

## 하위 아스트랄계

저급한 아스트랄계는 부정적으로 발전한 의식상태의 영혼들을 끌어당긴다. 이 때문에 사악한 사람들이 사후(死後)에, 그리고 생(生)과 생(生) 사이의 중간에 가는 곳이 이 곳이라고 생각하는지도 모르겠다. 유황불이 타오르는 지옥을 만날 것이라 생각하는 사람들은 비록 일시적이기는 하지만, 그곳에서 그러한 지옥을 만날 수도 있다.3) 저급한 아스트랄계는 또한 의식이 진화되지 못한 존재들에 의해 창조된 무시무시한 괴물과 악마들의 소굴이기도 하다.

## 인간의 영적인 능력들

지금 지구에서 매우 인기가 있는 물질과학의 전반적인 것들은 이 아스트랄 세계로 아주 쉽게 설명될 수 있다. 대부분의 영적 능력은 이 아스트랄계에 그 뿌리를 두고 있다.

---

3)가장 낮은 아스트랄계라 하더라도 물질계에서 가장 높은 세계보다도 더 높은 진동을 지닌다. 그리고 한 옥타브 차이가 나는 경우를 제외하고는 아스트랄계는 거기에 상응하는 물질적인 것들을 보다 세련되고 크게 재현해 낸다. 기쁨은 더 기쁘게, 고통은 더 고통스럽게 표현해내며, 그들의 왕국의 특성도 또한 과장되게 표현하게 된다. 나는 금성의 가장 낮은 아스트랄계가 가장 가까이에 있는 가장 높은 물질계와 어떻게 경계를 이루는지를 볼 수 있기 때문에, 우리 인간이 가장 높은 물질적인 인식을 지니고 있다하더라도 가장 낮은 아스트랄계 너머에 존재하는 많은 것들을 알 수 없으리라 생각한다. 사실 우리가 지닌 물질적인 감각으로 무엇을 볼 수 있으며, 어떻게 그들이 가장 심오하게 확장시킨 기능들을 알 수가 있겠는가? 우리가 볼 수 있는 것은 신화에 나오는 어둡고 안개가 자욱한 지옥과 아주 유사한 것들뿐이다. 즉 온도와 압력은 높고, 하늘은 짙은 유황으로 덮여 있으며, 물도 없고, 식물도 자라지 않는 그야말로 그곳에 있는 사람들에게는 최악의 육체적인 재앙인 것이다. 이것이 우연의 일치인 것인가? 아니면 우리가 사는 세상의 종교들에는 다른 토대가 있는 것일까? (옮넥 주)

마음과 마음으로 생각들을 주고 받는 텔레파시(Telepathy)는 진보한 모든 물질행성들과 마찬가지로 아스트랄의 금성에서도 가장 보편화되어 있는 의사전달 형태이다. 그리고 이것이 가능한 이유는 생각이 전파와 같은 기능을 하기 때문이다. 모든 사람은 알리고 싶지 않은 비밀스러운 생각을 숨기고자 하는 보이지 않은 방벽을 가지고 있는데, 남의 마음을 읽을 수 있는 사람들은 이러한 장벽을 침투해 들어가지 못하도록 막고 있는 영적인 법칙을 따라야 한다.

아스트랄 투사(Astral Projection)는 아스트랄체의 일부가 일시적으로 다른 장소로 이동하기 위하여 육체로부터 분리되는 것을 말한다. 그런데 이러한 방식의 투사를 오랜 기간에 걸쳐 행하게 되면, 위험할 수가 있다. 따라서 가능한 한 빨리 아스트랄 투사에서 영혼여행(Soul travel)으로 옮겨가는 것이 최선의 방법이다.

물론 공중부양과 염력으로 물체를 움직이는 것은 우리들이 아스트랄계에서 매일 사용하는 것들이다. 물질세계에서도 이러한 것들을 배울 수는 있지만, 많은 노력과 훈련이 필요하다.

## 하위의 세계들은 한계가 있다

아스트랄계에서는 심상화(心像化)하는 것이 각 개개인의 세계를 창조한다. 때문에 모든 것은 그것이 창조되기 전에 시각화하는 것에서부터 시작된다. 이 심상화는 물질을 지배하는 마음이 지니고 있는 또 다른 능력이다. 단 이곳이 물질세계와 차이가 나는 것은 물질세계에서는 무엇인가가 만들어지기 위해서는 물리적인 시간이 소요되고, 노력이 필요하다는 것이다.

초감각적인 인지능력은 우리가 지닌 아스트랄체와 원인체, 에테르체, 그리고 영체가 지닌 다른 특별한 능력을 사용하는 것이다. 영체가 지닌 감각이 다른 체들보다 가장 뛰어나며, 다른 체들이 제약적인 것에 비해 영체는 제한이 없다. 실질적으로 기적은 영적인 문제이며, 이러한 영적인 힘들이 물질세계에서 사용되고 있는 것이라 할 수 있다.

물리적으로 밀도를 높인 운송수단(우주선)은 분명히 금속과 같이 보

이며, 미국인 조지 아담스키가 찍은 금성의 우주선처럼 물질적인 형상을 가지게 된다.4)

하지만 물질계와 아스트랄계, 원인계와 멘탈계 모두는 여전히 한계가 있는 세계라는 것을 잊지 마시기 바란다.

---

4)논란이 많은 인물인 조지 아담스키는 옴넥 오넥이 지구에 오기 2년 전인 1953년 후반에 사진 촬영한 금성의 우주선과 관련하여 때때로 이 책에서 참고적으로 언급되었다. 옴넥이 진술한 바에 따르면, 자신을 지구로 데려다 준 비행선(convoy:호송선 - 금성인들이 이러한 우주선을 부르는 이름)은 아담스키가 망원경으로 찍은 사진과 아주 비슷하다고 한다. AFSCA의 가브리엘 그린은 특수영상효과를 연구하는 연구소에서 당시에 알려진 모든 분석방법과 기법을 동원하여 광범위하게 이 사진을 조사했다. 그러나 렌즈와 상당히 떨어진 곳에 있는 물체 사이에 대기가 흐릿해지는 현상을 얻을 수가 없었기 때문에 이 사진을 복제하는 것이 불가능하다고 내게 말했다. 그리고 그 이후 아무도 그 사진을 복제할 수 없었다. (웬델 스티븐스 註)

# 제6장

## 테우토니아(Teutonia)

# 테우토니아(Teutonia)

## 테우토니아의 도심

　나의 이모는 항상 나를 위해서 어떤 특별한 체험들을 예비해 두고
는 했기 때문에 나는 늘 새로운 무엇인가를 기대하고는 했었다. 우리
가 대중 무도장(舞蹈場)을 방문하는 것도 이모인 아레나가 계획하고
있는 특별한 것들 중의 하나였다. 나는 이러한 무도장을 방문함으로써
사람들이 과거 미처 상승하지 못하고 아직 물질세계에 남아있을 때의
문화를 맛볼 수 있었다.

　이때는 내가 내 인생에서 〈배움의 신전〉을 방문하기 직전의 시기였
으므로 테우토니아를 방문하는 나의 첫 여행이었다. 우리가 사는 마을
이 그 가까이 있었지만, 내가 어렸기 때문에 이모와 삼촌이 내가 체
험을 가질 수 있도록 안내해 줘야했다. 따라서 나는 일찍이 들어서
알고 있던 그곳의 아름다움을 보기 위해 억지로 무리를 하지는 않았

다.

내가 앞에서 설명한 것처럼, 아스트랄계에 있는 테우토니아나 금성의 다른 도시들은 실제로 산업과 비즈니스가 존재하지 않는 까닭에 도시에는 실제로 아무도 살지는 않는다. 다만 우리가 사는 도시들은 문화의 중심지이며, 동화 속에 나오는 것들처럼 아주 매혹적이다.

테우토니아가 어떻다고 하는 명확한 그림이 마음속에 없었기 때문에, 우리 모두가 이러한 기회가 오기를 기다려온 만큼 나도 큰 기대감을 가지고 있었다. 그날 저녁은 내가 처음으로 옷을 정장으로 차려입는 날이 되었다. 아레나 이모는 소매가 길게 처진 온통 흰 뭉게구름이 그려진 아름다운 푸른 하늘색의 스웨터 같은 드레스를 내 방으로 가져왔다. 가슴의 가운데에는 밝은 태양이 그려져 있었으며, 사방으로 밝은 햇살과 온기를 방사하고 있었다. 나는 그 옷이 마음에 들었다.

마을을 가로질러 도시를 향해 걸어가는 것은 그 자체로 하나의 큰 즐거움이었다. 우리가 순간이동을 해서 무도장 앞에 바로 나타날 수도 있었지만, 그러면 전반적인 체험이 그다지 즐겁지 못했을 것이다. 하늘은 아른거리는 핑크색을 띤 짙은 오렌지 색상이었다.

우리는 친구들 몇 명과 함께 환상적인 이웃집들의 아름다움을 감상했으며, 각각의 집들은 독특하게 디자인되어 있었다. 그리고 나무와 관목들, 꽃들이 환상적으로 배치되어 있었다. 우리는 종종 멈추어 좋아하는 꽃의 향기도 맡아보고 새들이 흥겹게 노래하는 소리도 들었다. 그런 가운데 먼 바다에서 밀려오는 익숙한 파도 소리와 함께 어느새 우리도 자연의 멋진 교향곡 연주회의 일부가 되어버렸다. 우리는 초원과 작은 나무들이 우거진 지역을 지난 후에 우리 마을과 도시 사이의 협곡을 연결하는 동양적인 아취형태의 커다란 다리에 이르게 되었다. 아래에서는 물이 바다로 세차게 흘러내려가고 있었다.

내가 처음으로 테우토니아를 바라본 그 매혹적인 아름다움을 어떻게 표현할 수 있을까? 우리의 도시들은 단순히 머리로 알기 위해서가 아니라 체험하기 위해 볼 필요가 있다. 나의 첫 번째 체험은 이 희고 파스텔 색상의 도시에 있는 2층 이상의 건물인 모든 '배움의 신전들'

과 박물관들을 보는 것이었다. 꽃이 만발한 곳곳의 정원들을 지나서 점점 가까이 다가갈수록 나의 흥분은 더해갔다.

나의 감각이 압도될 정도로 테우토니아에는 화려하면서도 다양한 건물들이 군락을 이루고 있었다. 타워, 돔, 거품방울, 그리고 피라미드의 형태들이 자유롭게 사용되었다. 대부분의 신전들은 파스텔 계열의 색상을 지녔지만, 어떤 신전들은 금장식이 아로새겨진 자개로 만들어진 것들도 있었다. 또 어떤 신전들은 빛나는 다양한 금속들, 또는 수정(水晶)으로 만들어지기도 하였다. 그리고 모든 신전들이 너할 나위 없이 아름답고 독특했다.

무도장은 금관에 박혀 있는 거대한 라벤다1) 거품을 닮아 있었다. 우리는 나선형으로 된 좁은 계단을 따라 출입구로 향했고, 복도에 모여 있는 친구 및 이웃들과 인사를 나누기 위해 안으로 들어갔다. 그곳에서 우리는 소매가 길게 늘어진 드레스가 머리위로 날리지 않도록 하기 위해 소매를 고정하는 금으로 된 클립을 제공받았다. 남자들의 춤출 때 입는 바지는 무릎까지 올라왔으며, 부풀은 스타일이었다.

무도장 안으로 들어가는 것이 마치 하늘 속으로 들어가는 것과 같았으며, 곧 바로 몸

금성의 도시 테우토니아 (상상도)

---

1) 유럽 원산의 꿀풀과 관목

160

이 공중에 둥둥 떠다녔다. 그 놀라움에 숨이 막힐 지경이었다. 내가 마치 우주 깊숙한 곳에서 춤을 추고 있는 것처럼 느껴졌는데, 이유는 이 거대한 둥근 사교장의 벽이 별이 빛나고 유성(流星)이 쏟아지는 검푸른 하늘처럼 특수효과를 내고 있었기 때문이다.

무도장의 가장자리에는 발코니가 있었으며, 이곳에서 테우토니아의 음악가들이 내가 들은 것들 중에서 가장 환상적이고 아름다운 음악을 연주하고 있었다. 또한 발코니에는 초가 켜진 테이블이 낭만적으로 놓여 있었고, 연인들이 이 테이블에 앉아서 보고 들으며 즐기고 있었다.

나는 춤을 좋아했으므로 마음 같아서는 저녁이 끝나지 않았으면 했다. 이 날은 내 생애 가장 스릴 넘치는 체험들 중의 하나였다. 왜냐하면 중력이 없이 추는 춤은 예술에 새로운 활력을 더해주기 때문이다. 많은 어른들도 나처럼 처음으로 무도장을 방문하는 것같이 행동했다. 모든 사람들이 다른 이들의 시선을 의식하지 않고 뭔가 다르게 움직이는 것은 보기에 좋았다. 어떤 커플들은 서로 붙잡고 옆으로, 또는 거꾸로 돌기도 하였다. 또 어떤 커플들은 정교한 민속무용을 추는 데 열중하였다. 아이들은 갖가지 곡예를 하면서, 그리고 서로 손을 잡고 커다란 원을 그리면서 즐거워했다.

오딘 삼촌의 말에 따르면, 우리 금성문명의 "대전환(Great Transition)"이 일어나기 전, 즉 우리가 물질문명에 있었을 때에 무도장은 대단히 인기가 많았으며, 이해하기도 대단히 쉬웠다고 한다. 그러나 막상 내가 공중에 떠서 춤을 추리라고는 생각하지 못했다. 이 말의 뜻은 아스트랄계에서는 새로운 체험을 할 기회가 주어진다든지, 아니면 오늘 저녁의 무도장에서와 같이 특별한 날이 오지 않으면, 쉽사리 새로운 체험을 하려고 들지 않는다는 것이다.

금성인들은 제약이 없는 환경 속에서 살아가고 있기 때문에, 우리는 한꺼번에 모든 체험을 하려고 들지 말아야 한다. 그렇지 않으면 아스트랄계에선 수명이 수천 년에 달하는 까닭에 생(生)의 절반도 지나지 않아 따분해지게 될 것이다. (※내 삼촌도 나이가 1,000살은 족히 넘었다.) 따라서 항상 이용 가능한 시설물들을 활용하도록 권장하고 있으며, 이렇게 함으로써 다른 사람들과 함께 삶을 즐길 수 있게 되는 것이다.

저녁에 나는 이모와 삼촌, 그리고 몇 명의 친구들과 함께 아래층으로 내려가 건물의 중심부로 들어갔다. 이곳은 테우토니아의 악기점으로, 이곳에는 전 역사에 걸쳐 사람들이 만들어낸 갖가지 악기들이 전시되어 있었다. 이러한 악기들 중에는 이상하게 생기고 오래돼 보이는 것들도 있었지만, 그 당시에도 악기들이 많이 발전해 있었다는 것을 알 수 있었다.

집으로 돌아오는 길에 이모와 삼촌은 박물관에 들렸으며, 이 박물관에는 물질시대부터 개발된 발명품들이 전시되어 있었다. 나는 밖에 서서 주위가 온통 빛나는 신전(神殿)을 황홀하게 바라보았다. 테우토니아에는 도로가 없다. 다만 건물들 주위에 아름다운 산책길이 나있었다. 이어서 아레나와 오딘이 도서관에 들르는 사이에 나는 밖에서 기다렸다. 이 도서관에는 수세기에 걸쳐 테우토니아인들이 창작한 문학작품들이 보관되어 있었다. 그리고 우리가 살고 있는 지역에 거주하는 사람들은 누구나 자신의 책을 이곳에 추가로 자유로이 보관할 수가 있었다.

나는 매우 피곤했으며, 밖에서 기다리면서 별로 새로이 볼거리와 들을거리가 없었으므로 무도장에서의 체험이 더 뚜렷이 기억났다. 그러나 도시에 대한 호기심이 발동하여 그 이후에도 아주 자주 테우토니아를 방문했고, 특히 그중에서도 예술의 신전을 들르고는 했었다.

## 어머니로부터 받은 보석

그날 저녁 춤이 끝난 후 나는 기쁨에 취해 있었으며, 이모에게 내가 얼마나 행복한지를 말했다. 이모는 나의 어머니도 춤을 대단히 좋아했다고 알려주었다. 사실 춤은 어머니의 취미이기도 했다. 이러한 사실은 이모 아레나가 어머니에 대해서 나에게 알려준 첫 번째 진실이었다. 아마 이모는 내가 지난 슬픈 과거를 회상하는 것을 바라지 않았던 것 같다.

많은 면에서 내가 어머니를 닮은 데가 많다는 것을 이모로부터 들어 알게 되었다. 외모와 걸음걸이, 손의 형태 등이 그렇다는 것이었다. 어머니는 아름다운 여인이라는 소리를 들었다고 한다. 게다가 어머니가 지닌 타고난 우아함과 태도는 항상 사람들의 관심을 끌었다고 했다. 어머니는 검고 어두운 녹색의 눈을 통해 사람들의 호기심을 불러일으키는 재능을 지녔었다. 또한 어머니는 삼촌 오딘과 마찬가지로 베푸는 마음씨를 지녔으며, 항상 자신보다도 남을 먼저 배려했다. 이모는 내가 입고 있던 옷이 어머니가 어렸을 때 입었던 옷이라는 것을 알려주었는데, 나를 낳아준 이 훌륭한 여인과 비교된다는 것에 나는 가슴이 벅찼다.

그날 저녁에 내가 베개를 베고 침대에 누워 있을 때, 이모가 문 앞에 와서 들어가도 되는지를 물었다. 나는 "들어오세요."라고 말했다. 이모는 내 옆에 앉아서 나에게 나무로 된 조그만 상자를 보여 주었다. 이모는 웃으면서 말하기를, 내게 줄 특별한 선물을 마련했었는데, 침실로 들어가서 그걸 볼 때까지 깜빡 잊었다고 하였다. 상자 속에는 목걸이가 들어 있었으며, 이 목걸이는 어머니가 사용했던 팔찌와 귀걸이와 잘 어울렸다. 이것들은 어머니에게는 아주 특별히 소중했던 물건들로 나의 아버지로부터 받은 첫 번째 선물이었다.

나는 이모로부터 어머니가 오랫동안 착용했던 이 귀중한 보석들을 내가 간직하기를 바란다는 말을 듣고 너무 기뻤다. 그리고 나는 아버지께서 내게 이 보석들을 간직하라고 보내 주셨다는 것을 알고 나서는 한층 더 행복했다. 이 목걸이는 사랑의 표시이므로 나에게는 큰 의미가 있었다.

때때로 아버지는 아레나와 오딘에게 내가 어떻게 지내는지, 그리고 잘 있는지를 물었다. 내 생일날 아버지는 선물을 보내 주셨지만, 내가 아버지를 직접 보거나 소식을 듣지는 못했다. 아버지께서 어머니가 쓰던 어떤 물건을 보내준다는 것은 나에게 큰 영광이었다. 아버지도 어머니가 사용하던 물건을 내준다는 것이 힘이 든다는 것을 알고 있었다.

오늘은 기쁨이 가득하고 많은 새로운 체험도 하게 된 정말로 멋있는 날이었다! 나는 잠이 들어 어머니의 꿈을 꾸었으며, 꿈속에서 어머니와 함께 한 첫 번째이자 유일했던 그날을 지금도 기억하고 있다.

금성인들은 보석이 착용자의 아름다움을 훼손한다는 것을 어느 시점에서 깨닫고는 보석을 별로 착용하지 않는다. 따라서 금성인들이 착용하는 몇몇 보석들은 아주 특별하고 아름다워야 한다. 각각의 보석은 감정을 지닌 채 만들어지며, 이것을 누군가 착용하면 착용자에게 그 감정이 보내지게 된다. 보석은 사람이 지닌 내면의 빛과 아름다움을 반사하도록 만들어진다. 그리고 아스트랄계에서는 지구에서 가장 귀하고 값비싸게 거래되는 귀금속들을 쉽게 물현시킬 수 있기 때문에 이런 소재들이 흔하게 사용된다.

티타니아인들은 아주 단순한 것도 좋아하지만, 아주 복잡한 것도 좋아한다. 공급에는 문제가 없었기 때문에, 각 개인들은 특별히 정성을 기울여 상상할 수 없을 만큼 가장 우아하고 균형 잡힌 보석들을 만들어낼 수가 있다. 금성에는 보석 가공공장 같은 곳이 없다. 왜냐하면 모든 사람들이 독특하고 창의적이므로 자신이 입는 옷과 같이 자신이 착용할 보석도 간단하게 구현해내기 때문이다. 따라서 보석은 사랑의 표시로서 항상 어느 한 사람으로부터 다른 사람에게 전해지며, 처음부터 보석이 파괴되지 않도록 만들어지게 된다.

우리가 아직 물질문명 속에 있을 때, 우주탐험가들은 귀중하고 희귀한 금속들과 돌들을 발견하기 위해 먼거리의 행성들을 여행하기도 했다. 듣고 보지도 못한 희귀한 돌이나 금속들을 가지고 여행에서 돌아오는 남편을 맞이하는 부인들에게는 언제나 이 시간이 매우 흥분되는 체험이었다.

우리는 특별한 경우에 꽃, 잎, 깃털, 구슬 등 자연적인 것들을 활용하여 머리장식을 한다. 나는 아메리카 인디언들의 머리장식이 우리들로부터 아이디어를 얻은 것이라고 추측하고 있다. 금성에서 온 우주여행자들이 일찍이 고향 행성인 금성에서 옥수수와 해바라기를 가져와 지구의 원주민들에게 전해준 것으로 나는 알고 있다.

실제로 우리 금성인들은 아주 감성적이고 로맨틱한데, 그것은 특별히 우리가 사는 세계가 '감정의 세계'이므로 더욱 그렇다. 아버지가 보내준 이 멋진 선물과 같이 대개 우리는 삶 속에서의 행복을 사소한 일이나 일상적인 기쁨 속에서 느끼게 된다.

## 이모 아레나

이모 아레나는 늘 행복한 사람이었으며, 모든 것들 속에서, 특히 사람들 속에 있는 좋은 점을 찾아낼 줄 알았다. 그녀는 훌륭한 방법으로 낭패를 당한 사람들을 위로해주고, 신경질적이거나 예민해 있는 사람들의 마음을 풀어주기도 했다. 이모는 무슨 일을 하든 서두르지 않고 일을 잘해냈다. 이모로부터 나는 체계성을 배웠으며, 집안에 있는 모든 것들은 항상 있어야 할 장소에 제대로 정리정돈 되어 있었다.

아레나는 집의 주변 환경이 자연적이고 깔끔한 것을 좋아했다. 집안에 들어서면 자연의 아름다움에 넋을 잃을 정도이며, 이모는 실내 정원과 방들을 많은 식물들로 장식해야만 하는 성격이었다. 그녀는 매일 상당한 시간을 실외에서 화초들과 꽃이 활짝 핀 나무들을 보살피며 보내는 것을 좋아했다. 또한 이모는 자신이 손을 직접 움직여 일하는 것을 좋아했다.

이모와 삼촌은 금성인들의 사회에서 거의 모든 개인들이 그러하듯이, 창의적인 다양한 취미들을 함께 즐겼다. 삼촌 오딘은 대부분의 시간을 과학 분야에서 일했지만, 그럼에도 그는 다른 재능들을 가지고 있었다. 그중 몇 가지만 설명하자면, 그는 훌륭한 조각가이자 목각사(木刻師)이며, 음악가이기도 했다. 아레나 이모도 또한 조각에 재능이 있었다. 우리 집에 있는 많은 조각상과 분수들은 이 두 분이 만든 작품들이었다. 우리 집에 있는 4개의 거실들 중에 2개는 각자 1개씩 개인적인 작업을 할 수 있는 공간으로 할애되어 있었다. 또 하나의 거실은 이들 두 분이 같이 사용하는 침실이었다.

이모는 하프와 플롯을 연주하는 것이 개인적인 기쁨이었으며, 학습용 완구를 기획하고 만드는 것도 그녀에게는 세상에 기여하는 한 방법이었다. 그녀는 아이를 즐겁게 할 뿐만 아니라 가르쳐 주기도 하는 새로운 완구들을 개발하는 데 힘을 쏟았다. 그리고 이모는 자신이 개발한 발명품들을 아스트랄 박물관으로 보내기 전에 집에서 많은 테스트(Test)를 했기 때문에, 이러한 완구들로부터 나도 많은 혜택을 받았다.

## 금성인들의 의상

아레나는 테우토니아에서 자신이 디자인한 옷들로 인해 아주 유명했다. 금성에서는 모든 사람들이 자기가 입을 옷을 스스로 디자인하고 구현해내지만, 꽤 많은 사람들이 자신들이 디자인한 옷들에 대해 싫증을 내고 이모에게 문의를 하고는 한다. 왜냐하면 이모는 새로운 디자인과 소재들을 조합하는 데 아주 능숙했기 때문이다. 이모가 주로 관심을 두는 것은 의상이 각 개인이 지닌 개성에 잘 어울리도록 하는 것이었다.

금성인들은 항상 헐렁하고 늘어진 스타일의 얇은 옷을 입으며, 이러한 옷들은 대개 촉감이 좋고 편안한 소재로 만들어진다. 금성인들은 어느 정도 관능적이기는 하지만, 영적진화를 저해할 정도는 아니다.

각 개인은 자신에게 맞는 서로 다른 형태의 드레스와 바지, 긴 겉옷들을 입고 다니기 때문에 유행이라는 것은 존재하지 않는다. 그리고 상상할 수 있는 모든 것들은 각 개인에 의해 창조될 수 있는 까닭에 사람들이 입고 다니는 모든 의상들이 독특하다. 우리 사회에서는 일반적으로 여성들은 전신을 감싸는 긴 드레스를 입는다. 남자들은 부풀어 오른 형태의 바지와 긴 겉옷을 입는다. 이러한 것이 유행은 아니지만, 각 개인들은 자신들의 의식이 진화된 정도에 따라 서로 끌리게 되므로 이러한 현상이 나타나게 된다.

만약 여러분이 금성의 마을을 방문하게 된다면, 금성인들의 의상에는 공통적인 한 가지 점이 있다는 사실을 알 수 있을 것이다. 모든 사람들이 편안하면서도 아름다운 신발류인 샌들(Sandal)을 신고 다니는데, 왜냐하면 발의 모양을 감추기보다는 자연스럽게 보이도록 하여 장식을 할 수도 있기 때문이다. 이러한 습관은 물질시대에서부터 넘어온 것이다. 샌들의 밑창은 종잇장처럼 얇으며, 이 샌들은 잔디와 자연적인 푹신한 지표(地表)를 느끼게 해줄 뿐만 아니라 방탄으로 된 직물로 만들어져 있어 우리의 발을 보호해준다. 샌들마다 윗면에는 독특한 무엇인가가 그려져 있다. 개인적인 취향에 따라 샌들 끈의 색상과 폭, 그리고 디자인이 다르다. 이모 아레나와 나는 우리의 의상미를 높여주는 단순한 디자인과 색상을 지닌 우아한 샌들 끈을 좋아했다.

이모는 자연의 아름다움을 찬미하는 분으로서 우리 둘을 위해 여러 원소들을 나타내는 옷들을 디자인했다. 예를 들어 불타는 태양이나 오렌지 형태로 디자인을 하기도 했다. 그 뒷면에는 사방으로 따스함과 빛을 발하는 타오르는 태양을 수놓았다. 물을 묘사한 옷에는 거품을 내며 물이 길게 흘러내리는 폭포를 그려 넣었다. 구름을 나타내는 옷에는 솜털과 양털, 그리고 흰색을 그려 넣었다. 달을 묘사한 옷은 푸르스름한 흰 빛을 발하여 특히 아름다웠다. 정장차림은 소매가 넓으며, 길게 바닥으로 늘어져 있었다. 내가 좋아하는 옷은 나비가 그려진 옷으로 촉감은 비단 같고, 자연에서 실제의 나비가 그려내는 것과 동일한 디자인을 갖고 있었다. 나는 나이가 들어가면서 테우토니아의 근처로 야외 소풍을 갈 때, 가을 단풍잎처럼 보이는 시폰(Chiffon) 드레스와 함께 이 옷을 많이 입었다.

## 우주의 춤

내가 6살이 되었을 때 친구들과 나는 어느 날 쿠믈리(Kumli) 산맥을 탐험하며 온 종일 놀았는데, 이 산들은 테우토니아와 바다 사이에 우뚝 솟아 있었다. 야영을 하며 이웃 마을의 새 친구들을 사귀는 것은 내게 야외생활의 즐거움을 지속적으로 안겨주었다.

하지만 내가 가장 좋아하게 된 것은 황금빛 해변이었다. 나는 그저 며칠이고 바다를 마주한 채 해변에 앉아서 흡족해 했고, 두 발을 황금색의 수정 모래 속에 파묻고 있었다. 나는 종종 이른 아침에 떠오르는 태양의 경이로운 장관을 즐기기 위해 해변에 머물러 있고는 했는데, 작열하는 눈부신 백열 덩어리는 내가 바다를 향해 있을 때 수평선 끝까지 뻗쳐나가 내 주위의 사방을 비추고 있었다.

나는 해변을 따라 부서지는 파도와 그 위에서 넘실대는 검푸르면서도 자주빛이 나는 바닷물을 바라보고는 했다. 바다와 조가비의 음악소리들은 아무런 꾸밈이 없이도 매혹적이었다. 그랬다. 예쁜 조가비들조차도 그것들이 해변을 따라 여기저기 누워있을 때는 그들만의 독특한 음악소리를 내고 있었다. 뿐만 아니라 붉고 푸른 산들의 아름다움 역시 나의 주의를 사로잡았다. 그리고 그런 천상의 색채와 소리들은 도처에 충만해 있었다. 하늘 위에는 변화무쌍한 밝은 색깔의 바다가 있었고, 그 오렌지 핑크빛 바탕 위로는 밝은 태양과 구름들이 떠 있었다. 금성에서는 하늘 자체가 그 아래에 살고 있는 사람들의 생각에 반응했다. 만약 어떤 사람이 자기 집 위의 하늘이 라벤다(lavender) 색이기를 선호한다면, 하늘색이 그렇게 변화될 것이다.

해변의 뒤쪽에는 온갖 종류의 색다른 나무들과 꽃들이 빽빽하게 우거져 자라고 있는 밀림이 있었다. 바로 그 너머에서부터 쿠플리 산맥이 시작되었다. 그리고 계곡으로 향한 내리막에는 테우토니아의 많은 주민들이 지어놓은 주택들이 있었다.

나는 항상 해변에서 친해진 새와 동물들과 즐겁게 놀았고, 그들 역시 나를 친구로 받아들일 거라고 생각했다. 그리고 나는 바다 쪽을 응시하며 공상에 잠기는 것을 좋아했다. 대개는 아버지와 어머니에 관해 알고 싶다고 생각했으며, 그들일 것 같은 이미지를 내 마음 속에다 그려내어 재현하고는 했었다. 아버지는 아레나와 오딘에게 자기에 관한 것을 나에게 이야기하지 말라고 부탁했고, 그들도 그의 바람을 존중했다. 때때로 나는 어린 시절을 곰곰이 생각했으며, 나의 미래에 대해서도 궁금하게 여겼다.

매우 종종 나는 물 위를 가로지르는 작은 유리 거품 모양의 보트를 바라보았다. 그리고 내 눈은 그것이 더 이상 안 보일 때까지 보트를 따라 쫓아가곤 했는데, 거기서 보이는 유일한 색깔은 그 안에 앉아 있는 사람들뿐이었다. 요트는 그 우아하게 아름다운 모습으로 인해 대단히 인기가 있었다. 해변에 앉아 나는 느껴지는 대로 자주 노래를 부르거나, 아니면 내 친구들을 위해 하프를 연주했는데, 그들은 번갈아 가며 자기들이 좋아하는 악기를 가지고 내게 연주를 해주었다. 나의 가장 친한 친구인 제무라(Zemura)와 네이마(Neyma)는 나와 합류해서 우주의 춤과 같은 춤을 추고는 했었다. 그것은 내가 좋아하는 것들 중의 하나였지만, 또한 가장 숙달하기 어려운 것 중의 하나이기도 했다.

우리 금성인들의 삶에서 되풀이해서 열리는 중요한 행사는 한 마스터의 지혜의 말씀을 경청하기 위해 매년마다 리츠(Rets) 시(市)로 여행하는 것이었다. 설사 누군가가 그분과 텔레파시보다 강력한 내면의 교신을 가진다고 하더라도 실제로 그분을 보는 것은 우리에게 매우 특별한 일이었다.

올해의 그 시기가 다가오고 있었고, 곧 〈지혜의 신전〉을 향해 도보로 걷는 우리의 여행이 시작될 것이다. 한 세미나에서 나는 대사께서 진리와 진리를 전한 한 개인 사이의 차이에 대해 다음과 같이 말씀하신 것을 기억한다.

"영적인 세계들뿐만이 아니라 물질세계와 많은 행성들에도 영적인 스승들이 존재하고 있다. 그리고 그들은 대중들에게 전해줄 많은 진리들을 알고 있다. 하지만 그 스승이 숭배되고 신(神)의 말씀보다 더 중요하다고 떠받들어질 때, 진리는 종종 상실돼 버린다. 사람들은 진리가 '진리의 통로'인 그(스승)보다 더욱 중요하다는 것을 알아야만 한다."

지고(至高)의 신(神)의 법칙 하에 개개의 사람은 그 스스로 마스터의 지위에 도달하기 위해 노력한다. 이것이 바로 우리 모두에 대한 마스터의 목표이고, 우리의 목표 역시 마찬가지이다. 그러나 〈지혜의 마스터〉가 될 학도들을 진정으로 격려하고 인도하는 가르침들은 숫자상 얼마 되지 않는다. 특히 지구상에서는 대단히 많은 가르침들이 오직 어떤 상당한 분량의 사실만을 전달하거나, 또는 전혀 진리를 전달하지 않는다. 그리고 종교적 의식(儀式)과 미신적 행위로 과부하(過負荷)된 사람들은 종교 지도자들을 숭배하게 되거나, 신의 법칙이 아닌 인간이 만든 법칙들을 따르게 된다.

다가오는 세미나 동안에 친구와 나는 영혼의 균형에 관한 춤을 추기로 계획하고 있었다. 그 춤은 하위세계로 들어오는 영혼과 현존하는 양극성의 분리, 남성과 여성, 주는 자와 받는 자를 묘사하여 표현한 것이다. 영혼의 동반자는 세상의 바깥 어딘가에서 당신을 기다리고 있는 어떤 개인이 아니다. 그것은 영혼이 양극성으로 분리된 이후 생겨난 한 영혼의 다른 부분이다.

영혼은 어느 시기에 남성, 또는 여성으로 태어난다. 그리고 그런 육화상태에서 남성의 특성이나 여성의 특성에 관련해서 배우는 것이다. 영혼이 가르치는 중립(中道)상태가 육화한 남성과 여성의 특성 안에서 서로 균형에 가까워지는 때가 있다. 그러나 영혼이 영적으로 알 때까지는 이것은 일시적인 상태이다. 영혼의 동반자들이 하나로 결합될 때 비로소 균형이 영원히 유지되며, 그때 그 개인은 분극화되지 않은 영혼으로서의 자신의 정체성을 깨닫는 것이다. 그리고 이것이 영혼계에서 일어나는 일종의 자아실현(Self-realization)이다.

우리의 춤은 2명의 영혼의 동반자를 상징하는 한 소녀와 소년이 함께 함으로써 이러한 최초의 분리와 최종적인 균형을 표현하고 있었다. 그것은 우리가 함께 등을 맞대고 바닥에 앉아 있다가 하위세계로 내려가는 영혼의 여정을 나타내기 위해 우리 배후에서 다른 색채의 세계들이 위쪽으로 이동할 때, 같이 튀어 오르는 것으로 시작되었다.

다양한 색채들은 여러 차원의 세계들을 뜻했는데, 첫 번째는 에테르계(Etheric Plane)[2]에 해당되는 자색(紫色)이었다. 그 다음에는 원인계인 황갈색과 멘탈계인 푸른색이다. 그리고 마지막으로 아스트랄계를 의미하는 핑크색 및 물질계인 녹색이었다.

그 뒤 곧 우리는 일어섰고, 서로 분리되어 개인적으로 우리의 생각

---

[2]여기서 에테르라는 용어는 잘 알려진 신지학(神智學)이나 장미십자회에서 이해하고 있는 개념과는 좀 다르게 사용되었다는 점을 유의해야 한다. 이런 개념들은 존재의 우열수준에 따라 다음과 같이 배열된다. 물질(여기에는 보다 비유형적인 물질의 단계들까지 포함되는데, 바꿔 말하면 고체, 액체, 기체, 4차 에테르, 3차 에테르, 2차 에테르, 1차 에테르, 또는 융합수준까지이다), 아스트랄(Astral), 영적(Spiritual), 멘탈(Mental), 코잘(Causal)), 모나딕(Manadic), 그리고 신성(Divine)의 단계.

옴넥은 물질세계 내의 7가지 낮은 수준들 모두를 단순히 물질적 레벨이라고 간주한다. 왜냐하면 그녀의 견해로는 그것들 모두가 하위세계들을 나누는 다른 주요 분류와 별 차이가 없기 때문이다. 그리고 이것은 그런 다른 철학들에 이미 익숙해져 있는 일부 사람들에게 용어상의 혼란을 해소하는 데 도움이 될 수도 있다.(스티븐스 주)

과 느낌을 표현하면서 다른 방향으로 나아갔다. 춤을 추는 가운데 이 따금씩 우리는 다가가 손과 손가락을 접촉하거나 때때로 서로를 완전히 포옹하기도 했지만, 그것은 잠시뿐이었다. 이윽고 춤의 마지막 단계에서는 마스터가 등장하며, 두 영혼의 동반자가 함께 균형 속에서 마스터의 발치에 앉아 있을 때, 그는 허공 속으로 손과 팔을 들어올린다. 우리는 이 춤을 머지않아 리츠로 가는 여행에 오를 것을 예상하고 자주 연습했었다.

내가 나의 새로운 친구인 림즈(Rimj)를 만난 것은 그 세미나 직전의 바닷가에서였다. 날마다 그는 나처럼 대략 같은 시간에 그곳에 있곤 했는데, 늘 눈에 익은 부풀은 바지와 로프 같은 황금벨트가 달린 헐겁고 긴 옷을 입은 채로였다. 처음에 우리는 서로 이야기를 나누는 않았다.

우리는 그저 황금빛 모래사장 위에 함께 앉아 붉고 푸른 바닷물이나 다른 곳을 바라보고 있었다. 나는 반짝이던 그의 암청색 눈과 곱슬이었던 짙은 금발 머리, 그리고 그의 길고 곧은 코를 기억한다. 무엇보다도 나는 그의 씩 웃는 매력적인 미소를 좋아했다. 림즈와 나는 우리가 어린 나이였음에도 불구하고 서로 깊이 사랑하게 되었다. 우리는 우리가 했던 모든 것을 서로 수용했으며, 또한 나의 이모와 삼촌 및 여자 친구들도 그를 나와 마찬가지로 받아들였다.

우리는 자주 쿠플리 산맥을 함께 등반했었다. 그리고 가장 높은 봉우리에 함께 앉아 바람이 계곡을 통해 밀려나와 멀리 절벽을 향해 울려 퍼져나가는 소리를 듣고 있었다. 그러고 나서 우리는 집으로 가는 길에 우리가 공유했던 즐거움의 기념물로서 서로에게 꽃을 골라주곤 하였다.

림즈와 나는 종종 우리의 삶과, 미래, 그리고 물론 다가오는 세미나에서 있게 될 우리의 행사에 관해서 이야기를 나누었다. 당시 림즈는 그 스스로 작곡한 영적인 사랑에 관한 노래를 하려고 준비하고 있었다.

## 리츠(Rets)로의 성지순례 여행

리츠로 가는 우리의 성대한 여행의 날이 도래했고, 나는 이전의 그 어느 때보다도 흥분돼 있었다. 나는 모든 것의 아름다움을 올바로 인식하기에는 너무 어렸으므로 이 연례적인 행사를 늘 우리 삶의 한 일상적인 부분으로 생각했다. 이제 나는 기분은 생소했지만 이것이 내 삶의 매우 특별한 시간이 될 것이라는 느낌을 기꺼이 받아들였다. 그리고 내게 있어 리츠 시의 아름다운 경치를 즐기는 것은 중요했으며, 또 라미 누리(Rami Nuri) 대사를 뵙는 설렘이 있었다.

리츠로 가는 도보여행은 여러 날이 지속되었고, 따라서 우리는 항상 충분한 의복을 갖고 다녔다. 특별히 세미나를 위해서 모든 이들은 그 자신만의 독자적인 테마에 관련된 모든 의상들을 디자인했었다. 이 연례적인 여행은 우리 문화의 한 전통이었으며, 우리 문명이 물질차원이었을 때까지 거슬러 올라가는 기원을 갖고 있었다. 그리고 비록 우리가 아주 쉽게 이동해서 리츠에 나타날 수도 있었지만, 이것은 그런 만큼 모험도 아니었고, 오히려 불완전한 경험이 될 것이다.

테우토니아와 금성의 수많은 지역에 사는 사람들이 각기 적당한 시간에 출발해서 그들 자신의 보조로 리츠를 향해 걸었다. 나는 림즈와 제무라에게 나와 함께 여행을 해달라고 요청했다. 그들의 부모와 이모 아레나, 삼촌 오딘이 집합 장소에 모이자마자 우리는 여행길에 올랐다.

리츠는 테우토니아의 신전들의 반대 방향에 위치해 있었으며, 림즈와 내가 자주 올랐던 쿠믈리 산맥 너머에 있었다. 우리는 〈대전환기〉 이전에 발견된 산을 관통하는 동굴과 자연도로를 통해 여행했다. 그곳에는 지하연못들과 폭포, 환상적인 바위모양들이 형성돼 있었고, 기묘해 보이는 동물들이 서식하고 있었다. 어느 곳이나 조용했고 산울림이 쉽게 일어날 수 있었다. 그리고 우리가 소리를 내거나 노래를 할 때마다 우리는 가장 아름다운 소리들을 만들어낼 수 있었다. 가늘게 엮어진 로프로 된 다리 위로 협곡을 통과하는 것은 우리 아이들에게는 특별한 모험이었다.

하루가 지난 후 우리는 쿠믈리 산맥에서 빠져 나왔고, 앞쪽에 펼쳐진 꽃들로 이루어진 거대한 평원을 보게 되었다. 그리고 거기서부터는 수천 명의 사람들이 우리 대열에 합류했다. 도로는 이제 온갖 화려한 의상으로 차려입은 아름다운 여행자들과 다양한 짐들을 운반하는 군중으로 북적거렸다. 나 자신의 옷은 황금빛 섬유로 만든 일종의 하얀 가운(Gown)이었으며, 로프 같은 금 벨트가 달려 있었다.

이어서 우리는 다른 행성들로부터 옮겨온 매우 다양한 거목(巨木)들이 빽빽이 들어선 조용한 숲을 만났다. 거기에는 삼나무와 소나무, 전나무, 그리고 지구상에서는 찾아볼 수 없는 다른 수종(樹種)들이 서식하고 있었다.

우리는 숲속을 걸을 때마다 유념하는 소중한 습관을 가지고 있었는데, 그것은 불필요한 소음을 내지 않고 그저 새와 동물들의 소리나 우리 발이 축축한 흙을 자박자박 밟고 가는 소리, 그리고 평화로운 정적에만 귀를 기울이는 것이었다. 습기 찬 토양과 이끼 같은 냄새는 후각을 강하게 자극하는 꽃과 나무들의 향기와 더불어 언제까지나 기억에 남았다.

숲속 깊은 곳에 도착하자 작은 마을이 하나 나타났으며, 거기에는 서너 개의 가정들이 지어놓은 호화로운 정원이 딸린 거대한 주택들이 있었다. 그곳은 이름 없는 수많은 금성인 마을들 중의 하나였다. 날이 어두워지자 우리는 그 마을에서 하룻밤 유숙하기로 결정했다. 그곳 주민들의 낯선 이들을 향한 태도는 도움이 필요한 누군가 찾아왔다면, 의심 없이 도와줘야 한다는 것이었다. 모든 사람들이 그 누구를 막론하고 신뢰했고, 자기 가족의 일원이 받는 것과 똑같은 환대를 친절히 베풀어주었다.

비록 우리가 먹은 것이 음식은 아니었지만, 동틀 녘에 우리는 함께 "아침식사"를 했다. 우리는 그것을 아침식사라고 부르는데, 왜냐하면 함께 모여 의식적으로 에너지를 흡수하는 것은 한 끼 아침식사를 하는 것과 매우 흡사하기 때문이다. 둥글게 모여 앉아서 눈을 감은 채 우리는 깊은 호흡을 하면서 온몸의 모공(毛孔)을 통해 지금 에너지가 빨려들어 오고 있다고 심상화(心像化)했다. 그리고 그것은 참으로 기운을 충만케 하는 아침식사였던 것이다.

숲 저 너머에는 우리가 넘기에는 너무 높은 산들이 아직 많이 남아 있었다. 그것을 비켜가기 위해서 우리는 광야를 횡단했고, 기괴한 고원(高原)이 그 안에 누워있는 다른 산군(山群)을 만났다. 산의 험준한 경사면을 따라 오르자, 물이 있는 탁 트인 평원에 도착했는데, 그것은 거의 완전한 불모지인 푸른 평지였고, 전체가 붉고 초록빛이 나는 대리석으로 이루어져 있었다. 바위들이 여기 저기 흩어져 있었다. 평평한 대지의 어떤 지역들은 표면이 밀려나가 있었으며, 다른 지역들은 단층과 갈라진 틈으로 인해 아주 기복이 심했다.

'물의 평원'은 외견상 모든 것이 매우 바싹 말라붙어 있어 건조해 보였으므로 이상했는데, 그럼에도 공기에 가득 찬 습기는 왠지 불편했다. 그런데 땅이 갈라진 틈이 아래로 내려다 보였기 때문에 우리는 그곳을 따라 물이 세차게 흐르는 것을 볼 수 있었다. 그리고 거기에는 평지가 몇 인치 침하된 장소들이 있었고, 물웅덩이를 이루고 있었다. 또한 그 평원을 에워싸고 있는 절벽에는 몇 개의 폭포들이 형성돼 있었다. 평원 자체는 융기돼 있었으며, 물이 여러 곳으로 세차게 쏟아져 내렸다.

이곳에 있는 많은 볼만한 경치들이 지구에서는 자연의 경이(驚異)라고 불리게 될 것이지만, 금성의 주민들은 그것을 조물주의 손길이 빚어낸 아름다움으로 받아들였다. 날마다 아름다움에 둘러싸여 있을 때는 그 아름다움이 덜해 보이므로 그것들은 그리 굉장하다고 생각되지는 않았다. 그리고 이처럼 위대한 자연의 불가사의(不可思議)들이 당연하게 여겨지는 이유는 그것들이 어디에나 흔하게 널려있기 때문인 것이다.

고원 너머에는 산 같은 녹색의 구릉(丘陵)지대로 풍경이 바뀌어 있었고, 풀로 뒤덮인 초원이 펼쳐져 있었다. 우리가 이 지점에 이르게 될 때마다 우리는 곧 리츠 시가 그 안에 놓인 울창한 녹색의 골짜기가 보일 것이라는 사실을 알고 있었다. 우리 아래의 저 먼 곳에 성벽이 둘러쳐진 황홀한 우리 행성의 수도(首都)가 있을 것이었다.

리츠는 둥근 도시이며, 환상적으로 보이는 신전(神殿)들과 사원(寺院)들, 꽃이 만발한 정원들, 그리고 분수와 아름다운 조각상들로 이루

어진 도시이다. 위에서 도시를 내려다봄으로써 우리는 어떻게 건물들과 보도(步道)들이 쌍십자(雙十字) 형태를 취하고 있는 듯이 보이는지를 알 수 있었다.

리츠는 번쩍이는 엷은 푸른 색조의 대리석으로 이루어진 크고 높은 성벽에 의해 둘러싸여 있다. 우뚝 치솟은 첨탑(尖塔)들과 더불어 그 거대한 벽의 사방에는 목제 문들이 나 있었고, 아치형의 중앙출입구는 이곳 지구상의 영국에서 볼 수 있는 장엄한 대성당의 정면 스타일과 비슷하다. 우리 일행이 도시 가까이 이르렀을 때, 우리는 저 너머로 수많은 높은 신전들의 꼭대기를 볼 수 있었다. 그리고 도시는 우리가 경외감 속에서 넋을 잃을 정도의 진동을 발산하고 있었다. 이전에 우리가 얼마나 자주 이곳을 방문했느냐와는 상관없이 그 아름다움은 매년마다 우리를 압도했다.

리츠는 지구상의 어디에서나 볼 수 있는 그 어떤 도시와도 완전히 다르다. 하지만 여러분이 과거에 읽었을 판타지(Fantasy)에 관한 이야기들에 나오는 장소와 매우 흡사하다. 그곳은 상상할 수 있는 가장 조화롭고 균형 잡힌 건축물들의 환상적인 전시장이다. 금성의 수도로서 리츠는 예술과 과학뿐만 아니라 영적인 가르침을 위해 봉헌된 〈배움의 신전들〉로 이루어진 영적 도시이다. 금성에 있는 대부분의 도시들과는 다르게 그곳은 오직 문화와 배움을 위한 도시이고, 많은 주민들이 거주하고 있다. 그리고 그들 중에는 지식의 마스터들이 있는 것이다.

지구상에 존재하는 종교 건축물들은 사실상 상위차원계의 영적 도시들에 있는 신전들의 빈약한 복사판이다. 우리는 인간의 창조성에 관한 진실을 올바로 인식해야 하는데, 즉 그것은 상위차원계에 이미 현존하는 것에 관한 영적인 감수성(receptivity)에 지나지 않는 것이다.3) 하지만 물질행성들에 있는 가장 아름다운 건물일지라도 결코 저너머의 세계에 있는 건축물의 아름다움에 비교할 수는 없다.

리츠에 있는 각 신전들은 독특하며, 그 고유의 특성을 지니고 있는데, 이것은 그 신전의 디자인 속에 그대로 반영돼 있다. 가장 일반적으로 사용된 장식용 자재들은 금, 은, 다이아몬드, 루비, 에메랄드, 비취, 진주 같은 귀중하고 진기한 보석들과 금속들이다. 이런 물질들이 건물의 안과 밖, 사방의 창문과 출입구, 계단 위와 천장, 바닥 등에 풍부하게 박아 넣어져 있다. 혹은 건물 전체가 이런 귀중한 자재로 만들어져 있는 경우도 있으며, 이것은 우리가 바라는 것들을 간단하게 필요한 만큼 물현시킬 수 있는 까닭이다.

지구상의 종교적인 작가들이 자신의 경험을 묘사하면서 "황금의 거리"라는 단어를 사용할 때, 그들은 리츠와 같은 아스트랄 도시들을 언급하고 있는 것이다.

테우토니아에서와 마찬가지로 리츠를 건설하는 데는 대부분의 기본적인 형상들이 자유롭게 사용되었다. 거기에는 구체(球體), 정6면체, 피라미드, 돔, 원주형, 원뿔, 그리고 그 밖의 건물형태도 많았다. 지구에서 가장 뛰어난 일부 건축양식과 유사한 형태도 있었으며, 또한 지

---

3)이 말의 의미는 결국 물질계에서 이루어지는 모든 창조적 재능이나 발명 같은 것들은 사실 이미 아스트랄계에 존재하고 있는 원형적 아이디어들을 우리가 영감(靈感)을 통해 수신하는 것에 불과하다는 뜻이다.(역주)

구에는 알려지지 않은 다른 물질 행성들에서만 볼 수 있는 모양도 있었다. 피라미드 형태로 지어진 사원(寺院)이 있었는데, 그것은 빛나는 은백색으로 덮여 있었고, 크기는 다소 작았다. 나는 그 사원 내부에 무엇이 있는지를 볼 수 있는 기회는 얻지 못했다.

내가 견학해 본 건물들 중의 하나는 물질우주의 다른 행성들에서 온 진기한 해양 동물들이 전시돼 있는 일종의 박물관이었다. 그것은 창문이나 입구가 없이 옅은 푸른색이 번쩍이는 거대한 구체 형태였으며, 안이 비쳐 보이는 투명한 건물이었다. 그리고 내가 스케치했던 한 신전은 은백색 금속이 우뚝 솟은 4개의 탑을 받치고 있는 가운데 그 꼭대기에는 암청색의 수정(水晶)이 놓여 있는 둥근형태의 건물이었다. 각 주춧돌 위의 기둥마다 수많은 창문들이 나열돼 있었는데, 그것은 모두 측면에서 본 오목렌즈처럼 보였다. 이 신전의 아름다움은 인간의 말로는 형언하기가 어렵다.

내가 감상하기를 즐겼던 다른 신전은 은빛 모서리를 가진 완전한 자연 그대로의 자수정(紫水晶)으로 만들어진 정육면체 형태였다. 그리고 아치형으로 된 마호가니(Mahogany) 재목으로 된 문은 예술작업의 소산이었다. 각 장식 판자마다 과일 모양이 정교하게 새겨져 있었고, 그것은 매우 다채로웠다. 이 건물의 아치형 창문들은 자주색, 황색, 백색의 진주와 같은 유리로 만들어져 있었다. 뒤에는 나선형으로 된 계단이 2층 입구에 이르도록 나 있었다. 그리고 덩굴식물이 그곳 지붕마루를 덮고 있었다. 리츠에서 사람들이 평평한 옥상 위의 정원에서 자라는 식물을 재배하는 것은 보통 있는 일이다.

## 지혜의 신전

이곳의 주요 구조적 특성 중의 하나는 〈황금 지혜의 신전〉이 리츠의 물질적인 도시(밀도상 지구의 상위 물질차원과 동등함)와 아스트랄계인 여기 리츠에 동시에 존재하고 있다는 점이다. 이 신전은 그 대부분이 금(金)과 대리석으로 만들어진 둥근 건물이다. 건물의 기저(基底) 부분은 흰색과 자주색 줄무늬가 넣어진 하늘색 대리석으로 이루어져 있다.

그리고 사방의 수많은 계단들이 본관에 이르게끔 설계돼 있었다. 이 건물은 영적 존재들을 형상화한 60개의 황금기둥들이 그들의 뻗친 손으로 평평한 대리석 천장을 떠받치고 있다. 그리고 이 입상(立像)들은 대개 허리가 가늘었고, 남성과 여성의 양극성 사이의 균형을 표현하고 있었다. 또한 여기 이 신전 안에는 안락한 벤치들의 의해 에워싸인 실내 정원들과 연못들이 있기도 하다.

세미나에서 체험한 영적 경험들을 단지 말로 표현하는 것은 무익한 일이다. 우리의 세미나는 각자의 개인들이 참여했던 경험들을 나누는 것이다. 한 행사나 강연에는 영적인 주제들이 부여돼 있고, 또 그것들 중의 다수가 중복되더라도 거기에는 모방은 없는데, 왜냐하면 각 연설자가 독특하므로 우리에게 서로 다른 신선한 통찰을 주기 때문이다. 그곳에서는 많은 음악공연과 시(詩)와 예술 시연, 그리고 연극 행사들이 있었으며, 또 수많은 무용과 노래가 있었다.

우리의 춤은 우리가 모든 가슴과 마음, 영혼을 거기다 바쳤던 까닭에 다른 행위예술과 마찬가지로 대성공을 거두었다. 모든 것이 감사했고, 그곳의 무엇이든 만끽하며 즐겼다.

내 마음 속에 남아 있는 그 세미나의 하이라이트(Highlight) 중의 하나는 한 특별한 강연이었는데, 우리들 중의 많은 이들이 나중에까지, 또 그것에 관해 잠시 숙고한 후에도 완전히 이해하지를 못했다. 왜 세상이 지금의 모습처럼 돼 있을까에 관해 생각하는 사람이 있는 한, 언제나 거기에는 의문이 남아 있을 것이다. 이곳 지구에서 여러분은 만물이 원자(原子)로 이루어져 있고, 그것은 긍정적이거나 부정적인 에너지의 변화에 불과하다고 믿고 있다. 하지만 사물의 다양한 모습을 만들어내고, 그 모든 것을 그 형태로 계속 유지시키는 것은 무엇인가?

그 해답은 바로 마음속에 있다. 인간은 상념의 힘을 통해 물질계에서 그 자신만의 세계를 창조한다. 세상은 인간의 집단적인 생각이 투영되어 창조된 것이다. 어떤 나무들이 무엇처럼 보인다는 것에 관한 정신적인 이미지(像)는 세대를 이어 대대로 전해지게 되며, 어떤 모습으로 보일 것이라는 이러한 생각의 기대가 나무를 변화로부터 막아 계속 유지시켜 주는 것이다. 그러므로 나무에 관한 인간의 정신적 이미지가 바뀔 때, 나무 또한 그 모습이 바뀔 것이다.

어떤 사람이 "이것은 불가능해!"라고 말할 때, 그는 한정된 소극적 사고방식에서 그렇게 말한다. 사실 모든 것은 가능하다. 하지만 인간은 무지로 인해 자기 자신을 제한시킨다. 그때 그는 세상을 제한시키고, 그것이 더욱 자신의 생각을 제한시키며, 그 결과 더더욱 세상을 한계에 가두는 결과를 초래하게 되는 것이다.

인간의 세계는 인간이 자신의 생각을 바꾸지 않는 한, 전혀 변화될 수가 없다. 당신이 어떤 한 가정 안에 들어가거나, 또는 가정을 꾸리기 위해 한 이성과 결합했을 때, 그 가정의 가장(家長)이 바라는 것이 무엇이냐에 따라 그 가정이 어떤 모습이 될 것인가를 결정하게 될 것이다. 그리고 만약 그 가장이란 사람이 중심을 못 잡고 갈팡지팡한다면, 당신은 그때 혼란한 가정과 혼란에 빠진 아이들, 뒤죽박죽된 생활방식을 가지게 되는 것이다.

하지만 우리가 다른 이들이 자기들의 세계를 한계지우고 있는 것에 대해 비난해서는 안 된다. 만약 그들이 안정돼 있고, 체계적인 마음과 생활방식을 갖추고 있다면, 이것은 어느 정도 있을 수 있는 일이다. 왜냐하면 그들은 다른 생애에서는 그 반대되는 경험을 했었고, 이번 생의 모습은 무엇인가에 대한 두려움에서 나온 행위이기 때문이다. 우리가 '경험을 통한 영혼의 성장'이라는 전체적인 그림을 조망했을 때는 책망이 아니라 오직 이해뿐인 것이다.

이 강연에서 연설자는 지구에 관해 말했으며, 또 물론 과거 한 때 금성에서의 삶이 어떠했는가에 대한 내용도 있었다. 이 모든 것이 언급되는 동안, 나는 유한한 세계란 단지 무한한 세계와 무한한 존재를 향해 올라가는 한 단계에 지나지 않음을 상기하고 있었다.

행사 중간에 우리는 관심사에 따라 그룹별로 모였었는데, 우리의 능력으로 상대의 생각을 포착해내는 것은 매우 쉽다. 밤이 되면 우리는 자신이 원하는 곳이면 그 어디에서든지 잠을 잤는데, 도시 내의 신전들 중의 한 곳이든, 아니면 바깥의 꽃이 가득한 정원들 중에 한 곳이든 상관이 없었다. 우리는 그만큼 세미나 자체와 개최되고 있는 행사에 몰두해 있었으므로 도시를 멀리 벗어나거나 관광을 하는 것은 어려운 일이었다.

금성인들을 포함한 모든 인간들은 삶에서 접하는 대부분의 아름다움에 대해 그것과 더 이상 함께할 수 없을 때까지는 이를 당연하게 생각한다. 그리고 이것은 진실이다. 리츠를 본 후에 나는 그 마지막 시기에 그 도시의 아름다움에 좀 더 흠뻑 젖어보지 않은 것을 후회했다. 그때까지만 해도 그것은 그저 내 삶의 통상적인 한 부분이었던 것이다. 지금 나는 그것을 잃어버렸고, 때문에 그만큼 그것을 다시 경험하기는 어렵게 되었다.

당시 대사께서는 강연에서 우주의 절대적 존재에 관한 이야기를 했는데, 그는 어떻게 그 존재가 모든 영혼들을 동등하게 창조했는지와 인간의 마음속에서 어떻게 불균형상태가 시작되었는지를 설명하셨다. 물질계에 있는 인간들은 아직 다른 개인을 받아들여 더불어 사는 법에 관해 배울 것이 있다. 많은 행성들에 사는 주민들이 서로를 수용하는 데 관련된 문제들을 지니고 있으며, 그것은 그들이 신(神)이나 영혼에 대해, 또는 이번 생(生) 이상의 삶에 관해서는 아무 것도 모르기 때문이다. 그분은 인간이 지닌 갈등이나 싸움의 많은 부분이 오직 이번 생이 전부라는 잘못된 믿음에서 발생한다고 설명했다.

임종(臨終)을 맞이할 때, 어떤 인간은 매우 두려움에 사로잡힘으로써 즉시 다시 태어나는 길로 이끌리게 되고, 거의 영적이지 못한 여건에서 성장하게 된다. 그리고 그들이 금성에 사는 우리 모두와 지구상의 일부 사람들이 공덕에 따라 좋은 운을 지녔다는 깨달음에 이를 만큼 성장하기 위해서는 수많은 생들이 소요되는 것이다.

타인들의 의식수준을 비판하지 않고, 있는 그대로의 그들을 이해하고 받아들임으로써 우리는 그들이 성장하는 것을 돕는다. 우리의 사랑과 지식을 더 많은 힘을 갖기 위한 도구로서 이용하기보다는 기꺼이 다른 이들과 그것을 나누는 가운데 우리는 모든 영혼들이 우주의 최고 창조신으로부터 나온 동일한 존재라는 것을 받아들이는 것이다.

대사님은 왜 최고창조신이 절대적인 힘에 사로잡혀 오염되지 않았는지를 의심한 한 질문자의 질문에 답함으로써 자신의 이야기를 마무리 지었다. 그 답변은 최고 창조신은 절대적 힘을 전혀 요구하거나 필요로 하지 않는다는 것이었다. 즉 그것은 모든 영혼들에게 나누어져 있고, 삼라만상 속에 공평하게 분배돼 있다는 것이다. 나는 이런 모든 것들을 곰곰이 생각했으며, 내가 알고 싶었던 모든 것들에 대해서도 깊이 숙고하고는 했다.

시간이 흘러감에 따라 물질세계는 더더욱 혼란에 빠지게 되었다. 우리 금성의 주민들은 종종 물질세계와 지구로 축복의 기도를 보내는데, 그곳에서는 커다란 고통이 계속되고 있기 때문이다. 지구에 관해 생각하는 것은 기쁨과 평화만이 존재하는 우리의 삶에 슬픔을 자아냈다. 나는 내가 많은 과거생을 지구에서 보냈다는 것을 기억하고 있으며, 따라서 나는 금성에서 있었던 이번의 삶이 얼마나 즐거웠는가를 한층 더 생생하게 실감했다. 그럼에도 내게는 물질계인 지구에 대한 기묘한 이끌림이 있었다. 하지만 나는 그 순간에는 그것이 무엇을 의미하는지를 알지 못했다.

## 특별한 만남

나중에 테우토니아로 돌아온 후, 아레나와 오딘은 어느 날 저녁 학습시간에 내게 새로운 사실을 털어놓았는데, 그것은 세미나 때 그들이 그 마스터와 가졌던 대화에 관한 것이었다. 그리고 그 내용은 내가 머지않아 내 삶에 관계된 중요한 선택을 하게 될 충분한 가능성이 있다는 것이다. 보다 구체적으로 말하면, 나는 금성을 떠날 기회를 갖게 될 것이고, 물질세계의 한 가족과 살게 된다는 이야기였다.

나의 아카식 기록에 의하면, 나에게는 물질세계에서 내가 마주쳐야 할 무시할 수 없는 카르마(Karma)가 있음이 명백했다. 그러므로 언젠가 미래의 시기에 나는 물질세계에 태어나 살아야 할 것이었다. 그러나 나는 운이 좋은 행운아였다. 만약 내가 이번 생에 물질계로 자진해서 간다면, 내가 직면할 그 시련을 훨씬 낮게 견뎌낼 수 있게 될 것이기 때문이다. 하지만 내가 물질계에 다시 태어나기 위해 대기하는 길을 선택한다면, 앞으로 그곳에서 내가 머물러야할 시간은 족히 몇천 년까지 늘어날 수도 있었다.

삼촌은 만약 내가 정말 아스트랄계를 떠나 한 어린아이로서 직접 물질계로 가는 것이 가능하다면, 대사님을 만나 뵙기 위해 리츠로 가는 특별여행을 곧 마련할 것이라고 언급했다. 그리고 그렇게 물질계로 직접 가는 것이 어떤 영적인 법칙에 어긋나는 것은 아닌지를 상의할 필요가 있다는 것이었다. 나는 물론 흥분이 되었는데, 왜냐하면 대사께서 사적인 사람들에게 직접적으로 말씀하시는 경우는 흔치 않기 때문이었다.

며칠이 지난 후, 해변에 앉아 나는 리츠에서 보았던 한 특별한 사람을 돌이켜 생각했다. 그는 보기에 따라서는 다소 내게 낯이 익은 사람이었는데, 그럼에도 그는 생소한 사람이었다. 당시 나는 그가 아스트랄계에 살고 있는 사람이 아니라 물질계로부터 잠시 온 존재라는 것을 알아차렸다. 그는 키가 작고 멋져 보이는 젊은 남성이었고, 아마도 나이는 20대 후반에다 아름답고 푸른 눈을 가지고 있었다. 나는 그를 서너 번 본 적이 있었으며, 또한 그는 검은 턱수염이 난 친구였다. 언젠가 한 번은 그가 나를 힐끗 보더니 잠시 동안 응시하고 있었다. 그것이 전부였다. 하지만 그 잠시 동안의 응시 속에는 말로 표현되지 않고 남겨진 많은 것들이 있었으며, 나는 그것이 무엇인지는 알지 못했다. 나는 내가 그를 언젠가 다시 볼 수 있을지, 그리고 내가 어떤 식으로든 그를 다시 보는 것이 왜 중요하게 여겨졌는지 의아하

지구에 온 옴넥과 그녀를 UFO에 태워 지구로 데려온 그녀의 삼촌 오딘

게 생각했다. 당시 나는 그 이유를 몰랐다.

아레나 이모는 평소 나에게 특히 내 생각을 명확하게 하는 것과 성숙하게 행동하는 것을 강조했다. 물질계로 가는 이 문제는 대단히 중요한 것이었다. 그들 두 사람은 단지 내가 다른 이들이 최상이라고 생각하는 것에 맞추기 위해서나, 모험을 하기 위해 반드시 그 길을 선택할 필요는 없다고 말했다. 나는 내가 원하기만 한다면, 얼마든지 나의 여생을 고향집에 그냥 머물러 있어도 상관없기 때문이었다. 그들은 나를 너무나 사랑했고, 또 이 선택이 오직 내 자신만의 유익함을 위한 것임을 내게 일깨워주었다. 왜냐하면 이 같은 기회가 언제나 이용 가능한 것은 아니었던 까닭이었다.

# 7장

## 창조적인 삶

# 창조적인 삶

## 금성은 환상의 나라와 같다

우리가 알고 있는 지구상의 삶에다 비교해 볼 때, 진보한 일부 물질 행성들은 환상의 나라와 마찬가지이다. 금성의 삶은 아마도 한층 더 환상적이고 믿을 수 없게 보일 것이다. 왜냐하면 그곳에서의 삶에는 아스트랄 차원적인 현실이 추가돼 있기 때문이다.

만약 여러분이 금성에서 한 가지 책만을 읽고서 지구의 삶을 이해하기가 얼마나 어려울 것인가를 상상할 수 있다면, 그때 역시 당신들은 오직 이 자서전(自敍傳)만을 달랑 읽고 금성의 삶과 아스트랄계를 이해하는 것이 얼마나 난해한가를 깨닫게 될 것이다.

## 우리가 이룩한 아스트랄 차원으로 삶을 변형시키는 방법

금성인들이 아스트랄 차원으로 전환된 것을 이해하는 접근법중의 한 가지 방법은 그것을 우리의 좋은 카르마, 즉 선업(善業)으로 생각하는 것이다. 우리는 우리의 부정적인 "철의 시대(Iron Age)" 동안 서로 대립하여 갈등하고 전쟁을 하기보다는 조화롭게 사는 것을 배웠기 때문이다. 우리는 물질수준에서의 다음 황금시대가 시작될 때까지 보다 아름다운 레벨의 문화를 누리기 위해 우리의 의식(意識)을 끌어 올렸던 것이다.

아스트랄 차원으로서의 금성은 〈차원 대전환기〉때의 물질행성으로서의 도시들과 지형, 풍경과 정확하게 동일하다. 테우토니아의 신전들은 각 분야의 마스터들에 의해 그 도시가 물질차원에 있을 때 설계되고 건조되었는데, 그것들은 아스트랄 차원으로 변형된 이후에 그대로 재건되었다. 우리 가정들의 요리 코스도 주민들의 미각이 변함에 따라 여러 해에 걸쳐 바뀌었다.

우리의 문명이 아스트랄 차원 내지는 아스트랄 세계로 진입했을 때, 우리는 주변의 색채들이 빛을 내고 있고 모든 측면에서 더욱 풍부해졌다는 것을 발견했다. 하늘은 각도에 따라 색깔이 달리 보였고, 바다 색깔 역시 항상 변화했으며, 모든 것들이 번쩍이며 빛을 발했다. 산과 나무, 풀, 건물, 가구, 그리고 우리의 몸조차도 자체적인 고유의 속성에 따라 온화하고 다채로운 빛을 방출하고 있었다.

이제 기상(氣象)은 사람들의 집단적인 사념(思念)에 의해서 조종되고 통제되었다. 결코 과거처럼 날씨가 너무 춥거나 더운 것도 없었다. 또 지나치게 건조하거나 비가 많이 내리는 일도 없었다. 그리고 변화를 바랐던 사람들은 자기들의 생각이 눈보라가 다른 이들의 집이 아닌 자기들 주택만을 에워싸고 치게 만들 수도 있다는 것을 깨닫게 되었다. 뿐만 아니라 대중들은 그들 대지 위의 하늘 색깔을 조종하는 것을 배웠고, 또한 "불간섭"이라는 영적인 법칙에 따라 다른 가족들이 그들의 자유의지대로 무엇이든 하도록 허용했다.

**무엇보다도 살아있기 위해서 꼭 음식을 먹을 필요가 없다는 것은 얼마나 경이로운 자유인가!** 그리고 아스트랄체로 이루어지는 여행이 엄청난 속도였기 때문에 물리적 교통수단들은 쓸모없어졌고 자연히 폐기되었다. 누구나 자신의 목적지에 간단히 나타나는 방법을 선택했고, 아니면 자기의 상념에 의해 작동되는 승용물을 타고 이동하는 것을 즐겼다. 그럼에도 집과 주변을 걷는 것(또는 지면 위를 미끄러지듯 활주하는 것)은 한 곳에서 다른 장소로 이동하는 가장 쉬운 방법으로 남았다.

## 제조업을 대신하는 물현(物現)시키기

에너지를 바로 물질로 전환시켜 어떤 사물들을 창조해낼 수 있는 삶속에서 우리는 더 이상 그 어떤 것을 물리적으로 시간을 들여 제조하거나 건설할 필요가 없었다. 다만 우리 모두가 제조법을 배우기를 원하고 장인(匠人) 정신을 즐기기를 바라지 않는 한은 말이다.

한 인간이 영적으로 개화될 때, 그는 이전보다도 좀 더 독특하게 개성적이 된다. 이러한 사실은 한 행성의 영적성장 과정에서 그대로 나타난다. 영적으로 유년기에 있는 지구는 대중들이 통제받고 있고, 그 교묘한 조종에 순응하고 복종하는 습성이 광범위하게 만연된 행성이다.

금성이 점차 영적으로 성장함에 따라 그곳의 주민들은 도시와 대량 생산된 문명의 이기(利器)들을 떠났으며, 자립적인 마을에서 영위되는 보다 전원적(田園的)인 삶으로 돌아갔다. 개개의 사람들은 좀 더 개성적이고 창의적으로 되는 것을 배우기 위해 자신들에게 필요한 대부분의 물품들을 공급하는 방법을 익혀나갔다,

## 창조적 삶

영적으로 진보된 행성들은 자연히 자신의 개성을 창조적으로 표현하는 구성원들에 의해 이루어져 있다. 〈대전환기〉 이전부터 금성의 주민들은 대단히 예술에 몰두해 있었고, 삶의 모든 영역에서 창조성보다 더 중요한 것은 아무 것도 없었다. 그리고 그들에게는 자기 자신을 조화롭고 아름답게 창조적으로 표현하는 것이 바로 인간의 존재 목적이라고 간주되었다.

우리 문화의 개화(開花) 상태는 이미 아스트랄 수준까지 발전돼 있었기 때문에 금성문명의 아스트랄 차원으로의 전환이 그것을 그리 극적으로 바꿔놓지는 않았다. 우리 주민들은 생존을 위해 필요한 행위보다는 삶에서의 창조적 즐거움에다 훨씬 많은 시간을 쏟아 부었다. 하지만 가족과 가정이 삶과 창조적 표현의 중심이 되어 계속 지속되었다.

〈대전환〉 이후에 금성의 각 가정들은 가정자체만의 고유한 것을 창조해내는 데 보다 많은 자유를 누렸다. 아스트랄 차원에서는 물질적인 소재나 물리적인 법칙에 따른 제한이 없었고, 상상할 수 있는 그 어떤 것도 생각의 힘만으로 창조해낼 수 있었다. 공중에 뜬 2층 바닥이 딸린 돔(Dome) 형태의 우리 집을 지은 건축술은 기술자의 일솜씨가 아니라 창조적 설계에 의한 산물의 하나이다.

옴넥 오넥, 중년기의 모습이다.

금성의 모든 건축양식은 둥근 원과 타원형, 그리고 우아하게 구부러진 선들에 기초해 있다. 우리의 이웃에는 제각기 꼭대기에 앉아 있는 거품방울처럼 보이거나 지면을 따라 무리지어 배열돼 있는 주택들이 있었다. 돔 형태는 매우 일반적이다. 또 다른 많은 것들은 여러 가지 기하학적 형태의 조합으로 이루어져 있다. 일부 경우에는 궁전이나 성곽(城郭)처럼 화려하고도 대규모의 형태로 세세히 장식된 구조들도 있지만, 모든 단독 주택들은 나름대로 독특하고도 매혹적인 아름다움을 자랑한다. 지구의 건축가가 이를 본다면, 아마도 금성을 환상적 아이디어들이 실현된 천국(天國)내지는 낙원(Paradise)으로 부를 것이다.

다이아몬드와 루비, 에메랄드, 진주(眞珠)들로 온통 박아 넣은 견고

한 황금주택이 채색된 벽돌주택만큼이나 쉽게 건축돼 있기도 하다. 물질 행성들에서는 단일의 거대한 다이아몬드나 루비를 조각해서 하나의 집을 만들어 내기는 거의 불가능할 것이다. 하지만 (아스트랄 차원의) 금성에서 그것은 단지 당신 마음속에서 설계를 어떻게 하느냐의 문제일 뿐이며, 즉각적으로 그런 집을 물현(物現)시키고 있다. 무제한의 가능성들이 이곳에 있다는 것을 알기는 하지만, 우리 금성의 주민들은 그럼에도 그들의 개인적인 미적 감각에 맞는 집들을 창조하고는 한다. 그들이 중요하게 생각하는 것은 귀중한 보석이나 합금의 양이 아니라 아름다움인 것이다. 이처럼 여기서는 누구나 그가 만들어내고 싶어 하는 것 모두를 가질 수가 있다.

## 금성의 가정들과 정원들

나는 테우토니아에서 초목이 울창하고 꽃이 만발한 정원에 의해 둘러싸이지 않은 주택을 본 기억이 없다. 우리의 창조물들은 단지 우리의 상상력에 의해서만 제한될 뿐이며, 그곳의 꽃과 나무, 관목들은 훨씬 더 매혹적이고 다채롭다. 만약 나의 이모가 3피트 높이의 흰 반점이 달린 버섯을 원했다고 한다면, 이것은 쉽게 창조될 수가 있다. 그리고 이 버섯은 물질 행성에 있는 버섯처럼 냄새, 맛, 촉감 등이 실제와 똑같을 것이다.

정성들여 설계한 우리의 정원들 도처에는 돌과 벽돌, 그리고 개인이 취향에 따라 금으로 만들어진 작은 길들이 있었다. 아울러 우리의 정원들에는 분수, 조각상, 연못, 폭포가 완비되지 않은 곳은 없다. 또한 거기에는 대리석과 정교하게 세공된 금속으로 만들어진 벤치 또는 매혹적인 나무의자가 놓여 있고는 했다.

우리의 조각상들은 모든 종류의 존재들을 묘사했는데, 즉 그것은 영적인 마스터(大師)들, 천사(天使)들, 신화적인 인물들, 그리고 원소의 지배자들이었다. 사랑하는 사람을 새기는 것은 직접 손으로 각 부분을 조각해서 만들 것이다. 하지만 그가 관심 있는 대상이 그 밖의 다른 것이라면, 아마도 각 조각상을 마음으로 디자인해서 간단히 물현시켜 나타나게 할 것이다. 금성인들은 집과 마당 안에 많은 방들과 열린 공간이 있는 것을 좋아한다. 방들은 어지럽혀지거나 지나치게 많은 가구를 비치하지 않는다. 그러나 집을 꾸미기 위해 만들어낸 모든 것들은 어떤 유용한 목적에 도움을 준다.

물론 우리의 가구는 실제적인 이유 때문에 창조되었지만 그것은 항상 절묘함과 아름다움, 그리고 개성적인 특성을 지니고 있다. 탁자는 그저 하나의 탁자일 수가 없고, 의자 역시 단순히 한 의자일 수는 없다. 즉 모든 것이 일종의 예술작업인 것이다.

어떤 한 의자가 매우 아름답고 기품 있게 조각된 쿠션 있는 목제의자일 수 있지만, 그것에 관한 느낌은 완전히 달라질 수가 있다. 만약 그 의자를 창조한 사람이 깃털 위에 앉는 것 같은 느낌을 좋아했다면, 거기에 앉을 때 그 느낌은 부드럽고 푹신푹신한 깃털에 의해 편안하게 느껴졌을 것이다. 또는 그가 구름이나 떠 있는 느낌을 좋아했다면, 그때 의자는 그렇게 만들어져 그런 식으로 느껴질 수가 있다.

호화로운 카펫이 대리석처럼 느껴질 수도 있고, 아니면 바닥이 대리석처럼 보일 수도 있다. 그러면서도 여러분이 그 위를 걸을 때 그것이 잔디나 물, 또는 깃털, 기타 어떤 부드러운 소재처럼 느껴질 수가 있다. 이처럼 어떤 것이든 그 개인의 취향에 의해 한 가지 방식으로 보이거나 다른 식으로 느껴지도록 창조될 수가 있는 것이다.

모든 방들은 그 가족의 개성과 인품, 관심사를 그대로 보여주며, 따라서 거기에는 반드시 거의 무한한 다양성이 있을 수가 있다. 예컨대 어떤 가족은 집 전체를 소리나 향기 같은 감각 중의 하나에다 치중한다. 혹은 집의 다른 방들을 소리, 조망, 향기, 촉감, 미각에다 중점을 둘지도 모른다. 그러므로 한 방에서 다른 방으로 옮겨 다니면서 각자의 감각에 따라 다양한 느낌을 경험할 것이다.

소리에 주안점을 두고 꾸며놓은 방 안에는 모든 것이 소리에 반응하거나 그 자체적인 소리를 낸다. 카펫 위를 걷는 것은 어떤 소리를 만들어낼 수도 있고, 반면에 그 위에 눕는 것은 같은 소리가 약간 변형된 음(音)을 일으킬 수도 있는 것이다. 또 그곳의 방석 위에 앉거나 단순히 방 주변을 거니는 것은 조화로운 소리들이 나도록 설비된 장치들이 일으키는 전체적인 진동 패턴을 촉발시키는 것일 수도 있다. 그리고 다수의 음악장치들이 또한 방문자들을 위해 연주되도록 설치돼 있을 지도 모르는 것이다.

자신의 삶을 음악에다 바친 사람은 자기 집에다가도 똑같은 취향의 장식을 할 수가 있다. 각각의 방은 다른 종류의 음악장비와 그 독특한 소리들로 설비돼 있게 될 것이다. 정원 내의 분수들은 폭포소리 같은 음악소리를 함께 내뿜을 것이고, 모든 나무와 꽃, 관목들은 함께 황홀한 자연의 교향곡을 창조해 연주할 것이다. 그곳의 정원은 에올리언 하프(바람을 맞으면 저절로 울리는 악기)가 완비되지 않은 곳은 없게 될 것인데, 이것은 바람을 받아 늘 변화하는 아름다운 멜로디를 내는 하프인 것이다.

후각에 중점을 둔 방인 경우, 그곳의 모든 것은 그 고유의 독특한 향기를 지니고 있다. 융단을 밟게 되면 어떤 향기, 아마도 장미향기가 일어날 것이다. 나무나 작은 방석을 만지는 것 역시 그 창조자가 마음으로 거기에다 나타내고자 했던 어떤 향내를 촉발시킬 것이다. 시골 풍경을 그린 그림은 전원의 공기가 지닌 신선한 자연의 내음이나 차가운 산의 기류, 또는 들판의 백합꽃 향기를 훌륭히 내뿜을 수도 있다.

촉감에다 중점을 둔 방에는 들어가자마자 부드러운 파동이 사람을 에워쌀 수도 있다. 그곳의 벽에는 촉감이 멋지게 느껴지는 모피와 직물들이 걸려있을지도 모른다. 다른 방은 색깔에 치중해서 장식돼 있을 수도 있다. 그곳의 긴 의자나 커피 탁자는 색채가 붉은 색에서 자색으로, 또 녹색이나 푸른색, 황색, 그리고 다시 붉은색으로 끊임없이 변할 것이고, 또는 그 변화가 변칙적일 수도 있다. 덧붙여 벽의 색깔이나 바닥, 혹은 방안의 조명이 바뀔 수 있을 것이다. 이것이 소리와 결합됨으로써 노래에 의해 가구색깔의 다른 특성이 변할 것이다. 이 모든 것은 창조자의 상상력에 달려 있다. 물론 감각기능이 처리할 수 있는 한도는 있으며, 너무 지나치게 많은 변화는 우리의 감각들을 압도하기 마련이다.

가구의 디자인이나 색채, 전반적인 실내장식 분야를 새롭게 시도해

보는 것은 대개 가족중의 여성이다. 하지만 가족 구성원 각자가 많은 방들 가운데 보통 하나씩을 차지하고 있고, 거기서 그 사람은 나름대로의 장식을 하게 된다.

## 어떻게 우리는 사물들을 나타나게 하는가?

이곳 지구상에서 우리는 집안 청소하는 데 하루를 보내지만, 금성의 주부들은 새 가구세트를 오후 내에 완전히 새로이 창조해낼 수가 있다. 그곳에서는 이런 급속한 변화가 보편적인 삶의 한 방식이다. 그러나 금성에서의 삶이라는 것이 겉으로 보이는 것처럼 그렇게 쉽지는 않다. 이처럼 *사물을 마음의 힘으로 창조하여 물현시키는 것에는 반드시 엄청난 훈련과 책임이 함께 뒤따라야만 한다. 또한 물질세계와 마찬가지로 '균형과 조화의 법칙'이 엄격히 준수돼야 하는 것이다.*

그런데 무엇인가를 창조하는 데 있어서 우리는 그저 마음속의 명확하지 않은 막연한 이미지만으로는 결과를 얻을 수가 없다. 예를 들어 만약 누군가가 완전한 의자의 모습을 심상화하는 대신에 의자 그림 같은 것을 생각한다면, 그는 밋밋하고 엉성한 뭔가를 얻게 될 것이다. 그리고 "의자!"라고 단순히 발성만 함으로써 의자가 나타나도록 명령하는 것은 가능하지 않다.

아스트랄적 삶이 시작된 초기에 사물을 창조해내는 것은 결코 용이하지가 않다. 아이들이 가정에서 많은 자유를 부여받음에도 불구하고 그 아이들은 상념체(Thought Form)를 적절히 사용하는 법을 배울 필요가 있다. 그들은 어른들 만큼의 동일한 수준의 주의력을 갖고 있지 않다. 아이들은 호기심에 따라 주의(注意)가 한 가지 사물에서 다른 것으로 금방 건너뛰는 경향이 있다. 그들이 온갖 종류의 사물들을 물현시키기 시작하는 것은 아주 어린 나이 때가 아니다. 그러므로 그들의 첫 장난감이나 옷가지들은 그들의 부모에 의해서 아이들을 위해 창조된 것들이다. 처음에 아이들은 아스트랄계에서 충분히 발육돼 있지 않다. 아이들에게는 거기서 생활하는 것에 익숙해지는 과정이 필요하며, 또한 그들은 물질 행성들에서 아이들이 하는 것과 마찬가지로 적응하는 것이 필요하다. 금성의 아이들은 부모의 교육에 의해서 주의를 집중한 힘으로 자신의 생생한 상상력을 통제하는 훈련을 받는다.

에너지로부터 사물들을 바로 나타나게 할 수 있게 됨으로써 우리는 제조업의 단계를 없애게 되었다. 하지만 어떤 개인에게든 마음으로 물현시키는 대상을 설계하는 것은 중요한 난관이었으며, 특히 개인적인 구현의 기술을 배우고 있는 아이들에게는 그러했다. 처음에 하는 마음의 디자인들은 불완전하고 균형이 잡혀있지 않거나, 주위 환경과 조화돼 있지 않다. 아이들은 모든 면에서 정확한 치수와 구성, 색깔, 그리고 아주 세부적인 디자인에 이르기까지의 완전한 이미지를 마음속에다 그리는 법을 배워야만 한다.

혹시라도 정신적인 이미지 속에서 의자의 한 다리를 빠뜨렸다면, 실제 의자는 다리 한쪽이 없는 의자가 나타나게 될 것이다. 또 만약 심상화(心像化) 과정에서 그 치수가 잘못 되었다면, 그때 그 실제 의자는 어떤 식으로든 뒤틀려지거나 균형이 어긋나 있게 되는 것이다. 따라서 색채와 재질, 그리고 형태가 균형 잡히고 그 방의 테마와 일치해야만 할 것이다. 그런데 부주의한 창조행위는 결국 폐물 덩어리들만 양산하게 되는 것이다.

아스트랄 차원으로서의 금성은 사념의 힘으로 인해 혼란하거나 무질서한 세계가 아니다. 모든 것은 견고하며, 개개인들이 그것을 변화시키기까지는 모든 사물들이 있는 그대로인 채로 있다. 예컨대 나의 이모와 삼촌이 테우토니아를 몇 년 동안 떠나있을 경우, 그 집은 원래 그대로 남아 있을 것이다. 아무도 다른 사람이 만든 창조물들에 관여하거나 간섭하지 않는다. 그리고 일단 창조된 물질은 쉽게 해체시켜 사라지게 할 수가 없다. 다만 그것은 디자인을 고쳐서 재설계될 수가 있는데, 그럼으로써 사람들은 조심성 있게 되고, 폐기물 덩어리를 만들지 않게 되는 것이다.

일단 어떤 방이 설계되어 창조되고 나면, 그것은 누군가 그것을 변화시킬 때까지 그대로 남아 있을 것이다. 즉 향기를 내는 오렌지색의 소파에 앉는다면, 그 창조자가 소파를 변화시키기로 결정할 때까지 언제나 그것은 장미 향기를 방출할 것이다.

상당한 실험과 시도가 있는 후에, 마침내 한 가족이 집에 정착하여 그들을 만족시키고 그들에게 딱 맞는 스타일과 분위기의 세간들을 갖추게 될 것이다. 한 번 나의 이모와 삼촌이 정말 원했던 집을 건조했다면, 매일매일 그것을 고치지는 않는다. 사람들은 끝없이 변화하는 삶속에서 안정적으로 사는데, 왜냐하면 그들이 거기에 익숙해져 있고, 완전한 통제 속에 있기 때문이다.

## 우리는 예술과 수작업에 통달했다

한편 금성에서 개개인들은 다양한 기술과 창조적 활동들을 배운다. 그리고 사람들은 바라는 결과들을 간단히 물질화시키는 대신에 애써 손기술에 의해 사물을 만들어 내는 수고를 하기도 한다. 그 이유는 그렇게 하는 것이 좀 더 역량을 발휘할 수 있고, 의미가 있는 까닭이다.

금성인들은 수명이 수천 살에 달하는 만큼 수많은 예술과 기술들을 배우고 통달할 수 있는 충분한 시간이 있다. 우리는 만약 우리가 바라는 모든 것을 실현하는 데 등한시 한다면, 삶이 매우 단조롭고 지루해진다는 사실을 깨달았다. 하지만 도전과 성취의 방식으로 인생을 산다면, 그 즐거움과 기대감으로 인해 삶이 보다 활기차게 될 것이다.

아스트랄 세계에서 자발적인 마음으로 풀룻(Flute)을 연주하는 것 같은 재능에 숙달하는 것은 얼마든지 가능하다. 하지만 금성에서 이런 정도로는 게으르고 도전을 회피하는 행위로 간주된다. 우리는 물질계 사람들이 해야만 하는 것처럼 끝없는 노력과 연습을 통해 우리의 재능을 보다 높이 계발하기 위해 전심전력을 다한다. 집을 건축하는 것을 제외하고는 우리는 무엇인가를 만들어내는 데 있어 손으로 하는 것처럼 가능한 한 직접 하려고 시도한다. 기본적인 자재로 가구를 제작하는 재능이 없거나 그렇게 하는 데 관심이 별로 없는 사람은 아마도 그것을 마음으로 물현시킬 것이다. 또 페인트칠하기 기술에 미숙하고 그것을 배우는 데 흥미가 없는 누군가는 자기 집을 채색하기 위해 처음에는 마음의 힘으로 그것이 나타나게 한다. 하지만 모든 이들이 많은 분야에서 자신의 재능을 계발하며, 오직 자신의 선택으로 그렇게 한다.

예술은 인간의 삶에서 대단히 커다란 부분을 차지하며, 금성인들의 각 가정에는 영감을 자극하고 고무하는 예술표현 형식으로 가득 채워져 있다. 그리고 예술은 그 가족의 개성과 취향, 사랑을 그대로 반영한다. 예를 들어 목각사(木刻師)의 집은 손으로 만든 조각 작품들로 장식될 것이다. 그리고 직공(織工)의 가정은 벽과 가구 등을 자신의 창조물인 직물들로 꾸미고 있을 것이다. 여러 가지 예술적 재능들은 많은 세월에 걸쳐 계발되고 갈고 닦여질 뿐만 아니라 그것은 한 생(生)에서 다음 생으로까지 넘겨져 계속 이어진다.

선천적으로 특출한 재능을 타고나서 전 생애를 그 재능연마에만 바치는 경우, 그것은 대개 과거생에서 이미 그 영혼이 그 예술분야에 몰두해왔다는 것을 의미한다. 나의 무용(舞踊)에 대한 관심은 이번 생에 시작된 것이 아니라 오히려 이것은 내가 고대 이집트에서 댄서(Dancer)였던 때부터 유래된 것이다.

금성에서 조각하기는 또 다른 대중적 예술이다. 우리 이웃 가정들 중의 어떤 집은 방 전체가 조각으로 장식된 방들을 가지고 있었다. 이것은 일종의 모험적 시도였는데, 왜냐하면 테이블과 의자 및 벽에 걸린 선반까지도 모두 벽과 천장과 같은 소재로 형성돼 있었기 때문이다.

음악은 여러분의 창조적 본성을 표현하는 가장 아름다운 방법들 중의 하나이다. 모든 금성인들은 자신만의 고유한 음악을 작곡하며, 또 악기를 연주한다. 그리고 이것은 개인적인 성취감과 기쁨 때문인 것이다. 우리는 노래를 하거나 우리의 감정을 표현하는 음악작품을 창작할 수 있고, 말하기와 글쓰기를 통해 그것을 좀 더 아름답고 완전하게 나타낸다. 우리의 음악 속에서 감정의 요소는 가장 중요하다. 꾸밈이 없는 아름다운 소리들은 많은 감정을 전달한다.

나는 테우토니아에서 적어도 악기 하나조차 연주할 줄 모르는 사람을 본 적이 없다. 모든 이들이 많은 다른 악기들을 공부하며, 또 그것에 통달하고는 한다. 우리의 수많은 음악적 도구들은 이곳 지구에 있는 것들과 매우 비슷하다. 현재 물질우주 내에서 사용되는 모든 악기들이 존재할 수 있는 근거는 그것들이 아스트랄계에서 먼저 창조된 다음에 물질계에서 악기를 개발하고 연구하는 존재들을 위해 아스트랄 박물관(자료관)에 저장돼 있기 때문이다.

우리 금성형 건반악기들 뿐만 아니라 플롯, 바이올린, 하프 등은 금성에서 가장 대중적인 악기들에 속한다. 또한 우리는 바람소리나 물 흐르는 소리, 바다의 격한 파도소리 등과 같은 자연의 음(音)들을 묘사하는 다양한 기기들을 갖고 있다. 그리고 우리 음악에서 이따금씩 북소리나 심벌즈 울리는 소리 같은 것이 있기는 하나, 타악기가 사용되는 것은 좀 드물다. 조잡한 소리를 내는 금관악기들 역시 대중적이지는 않다. 이러한 낮은 진동들과 타악기류는 밀도가 짙은 물질계나 하위 아스트랄계에나 적합한 것이다. 우리의 음악은 물이 흐르듯 유려하고, 영감을 불러 일으키며, 또 지구상의 록큰롤(Rock & Roll) 같은 것과는 전혀 다르다.

우리의 고차원적 형태의 음악이 인간의 귀에는 낯설고 이국적으로 생각될 수도 있지만, 이제까지 들었던 그 어떤 음악보다도 아름답다. 지구의 현대음악(서구세계) 가운데 '헤비 비트(Heavy Beat)'같은 것은 영적인 소화불량을 일으키고, 인간의 상위 에너지 센터보다는 하위 센터들을 자극한다. 하지만 그렇다고 그것을 비난하려는 의도는 아니다. 왜냐하면 다른 수준에 있는 개인들의 취향과 편의를 위해서는 많은 다른 종류의 음악들도 세상에는 필요하기 때문이다. 그 모든 것이 그런 목적에 도움이 되는 것이다.

우리의 대부분의 음악은 가정에서 즐기는 일종의 개인적인 경험이다. 하지만 자기의 삶을 전적으로 음악에다 바친 예술가들에 의해 결성된 일부 관현악단이 존재한다. 우리가 가진 오케스트라(Orchestra)는 금성에서 유명하며, 그것은 리츠시에 있는 '첼리(Chelli) 관현악단'이다.

춤추기와 노래하기는 우리 행성의 언어만큼이나 우리 문화 속에 깊이 배어들어 있다. 금성인 가족 내의 모든 이들은 춤을 배우며, 삶 내내 가능한 한 예술의 형태로 감정을 표현하며 삶을 즐긴다. 금성인의 춤은 지구상에서 이른바 '창작무용'이라고 부르는 것과 가장 잘 비교될 수가 있다. 아스트랄 세계는 '감정의 세계'이고, 이는 우리 금성인들이 우리의 느낌이나 감정들을 표현하는 데 대단히 몰두해 있음을 암시한다는 것을 기억해주기 바란다. 우리의 춤은 우리에게 창조적인 해방감을 제공해 준다.

지구에서 연기(演技)는 어느 정도 또 다른 형태의 예술로 생각될 수 있으나, 금성에서는 훨씬 더 그러하다. 개개인들은 날마다 자신이 낮은 세계들 속에 있는 삶이라는 드라마(Drama)에서 연기를 하고 있음을 깨닫는다. 그런 행위가 영혼의 관점이 결여된 채 현실과 뒤섞여 혼동돼 있긴 하지만, 모든 행성들에서 이것은 진실이다.

대부분의 지구 주민들은 그들의 일상적 삶 속에 너무 깊이 빠져있다 보니, 영혼으로서 배후에 서서 모든 것을 객관적으로 바라볼 기회가 거의 없다. 연기라는 것은 아이들이 날마다 행하는 것이고, 뭔가 다른 것이 되거나 이야기들을 꾸며내기 위해 상상력을 이용하는 것이다. 그것은 아동기에 매우 중요한 부분이며, 또 삶 그 자체이기도 한데, 연기가 아이들의 상상력과 창조성을 발달시키기 때문이다.

연기(演技)를 할 수 없는 사람은 진정한 삶을 살 수가 없다. 우리는 인간으로서 끊임없이 타인들과 관계하면서 그들을 즐겁게 하거나, 주의를 끌기 위한 행위를 하고 있다. 그리고 그 모든 것이 사실 연기인 것이다. 아이였을 때 나는 매일 아침 거울 속의 나를 보면서 연기하는 놀이를 했으며, 그날 내가 연기하게 될 인물의 종류를 결정하고는 했다. 어떤 종류의 인격(人格)을 내가 가질 것인가를 말이다. 그런 다음 그날 동안은 하루 내내 그런 성격의 사람이 되는 것이었다. 어른들도 역시 이런 놀이를 하는데, 왜냐하면 아스트랄계 사람들에게 권태로움은 실질적인 위협이기 때문이다.

상상할 수 있는 모든 물질적 소유물을 가진다고 해서 행복이 보장되는 것은 아니다. 우리는 항상 되기를 원했던 어떤 존재가 된 것처럼 흉내 냄으로써 그런 경험을 실제로 할 수 있는 것이다. 많은 금성인들이 삶을 좀 더 흥미롭게 만들기 위해 놀이를 즐긴다.

한 부분만을 보고서 전체로서의 금성에서의 삶을 이해하는 것은 용이하지가 않다. 우리 주민들은 분열된 삶을 보내지 않는다. 각 사람은 한 개체이며, 자신의 개성에 따른 경험을 한다. 그리고 그 자신의 전생(前生)의 경험들이 여러 가지 창조적 추구행위로 나타나게 될 것이다. 비록 어떤 이가 글쓰기나 조각, 목공 등을 일부 택할지도 모르지만, 그의 전체적 삶은 그림그리기나 새로운 악기설계를 하는 데 바쳐질 수가 있다. 그리고 다른 사람은 플롯 연주뿐만 아니라 물리학과 과학 등에 매혹될 수도 있는 것이다.

자신이 좋아하는 예술이나 과학에 얼마나 흥미를 가지고 있느냐는 문제가 아니며, 배움에는 끝이 없는 것이다. 예컨대 어떤 이가 식물을 연구하는 데 전 생애를 보낼 수 있지만, 알아야 할 모든 것을 아는 그런 지점에는 결코 이르지 못한다. 한 예로 지구인들이 오랫동안 식물들을 연구해왔기는 하나, 그럼에도 그들은 이제 막 식물들이 느낌을 가지고 있고 인간의 감정에 반응한다는 사실을 발견하고 있는 정도이다. 비록 그것이 다른 행성들에서는 이미 오래 전부터 알려져 있던 사실이긴 하지만, 지구에서 이것은 일종의 위대한 발견이다. 왜냐하면 우리는 이런 식물들의 몸체 속에는 우리가 한때 그러했듯이, 영혼이 거주한다는 사실을 인식하고 있기 때문인 것이다.

## 금성의 과학

여러분이 살고 있는 행성이나 세계가 어떤 곳이냐와는 관계없이 거기에는 항상 배워야 할 새로운 무엇인가가 있다. 장구한 세월 내내 여러분이 물질세계에서 반복해 살게 된다고 하더라도 그곳에는 이루어야할 일이 있고, 풀어야 할 문제가 있는 것이다. 가장 높은 의식상태로 있는 최상의 존재조차도 여전히 배우고 있다는 사실이다. 단지 사후(死後)의 내세(來世)가 지구의 주민들에게 일종의 미스터리(Mystery)라고 해서 죽음이 모든 것의 종말을 의미하지는 않는다. 그것은 단지 무대배경의 전환일 뿐이며, 다른 수준에서의 새로운 시작인 것이다. 그리고 최고의 창조신 자체가 날마다 모든 생명 형태들을 통해서 새로운 경험을 하고 있는 것이다.

과학 분야는 우리의 생명 일부만큼이나 중요한 기술들이다. 우리는 계속적으로 우주와 자연 및 그것이 어떻게 작용하고, 또 어떻게 우리가 우주대자연과 더불어 움직일 수 있는지를 연구한다. 날마다 우리는 자연에 저항하고 억지로 그 흐름에 역행하기보다는 함께 융합하기 위해 노력한다. 이런 방식으로 사는 것이 어렵고 많은 노력과 시간이 소요될 수도 있다. 하지만 우리는 우리가 자연을 사랑한다면, 그것 역시 사랑으로 우리에게 보답하리라는 것을 알고 있다.

물질세계의 사람들을 돕는 것은 우리들 가운데 많은 이들이 함께 분담하고자 하는 공동의 목표이다. 우리는 이런 방식으로 우리의 카르마를 청산할 뿐만 아니라 어려움에 처한 곳, 특히 지구 같은 행성의 주민들을 도움으로써 만족감을 얻는 것이다. 지구와 다른 물질 행성들에서 죽은 과학자들은 종종 상위계에서 모든 인류에게 도움이 되기 위한 그들의 연구 작업을 계속한다. 이처럼 그들의 재능과 지식이 많은 생애들을 통해 계속 추진되는 것은 이례적인 것이 아니다.

물질세계로 들어와 지구에서 살기 위해 자신의 진동을 낮출 계획을 가진 우리중의 일부는 대개 유용한 여러 일들을 배운다. 오늘날 여러분의 지구에서 살고 있는 극소수의 금성인들은 아스트랄계로부터 왔으며, 거기서 그들은 방대한 지식을 습득한 바가 있다.

아스트랄 과학자들은 빈번하게 자신들의 연구를 물질계에서 계속하는 길을 선택하기도 한다. 그들은 나의 삼촌이 발견한 것과 같은 어떤 지점에 도달한 이후에는 물질적 조건하에서 물리적 법칙들을 가지고 연구해야 한다. 아스트랄계에서 생각의 힘으로 잘 작동하는 장치는 일단 그것이 물질적인 것이 되었다면, 또 물질세계에서 물리적으로도 잘 작동되도록 재설계돼야 한다. 그리고 이것이 바로 물질세계에서 행하는 실험들을 필요로 하는 이유인 것이다.[1]

다행스럽게도 우리는 여러 가지 방식으로 우리의 문화를 고스란히

1)옴넥의 삼촌 오딘은 아스트랄 밀도에 있는 옴넥의 아버지와 협력하여 물질적 밀도에서 연구를 하기 위해 자신의 몸의 진동을 낮춰 육체상태로 밀도를 강화하는 것을 받아들였다. 이 프로젝트는 발송(發送)과 수송(受送)을 하는 정거장이나 어떤 장치가 필요 없이 육체적 존재들을 한 장소에서 다른 장소로 원격이동시키는 방법을 알아내기 위한 것이다.
(웬델 스티븐스 주)

보존해 왔다. 그리고 우리가 육체적인 재능을 병행해서 발전시키는 대신에 상념으로 모든 것을 창조해내는 아스트랄적인 힘에만 의존하는 것이 보다 쉬웠을 것이다. 하지만 만약 그랬다면 그 무렵 우리 문화는 우리가 언젠가 '철의 시대' 마지막에 우리의 삶이 물질적인 밀도로 돌아갈 것이라고 알고 있는 일을 겪었는지도 모른다. 하지만 우리의 재능을 고스란히 보존함으로써 우리가 그런 여건들에 굴복함이 없이 우리 삶을 지속할 수 있게 되었던 것이다.

금성인들은 매우 사교적이며, 따라서 그들은 많은 행사나 축제들을 개최한다. 음악, 댄싱, 노래하기는 모두 파티에 매우 중요하다. 그런 유쾌한 여흥(餘興)은 모든 이들에 의해 공유되는데, 누구나 다 어떤 식으로든 재능이 있기 때문이다. 초대 손님들은 그들 자신의 악기들을 가져오며, 새로운 음악적 창조물들을 서로 나눈다. 아니면 과거생을 연기로 보여주거나, 자신이 쓴 새로운 시(詩)를 낭독한다. 금성인들의 이런 풍요로운 문화는 창조성과 나눔으로 이루어진 향연 속에서 생성된 것이며, 그것은 진정한 공동체와 주민들 간의 이해, 그리고 아주 자연스럽게 발달된 참된 인간관계를 통해서인 것이다.

파티에서 즐겼던 게임들은 오직 물질계 이상의 세계에 살고 있는 사람들만이 할 수 있는 것이었다. 어떻게 보면 그것은 일종의 '가장무도회(假裝舞蹈會)'같은 것이었는데, 하지만 내빈들은 단순히 가장 복장을 하고 마스크를 쓰는 대신에 그들은 실제로 몸의 형태와 외모를 바꾸었다. 우리는 자신의 아스트랄체를 변화시키기 위해 상념의 힘을 이용한다. 그럼에도 인격과 마음, 영혼은 동일하며, 외모가 바뀌기 전과 똑같은 내적 특성과 정체성을 유지하는 것이다. 그런 다음 연회를 개최한 주인과 여주인은 그 손님들이 파티에 처음 왔을 때의 정말 누구였는가를 알아맞히는 즐거운 역할을 맡았다. 그런데 자신의 정체를 비밀로 유지하는 과제는 꼭 보통 때와는 다른 몸의 형태로 나타난다기보다는 오히려 진동을 가장하는 것이었다. 모든 개인은 눈동자 속에 어떤 고유한 표현과 눈빛을 가지고 있으며, 그것은 어떤 외모를 하고 있느냐 와는 관계없이 여러 생(生)들을 거치면서도 항상 같다. 아울러 그 사람은 앉아 있는 방식이나 머리를 세우고 있는 자세, 그리고 손놀림과 미소 등과 같은 개인만의 독특한 움직임이 있는 것이다. 이 모든 것들이 성공적인 정체파악을 위한 단서들이며, 그 성공여부는 단순히 외모를 넘어 사람들의 내적특성을 어느 정도 파악하느냐가 관건이라고 할 수 있다.

파티에서는 다채로운 복장들과 더불어 친숙해 보이는 동물들도 역시 선보였다. 아마도 그들은 밝은 핑크색 고양이나 털복숭이 자줏빛 사냥개, 또는 푸른 꼬리를 가진 적황색 조랑말이었을 것이다. 물론 이들은 진짜 동물들이 아니라 우리들 중에 그렇게 가장하기로 선택한 사람들이었다. 아이였을 때 나비들의 찬미자였던 나는 종종 나비가 되어 파티에 날아갔다. 식물이나 동물의 몸을 가져보는 경험을 했음에도 불구하고 어떤 사람은 나에게 우리 인간의 몸이 인간의식의 상태로 살고 있는 영혼들에게는 좀 더 완전한 '탈 것'이라는 사실을 가르쳐주었다. 나비의 몸을 가져보는 것은 잠시 동안은 좋았으나, 사실 그것은 너무나 많은 한계를 지니고 있었다.

## 아스트랄 세계를 넘어서

비록 금성이 물질계보다는 덜 제한적인 세계이기는 하지만, 영혼이 상상할 수 있는 유토피아(이상향)나 최상의 세계와는 아직 거리가 멀다. 우리 역시도 밀도가 짙은 세계들에 있는 여느 다른 영혼들과 마찬가지로 성장하고 있기 때문에 "최고 창조신의 법칙"에 관한 우리의 연구는 그만큼 매우 중요하다. 우리도 풀어야 할 문제와 배워야 할 교훈들을 가지고 있으며, 또한 보다 높은 깨달음을 얻기 위해 노력하고 있는 것이다.

우리는 자기가 원하는 물질적인 모든 것을 가질 수 있는 까닭에 아스트랄계에서 우리가 배울 교훈이나 해결할 문제들은 지구의 인간들과는 전혀 다르다. 물질계에서는 인간의 감정들이 먹고살기 위한 돈벌이, 질병, 그리고 모든 물질적인 책임들에 부응해 살아가는 것과 뒤섞여 있다. 즉 이곳 지구에서는 물질적 문제들이 대부분의 경우 순수한 감정적 문제들을 압도하여 희석시켜 버리는 것이다. 반면에 아스트랄계에 있는 우리는 우리의 감정들을 보다 완전하게 경험할 수 있도록 해방돼 있다. *그런 만큼 금성인들은 자신의 감정적 균형을 유지하기 위한 엄청난 노력을 기울여야만 한다. 이곳에서 균형 잡히지 않고 불안정한 감정적 상태는 영혼에게 큰 손상을 입힐 수가 있는 것이다.* 우리는 감정적 문제들이 이곳에서는 훨씬 더 증폭된다는 것을 발견했다.

집착은 어떤 세계에서든 매우 위험한데, 왜냐하면 그것이 영혼의 자유로움을 가로막기 때문이다. 우리는 가족이나 타인, 관습, 생활방식 등에 아주 쉽게 집착하게 되기가 쉬우므로 주의를 기울여야할 필요가 있다.

한 가지 좋은 훈련은 우리가 싫어하는 것들을 좋아하기 위해 노력하는 것이다. 싫어하는 모든 것들은 다 그 원인이 있으며, 그것은 대개 감정적인 것이다. 영혼으로서 우리 금성인들은 영혼이 아닌 것들, 예컨대 마음가짐이나 거만한 태도 등을 인식하기 위해 노력한다. 또한 우리는 모든 것을 즉시, 또는 급하게 하지 않도록 훈련하며, 그리고 완전히 균형 잡힌 방식으로 삶을 살기 위해 노력을 기울인다.

우리는 현재 우리가 가지고 있는 것과 매순간 우리가 존재하고 있는 것에 늘 감사한다. 우리는 매우 오랜 세월을 살기 때문에 삶에서 있을 수 있는 모든 경험들에 보조를 맞추는 것은 중요하다. 우리가 사는 세계에서는 한 사람이 자기가 원하는 모든 것들을 마음의 힘을 이용해 즉시 가질 수가 있는 까닭에 도취에 빠지기가 매우 쉽다. 종종 우리는 우리가 바라는 것들을 잊기 위해 애써야만 하는데, 왜냐하면 만약 우리가 원하는 경험들이 몇 년 안에 다 이루어져 버린다면, 우리는 그 후 몇백 년 동안 쉽게 지루해지고 따분해질 것이기 때문이다.

우리 주민들의 가장 커다란 문제들 중의 하나는 애착에서 쉽게 벗어나지 못한다는 것이다. 나의 아버지는 어머니가 일찍 별세하신 것에 대한 슬픔에서 전혀 회복되지 못한 사람이었다. 즉 그러한 애착이 한 금성인을 심각하게 불균형케 하고 그의 영적성장을 막을 수 있다는 것이 한 가지 문제인 것이다. 이런 경우 그 자신이 자기에게 무엇이 일어나고 있는지를 인식하기 이전에 감정적인 정서들이 그에게 쇄도할 수 있다. 이처럼 감정적인 균형을 유지한다는 것은 지극히 중요한 것이다.

영혼은 물질계나 어떤 다른 밀도가 농후한 세계들에서와 마찬가지로 아스트랄계에서도 카르마(業)를 지을 수가 있다. 많은 경우 아스트랄계는 육신이 죽었을 때 가게 되는 천계(天界)이다. 내가 소개한 금성에서의 있는 그대로의 삶은 여러분에게 자신들이 육체를 떠난 후 아스트랄계에서 살게 될 삶에 관한 어떤 통찰을 줄 것이다. 그곳은 매우 아름다울 수 있지만, 한계가 있는 어떤 하위세계들의 삶과 같은 것이다.

# 제8장

## 지구로 가겠다고 결심하다

# 8장

## 지구로 가겠다고 결심하다

### 리츠로 향한 다른 여행

리츠(Rets)로 가는 우리의 여행은 대사님의 호출 때문에 원래보다
더 앞당겨 졌다. 삼촌과 나는 투명한 덮개의 버블카(Bubble Car)에
탑승해서 자리에 앉았다. 그리고 불과 몇 분 만에 우리는 리츠 입구
외곽에 도착했다. 우리는 상쾌하게 〈황금지혜의 신전〉으로 걸어갔고,
선물을 들고 칸주리(Kanjuri) 대사님께 인사를 드리기 위해 들어갔다.

칸주리 대사는 연노하면서도 수염이 없었고, 거의 은백색에 가까운
풍성한 긴 머리를 가진 남성이었다. 그가 우리 앞에 서 있을 때 나는
그분이 얼마나 나이가 많은 분인가를 느끼면서도 또한 이 얼마나 아
직 젊은 분인가 하고 느꼈다. 그것은 내가 설명할 수 없는 일종의 자
기모순적인 말이다.

그의 반짝이는 녹색의 깊은 눈동자는 무한한 지혜와 자비를 나타내
고 있었다. 여느 참된 마스터들과 마찬가지로 칸주리 대사 역시 평화

로운 풍모를 지닌 아름다운 영혼이었다. 우리는 선물로 가져온 사원에 놓을 식물과 대사님을 위한 과일을 드렸다. 우리는 다함께 방석에 착석하며 "아몰(Amaul)!"이라는 말을 나지막이 외쳤는데, 이 말은 티타니안의 말로 "사랑"이라는 뜻이었다. 방 안이 갑자기 부드러운 핑크색으로 빛을 발했고 칸주리 대사는 말을 시작했다.

"나는 옴넥이 선택을 할 수 있게 여러분을 이곳으로 불렀소." 그가 말했다. 〈옴넥 오넥(Omnec Onec)〉은 금성에서의 나의 이름으로서 금성인의 발음으로 철자를 쓰기 위해 현재 영어 편지에 사용하고 있다. 이 이름은 "영적인 메아리"라는 의미를 가지고 있다.

칸주리 대사는 말씀을 계속 하셨는데, 지구에는 과거 프랑스 혁명 시기 동안에 나와 전생(前生)을 함께 공유했던 한 어린 소녀가 살고 있다고 했다. 그리고 소용돌이치던 그 격동의 혼란기에 우리는 서로 매우 가까운 자매 사이였다는 것이다. 그런데 당시 나는 모종의 반역 행위에 연루돼 있었고, 나의 자매가 그 책임을 지기 위해 출두했을 때 나의 목숨은 위험에 처해 있었다. 그녀가 그렇게 했던 것은 나에 대한 사랑에서였고, 또한 내가 계속했던 그 일이 중요하다고 느꼈기 때문이었다. 그리고 결국 그녀는 내 대신에 참수형(斬首刑)을 당했던 것이다.

## 나의 선택

칸주리 대사님은 그녀가 지금 미국에서 태어나 어린 소녀로 살고 있으며, 가족 내에서 많은 어려움을 겪고 있다고 설명했다. 그녀의 엄마는 가능한 한 최선을 다해 그녀를 돌보고는 있지만, 엄마와 그녀 남편 양쪽 다 음주와 싸움질에 사로잡혀 있다고 하였다.

'쉴라(Sheila)'라는 이름의 이 어린 소녀는 7살 나이에 가정의 문제와 부부싸움에서 보호받기 위해 테네시 주(州)의 채터누가(Chattanooga)에 사는 그녀의 할머니 집으로 보내질 예정이었다. 이제 대사님은 미래를 내다보면서 쉴라가 머지않아 아칸소 주 리틀록의 도로변에서 발생하게 될 버스(Bus) 사고 도중에 죽음을 당할 거라고 예견했다. 나는 경험이 더 많은 오래된 영혼이었고, 현재 금성에서 지구에서보다 덜 속박돼 있었으므로 나에게는 특별한 선택권이 있었다. 나는 나의 진동을 물질수준으로 낮출 수 있었으며, 과거 프랑스 혁명 생애에서의 내 카르마(業)의 균형을 잡기 위해 지구로 갈 수가 있었다.

그 버스 사건이 일어난 후 그녀의 몸은 돌보아질 수 있고, 그녀의 자리에 내가 대신 들어갈 수 있는 것이다. 그 다음에는 내가 옴넥 오넥이 아닌 쉴라로서 그녀의 가족 속에서 살게 될 것이고, 이렇게 함으로써 약간 다른 방식으로 (과거생에 지은) 인과(因果) 관계 사이의 균형을 잡는 것이다.

지구에 다시 태어나는 대신에 나는 금성인의 몸을 가진 채 지구라는 물질계로 밀도를 높여 들어가는 이례적인 기회를 제의받고 있었다. 그렇게 한다면 나는 내가 거쳐 갈 지구에서의 행로 내내 배후에서 나를 도와줄 존재들에 의해 나의 의식적인 자각과 기억을 그대로 유지할 것이다. 하지만 만약 내가 고차원계에 관한 진리를 망각한 채 그냥 지구에 인간으로 태어나게 된다면, 나의 카르마를 내가 이해하거나 처리하기는 어렵게 될 것이다.

대사께서는 설명하기를, 이제 내가 지구로 가게 됨으로써 나의 카르마를 덜 괴로운 방식으로 청산할 수가 있고, 그리되면 지구와 같은 물질세계에 결코 다시는 태어나지 않아도 된다는 것이었다. 게다가 나는 지구에서 영적인 일과 하나의 프로젝트를 수행하도록 운명 지어져 있었다. 그것은 지구 사람들에게 〈행성들의 형제단〉에 관해서 알리는 것과 관계돼 있었다. 그 세부적인 내용은 지구에서 내가 사는 동안 밝혀지게 될 것이다.

이런 대사님의 말씀은 내게 엄청난 충격을 주었고, 물론 겁먹게 만들었다. 나는 내가 결심만 한다면 오래지 않아 지구로 떠나게 될 것이라는 점을 깨닫지 못했으며, 우리 주민들 가운데 어느 누구도 어린 아이로서 금성을 떠난다는 이야기를 전혀 들어보지 못했다.

물질적인 카르마를 가진 성인들은 종종 아스트랄계를 떠나 지구에서 살기 위해 그들의 진동을 낮추었다. 이런 이야기는 리츠에서의 세미나에서 마스터들에 의해 언급돼 왔던 내용이었다. 동시에 그것은 모두 매우 흥미롭기도 했다. 나는 이번 생(生)에서 지구에 관해 많은 것을 알지 못했다. 나는 미국에 사는 사람들이 아시아(Asia)나 멀리 떨어진 지구상의 어떤 지역 소식을 간간이 듣는 것처럼 지구에 관한 일부 내용만을 알고 있었다. 만약 다른 사람이 겪는 고난으로부터 여러분이 멀리 동떨어져 있다면, 그것은 당신들에게 영향을 미치지 못할 것이고, 또 당사자들만큼 절박하게 느껴지지 않는다.

나는 어린 아이였고 영혼의 모험심으로 가득 차 있었으므로 지구에서의 나의 삶이 흥미로울 것이라고 느꼈다. 그러므로 나는 칸주리 대사님께 내 마음을 곧 정할 것이고, 그 사실을 알려드리겠다고 말씀드렸다. 칸주리 대사님은 만약 내가 금성을 떠나기로 결심만 한다면, 필요한 모든 지식이 내게 주어질 것이고, 모든 준비가 마련될 것이라고 보장했다. 아마도 나는 그 소녀의 가족에 대해 배울 것이고 미국인들이 사용하는 언어인 영어를 배우게 될 것이었다. 그리고 떠나기 전에 나는 지구인들과 그들의 의식(意識), 문화, 기술에 대해, 특히 내가 경험하게 될 미국 남부의 주(州)들에 관해 대략적인 설명을 듣게 될 것이다. 특별하거나 중요한 경우에는 나와 가까운 삼촌 오딘을 통해 금성인들의 도움이나 정신적인 인도를 받을 것이라는 약속도 받았다.

격려의 말씀을 마지막으로 칸주리 대사님은 말을 마무리 지었고, 덧붙여 내가 이 문제를 깊이 숙고해볼 수 있는 며칠 정도의 시간을 갖게 될 거라고 언급하셨다. 그런데 그때 나는 주저 없이 이미 내 마음을 결정했다고 입을 열었다. 나는 나의 나머지 여생(餘生)을 행성 지구에서 살기 위해 금성을 떠날 것이다. 마침 내 이모가 말을 시작하자 칸주리 대사님은 잠시 침묵을 유지했다. 그녀는 나에게 혹시라도 이것이 옳지 않다고 느낀다면, 억지로 가지 않아도 된다고 상기시켰다. 나는 이모한테 그것을 이해하고 있고, 이 결정은 카르마에 관계된 것 중의 하나이며, 그것을 선택하기보다는 차라리 금성을 떠나는 것을 내 운명으로 느끼고 받아들였다고 말했다.

나는 지구라는 물질세계에서 7살 아이가 될 것임을 이해하고 있었다. 나의 아스트랄체는 내가 금성을 떠날 때 7살 먹은 아이처럼 보일 것이고, 그럼에도 육체적 존재의 상태로 되는 나의 의식(意識)은 인간들보다 진보돼 있을 것이다. 왜냐하면 나는 아스트랄계에서 태어나 성장했고, 금성의 문화와 가르침을 이어받았기 때문이었다.

쉴라에 관한 나의 내적인 첫 비전(Vision)은 의미심장했다. 우리가 서로 카르마적으로 묶여 있었기 때문에 나는 그녀와 어느 정도 상당히 닮아 있었다. 외모적으로 우리는 매우 흡사했는데, 그것이 나로 하여금 이 모든 것이 예정된 것이고 업(業)이라고 믿을만한 근거를 제공했다. 나는 이것을 카르마라고 받아들였고, 그런 책무들을 청산하고 끝내야겠다는 강한 서원(誓願)을 가지게 되었다. 나는 쉴라를 물질세계에서 해방되도록 하기 위해서도 이것이 필요하다고 느꼈다.

그녀는 겪을 만큼 충분히 고난을 겪었다. 떠나겠다는 나의 결정은 무엇보다도 일종의 직관에 의한 것이었고, 내가 느낀 내면의 강한 충동은 지구로 가는 나의 선택 자체가 카르마적으로 정해진 것이라고 깨닫도록 해주었다. 칸주리 대사님은 훈련 프로그램이 곧 시작될 것이며, 며칠 이내에 누군가가 나를 부를 것이라는 자신의 약속을 다시 반복해서 언급하셨다. 우리는 대사님께 감사하다는 인사를 드렸고, 그는 내가 매우 현명한 결정을 내렸다고 격려해주었다.

지구에서의 나의 삶 동안에 어쩌면 아주 나중에까지 내가 금성의 영적 가르침들에 관해 얻지 못하고 그것을 언급하지 않을지도 모르는데, 그 이유는 사람들이 그것을 이해하지 못할 수도 있기 때문이다. 아마도 적절한 시기가 오면 그런 가르침들이 공적으로 미국에서 공개될 것이지만, 내가 그것을 애써 추구하지는 않을 것이다. 즉 그 정보들이 금성으로부터 나에게로 오게 될 것이다. 그리고 나는 이런 가르침들이 놀랍다는 것을 알게 될 것이다. 머금은 미소와 함께 대사께서 말을 끝마쳤다. 우리는 작별 인사를 드리고 그곳을 떠났다.


## 보닉, 나를 훈련시키다

집에서 나는 내가 내린 결정에 관해 곰곰이 생각하며 혼자 있기를 원했다. 나는 이 문제를 한 번 이상 재고해 보았고, 그럼에도 그것은 자의적인 것이 아니라 운명이었다고 강하게 느꼈다. 나는 많은 미지의 것들을 품고 모험에 나서는 어린 아이로서 내가 곧 하게 될 여행에 대해 생각하고 있었다.

칸주리 대사님의 말씀대로 며칠 후 한 마스터가 우리 집 문 앞에 나타났는데, 그는 금성에 사는 사람치고는 매우 독특한 인물이었다. 흑갈색 눈동자와 어깨에까지 내려오는 검은 긴 머리를 가진 그는 대부분의 사람들이 금발인 우리 사회에서 두드러진 외모를 하고 있었다.

그의 이름은 "보닉(Vonic)"이었다. 그는 자신이 쉴라와 그녀의 가족 및 영어에 관해서, 그리고 지구에서는 사람들의 태도나 사고방식이 우리와는 어떻게 다른지를 내게 가르쳐주기 위해 왔다고 말했다. 우리는 앉아서 처음으로 대면한 채 오랫동안 대화를 나누었다. 보닉은 그의 인내심으로 인해 나의 교사로 선발되었다. '나'라는 영혼은 이번 생 (生)과 과거의 많은 생애들 내내 약간 충동적이고 생각 없이 급하게 건너뛰는 성격을 지니고 있었다. 나는 마음속에서 갑자기 튀어 오른 아무 관련도 없는 생각들로 방해를 받곤 했던 것이다. 이 때문에 참을성 없는 많은 사람들이 낙담하고는 했는데, 하지만 보닉은 달랐다. 그는 이에 대해 아주 현명하게 대처했다. 그는 매우 침착했고, 조용히 사실들만을 말했으며, 또 내가 말하는 것을 들으면서 자신의 어떤 견해를 제시하거나 비평도 가하지 않았다.

그 후 몇 주 동안 보닉은 내가 알아야 할 모든 것에 대해 다 다루었다. 내가 전에는 결코 그렇게 많은 것을 한 번에 암기해본 적이 없었으나, 짧은 기간 내에 신속히 배우는 것은 불가피한 것이었다. 다행히 나는 뛰어난 기억력을 재능으로 선물 받았고, 물리적인 마음에 의해 방해받지는 않았다.

보닉은 쉴라의 개인적인 내력과 그녀의 가족들에 관해 내게 소상히 설명해 주었으며, 그럼으로써 나는 그들의 성격과 생활방식에 익숙해지게 될 것이었다. 나는 쉴라의 할머니와 엄마에 관해서 7살 아이가 알 것이라고 예상되는 만큼 배웠다. 나는 친척들의 인적사항에 대해서도 배웠는데, 그리하여 내가 앞으로 그들을 알아 볼 수가 있고, 그 사람들을 만났을 때 적절하게 그들과 이야기를 할 수 있게 될 것이다.

보닉은 또한 내가 미국 남부 사람들의 풍습과 의식(意識)에 대해서 익숙해지게 하였다. 우리는 장차 내가 노출되어질 가난한 환경과 같은 생활여건과 관련된 세부적인 것까지 상세히 논의했다. 보닉은 말했다.

"물질세계에 사는 사람들은 우리가 원하는 것은 무엇이든 생각만으로 즉각 창조해내는 곳인 이곳 아스트랄계와는 달리 종종 기본적인 필요물들이 결핍돼 있거나 얻지 못한단다."

이 모든 훈련을 하는 데는 많은 시간이 걸렸으며, 우리는 날마다 함께 하면서 이런 사실들을 복습했고, 또 내가 쉴라인 것처럼 계속 연마하고 있었다. 보닉과 나는 분위기가 우리를 이끄는 곳은 그 어디든 가서 함께 훈련을 했는데, 그런 장소들에는 벽난로 옆, 내 방, 2층, 정원, 또는 황금빛 해변 등이 망라돼 있었다.

나는 쉴라처럼 말하고 행동하는 것을 거듭 연습했고, 보닉은 내가 적절하게 답변해야만 했던 질문들을 던지곤 했다. 그는 단지 내가 역할을 연기하기보다는 내 자신을 현재 쉴라로서 생각하는 것이 매우 중요하다고 말했다. 이런 훈련은 내가 그녀 어머니의 어린 시절과 그녀의 실제 아버지, 그녀의 모든 친척들을 형성케 한 결혼 상황, 그리고 그녀의 의붓아버지였던 사람의 특성에 대해서도 상세히 배울 때까지 계속되었다. 나는 쉴라가 가지고 있던 질병과 그녀가 살았던 여러 장소들, 그녀가 버스 사고를 당하는 시점까지 겪었던 고초들을 모두 암기했다. 또한 쉴라 자신의 모든 경험들, 그녀의 어머니가 그녀에게 말했던 것, 그리고 그녀 스스로 배웠던 것들은 모두 나와 보닉과의 대화 속에서 다루어졌다.

나는 보닉에게 어떻게 그가 쉴라의 가족들에 관한 매우 사적인 모든 정보들을 알고 있는지를 물어보지는 않았다. 하지만 지구에 살고 있는 우리 금성인들 가운데는 인간들과 친구가 될 정도로 깊은 관계를 형성하고 있는 이들이 있다는 것은 확실히 알고 있었다.

보닉은 내가 향후 접하게 되거나 예상될 수 있는 여러 특별한 일들에 대해 언급했고, 또 내가 계발한 심령적인 초능력이나 영적인 힘들처럼 지구에서 사용해서는 안 되는 것들에 관해서도 말해 주었다. 왜냐하면 인간들은 대개 그런 것들을 이해하지 못할 것이며, 나를 악마숭배주의자나 흑마술을 사용하는 자로 간주하여 매도할 만큼 겁에 질리게 될 수 있기 때문이었다. 나는 적절한 시기가 올 때까지는 나의 진정한 신분과 기원에 관해 어느 누구에게도 발설해서는 안 되었고, 그 시기는 내가 비로소 많은 나이를 먹을 때라야 오게 될 것이었다.

보닉은 나에게 지구상의 여러 다른 종교들에 관해 가르쳐 주었으며, 특히 그것들 대부분이 어떻게 진정한 영적 가르침이 되기보다는 그저 일종의 사회적 집회형태로 전락하고 말았는지를 알려주었다. 나는 지구에서의 신(God)에 관한 수많은 다양한 개념들과 또 사탄(Satan)이라고 불리는 신화적인 존재로서의 부정적인 힘에 관한 개념에 대해서도 배웠다.

나는 지구에서 금성인 사회에서 허용되는 것과 같은 자유를 기대할 수 없었고, 그곳 삶의 모든 영역에 존재하는 한계들로 인해 실망하게 될 것이었다. 보닉은 다음과 같이 설명했다. 내가 다니게 될 지구의 학교들은 그들의 교육방법 및 가르치는 내용적 측면에서 그리 진보돼 있지 않으므로 내가 아는 것을 너무 노출시키지 않도록 주의해야한다고 하였다. 나는 배우는 체 해야 했고, 실망한 듯한 기색을 감추고 짐짓 가장해야만 했다. 보닉은 말하길, 지구의 교육자들은 자신들이 아는 것과 지구상의 제한된 여건들에 따라서 최선을 다한다고 설명했다.

나는 일단 내가 지구에 도착한 이후에는 다시 되돌아온다는 것은 있을 수 없음을 기억해야만 했다. 만약 그럴 경우, 그것은 모든 이들에게 커다란 문제를 야기할 것이다. 나는 카르마적인 빚을 갚지 못하게 될 것이고, 더 많은 카르마(業)만 추가하게 될 것이었다. 나는 상당한 번민의 시간 속에서 "난 진짜 쉴라가 아니야! 그리고 난 이런 문제 따위로 고민하지 않을 거야."라고 혼자 말함으로써 현실에서 도피하려는 시도를 하지 않았다.

나는 오래 전에 쉴라가 나를 위해 대신 겪었던 카르마의 빚을 갚는 것이고, 답례로 이번에는 내가 그녀를 위해 고초를 겪는 것이다. 종종 보닉은 내게 나의 앞길에는 많은 어려움들이 놓여 있을 것임을 일깨워주었지만, 그는 보다 상세한 내용까지는 언급하지 않았다. 그가 내게 해준 유일한 약속은 금성인들이 나와 정신적인 접촉은 계속 유지하게 되리라는 것이었다. 하지만 그렇다고 그들이 나에게 일어날 어떤 미래의 사건을 변화시킬 수는 없었다.

지금에 와서 회고하건대, 나는 보닉이 나의 지구에서의 삶에 대비해 나를 준비시키는 데 철저한 작업을 했음을 깨달았다. 즉 나는 나의 지구가족의 한 구성원이 되는 데 전혀 불편 없을 정도의 과다한 지식을 가지고 있었던 것이다. 그리고 이런 훈련과정에서 보닉과 나는 아주 좋은 친구사이가 되었다.

훈련기간 동안에 나의 생일 기념일이 다가왔다. 내게는 알리지 않은 채, 아레나(Arena)와 오딘(Odin)이 나를 위해 특별한 경험을 할 수 있는 계획을 마련했는데, 그것은 아스트랄계의 다른 층으로 가보는 여행이었다. 하지만 그들은 단지 내 생일을 축하하는 파티가 있을 것이라고만 언급하였다.

그 특별한 날 아침에 이모와 나는 우리집에서 별로 멀지 않은 곳에 살고 있던 친구들을 방문했다. 우리가 집으로 다시 돌아왔을 때 림즈(Rimz)와 나의 가장 친한 친구들이 나의 생일축하 행사를 거들기 위해 기다리고 있었다. 그러나 모든 방들은 내가 그리기 좋아했던 꽃들과 나비와 같은 자연의 사물들로 온통 장식돼 있었다. 거기에는 그림들과 장식용 벽걸이, 벽화, 오려내기 세공품들 및 움직이는 조각들과 나비들까지 꾸며져 있었다.

제무라(Zemura)는 나의 생일파티에 어울리도록 나비가 인쇄되어 있는 옷 한 벌을 내게 선물했다. 식사 후에 우리는 노래를 부르고 춤추고 음악을 연주하고 게임도 즐겼지만, 가장 중요한 것은 아직 공개되지 않은 상태였다. 이모 아레나가 빅뉴스(Big News)를 갑자기 알려주기 위해 나를 한쪽으로 데리고 갔다. 그 소식은 바로 그날 저녁 우리 가족과 친구들 모두가 아스트랄계 곳곳으로 여행길에 나선다는 것이었다! 여행 중에 우리가 동일한 의식레벨을 유지할 수 있도록, 그리고 누군가 마음의 초점이 어긋나거나 어딘가 다른 곳에 사로잡히지 않도록 우리는 조종사인 삼촌 오딘의 지휘 하에 있게 될 것이다.[1]

우리가 둥근모양의 버블카에 올라타자 기대감에 가득 찬 분위기가 주변의 공기를 가득 채웠다. 나는 내 생애에서 가장 기억할만한 경험이 앞에 놓여 있다는 것을 알고 있었다. 그것은 내가 금성의 지표면을 벗어나는 첫 모험이었고, 지구의 주민들에게 천국(天國)이라고 알려진 방대한 세계의 곳곳을 처음으로 여행하게 될 것이었다.

이윽고 우리의 우주선이 이륙했고, 도시 테우토니아는 우리의 아래에서 점점 더 작아졌는데, 나는 깜짝 놀랄만한 수많은 장관을 처음 목격했다. 테우토니아는 바다 쪽의 두 개의 산 사이에 펼쳐져 있는 거대한 천사의 별모양과 매우 흡사하게 형성돼 있었다. 우리가 금성을 떠났을 때 우리 주변의 모든 것들은 드러나지 않은 우리의 생각과 감정으로 이루어진 아름다운 색채로 소용돌이쳤다. 그중에는 불꽃같은 것도 있었고, 그것은 물질세계에서는 전혀 본적이 없는 화려한 색채로 작열하고 있었다.

이곳은 아직 구체적으로 드러나지 않은 아스트랄 지역들로서 천상의 에너지로 이루어진 상쾌한 바다지역이었다. 외계의 모든 곳은 아스트랄계인 이곳처럼 보인다.

우리의 첫 행선지는 하위 아스트랄계였는데, 그곳은 악몽과 추악한 격정(激情)의 지역이었다. 이 말이 우리가 여기저기 여행했던 아스트랄계라는 곳이 꼭 수많은 층들로 이루어져 있다는 의미는 아니다. 우리는 아스트랄계 주민들의 의식과 자각의 수준을 표시하기 위해 그 다양한 지역들을 하위, 중간, 상위로 분류해서 부르며, 그것은 그곳 거주민의 몸의 형태라든가 그 지역의 색채, 풍경, 전반적인 느낌 등으로 차이가 나타나기 마련이다.

우리가 하위 아스트랄계로 막 진입했을 때 두려움의 감정이 나를

---

1)비록 영혼들이 그들을 운반해주는 수단(탈 것) 없이 오직 상념과 욕구에 의해 아스트랄체로 여행할 수도 있지만, 한 집단이 여행할 때는 일부가 사념의 차이나 변화로 인해 시간이나 장소가 잘못될 수가 있다. 이런 이유 때문에 그들은 대개 동일한 장소와 시간에 함께 도착하기 위해 '상념체(Thought Form) 승용물'을 타고 같이 여행한다. 이런 승용물체는 그들의 선택에 따라 정밀하게 고안되거나, 아니면 매우 단순하고 투명한 둥근 형태로 만들어질 수가 있다.

어떤 이유이나 특별한 필요에 의해서 특수한 형태나 개조된 형태의 탈 것이 이용될 수도 있는데, 예컨대 이른바 호송선들이라고 부르는 UFO 비행체들은 그들이 물질적 밀도의 영역으로 여행하는 데 이용한다. 이런 것들은 사념으로 건조한 승용물들이긴 하지만, 견고한 형태를 지니고 있다.( 옴넥 오넥 註)

압도했다. 그곳은 일그러진 경치와 뒤틀린 나무들, 거대한 거미줄 망, 김을 내뿜는 숲, 그리고 기괴한 생물들이 서식하는 섬뜩한 지역이었다. 만약 여러분이 유령이 나오는 숲을 상상할 수 있다면 그것과 비슷할 것인데, 그때 여러분은 이미 아스트랄계의 어딘가에 존재하고 있는 것을 정신적으로 포착하고 있는 것이다.

이곳에 사는 영혼들은 분노나 탐욕, 색정과 같은 격한 감정에 사로잡혀 있는 까닭에 그들은 끔찍해 보이는 인간답지 못한 형상을 하고 있다. 그들 중의 일부는 흥미롭게 보이기도 하지만, 대부분은 그들을 둘러싼 어둡고 침침한 색깔만큼이나 겁먹게 한다. 이곳 역시 주거지역이고 공동사회이긴 하다. 그러나 이곳의 주민들은 창조적이고 예술적인 일에 전념하는 대신에 매일같이 자기들이 선호하는 욕망추구와 쾌락을 탐닉하는 데 시간을 보내고 있는 것이다. 폭식(暴食)을 하는 자는 날이면 날마다 자신의 감각을 즐겁게 하기 위해 맛있는 음식에 둘러싸여 있고, 식탁에서 벗어나 있는 시간은 거의 없다. 마찬가지로 수전노(守錢奴)는 자신의 집이 가득 찰 때까지 보석과 금, 귀중품들을 방마다 그득그득 채워놓곤 한다.

하위 아스트랄계는 사악한 영혼들이 자신들의 탐욕에서 어느 정도 벗어날 수 있을 때까지 육체적 생(生)들의 중간 시기에 임시로 머물러 있는 곳이기도 하다. 독선적인 보수적 종교들은 사실상 낮은 아스트랄계에다 그들 스스로를 위한 지옥과 같은 지역들을 창조해 놓았으며, 그것은 불행하게도 그곳에 영원히 머물 것이라고 믿는 영혼들에게 올가미(함정)가 되었다. 지옥은 그것이 존재한다고 믿고 싶은 사람들의 생각만큼이나 실제적이다.

중간층의 아스트랄계로 돌아오면서 우리는 문명화된 아름다운 많은 지역들의 위를 스쳐 지나갔는데, 그곳의 다른 종교 집단들은 그들의 공동사회를 형성해 놓았다. 평화로이 이곳에 사는 사람들은 금성에서 우리가 그러하듯이 창조적 재능들을 배우고 있었고, 언젠가는 자신들이 물질세계로 돌아간다는 것에 관해 잘 알고 있었다. 그들 중의 많은 이들이 물질계에 있을 때 살던 주택과 환경을 그대로 다시 창조해 재현해 놓았다. 우리가 목격한 풍경과 마을들은 화성이나 금성, 목성,

지구 기타 다른 행성들의 물리적인 모습들보다 훨씬 더 빛나고 다채로웠다. 그곳의 경치는 무척이나 다양해 보였으며, 화려한 색채의 산들과 바위투성이의 험준한 산맥, 부드럽게 휘어진 언덕과 골짜기들, 초원, 호수들, 사막, 그리고 숲들로 이루어져 있었다. 금성에서와 마찬가지로 이곳의 자연은 그 자체가 빛나는 색채의 향연이다. 그러한 장관들은 참으로 천국과 같은 모습이었다.

우리가 계속해서 나감에 따라 나의 삼촌은 내 주의를 끄는 것들은 그 무엇이든지 가능한 한 최선을 다해 설명해 주었다. 상위 아스트랄계는 훨씬 더 영적인 지역이며, 거기에는 보다 진화된 영혼들이 산다. 그곳을 경험했던 사람은 누구나 그 색채들을 물리적 용어로 묘사한다는 것은 쉽지 않다는 데 동의할 것이다. 그 색들은 보다 순수하게 정련돼 있고, 영감을 불러일으킨다. 그리고 거기에는 보다 커다란 평화와 기쁨, 평온함, 영적인 높이가 있다.

이곳의 수도(首都)인 사하스라-달 칸월(Sahasra-dal Kanwal) 내에는 내가 보았던 가장 아름다운 지역 중의 하나가 있었다. 그곳은 "즈레프(Zreph)"라고 불렸다. 나는 왜 그렇게 많은 종교들이 죽은 후에 가게 되는 그 천상의 주소지를 이곳을 두고 있는지 이해할 수 있다. 꽃이 만발한 "즈레프(Zreph)"의 정원들은 너무 아름다워 말로 형언할 수가 없다. 그리고 그 멋진 모습들은 거주민들의 즐거움을 위해서 존재한다. 사람들이 육체적으로 사망하여 영혼이 이곳에 도착했을 때 그들은 자신이 내세(來世)의 가장 높은 차원에 도달했다고 믿는다. 하지만 그럼에도 불구하고 그것은 길고도 오르기 힘든 여정의 첫 단계에 지나지 않는 것이다.

우리가 이곳에 멈추어 있기에는 시간이 넉넉하지 않았는데, 아스트랄계의 수많은 흥미로운 지역들을 탐사해야 하기 때문이었다. 이와 같은 견학여행은 지구의 시간을 기준으로 할 때, 확실히 서너 생애가 소요될 만큼에 해당될 수가 있다. 가장 볼만한 장면은 삼촌 오딘이 우리 아래에 보이는 사하스라-달 칸월 주민들의 선조인 '세레즈(Seres)' 종족에 관해 언급할 때였다. 이 하늘의 백색도시의 중심부 가까이에는 거대한 입상(立像)이 세워져 있는데, 그것은 우리의 비행선이 공중의 그 옆에서 작은 반점처럼 보일정도로 어마어마하게 거대했다.

하늘에서 그것을 바라보는 것은 깜짝 놀랄만한 광경이었다. 만약 지상에서 그것을 올려다본다면, 그 꼭대기를 치켜보느라 눈이 혹사되어 피로하게 될 것이다. 삼촌이 설명하기를, 이 거대한 조각상은 '세레즈' 종족을 상징하여 나타내고 있으며, 그들은 이곳의 물질계의 행성들에다 처음으로 식민지를 개척했던 우주의 사람들이었다는 것이다. 그리고 지구의 고대 아틀란티스에 정착했던 거인들 속에는 '세레즈' 종족의 구성원들이 섞여 있었다고 한다. 나는 그것의 아름다움뿐만 아니라 그곳의 차원들에 의해서도 매료당했다. 이 거대한 입상의 아래 부분은 그 주위를 발로 걷는 데만 며칠이 걸릴 정도로 엄청나게 크게 세워져 있었다.

이 도시가 지구의 대륙들만큼 거대했던 까닭에 그곳의 인기 있는 많은 볼거리들은 그 절대적인 사이즈(Size)로 인해 대단한 장관(壯觀)이었다. 그 도시를 둘러싼 빛을 발하는 흰 성벽은 확실히 지구에서 가장 높은 마천루(摩天樓)만큼이나 높았다. 그리고 바로 그 중심에는 이 세계의 동력원(動力原)인 장엄한 빛의 산(Mountain of Light)이 우뚝 솟아 있다. 이 빛의 산의 봉우리로부터 수천 가지로 채색된 빛들이 흘러나오는데, 이 각각의 빛들은 더 작은 빛들로 이루어져 있었다. 또 그 빛은 살아 있었다.

그것은 정말 놀랄만한 광경이었다. 으르렁거리는 바닷물 소리가 주변 공기를 가득 채웠다. 그리고 그 빛이 물질계와 그곳의 수많은 생명체들을 부양하기 위해 하늘로 방사되어 흘러나갔다. 이 빛의 산은 물질세계에 있는 그 어떤 산보다도 더 높았다. 우리가 탄 우주선이 바로 그 산 위를 통과할 때 나는 눈을 감아야만 했다. 비록 내 눈이 아스트랄적인 눈이긴 했지만, 그 빛이 너무 강렬하여 고통스러웠기 때문이다.

오딘 삼촌은 이 도시가 보다 진보된 행성의 사람들에게 매우 중요하다고 설명했다. 이것은 일종의 아스트랄계와 물질계 사이에 교차돼 있는 도시이고, 미래에 있어서 나에게도 매우 중요한 의미를 지니게

218

될 것이다. 이곳은 아스트랄적인 존재가 물질적인 육체로 나타나는 것을 가능하게 하는 장소인 것이다. 이곳의 사람들은 아름다웠고 지혜를 발하는 얼굴을 가지고 있었다. 그들이 입은 풍성하게 늘어진 튜니카(Tunic)[2]와 발에 신은 샌들로 인해 마치 그들은 지구의 고대 그리스 신화에 나오는 그리스인들과 유사해 보였다. 이곳의 거주자들 속에는 창조주의 일을 돕는 소위 우리가 천사(天使)라고 부르는 당당한 협력자들이 있었다. 그리고 이곳 주민들은 금성의 우리 문화와 마찬가지로 삶의 모든 순간을 창조적인 표현활동을 하는 데 쓰고 있었다.

삼촌이 마지막으로 주변 지역을 둘러보기 위해 잠시 우주선을 정지시켰고, 바로 그때가 내가 결코 잊은 적이 없는 그곳의 아름다움을 즐길 마지막 기회였다. 어떻게 순수한 빛이 작열하고 도처의 푸른 색조와 함께 말로 표현할 수 없을 만큼 그렇게 장엄한 구조의 도시를 잊을 수 있을 것인가?

우리가 비행하며 공중에서 내려다 본 다수의 마을들은 자체에서 나오는 소리들인 형언할 수 없는 멜로디로 감싸여 있었다. '즈레프(Zreph)' 역시 마찬가지였다. 그 음악은 실로폰의 가락과 하프(Harp), 또 때로는 바이올린의 소리처럼 들렸다. 상위 아스트랄계를 여행하며 경험한 모든 것은 영적인 고양감과 자유, 평화, 그리고 아름다움에 관한 느낌들이었다. 사람들이 서로를 분노나 자만, 질투, 시기의 눈으로 보지 않고 그들 자신을 서로 완전히 신뢰하며 모두가 편안하게 사는 곳을 상상해 보라. 그들은 서로를 영혼으로 보며, 각자를 동등하게 아름답고 정당한 신(神)의 불꽃들로 생각한다.

이런 이유 때문에 때때로 그것이 나로 하여금 나의 과거의 삶을 되돌아보도록 하여 내 마음에 상처가 되곤 한다고 생각된다. 금성에서의 나의 삶에 관해 이야기하는 것은 쉽지 않은데, 왜냐하면 낙원세계의 즐거움을 맛보고 나서 이곳 지구에서 산다는 것은 너무나 고통스러운 까닭이다. 그럼에도 불구하고 나는 이 짧은 지구에서의 삶이 끝나게 될 때 나를 기다리고 있는 삶이 어떤 것인지 알고 있다. 아마도

---

2)고대 그리스, 로마 사람들이 입던 소매가 짧고 무릎까지 내려오는 의복.

지구상의 수많은 생(生)들 속에서 겪는 모든 고난들은 일종의 악몽(惡夢)처럼 생각될 것이다.

우리는 집으로 가는 보다 빠른 항로를 택해 나아갔다. 우리 모두는 피로해 있었다. 물론 우리가 어떤 육체적인 감각으로 피곤해진 것은 아니지만, 너무나 많은 아름다운 기억들로 우리의 마음이 과도하게 채워 넣어져 있었다. 집에 도착한 후 나는 긴장을 풀고 눈을 감은 다음 그 모든 기억들을 내 마음 깊은 곳으로 침잠시켰다. 그럼으로써 나는 내 기분이 침울하게 가라앉았다고 느껴질 때가 오면, 다시 이런 기억들을 끄집어 낼 수가 있는 것이다.

아스트랄 세계의 경이로움을 목격함으로 인해 나는 더욱더 지구로 가는 나의 여행에 관해 걱정하기 시작했다. 나는 그것을 일종의 대단한 모험으로 생각하기도 했지만, 때로는 그것이 매우 두렵게 여겨지기도 했다. 나는 지구라는 영역이 가장 낮은 아스트랄계와 매우 흡사하다는 말을 들어왔다.

나는 다음과 같이 긍정적으로 생각하려고 노력했다.

'내가 지구에 가서 이런 방식으로 내가 쌓은 카르마(業)가 무엇이든 그것을 떠맡아 대비하고, 또 일어난 그 모든 일들이 어떻게 내게 좋은 교훈과 경험의 일부가 되었는지를 이해할 수 있게 된 것은 얼마나 멋진 일인가? 그 카르마에 속박되어 그것이 나를 지배하도록 놔두지 않는 것과 그곳에 한계 지워진 육체적 삶 이상의 위대한 무엇이 존재함을 깨닫는 것은 얼마나 다행스러운 것인가?' 왜냐하면 나는 내 자신의 생애에서 아스트랄계의 경이적 모습들을 의식적으로 보고 겪었기 때문이다. 이런 아름다운 세계들이 소수만을 위한 것이 아니라 만인(萬人)을 위해서 존재한다는 것을 알기에, 나는 이런 이야기를 다른 이들에게 말해주고 그들에게 희망을 주기 위해 살 것이다.

다음날 아침 나는 내 생애에 가장 멋진 경험들 중의 하나를 선사해준데 대해 이모와 삼촌께 감사를 드렸다. 약 이틀 후에 나는 떠나게 될 것이고, 다시 한 번 그 우뚝 솟은 성벽과 함께 위대한 백색 도시를 보게 될 것이다. 오직 이때에만 우리는 우리 몸의 진동을 낮추어 금성의 물질 차원에 나타날 것이다.

이모 아레나(Arena)로부터 나는 반지와 보석 선물을 가져가도 좋다는 허락을 받았다. 삼촌이 내게 줄 선물은 금성의 물질계에서 채취한 것이고 나중에 받게 될 예정이었다. 내가 쉽게 감추거나 사라지게 하는 것을 설명할 수 있던 보석류는 우리의 문화를 반영하는 금성인의 의상이나 샌들, 기타 어떤 것들처럼 별난 것은 아니다. 눈에 띄는 유별난 것을 가져가지 않음으로써 나는 내 자신을 보호하기 위해 거짓된 행위를 할 필요가 없을 것이다. 그들은 내게 말하기를, 내가 진실해지는 데 유의해야만 한다는 것이었다. 왜냐하면 만약 내가 불성실하고 거짓된 아이로 알려진다면, 나중에 쓰게 될 내 이야기가 진짜 사실로 취급되지 않을 것이기 때문이라는 것이다.

떠나기 위한 내 준비의 대부분은 마음 속의 생각들을 정리하는 일종의 내면적인 준비였다. 이모님은 이따금씩 내게 격려의 말을 해줌으로써 나를 도와주었다. 그녀는 나를 너무 사랑했고, 내가 떠나는 것을 몹시 슬퍼했다. 그녀는 내가 마음을 바꾸고 싶다면 그렇게 할 수 있다고까지 말을 했다.

다시 한 번 내게는 앞으로 쓰라린 어려움의 시기가 있을 것임과 내가 포기하지 않고 마음을 다잡기 위해서는 용기가 필요하게 될 것이라는 일깨움이 주어졌다. 하지만 그들은 내 자신의 카르마에 간섭할 수 없었으며, 그들이 내가 겪는 고난을 보고 얼마나 마음아파 하느냐는 별개의 문제였다. 그들은 언제나 내면의 감각을 통해 나를 주시할 것이고, 또 조언(助言)을 보낼 것이다. 그런 다음 적절한 때가 왔을 때 최고신의 법칙(우주대자연의 법칙)이 공개적으로 지구상에서 가르쳐질 것이다.

장차 나는 지구에서 누군가를 만날 것이고, 나의 이야기를 세상에 말할 기회를 가질 수 있을 것이다. 그러나 그때까지는 내 신분에 대한 비밀을 유지해야만 할 것인데, 그것은 지구 사람들이 가진 속성 때문이었다. 그들은 인간의 태도가 폐쇄적이고 한계 지어진 주변 환경에 기초해 있다고 내게 설명했다. 그리고 아이들을 가르치는 지구에서의 관행이 독특한 개성적인 인간으로 성장하게 하기보다는 그저 어른들을 모방하도록 한다는 것이었다. 나는 지구에서 수많은 함정에 빠질 것이고, 또 지구상의 다른 종교적인 길을 걷도록 그런 단체로 데려가질 것이다. 하지만 나중에 나는 거기에 너무 깊게 연루되지는 않았다.

## 금성에서의 마지막 날

나는 금성에서의 나의 마지막 날을 뚜렷이 기억한다. 그날 아침 이모님이 내가 장차 지구에서 입게 될 옷을 내 방으로 가져왔는데, 그것은 그 버스 사고가 발생하게 될 날 쉴라가 입을 옷과 똑같은 옷이었다. 이모 아레나는 대사께서 그녀에게 지시한 것을 마음에 새기며 옷을 나에게 보여주었던 것이다. 나는 그 옷을 입었고, 쉴라의 엄마가 직접 쓰고 쉴라를 테네시에 있는 할머니에게 데려다주게 될 메모지(설명문) 사본을 옷에 쑤셔 넣었다. 또한 나는 흰 양말과 버클이 달린 검은색의 독특한 가죽구두를 신었다. 이것들은 매우 낯설었다. 나는 결코 이전에는 발을 완전히 에워싼 이런 신발을 신어본 적이 없었다.

내가 기억하다시피 이모 아레나는 혹시 내가 자기와 함께 있고 싶다면, 친구들에게 곧 떠나게 될 것이라고 말하라고 요청했다. 나는 그녀에게 차라리 뒤에 남아 잠시 동안 혼자 있고 싶다고 말했다. 그녀는 고개를 끄덕인 후에 집을 떠났다. 나는 그녀가 완만하게 경사진 앞길로 걸어 내려가며 멀어질 때, 그녀의 우아한 뒷모습을 바라보며 아치형의 출입구에 서 있었다. 그녀가 떠나가는 그 좌우에는 꽃이 만개한 관목 숲과 나무들 사이로 돌이 둘러싼 수많은 작은 오솔길들이 나 있었다. 그리고 푸른 줄기와 잎을 가진 두 그루의 하늘색 나무가 앞쪽의 입구 모양을 형성하고 있었다. 그 나무들은 지구의 소나무와 비슷했다.

뒤를 돌아보다가 나는 내 자신이 하얀 레이스 모양의 담과 매우 유사한 어깨 높이로 만들어진 금속의 울타리를 마주하고 있음을 알았다. 나는 하얀 꽃 한 송이를 잡아당겨 그 향기를 들이마시며 그 달콤한 냄새와 빛나는 녹색 잎사귀를 즐겼다.

나는 거실 한 가운데에 있는 우리가 학습시간 동안 함께 자주 경험을 공유했던 장소인 벽난로를 향해 걸음을 옮겼다. 그곳은 거대한 실

222

내 공간이었다. 여기저기에는 다양한 종류와 색깔의 긴 안락의자가 놓여 있었다. 그리고 나는 수정질의 투명한 벽이 휘어져 천장을 향해 위로 뻗어 있음을 보았다. 나는 늘 우리에게 다채로운 환경과 정원을 보여주고 있는 이 투명한 벽의 아름다움을 당연한 것으로 여겨왔다.

이윽고 나는 내가 가장 좋아하는 그림 앞에 멈춰 섰는데, 이것은 눈에 보이는 버팀 장치도 없이 벽에 걸려있는 매우 커다란 그림이었다. 이 그림은 계속해서 소용돌이치는 색채들로 그려져 있고, 각 색채들은 자체의 고유한 소리를 담고 있었다. 그리고 각 소리는 색채들이 주변으로 소용돌이칠 때 그 색깔에 따라 새 멜로디를 만들어내고 있었다. 이와 같은 예술 작업은 금성에서는 일반적인 것이다.

내가 실내 폭포의 감미로운 음악을 듣고 있을 때, 나는 어린 시절 내내 그렇게 수없이 했던 것처럼 아버지의 얼굴을 마음속에 그렸다. 내가 태어난 이후 나는 아버지를 잠시 본 적이 있기 때문에 그의 얼굴을 기억했는데, 나의 기억 속에 깊이 새겨진 그의 아름다운 얼굴은 내가 그를 결코 다시는 볼 수 없을 것이라는 사실을 마음으로 알고 있었다. 나는 항상 눈을 감을 때마다 아버지의 얼굴을 떠올렸으며, 그럼으로써 마치 아버지께서 내게 다가오는 것처럼 강렬한 그의 이미지가 보다 깊게 내 마음 속에서 되살아났다.

나는 지금 그의 널찍한 턱과 높은 광대뼈, 그리고 흰 피부의 아치형 이마와 더불어 매우 짙어 거의 감색에 가까운 그의 눈동자를 기억한다. 불쑥 나온 콧망울이 달린 그의 코는 길고도 곧게 뻗어 있다. 또한 그의 폭넓고 두툼한 입술모양의 입은 짙은 붉은색이었고, 황금빛의 그의 금발머리는 대부분의 남성 머리가 그러하듯이 가운데에 가르마를 하기보다는 왼쪽으로 가르마를 타고 있었다. 그것은 어깨에 내려올 만큼 길었고, 웨이브 형태로 그의 왼쪽 눈가에 부드럽게 드리워져 있었다. 나는 그의 미소가 매우 온화하고 달콤했다고 기억한다. 나는 내가 태어나던 날 그가 나를 사랑스러운 눈으로 바라보았던 그 짧은 응시를 기억하고 있다. 그렇다. 나는 내 아버지의 얼굴을 생생히 기억하며, 그의 턱에 나있는 깊게 갈라진 틈과 그가 미소 지을 때 생기는 보조개도 똑똑히 기억하고 있었다.

나는 눈을 떴고 서서히 몸을 일으켜 일어났다. 그리고는 벽난로 주변을 걸었고, 소파를 스쳐 지나칠 때 손가락에 느껴지는 부드러움을 감지하며 그 옆을 지나갔다. 나는 실내폭포에 이르러 그 작은 물웅덩이를 둘러싸고 있는 낮은 담 위에 앉았다. 그 표면은 금테가 둘러진 진주색의 작은 타일로 장식돼 있었다. 여러 가지 황금색과 푸른색 등으로 다양하게 채색된 물고기가 물속을 자유로이 유영했다. 나는 떨어지는 물을 받아보기 위해 손가락을 내밀었는데, 폭포수가 만들어내는 소리의 가락이 바뀌었음을 주목했다. 나는 그 소리를 듣기 위해 눈을 감았다. 만약 당신이 상상할 수 있다면, 그 떨어지는 물소리는 항상 하프(Harp) 소리처럼 들렸다.

이때 내면에서 솟아나고 있다고 내가 느낀 무엇인가는 나에게 익숙지 않은 감정이었는데, 그것은 내가 처벌받고 있다고 생각했던 그날 내내 느낀 어느 정도 낯선 감정이었다. 나는 이 느낌이 무엇인지 알지 못했으며, 이 슬픔은 내 가슴을 메이게 하기 시작하고 있었다.

나는 왼쪽을 둘러보았고, 거기에 있는 이모님이 꾸며놓은 수백 종의 다른 약초들이 서식하는 정원을 바라보았다. 그녀는 그 약초 모두를 내게 설명해 준 적이 있는데, 즉 오랜 세월에 걸쳐 전해오는 그것들의 의학적 용도라든가 그 약초를 둘러싼 신비로운 민간 전승같은 것을 일일이 알려주었던 것이다. 그 정원 앞에 서자 그녀와의 그 모든 순간들이 되살아났다. 전방(前方)의 좀 떨어진 곳에는 내가 너무나 좋아했던 아름다운 부채 모양의 나무가 서 있음을 보았다. 위로 펼쳐진 줄기와 늘어뜨린 덩굴을 가진 이 아름다운 나무는 동양의 부채와 너무 흡사한 모양을 하고 있었다.

나는 새들이 지저귀며 노래하는 소리를 들었고, 공중의 산들바람 속에서 움직이는 나의 좌우 몸놀림을 힐끗 내려다보았다. 그곳 정원의 레이스 모양의 디자인은 풀이 덮인 지면 위에 흥미로운 그림자를 만들어냈다. 나는 주변에 기어 다니는 작은 벌레들을 보기 위해 성큼성큼 걸어가며 얼굴을 아래로 향했는데, 그 벌레들은 내가 스스로 창조한 것들이었다. 아스트랄 세계에 실제로 어떤 해충이나 곤충들이 존재하지는 않으나, 예외적으로 그곳 사람들이 만들어낸 것들이 있다. 내가 생각했던 그것들 중의 어떤 것은 매우 작고 귀여운 곤충들이었고, 내가 곤충에 관한 충분한 지식을 가지고 있을 때는 언제든지 나는 그것들을 우리의 정원에다 나타나게 하곤 했었다.

나는 고개를 들어 연분홍색을 띤 오렌지색의 하늘과 그곳의 다채로운 구름들을 힐끗 올려다보았다. 그리고는 다시 집으로 향한 작은 오솔길을 걸어 정원 입구에 섰다. 다시 한 번 정원 쪽을 돌아보고 난 후 나는 눈을 감고 내 기억 속에다 그것을 영원히 새기고자 노력했다. 나는 몸을 돌려 천천히 집을 향해 걸었으며, 집으로 들어와 내 방의 문 앞에서 멈추었다. 방으로 들어온 나는 꽃과 잎사귀가 함께 조화된 문양처럼 보이는 침대 커버 위에 앉았다. 나의 아기 덧이불은 이모님이 변화된 다채로운 색채로 동물무늬를 형상화해 만들어 주신 것인데, 나는 나중에 이를 베개로 활용했다. 그것은 다양한 색채의 많은 베개들 중의 하나였으며, 그 대부분은 내가 직접 디자인하고 만든 것들이었다.

침대에 앉자 나는 이 친숙한 장소 주변의 모든 것들을 바닥에서 천정에 이르기까지 찬찬이 둘러보았다. 이윽고 꽃들에 의해 에워싸인 황금빛 밧줄과 미묘하게 흔들리는 나무덩굴 및 꽃들이 어우러진 밖의 담장 등이 내 눈에 들어왔다. 나는 내가 바다 조가비와 불가사리로 만든 움푹한 물통이 있는 쪽으로 걸어갔고, 그 황금색 꼭지에서 물을 조금 쏟아냈다. 거기에 앉아 나는 잠시 동안 내 발에 물을 튀기며 앉아 있었다. 그때 나는 삼촌이 만들고 칠을 한 작은 목제 테이블을 바라보았다. 나는 그가 내게 그것을 선사해주었던 순간부터 얼마나 내가 그것을 좋아했는지를 기억하고 있었다. 내가 다시 한 번 스스로 꾸며 놓은 방 주변을 둘러보았을 때 느낀 것은 그것들이 내 영혼만큼이나 나를 이루는 커다란 한 부분을 차지하고 있었다는 사실이었다. 나는 눈에서 따스한 액체가 뺨을 타고 흘러내리고 있음을 느낄 수 있었다. 내가 전에는 전혀 경험한 적이 없는 이 묘한 감정적 느낌은 나의 내면에서 솟아나고 있었다.

나는 내가 태어난 이래 난생 처음으로 울고 있었다. 나는 이 가두어져 있던 내면의 감정이 지금 흘러내리고 있는 눈물로 방출되고 있음을 깨달았다. 그리고 또한 거기에는 내 자신이 이런 감정들로부터 해방되는 데 대한 커다란 만족감이 있었다. 나는 앉은 채 조용히 눈물이 내 얼굴로 흘러내려 손 위로 떨어지는 것을 바라보면서 흐느껴 울었다.[3]

어느 정도 눈물을 흘린 나는 일어섰고, 다시 내방 주변을 둘러보았다. 그리고 깊은 한 숨을 내쉬었다. 그리고 나는 스스로 이렇게 중얼거렸다. "난 이곳을 결코 잊지 않을 거야."

나는 거실 배후의 굽은 칸막이를 따라 걸어갔다. 내가 볼 마지막 장소는 위의 식당이었다. 나는 완만한 아치모양으로 된 이곳저곳의 동양풍 다리들을 바라보며 대리석으로 만든 비취색 계단을 올라갔다. 작은 인도교들 중의 하나에 이를 때까지 나는 난간으로 둘러싸인 발코니 주변을 걸었다. 그리고 식당구역으로 건너가 바로 그 한가운데 위치한 내가 선호하는 둥근 오크(Oak) 탁자 앞에 앉았다. 나는 약초 차 한 잔을 물현시켰다. 거기에 앉아 나는 차를 조금씩 마시며 얼마나 내가 이 장소와 또 이모와 삼촌을 사랑했는지를 생각하고 있었다. 그때 이모님이 나를 부르는 소리가 들렸다.

내가 계단을 내려갈 때 마주오던 그녀가 내 얼굴을 보았고, 이모는 내 얼굴에 심상치 않은 변화가 있음을 알아차렸다. 나는 달려 내려가 그녀를 꼭 껴안았다. 우리는 서로를 포옹한 채 조용히 흐느껴 울었다. 이모 아레나 역시 처음으로 눈물을 경험하고 있음에 틀림없었다. 우리는 그렇게 조용히 거기에 서 있었다.

잠시 후 그녀는 나를 자기 몸에서 떼어내고 내 눈을 들여다보았다. 나는 말했다.

"이모! 이모님은 저에게 삶의 아름다움에 관해 수없이 가르쳐 주셨어요. 당신은 아빠가 저를 정말 사랑한다는 것을 이해하게 해주셨고요. 또 언제나 절 돌봐 주셨고, 저는 이모님이 자기 자식에게 하는 것

---

[3] 쉴라는 지구에 태어난 이후 수많은 눈물을 흘렸고, 육체적 운명의 카르마적 시련과 마주하고 있었다. 이 원고는 원래 "천사들은 울지 않는다."라는 제목이 붙여져 있었다.
(웬델 스티븐스 주)

이상으로 제게 잘해주셨다고 확신해요. 저는 이모님한테 연민에 대해 많은 것을 배웠죠. 이모님은 지구에서 장차 제가 겪게 될 거라고 설명하신대로 지구에서의 그런 어려움들을 헤쳐 나갈 수 있도록 저에게 정서적 안정을 주셨어요. 당신을 통해서 저는 모든 사물에 대해 그 아름다움과 장점을 보는 것과 그 의식과 처지에 있어서 나만큼 운이 좋지 못한 이들을 가엾게 여기는 것을 배웠어요. 그럼에도 전 좀 더 경험해야 하고 타인들에 대한 자비심이 훨씬 더 필요할거라는 걸 알아요. 하지만 난 당신의 사랑이 깃든 얼굴을 영원히 기억 속에 간직할거에요. 그리고 당신의 아름다운 손길과 말들을 통해서 내가 아는 대부분의 사람들보다 많은 것을 배웠어요. 당신은 제게 생명을 주셨고, 이 때문에 제 엄마가 영원히 고맙게 생각하실 거라는 걸 알아요."

바로 그때 삼촌 오딘이 올라왔다. 나는 삼촌에게 다가가 그를 힘껏 끌어안으며 말했다.

"삼촌! 제가 말한 걸 모두 들으셨죠?" 그는 고개를 끄덕였다. "그건 삼촌께도 마찬가지에요." 난 말했다. "왜냐하면 삼촌이 없었다면 저는 일이 잘못될 때 심각하지 않고 웃는 것을 배우지 못했을 거에요. 유머감각을 배울 기회가 없었을 거라는 거죠. 저는 삼촌한테 슬픔에 움츠러들어 마음을 어지럽히기보다는 대범해지는 것과 다른 사람들이 불행이라고 부르는 것에 영향 받지 않고 사소한 일에서 큰 기쁨을 얻는 법을 배웠어요. 그래요. 삼촌! 전 당신을 통해서 많은 것을 배웠어요. 삶이 잘 풀려가지 않을 때 어떻게 끈기 있게 계속해나가는지 그 방법도 배웠죠. 또 실용적으로 사는 것과 시간을 낭비하지 않는 법을 배웠어요."

"저는 당신들 두 분이 저에게 주신 이 큰 선물들에 대해 감사해요. 그리고 저를 삼촌 집에서 함께 살게 해주신 것과 창조주의 불변의 법칙에 대해 가르쳐주신 것, 제가 진정으로 무엇인가를 알게 해주신 것도 감사드리지 않을 수 없어요. 두 분들은 제가 지구에서 지은 카르마적인 짐에 대비할 수 있도록 해주셨죠. 제가 당신들에게 드릴 것은 사랑밖에는 없어요. 정말 고마워요."

우리는 함께 침묵 속에서 잠시 서 있었다. 이윽고 이모 아레나는 밖에 많은 친구들이 내가 떠나는 것을 보기 위해 모여 있다고 말씀하셨다. 나는 미소 짓고 있는 모든 얼굴들을 마지막으로 대면하기 위해 아치형 문을 열고 밖으로 걸어 나갔는데, 거기에는 림즈(Rimj), 제무라(Zemura), 보닉(Vonic), 그리고 지금은 이름을 잊어버린 많은 사람들이 있었다. 우리는 실제로는 전혀 이름으로 소통하지는 않는다. 이런 이름들은 사실 내가 그들을 나누어 기억할 수 있도록 그들을 위해 만들어낸 것이다.

그 잔디밭 위에서 많은 말들이 오가지는 않았다. 나의 친구들 각자는 특별한 작별인사를 내게 고했는데, 그들은 내손을 꽉 잡고 그것을 자기들 입술에 가져다 대기에 앞서 자기 가슴 위로 서서히 가져갔다. 또는 그들은 몸을 구부려 나의 '제3의 눈' 위치에다 부드럽게 키스했다.

나는 깊은 슬픔을 느꼈다. 나는 림즈를 떠나는 것이 싫었다. 그가 내게 해준 마지막 말은 이것은 영구적인 이별이 아니라 나를 다시 볼 거라는 것이었다. 이모님은 나를 다시 껴안았고, 사랑한다고 말했다. 그리고 그녀의 힘이 언제나 나와 함께할 것이고 내게 큰 믿음을 갖고 있다고 하셨다. 나는 지구에서 잘 해낼 것이다. 삼촌은 내가 물질세계에서 잠시 동안은 어려움을 겪을 것이지만, 내 인생의 후반기부터는 잘 적응하게 될 것이라고 언급했다. 우리 모두는 이제 우리의 삶이 일시적으로 나누어져 다른 방향을 걷게 될 것이다. 그러나 언젠가 영혼으로서 다시 만나게 되리라는 것을 알고 있었다.

나는 그들의 눈동자 속에서 남은 시간 동안 나를 채워줄 너무나 많은 사랑과 진정한 따스함이 깃들어 있음을 보았으며, 지금도 눈만 감는다면 그 모든 것을 생생하게 시각화할 수가 있다. 나는 내가 지구에서 무슨 일을 겪든 간에 그 누구라도 이 모든 아름다운 경험을 할 수 있다면, 그것은 가치가 있는 것임을 알았다. 이것이 내가 기억하고 있는 나의 금성에서의 마지막 날이다.

## 진동 낮추기

    나는 삼촌과 함께 버블카(Bubble Car)에 올랐고, 이모님과 마지막으로 포옹하며 그녀의 아름다운 녹색 눈동자를 일별(一瞥)할 때 차가운 입술이 나의 뺨에 닿는 것을 느꼈다. 삼촌은 자신의 과학적 과업을 끝마치기 위해 물질계(지구)로 가는 여행에 나와 동행하게 될 것이었다. 그리고 우주선을 조종할 또 다른 남성이 역시 우리와 합류하게 될 것이다.

    나는 이모 아레나가 삼촌이 나를 지구까지 호송해 준 이후 금성의 물질계에 머무르고 있을 삼촌과 함께 하기 위해 아스트랄계를 떠나게 되리라는 것을 나중에야 알았다.(금성의 물질계는 지구권 내에 있는 우리의 상위 에테르계와 동등한 수준이다.)[4]

    우리가 속도를 높여 날아오르자 나는 얼굴을 위로 향한 채 손을 흔들고 있는 그들을 내려다보며 작별의 손짓을 했다. 한 번의 마지막 기회에 나는 나무와 꽃들 속에 있는 우리의 집을 아래로 내려다보았다. 그때 나는 잠시 동안 '지구로 가겠다고 결정하지 말 걸'하고 생각했다. 우리는 비행속도를 올려 내게 너무나 눈에 익은 산맥 위를 넘어갔다. 멀리 떨어진 높이에서 나는 테우토니아를 볼 수 있었는데, 그곳은 집을 떠난 내게 고향이나 마찬가지였던 위대한 〈배움의 신전(神殿)〉들이 있던 곳이었다.

    나는 내가 뛰놀고, 또 발가락을 담그기 좋아했던 바닷가의 황금빛 모래를 볼 수 있었다. 그리고 먼 거리의 우리 집에서도 언제나 파도 소리를 들을 수 있었던 반짝이는 바다를 바라보았다. 금성을 떠나던 그 마지막 순간에 나는 이 모든 것들을 보았고, 하늘에서 이런 광경을 본 적이 없기에 나는 그것들을 찬찬이 감상했다.

    우리가 구름 속으로 진입하게 됨에 따라 나는 우주선의 창문에서 뒤로 물러났고 한 숨을 내쉬었다. 그리고 이 모든 것을 볼 수 있는

---

[4]이것이 아마도 금성의 지표면에서 문명의 흔적이 잘 관측되지 않는 이유일 것이다. 같은 물질계 차원이라도 금성은 지구보다는 진동주파수가 높은 까닭에 인간의 망원경이나 카메라에는 잘 포착되지 않는 것이다.(역주)

기회가 이번 생에서는 지나가버렸음을 깨달았다. 나는 스스로 새로운 나의 삶을 맞이할 준비를 했으며, 그런 것들에 관해 생각하고자 주의를 기울였다. 그리고 삼촌이 내게 말하게 될 것들에 대해서도 마음을 집중해 숙고했다.

사하스라-달 칸월로 향한 여행은 순식간이었다. 그리고 그곳은 우리가 착륙했던 빛의 산 근처였다. 나는 삼촌이 안으로 들어가 마스터를 만나서 특별구역 이용에 관한 허가를 받는 동안 밖에서 기다렸다. 오직 영적인 여행자들과 그들 휘하의 입문자들, 그리고 아스트랄계에서 적어도 1,000세 정도의 나이가 된 존재들만이 이 마스터를 만날 특권이 있었다. 이 도시에서 그처럼 오래 산 사람들이 어떻게 자기들이 궁극적인 천계(天界)에 이르렀다고 믿을 수 있는지를 이해하는 것은 어렵지 않다.

특별구역을 향해 도보로 가는 중에 우리는 호위를 받았다. 내가 여기서 그곳의 정확한 장소를 밝히는 것은 허용돼 있지 않다. 지구상에 있는 소수의 사람들만이 이와 같은 특별지역이 존재한다는 것을 알고 있고, 그것은 비밀로 그대로 남아 있는 것이 더 낫다. 거의 모든 것들이 이 특별구역을 통해 물질계로 내려질 수가 있는데, 예컨대 그것은 금(金)이라든가 미래의 강력한 발명품들과 같은 것들이다. 때문에 탐욕스러운 인간들은 이 구역을 자신의 사적인 목적을 위해 악용할 수가 있는 것이다. 이곳은 한 개인이 육체의 죽음을 맞이한 이후 위쪽을 향해 여행하며 통과하는 구역과 같다. 여기서 카르마적인 빛의 무게가 가늠되고, 그 영혼은 그런 다음 그가 획득한 영적 의식(지각) 수준에 따라 가야할 세계로 배치되는 것이다.

이 구역 내에서 우리는 특수한 한 방에 들어갔으며, 푸른빛으로 이루어진 이 둥근 방은 너무 눈부시게 밝아서 나는 가까스로 무엇인가를 볼 수가 있었다. 우리 모두, 즉 나와 삼촌, 조종사인 다른 한 남성 등 셋은 바닥에 다리를 포개고 앉아 비밀의 만트라(Mantra)를 읊조렸다. 만트라(眞言)라는 것은 어떤 세계에서든 매우 강력한 도구인데, 그것들은 창조의 기본적인 직물이라고 할 수 있는 소리 기류(진동)와 관계가 있기 때문이다. 아스트랄 세계에서 우리는 통상적으로 영혼여행을 위해서 우리의 진동을 높이고자 만트라를 소리내어 가창한다. 그런데 지금 우리는 정반대의 작업을 하고 있었는데, 다시 말해 우리의 몸을 물질화, 육체화하기 위해 스스로의 진동을 낮추고 있었다.

아스트랄체로 완전히 안락하게 살고 있는 한 존재가 육체화되는 체험을 한다는 것은 일종의 충격적인 경험이다. 나는 아스트랄계를 떠나는 모든 존재들이 똑같이 가지는 괴롭고도 불편한 감정을 느끼고 있었다. 그 전체적인 경험 내용을 말로 설명하기란 쉽지 않다. 우리가 눈을 감음과 함께 이 비밀의 단어가 낭송된 지 몇 분 후에 **그것은 일어났다!** 마치 세상이 돌연 꺼진 것처럼 생각되었다.

나는 눈부신 하얀 섬광과 나의 내면에서의 불꽃, 내 귀에 들리던 "푸싯!"하는 소리와 울림, 그리고 마치 내 근육이 일시에 팽팽하게 긴장된 듯이 몸이 이상하게 휙 당겨졌던 움직임을 기억한다. 이 모든 것이 충격적이게도 동시의 한 순간에 일어났다. 나는 어지러운 현기증과 방향감각을 잃은 듯한 정신적 혼란을 느꼈고, 가까스로 호흡을 유지할 수 있었다. 그리고 내 몸 전체가 불쾌하게 달아오름을 느꼈다. *그때 나는 나를 감싸고 있는 껍데기가 육체로 변해있음을 깨달았다!*

나는 눈을 떴다. 우리는 번쩍이는 소형의 둥근 비행체 인근의 잔디 위에 앉아 있었는데, 그 물체는 여러분이 사용하는 접시들 중의 하나를 거꾸로 해놓은 것 같은 형태였으며, 꼭대기가 돔(Dome)형이었다. 몇 마일 떨어진 거리에 금성의 물질계상의 도시인 리츠(Rets)가 있었다.

이렇게 육체적인 몸속에 있다는 것은 두려운 일이었다. 나는 숨쉬기가 아주 거북하고 불편했는데, 이전에는 전혀 그런 육체 상태로 있어보지 않았기 때문이었다. 그리고 나는 전에 갖고 있던 폭넓은 시각의 아스트랄적인 눈 대신에 두 개의 작은 구멍만 나있는 나의 새로운 육체적 눈을 통해 사물을 보고 있었다. 이때 내가 얼마나 비참한 심정을 느꼈는가를 여러분이 이해하기 위해서는 자신이 갑자기 갑갑하고 뻑뻑한 한 벌의 무거운 갑옷과 투구를 뒤집어쓰고 있다고 상상하면 다소 도움이 될 것이다. 또 그런 상태에서 벗어날 길이 없음을 알고 있다고 생각해보라.

내가 처음으로 말을 하려고 시도했을 때 내 음성은 나 자신에게 매우 낯설게 들렸다. 나는 삼촌에게 이렇게 육체에 갇혀 있는 것이 싫다고 말했다. 그는 웃었다. 삼촌은 내가 점차 육체에 익숙해져야만 한다고 말했다. 나는 내가 어떻게 이 같은 것에 점차 익숙해질 거라고 생각할 수 있냐고 큰 소리로 항의했다. 그럼에도 삼촌 오딘은 인간은 그 무엇에도 적용하여 익숙해질 수 있다고 응답했다.

"하지만 이제부터 너는 무엇인가를 보기 위해서는 머리를 그쪽으로 돌려야만 한단다." 나는 이의를 제기했다. 나는 사물을 보기 위해 머리를 돌리는 것에 익숙하지가 않았는데, 왜냐하면 아스트랄 세계에서 우리는 머리 돌리는 것과 상관없이 주변에 있는 모든 것들을 즉시 인식할 수 있었기 때문이다. 우리는 또한 우리의 형태나 외모를 자유로이 바꿀 수 있는 능력을 가지고 있었다. 그러므로 육체로 있는 현 상태에서 내가 충격 받은 것은 얼굴 표정을 제외하고는 아무것도 바뀌지 않는다는 사실이었다.

삼촌은 육체라는 것이 한계가 있다는 점에 동의했고, 나는 내 몸의 균형을 유지하고 적절히 걷는 법을 배워야만 했다. 보행하는 것이 가장 서투르고 불편하다는 것이 판명되었다. 과거 나는 내가 있기 원하는 곳이면 어디든지 미끄러지듯 날거나 간단히 나타나는 것에 익숙해져 있었다. 그러나 육체는 그런 식으로 작동하지 않았다. 그것은 조금씩 조금씩, 한 걸음 한 걸음, 움직여 가야만 했다.

나는 일어서고 다리를 앞으로 뻗는 데 많은 어려움을 갖고 있는 유일한 존재였다. 결국 나는 육체적 기준으로는 7살 아이에 불과했던 것이다.

## 다른 리츠(Rets)

금성의 물질계(현재 있는 높은 밀도인 이곳)는 지구상의 미(美) 네바다(Nevada)나 애리조나(Arizona)와 매우 비슷하게 보인다. 먼 곳에서 나는 산들과 흥미로운 초목들을 볼 수 있었다. 날씨는 건조하고 더운 듯이 생각되었으나 전혀 불편하지는 않았다. 도시 리츠(Rets)는 아스트랄 차원에서처럼 계곡 사이에 은둔해 있었다.

나의 삼촌은 아스트랄계를 두루 여행하는 초기 며칠 동안 내게 상세히 설명해 주었는데, 이 리츠는 물질계와 아스트랄계, 이 2개의 차원계에 전적으로 동시에 존재하고 있는 도시라는 것이다. 이 물리적 도시는 물리적 행성으로서의 금성의 영혼 내지 정신에 해당되는 것이었다.

리츠의 아스트랄 도시가 먼저 존재했고, 물리적 도시는 아스트랄 도시에 대한 일종의 복제인데, 대전환기 동안에 그 반대의 일이 발생했다. 즉 금성의 주민들은 그들이 살다 떠나온 물리적 도시들의 복제물로서 아스트랄 차원계에다 그 도시들을 재건했던 것이다. 어쨌든 리츠는 참으로 독특한 도시이다.

## 밀도가 높은 몸의 한계

삼촌과 다른 조종사 및 나는 우리의 새로운 팔과 다리를 시험해 보았다. 나는 삼촌 오딘(Odin)이 모습이 바뀌지는 않았지만, 그의 몸이 덜 빛난다는 것을 알아 차렸다. 실제로 우리 주변의 모든 것들을 살펴 볼 때 빛이 반짝이는 그 멋진 특성이 모두 결여돼 있었다. 하지만 정작 내 자신은 어떻게 보일지를 난 확실히 알지 못했다.

지구에 착륙할 때까지는 내가 거울을 보게 되지는 않을 것이지만, 난 몸이 어느 정도 답답하고 무거워짐을 느꼈다. 지구에서 첫 발을 내딛음과 더불어 내가 느낀 것은 마치 납덩이로 된 의복을 입고 걷고 있는 것과 같다는 것이었다. 우리가 우주선 쪽으로 걸어가기 전에 삼촌은 내게 줄 특별한 선물에 관해서 언급했다.

금성에 대한 나의 추억거리들은 금성의 물질계에서 자란 식물들과 꽃들의 표본들이 될 것이다. 우리는 함께 가장 흥미로운 것들로 약 24종을 채집했고, 지구로 옮겨갈 준비를 했다. 이것들은 나의 반지와 보석류와 함께 내가 지닌 유일한 소유물이었다.

# UFO 모선을 향해

삼촌 오딘은 손으로 나를 이끌며 금성의 정찰선(접시 형태의 우주선)으로 데려갔다. 이것은 지구의 상공에서 가끔 목격했던 그 정찰선을 탑승해보는 나의 첫 경험이었다. 이런 우주선은 오직 금성에만 몇 개의 모델들이 있는데, 모두 같은 방식으로 작동된다. 진보된 행성들은 그들 나름대로의 고유한 UFO 모델들을 가지고 있고, 다양한 사이즈와 형태가 존재한다.

내가 막 발을 들여 놓은 그 우주선은 2개의 접시를 뒤집어 마주 붙여놓은 것과 매우 비슷하게 보였다. 코일(Coil)이 저장된 맨위 상단 부위에는 렌즈 같은 돔(Dome)이 솟아있었고, 그 바로 아래 및 도처에는 현창(舷窓)들이 즐비했다. 그 우주선은 하부에 일정한 간격으로 배치된 3개의 금속성의 반구체(半球體)를 지니고 있었다. 우주선의 외피(外皮)는 특별 처리된 티타늄 소재로 만들어져 있었으므로 그것은 대기 속으로 비행할 때 발생하는 마찰력과 열에 견뎌낼 수 있었다. 비록 그것이 매우 번쩍이는 금속처럼 보이지만, 지구상에서 볼 수 있는 보통의 티타늄과 같은 것은 아니었다. 그것은 유리섬유로 된 반투명성의 특성을 가지고 있었다.

우리는 우주선의 낮은 하부에 나있는 둥근 입구를 통해 들어갔다. 그런데 이 출입구는 정말 나를 놀라게 했다. 삼촌은 나에게 그 입구가 어떻게 닫히고 열리는지를 보여주었다. 처음에는 아무런 입구나 통로, 심지어는 어떤 틈이나 홈의 흔적조차 없는 곳에서 아주 작은 구멍이 나타났다. 그리고는 그 구멍이 카메라의 렌즈 셔터(개폐기)와 아주 흡사하게 점점 더 커졌는데, 그것은 곧 금성의 키 큰 성인(成人)이 불편 없이 걸어들어 갈만큼 충분히 확장되었다. 반대로 그 둥근 입구가 닫힐 때는 구멍이 완전히 사라질 때까지 작아졌고, 결국 아무런 입구의 흔적도 없이 텅 빈 외부의 표면만이 남아 있을 뿐이었다. 삼촌은 나에게 어떻게 그 입구가 작동하는지를 과학적으로 설명해주려고 애를 썼지만 난 이해하지 못했다. 그것은 미분자(微分子)의 분리와 모종의 관계가 있었다.

안에서 그는 나에게 앉을 곳을 보여주었다. 우주선 내의 한가운데는 밑바닥에서부터 천정의 유리 돔(Dome)까지 뻗어있는 직경 3~4인치 (약 90~120cm) 정도의 기둥이 있었다. 바닥에서 그 둥근 봉(棒)을 둘러싸고 있는 것은 거대한 렌즈였는데, 그 유리 렌즈를 통해 비행 도중에 지상의 모습을 볼 수가 있었다. 그리고 렌즈 주변의 모든 것은 곳곳에 승객을 위한 의자를 앉히기 위해 둥글게 휘어져 있었다.

삼촌이 계기 제어판 앞에 앉아 있는 동안 나는 동료 조종사와 함께 그 의자에 앉아 있었으며, 그곳은 입구가 나타났다 사라진 벽의 반대편이었다. 삼촌 오딘은 우주선의 시동을 걸었다. 낮은 음(音)의 "윙…"하는 소리가 들렸다. 나는 삼촌이 이 단거리용 우주선을 다루는 법을 아는 듯이 보인 까닭에 아마도 그는 우리가 테우토니아를 떠나오기 이전에 UFO 작동 및 조종법을 배웠을 거라고 생각한다. 그 당시 나는 별로 주의 깊게 주변에 신경 쓰질 못했는데, 왜냐하면 그때는 내 관심이 온통 나의 새 몸과 그것이 얼마나 불편하게 느껴지는지에가 있었기 때문이다.

나는 이어서 둥글게 구획된 벽에 있는 온갖 종류의 스크린들에 불이 들어와서 번쩍이는 색채와 격자 형태들, 그리고 나타났다 사라지는 유색(有色) 파형의 선들로 발광(發光)하는 것을 보았던 기억이 난다. 삼촌 오딘이 설명했던 도표들은 그가 우주선을 특정 방향으로 나가게 하는 것을 도왔다. 그것들은 행성들 주변과 우주 공간의 대기 조건들 및 자기적(磁氣的) 상태를 표시하고 있었다.

조종 계기판은 매우 단순해 보였다. 삼촌은 의자에 앉아 4개의 버튼과 레버로 이루어진 비스듬한 판넬(Panel)을 응시하고 있었다. 그 판넬 바로 위에는 2개의 스크린이 있었다. 그중 하나에는 지그재그로 움직이며 번쩍이는 유색의 선들로 뒤덮인 작은 사각형들의 격자 모양처럼 보이는 것이 있었다. 각 사각형은 번호가 매겨져 있었고, 서로 다른 색깔이었다.

모든 스크린들은 사실상 매우 중요한 기능을 했을 것이다. 조종사들 중의 한 명은 항상 그 스크린을 매우 면밀하게 주시하고 있었다. 그 조종사가 마주 대하고 있는 다른 스크린은 우주선이 향하고 있는 곳의 실제 광경을 보여주었다. 이 스크린은 우주선 가장자리 곳곳에 장착된 렌즈들에 접속돼 있었다.

곧 이어 나는 우주선이 어떻게 작동되는지에 관해 듣게 되었다. 삼촌 오딘은 우리가 착륙한 후 리츠(Rets)로 가는 몇 분 동안 거기에 대해 설명해 주었으며, 우리는 보다 장거리 우주여행을 하는 동안 이 많은 소형 UFO들을 운반할 거대한 모선(母船)에 승선해 여행하게 될 것이었다. 이 우주선 선내의 갑판 위에서 놀라게 되는 것은 아무런 움직임의 감각조차 없다는 사실이다. 내가 경험해 본 모든 우주선 여행 내내 나는 결코 난기류로 인한 경미한 요동이나 가속(加速)의 느낌, 또는 상승하거나 하강하는 느낌을 느껴본 적이 없다. 이 우주선이 시간당 수천 마일의 속도에서 90도로 방향전환을 할 때도 승객들은 마치 지상의 주택 실내에 앉아있는 것과 같이 느낀다. 이 때 승객들은 우주선 창문이나 조망 렌즈를 통해 우주선이 이동하는 광경을 내다볼 것이다.[5]

나는 지면에 발을 내리기까지 우리가 이륙하여 먼 곳을 여행했다는 것을 알지 못했다. 도시 리츠는 우리가 지나온 더 아래쪽에 위치해 있었고, 우리는 그 반대편의 주요 관문(關門) 근처에 착륙했다. 우주선은 도시 성벽 내에 진입하도록 허용돼 있지 않기 때문이다. 우리들 가운데 셋은 UFO에서 내렸고 도시로 들어가는 관문을 향해 발걸음을

---

[5] 여기서 옴넥 오넥이 묘사한 정찰선은 '영국 행성간 협회(British Interplanetary Society)'의 회원인 레오나드 G. 크램프가 출판한 자신의 저서(著書), 〈우주, 중력, 그리고 비행접시들〉에서 제공한 설명 및 도해(圖解)와 거의 일치한다. 크래프의 책에 관해 듣기 이전에 나는 이미 당시 워싱턴 주에서 전화선 가설원으로 일하고 있던 윌리엄 클렌디넨에게 유사한 금성 우주선의 상세한 내부 스케치 그림을 받았었다.

클렌디넨은 시애틀 인근에서, 그리고 다시 테네시에서 그와 같은 UFO에 탑승된 바가 있다. 그가 당시 접촉했던 UFO 승무원에게 어떻게 우주선이 작동되느냐고 질문했을 때, 그는 그 우주선에 승선해서 여행해보는 짧은 경험과 설명을 제공받았는데, 이것이 그에게 여생을 모두 오직 과학자들에게 자신이 본 것을 이해시키고 설명함으로써 우주선을 복제할 수 있게끔 노력하는 데 쏟게 할 만큼 강한 인상을 주었다. 그의 이야기는 아마도 책 한 권을 채울 것이다.

내가 아는 바로는 레오나드 크램프는 클렌디넨에 관해 들은 적이 없었고, 클렌디넨 역시 당시 크램프의 책이 출판되었다는 것을 알지 못했다. 내가 나중에 클렌디넨에게 크램프의 그림을 보여주었을 때, 그는 그것이 자신이 우주선 내에 탑승해서 목격한 것과 매우 흡사할 만큼 가깝다고 언급했다. 마치 그가 우주선을 직접보고 그린 것처럼 말이다.
(웬델 스티븐스 註)

옮기기 시작했다. 비록 걷는 것이 쉽지는 않았지만, 삼촌 오딘이 내 손을 잡아 부축해 준 덕에 나는 잠시나마 걷는 데 성공했다. 때때로 그는 나를 도와주었으며, 우리는 내가 아주 좋아하는 이들 중의 한 분인 대사님(Master)의 축복을 받기 위해 〈황금 지혜의 신전〉으로 가는 도상에 있었다.

물질 차원의 리츠는 아스트랄 차원의 도시 리츠와 거의 똑같았다. 나는 이것을 우리가 통과해 온 관문의 모습과 계속해서 더 걸음으로 써 알아차렸다. 이전에 매우 자주 이곳에 와 보았기 때문에 나는 그 도시에 대해 더 이상 어떤 것도 탐사하고 싶은 욕구가 생기지 않았다. 이미 다 알고 있는 그런 상태에서는 어떤 것도 거의 하고 싶지 않았던 것이다.

물질 차원의 도시 리츠는 지구의 기준으로 볼 때는 천상계와 같은 곳이지만, 아스트랄 도시 리츠에 비교할 때 그 아름다움은 한계가 있었다. 즉 그 색채가 아스트랄 도시만큼 맑고 밝지가 않았고, 건물들은 번쩍이는 빛을 발하지 않았으며, 또 전체적인 느낌이 동일하지가 않았다. 따라서 나는 그곳이 훨씬 낮은 진동의 세계라는 것을 쉽게 느낄 수가 있었다.

대사님은 변함없이 아름다우셨다. 나는 여기서 마스터란 수많은 다른 세계들에 있는 사람들과도 아주 훌륭히 소통할 수 있는 존재임을 설명해야만 할 것 같다. 이것이 그 분이 마스터라고 불리는 이유들 중의 하나인 것이다. 신전에서 우리는 대화를 나누었으며, 그 분은 우리를 위해 지혜의 말씀을 들려주셨다. 그 때 그 분이 한 말씀을 기억하지는 못하는데, 아마도 그 메시지가 다른 사람들이 들을만한 것은 아니기 때문일 것이다.

다시 한 번 나는 우주선에 승선했고, 삼촌은 익숙한 "윙 …"하는 소리와 함께 그것을 발진시켰다. 역시 나는 이전처럼 우리가 이륙했다는 것을 전혀 느끼지 못했지만, 우리의 UFO가 급속히 상승하는 만큼 지면과 점점 더 멀어지면서 곧 도시 리츠를 발 아래에서 볼 수 있었다.

잠시 후 우리는 금성의 대기 상층부에 도달했다. 우리가 계속 솟아오름으로써 하늘은 더욱 어두워졌는데, 우리가 리츠를 떠났을 때가 황혼 무렵에 가까웠기 때문이다. 이 여행에 관한 짧은 대화가 잠시 오고 갔다. 나는 우리 아래로 내려다보이는 금성의 지형을 살펴보기에 정신이 없어 삼촌과 그의 동료 승무원이 다른 작업을 하기 위해 자리를 바꿔 앉았다는 것을 미처 알아채지 못했다.

삼촌 오딘은 내 옆에 앉게 되었을 때 이 소형 우주선은 단지 행성 주변과 그 대기권 내의 단거리용으로만 이용된다고 설명했다. 실질적인 우주여행은 훨씬 더 큰 원통형의 우주선을 타고 하게 되는데, 그것은 적어도 이 작은 UFO 50대를 실을 수가 있다. 이러한 규모의 중모선(中母船)이 착륙하는 경우는 드물며, 이런 우주선은 행성들이 아닌 우주공간 자체로부터 에너지를 끌어다 공급한다. 하지만 호위선이라고 불리는 소형의 우주선들은 모선에서 정기적으로 동력을 재충전 받는 것이 필요하다.

주변을 살펴보자 나는 이 소형 우주선의 내부 설계가 매우 단순하다는 것을 알았다. 가운데는 우리가 앉아있는 커다란 원형의 선실(船室)이 있었다. 그리고 위쪽으로는 공급품 및 수리부품 저장용 격실이 있었다. 우리의 기술이 발전해 있긴 하지만, 그럼에도 불의의 고장이나 파손이 있을 수가 있으며, 정기적인 정비와 보수가 필요하다. 따라서 우리는 긴급착륙시를 대비해 특수한 장비를 싣고 있는 것이다.

이런 소형 우주선들은 단지 몇 명 정도의 적은 승무원들만이 탑승하곤 하지만, 긴급한 상황일 때는 다수가 안전하게 승선하여 비행할 수가 있다. 거기에는 또 약간 떨어진 한쪽에 바로 들어갈 수 있는 식품저장실과 매우 비슷한 방이 하나 있었다. 이것은 퓨즈(Fuse)와 배선(Wiring), 그리고 섬광을 저장하고 있는 회로실이었다. 나와 같은 작은 아이들은 거기에 들어가는 것이 허용돼 있지 않다.

두 명의 조종사들은 차트(Chart)에 갑작스러운 관심을 보였는데, 무엇인가 중요한 일이 벌어질 모양이었다. 그때 나는 우주선의 외부용 조망 렌즈를 통해 검게 그늘진 거대한 물체를 밑에서 보았으며, 멀리 한쪽에 모선이 내려다 보였다. 우주선의 창문을 통해서 빛의 반점들이 반짝이는 모습을 아주 잘 볼 수 있었다. 천천히 우리는 그 길쭉한 원통형 모선의 뭉툭한 기수(機首)쪽을 향해 점점 더 가까이 접근해 갔다. 내가 덜컹하는 두드러진 기체(機體)의 진동을 느낄 때까지 - 이것은 내가 우주선에 탑승해 비행하면서 처음이었다 - 우리의 우주선은 빛의 구멍을 향해 하강했다.

삼촌 오딘은 모선의 레일이 우리의 원형 우주선의 가장자리를 잡아 잠갔다고 설명해주었는데, 그 레일을 타고 우리가 모선의 만(灣) 깊은 내부로 미끄러져 내려갈 것이었다. 하강하는 듯한 감각은 사라졌고, 레일이 뻗어 있는 작은 플랫폼(Platform)을 향해 우리 우주선의 문이 열렸다.

## UFO 모선에서

그때 나는 앞에 서 있던 내가 화성인(火星人)으로 알고 있는 아름다운 한 여성과 토성인(土星人)으로 보이는 남성을 보았으며, 그들은 우리가 내릴 때 우리에게 인사말을 건넸다. 이 두 명의 수행원은 플랫폼의 엘리베이터가 우리를 위로 이동시킬 때 케이블을 우주선에다 부착시켰다. 길게 나있는 통로의 입구에서 우리는 잠시 멈추었고, 우리의 두 동반자는 나의 손을 잡아 그 길로 이끌었다.

처음으로 우리는 매우 단순하게 꾸며지고 족히 100명 이상의 사람들이 충분히 앉을 수 있는 우주선의 라운지(Lounge)인 거대하고 긴 방에 이르렀다. 거기에는 1인용 등받이 의자와 긴 소파, 테이블들이 여기 저기 배치돼 있었다. 그 색채 또한 아주 단순했다. 한 구역에는 푸른 카펫과 부드러운 색깔의 황색 가구들이 있었으며, 반면에 나머지 부분들은 베이지 색과 토양 색조로 이루어져 있었다. 그 방은 매우 아름답고도 우아해 보였다.

이곳의 조명과 사실상 모선 전체의 조명은 우리가 우주선에서 이용했던 것과 동일한 기묘한 조명이었다. 마치 공기 그 자체인 것 같은 실내를 가득채운 부드럽고 미묘한 빛이 방출되고 있었던 것이다. 그런데 거기에는 어떤 고정된 조명설비도 없었고, 또 그림자도 없었다.

라운지 벽을 따라 이어지는 곳곳에는 분수식 식수대가 계속 이어지고 있었다. 나는 또한 거기서 이른바 '신(神)'이라고 부르는, 남성과

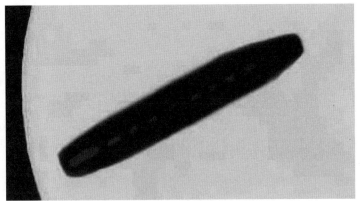

조지 아담스키가 1952년 캘리포니아 팔로마 천문대에서 자신의 망원경을
이용해 촬영한 원통형 UFO 모선의 모습. 가운데 창문들이 보인다.

여성 사이에서 완벽한 균형이 잡힌 모습의 초상화를 보게 되었는데,
그것은 많은 우주선들 안에 비치돼 있는 것으로 알고 있다. 나는 이
존재가 물질세계의 창조주인 "엘람(Elam)"이라고 들었다.

  벽에 걸린 그 그림은 사진과 별로 차이가 없을 정도로 매우 비슷하
게 보였다. 또한 거기에는 다양한 행성들의 경치들이 있었으며, 그것
은 그들의 도시들과 수많은 우주선들에 대한 모습들이었다. 그곳의 대
지와 바다 전경은 지구상에서 볼 수 있는 광경과 상당히 흡사해 보였
는데, 그러므로 자연의 창조물들은 우주 보편적인 것이다.

  그 라운지에는 어질러진 물건 같은 것은 거의 없었으며, 잡지나 신
문 같은 것도 전혀 없었다. 몇 개의 조각 작품들이 여기 저기 놓여있
었지만, 그것이 전부였다. 라운지를 벗어난 우리는 모선 내의 식당으
로 들어갔다. 맛깔스러운 음식이 차려진 긴 테이블이 우리를 기다리고
있었다. 그런데 몇 개의 좌석을 제외한 거의 전부가 차 있었다.

  테이블의 가장 상석(上席)에는 우주선 함장이 아니라 영적인 마스터
(大師)가 앉아 있었다. 모든 금성의 모선들에는 전통적인 관례에 의해
한 명의 마스터가 승선한다. 그리고 테이블의 양쪽에는 같은 수의 남
성과 여성들이 배석해 있었다. 그들은 여러 행성들 출신이었다. 비록
이 모선이 금성에서 건조되기는 했으나 그렇다고 반드시 단일 행성에

속해 있지는 않았다. 즉 이것은 '행성들의 형제단'에 소속된 모든 멤버들에 의해 자유로이 공유되었던 것이다. 나는 그들이 금성인들 외에도 토성, 화성, 그리고 목성에서 온 존재들임을 알 수 있었다. 물론 마스터는 금성인이었는데, 왜냐하면 이것은 금성의 모함(母艦)이었기 때문이다.

우리가 그 테이블에 그들과 같이 앉을 때 소개 절차는 없었다. 우리는 사용하는 이름보다는 서로의 존재를 침묵 속에서 인지했다. 우리 주민들은 대개 이름을 실제로 지니고 있다기보다는 좀 더 정확히 말하면 그것은 그들 고유의 독특한 진동(Vibration)이다.

나와 내 삼촌의 이름은 나중에 식사가 끝난 후 소개되었다. 그들은 나를 지구상에서 알려지게 될 이름대로 "쉴라(Sheila)"라고 불렀다. 식전에 모든 사람들이 짧은 기도를 했고, 그러고 나서 우리는 조용히 식사를 했다. 누군가 한 사람이 뭔가 중요한 말을 할 때마다 우리 모두는 식사를 멈추고 공손히 그의 말을 경청했다. 우리의 식사는 가공하지 않은 야채로 이루어진 샐러드와 준비된 치즈로 시작되었다. 식욕을 돋우는 것으로서 나는 내가 좋아하는 과일과 유냐(Yunya) 조각을 먹을 수 있었다. 우리는 육식(肉食)을 하지는 않는다. 그 대신에 치즈 소스를 위에다 덮은 살짝 가열한 채소를 먹는다. 빵의 경우는 지구의 기준으로 볼 때는 좀 낯설어 보이겠지만, 팬케이크(Pancake)같은 약간 단맛이 나는 흑갈색의 얇은 조각으로 돼 있었다. 우리가 마시는 물도 지구의 주민들이 음용하는 것과는 다르다. 그것은 완전히 무미한 맑은 오일(Oil)같은데, 밀도가 약간 더 무겁다. 이와 같은 물은 우리 행성에서는 일반적인 것이다. 모든 음식들은 맛이 좋았고, 나의 섬세한 새 미각에도 잘 맞았다.

식사가 끝난 후 대사(Master)께서는 우리에게 말을 건넸고, 현재 계획돼 있는 지구로 가는 나의 여행은 그 방식에 있어서 독특한 것이라고 말씀하셨다. 왜냐하면 내가 모든 의식적 기억을 그대로 지닌 채로 지구에 도착하게 될 것이기 때문이라는 것이다. 내가 지구로 가는 이유 중에 한 가지는 카르마적인 문제가 관련돼 있기는 하나, 또한 거기에는 나중에 밝혀지게 될 다른 사명이 있다고 하셨다. 대사님은

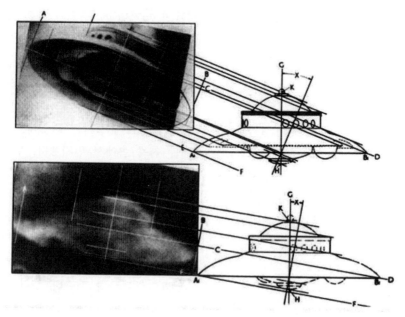

직각투영기법을 이용해 1952년에 조지 아담스키가 찍은 사진(위)과 영국의 한 소년이 1954년에 우연히 촬영한 사진(아래)이 동일한 종류임을 비교한 도해. (레오나드 크램프의 책에서 인용)

계속해서 말씀하시길, 내 삶의 후반기에 내가 지구에 가서 삶을 사는 (즉 이런 방식으로 지구에 온 것에 대한) 진정한 이유가 좀 더 밝혀지게 될 것이라고 언급하였다. 나의 지구 여행은 내가 오직 내 자신의 카르마(業)를 균형잡기 위해서만은 아니기 때문에 좀 특별한 것이다. 대사님께서는 다음과 같은 말씀으로 자신의 말을 끝맺었다.

"나중에 사람들은 그녀의 용기에 대해 칭찬하며 높이 평가하게 될 것입니다."

모선은 흥미로운 장소였다. 승무원들은 항상 분주해 보였다. 거기에는 우주선 조종과 항행, 정비 및 보수, 식품 준비, 보급품 관리, 왕복선의 운용, 기타 언급되지 않은 많은 과학적 프로젝트들이 진행되고 있었다. 나는 2명의 승무원이 다른 직무로 교대하기까지 한 가지 일을 맡아 이틀씩 근무한다는 것을 알았다. 다시 말해 이것은 전체 승무원들이 우주선 조종과 항행에서부터 요리기기의 가동에 이르기까지 모든 직무가 다 가능하다는 사실을 의미하는 것이다.

　매일 마무리 시간에 승무원 전체의 모임이 열렸다. 나는 이런 모임을 두 번 볼 수가 있었는데, 한 번은 첫째 날 특별 만찬이 있은 후였고, 다른 한 번은 내가 지구의 대기권으로 진입하기 직전이었다. 지구로 가는 나의 여행 일정에서 약 이틀 동안은 모선에서 체재하였다. 만찬 후 나에게는 스키복과 아주 유사한 특수 우주복이 맞춰져 입혀졌다. 그때 나는 바로 그 모임이 개최되는 것을 보고 들을 수 있었다. 그 모임은 갖가지 보고들이 이루어지고 새로운 아이디어들이 공유되는 정말 허심탄회한 토의였다.

　어떤 문제점들은 항상 전체 승무원들과 함께 나누었는데, 이는 서로 창조적인 해결책을 짜내어 돕기 위해서이다. 과학자들로 구성된 승무원 팀은 항상 선상에서 행성들의 대기 조건들을 연구하고 우주공간 내 행성들 안팎의 변화들을 분석한다. 그리고 우리가 모든 것을 다 알고 있는 것은 아니기 때문에 우리 주민들은 때때로 우주공간의 신비에 마음을 빼앗기곤 한다. 과학자들이 뭔가 새로운 사실을 밝혀냈을 경우, 이런 정보들은 나머지 승무원 전체와 공유된다. 아울러 날마다 시험과 실험의 결과들 - 무엇이 새로 밝혀졌고, 어디서 의문들이 계속되고 있는지 - 이 알려진다. 그 모임에서 나온 어떤 특별한 내용을 내가 기억하지는 못하는데, 나의 관심은 단지 거기까지였기 때문이다.

　그때 나는 미술 용구 한 세트를 선물로 받았고, 실습삼아 여성 승무원 2명의 도움으로 색칠하기를 모두 끝마쳤다. 그날 저녁 삼촌은 지구의 아이들이 가지고 놀 수 있는 여러 가지 완구들에 대해 이야기해 주었다. 그리고 지구의 그들이 그런 장난감을 필요로 하는 것은 아스트랄 세계에서처럼 스스로 그것들을 창조해낼 수 없는 까닭이었다. 색칠하기 책과 크레용은 지구 아이들이 이용하는 것들 중의 하나였다. 내가 해본 것은 그것과 비슷했고 난 그것이 좋았지만, 그것을 지구로 가져가는 것은 허용되지 않았다.

　수면과 관계된 나의 첫 경험은 예기치 못하게 일어났다. 처음에 나는 잠을 자야할 필요성을 인식하지 못했는데, 왜냐하면 아스트랄 세계에서 수면은 마음이 좀 더 휴식하는 것 이상이 아니었기 때문이다.

내가 마음을 혹사하지 않는 한, 나는 내 아스트랄체를 쉬어야 할 필요가 없었던 것이다. 육체를 가진 이래 나의 경험은 매우 새롭고도 낯설었으므로 나는 결코 한 번도 수면에 대한 생각을 해본 적이 없었다.

나는 라운지에 앉아서 그저 바로 옆의 대화들을 듣고 있었다. 그런데 바로 그때 갑작스럽게 내 머리가 아래로 "쿵"하고 떨구어지는 것을 느꼈다. 나는 깜짝 놀라며 깨어났고, 이 모든 것이 무엇을 뜻하는지를 알지 못했다. 당시에는 그저 내 몸이 매우 이상하게 움직이고 있다고 생각했다. 하지만 졸음이 와서 나도 모르게 고개를 떨어뜨리는 이런 현상은 누군가 나를 향해 걸어올 때까지 거듭해서 일어났다.

내게 다가온 그 승무원이 내게 설명하기를, 지금 나는 육체를 지니고 있고, 또 만약 내가 휴식을 취해주지 않는다면 내 몸은 스스로 휴식을 취하려 할 거라고 알려주었다. 그의 말로는 설사 내가 마음을 과도하게 사용하지 않을지라도 내 몸은 잠 속으로 빠져 들게 될 거라는 것이다. 그것이 바로 육체가 작용하는 방식이었다. 곧 이어 나의 의식적인 마음은 무의식 속으로 빠져들었고, 더불어 나는 잠이 들었다.

다음 날 나는 모선 내부를 둘러보는 여행에 나섰다. 처음에 나는 소형의 자선(子船)들이 레일 위로 진입하여 아래의 격납고 구역으로 미끄러져 내려가는 곳을 구경하러 갔다. 소형의 우주선들이 재충전될 필요가 있을 때마다 한 승무원이 그 우주선의 가장자리에다 잠금장치를 부착시키고 레버를 끌어당겼다. 그러면 완전히 충전되는 동안 붉은 코일(Coil)이 달아오르며 빛을 발했다. 나는 또한 그 우주선 반대편 낮은 곳에 있는 다른 에어록(기밀식 출입구)을 통해서 비행접시들이 빠져 나가는 것을 보았다.

모함은 3단계 높이로 되어 있었다. 가장 밑바닥 층은 사실상 소형 왕복선을 50대까지 저장할 수 있는 격납고 구역이다. 가운데 층은 라운지, 식당, 그리고 2개의 조종실로 이루어져 있다. 한 조종실은 모선의 각 끝머리 부분에 위치해 있었다. 나는 이 조종실을 보지는 못했는데, 내 관심이 그곳에 있지는 않았기 때문이다. 나를 안내했던 승무원은 그곳의 모습이 왕복선의 조종실과 크게 다르지는 않다고 했으며, 다만 규모가 더 크고 좀 더 전문화돼 있다고 설명해 주었다. 예를 들면 조종실에도 역시 바닥에는 외부를 볼 수 있는 조망 렌즈가 설치돼 있지만, 왕복선의 렌즈보다는 훨씬 더 배율이 높고 선명하다는 것이었다. 거의 모든 선실마다 창이 있는데, 특히 라운지에서는 현창을 통해 우주의 모습을 생생하게 볼 수가 있었다. 그리고 이곳은 결국 내가 지구의 모습을 처음으로 힐끗 보았던 장소이기도 하다.

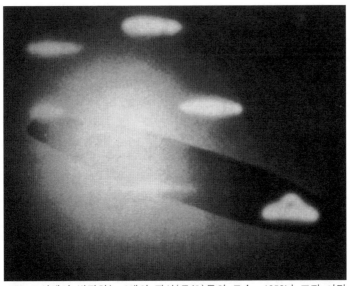

UFO 모선에서 발진하는 6대의 자선(子船)들의 모습. 1952년 조지 아담스키에 의해 촬영되었다.

모선의 맨 위층은 수면실과 저장소로 나뉘어져 있었다. 각 침실들은 침대가 있는 모텔방과 비슷했는데, 이 침대들은 벽에서 빠져나오도록 설계돼 있었다. 그들은 주간에는 데스크와 의자가 놓여 있는 선실에 앉아 근무했다. 각 방은 또한 욕실을 갖추고 있었다.

과거에 보닉(Vonic)이 내게 수면과 배설, 그리고 다른 육체의 기능들에 관해 가르쳐주었지만, 난 그 당시에는 그런 개념들을 이해하지 못했다. 이번 생에 나는 육체를 가져보지 않았기 때문이다. 선상의 여성 가운데 한 사람이 화장실이 무엇이고, 어떻게 그곳을 사용하는지를 설명해주었다. 그러나 나는 그런 것들이 매우 의아하게 생각되었다. 원래 침실 하나에 두 사람이 잘 수 있기는 하지만, 통상적으로 한 명의 승무원마다 우주 조망권이 갖춰진 자신만의 방을 가지고 있었다. 그리고 두 개의 방이 하나의 창을 나누어 공유하고 있는 구조였다. 모선에는 약 60개의 선실이 있었으나 모든 곳이 다 차 있지는 않았다.6)

모선 위에서의 시간은 빠르게 지나가고 있었다. 승무원 가운데 한 사람이 나에게 창문쪽의 자기 곁으로 오라는 손짓을 했을 때는 이틀째의 날이 거의 끝나갈 즈음이었다. *바로 거기서 지구의 모습이 보였고, 검은 우주공간을 배경으로 푸르고 흰 구체(球體)가 떠 있었다!* 내 친구가 푸른색의 지역은 바다라고 설명했다. 소용돌이치는 흰 구름들은 낯설었지만 해양 위에 아름다운 패턴을 만들어내고 있다는 생각이 들었다. 그 구체의 한쪽 지역은 어두웠고, 그곳의 밤의 어둠은 아직 낮으로 바뀌지 않은 상태였다. 그리고 이 별이 내가 곧 살게 될 행성이었던 것이다.

---

6)여기서 다시 우리는 종종 논쟁의 대상이 되었던 조지 아담스키(G. Adamski)의 사진들을 언급해야만 한다. 이 논쟁자들은 결코 신원이 확인되지 않았고, 그들의 시비들은 어떤 형태의 증거에 의해서도 전혀 실증된 바가 없다. 작은 원반형 우주선을 발진시키는 금성의 시가형 모선 사진들이 하나의 좋은 실례(實例)이다.

그 일련의 사진들의 본래 원판(陰畵)과 인화된 것들을 본 그 누구라도 그 특별한 사진들을 위조하는 것은 매우 어렵다는 사실에 동의해야만 할 것이다. 그리고 사실상 아무도 그때 이래로 그런 사진을 아담스키처럼 찍을 수는 없었다. 한 대나 두 대, 최종적으로는 다섯 대까지 접시 형태의 자선(子船)들이 모선(母船)의 동체 하부에서 출현하는 모습이 보이는 것은 우주 공간에서 명확히 목격된 어두운 렌즈 형태 물체의 주변에 나타난 수평 대형의 광점(光點)들이다. 인화된 거의 모든 사진들은 노출과다에 의해 이런 혼합된 광점들이 마치 상세하지 않은 빛의 도료들처럼 보이게 만들고 있다. 그리고 이것이 당시 그들이 항상 사진을 인화하던 방식이었던 것이다. 그런데 다른 주장을 하는 어떤 전문가들은 그들의 기술적 분석으로 이것을 간파했을 것이다. 그리고 이제까지 그 누구도 일련의 이 UFO 사진들 중에 단 1장도 모방하지 못했다.

(웬델 C. 스티븐스 주)

## 지구로 가는 여행

모선은 오래지 않아 지구의 대기권으로 진입했다. 이윽고 소형의 호위선(子船)이 우리를 태우고 우리의 나머지 여정을 책임져 줄 것이었다. 우리가 출발하기 한 시간 정도를 앞두고 작별인사를 하기 위해 승무원 전원이 라운지에 모였다. 그들 고유의 문화적 배경에 따라 어떤 이는 악수를 청했고, 어떤 사람은 우리를 포용하였다.

삼촌과 나, 그리고 우리의 동료 비행사는 복도를 통과해 우주비행선이 이륙하는 만(灣)을 향해 나있는 입구로 걸음을 옮겼다. 삼촌 오딘이 우주선 작동을 시작했고, 나는 조망 렌즈 근처에 앉았다. 곧 입구가 닫혔으며, 나는 우리 우주선이 미끄러지듯 부드럽게 움직이며 조용히 레일들을 아래의 에어락(Airlock)과 해치(Hatch)쪽으로 내려놓는 것을 느꼈다.[7]

그때 나는 우리가 점점 하강하며 낮과 밤 사이의 경계부분으로 가까이 접근함에 따라 지구가 더욱 더 커지는 것을 보았다. 얼마 되지 않아 거대한 산맥의 모습들이 눈에 들어왔다. 삼촌은 조망 렌즈들 근처에 있던 눈에 잘 띄지 않는 버튼을 눌렀다. 그러자 렌즈가 미끄러지며 제자리로 돌아가듯이 사라졌다. 우리는 더 이상 그처럼 렌즈의 거대한 배율은 필요하지가 않았던 것이다. 우리의 최고 성능의 렌즈는 하늘의 거의 한 점같이 보이는 고도(高度)에서도 거리를 걷는 사람들을 볼 수 있을 만큼 성능이 우수해 우주선 승객들은 이것을 좋아한다. 하지만 우주선이 지상에 착륙할 때는 먼지 오염으로부터 렌즈를 보호하기 위해 보호 덮개가 렌즈 위로 미끄러져 덮게 되는 것이다.

---

7)한 번 더 우리는 이미 다른 사람들에 의해 제시된 적당한 자료를 언급할 수도 있다. 비록 그것이 존재했을 지라도 옴넥이 자기 원고의 이 부분을 집필하기 이전에 이런 그림을 목격했다는 증거는 없다. 사실 좀 더 상세하게 말하자면, 그녀의 원고는 모든 측면에서 그 그림을 제외하고는 글렌 패스모어(Glenn Passmore)가 공개한 내용과 부합하는데, 글렌이 좀 더 외적으로 상세히 기술한 그림 부분 내용은 옴넥이 미처 인식하지 못한 것까지 포함하고 있다. 글렌 패스모어에 의해 그려진 다른 그림은 이 작업을 한 저자가 무엇을 묘사하려고 했는지에 관해 많은 것을 보여준다. 여기서 패스모어는 외부의 상세한 모습을 기술하고 있는 반면에 옴넥은 내부에 대한 세부적인 정보를 제공하고 있다. 하지만 거기에 두드러진 불일치나 모순은 없었다. 아울러 부디 출판사에 의해 이 문서에 첨부된, 클렌디넨(CLendenen)이 부록에서 기술한 내용을 주목하기 바란다. (웬델 스티븐스 주)

우리는 산들의 정상을 스치듯 비행했고, 아래의 계곡 사이에 자리 잡은 마을들에서 반짝이는 불빛을 넘어 날아갔다. 우리가 진입하고 있던 지역은 경치가 화려하게 아름다웠다. 우리의 우주선이 지상의 불빛 쪽으로 접근함에 따라 나는 그 거대한 산들과 울창한 녹색의 계곡이 드러내는 장관에 압도되었다. 삼촌은 우리의 목적지가 '아감 디스(Agam Des)'라고 알려진 히말라야 산맥 내의 한 영적인 비밀 도시라고 말했다.

지구로 처음 오는 대부분의 우주인들은 행성 지구의 낮은 진동에 점차 적응하기 위해 우선 '아감 디스'에 도착한다.

# 제9장

## 행성들의 연합형제단

# 9장

## 행성들의 연합형제단

### 행성들의 연합형제단

　지구의 우주 비행사들이 금성과 화성에 최초로 착륙할 날이 왔을 때, 그들은 거기서 고등 생명체의 징후들을 발견할 것이다. 연합 형제단에 속한 다른 행성들에서도 역시 마찬가지이다. 물론 그 형제단은 다른 행성들뿐만이 아니라 티타니아(Tythania:금성)의 아스트랄 문명에 관해서도 잘 알고 있다.

　얼마 동안 금성의 아스트랄계의 우리 주민들은 금성의 물질 차원계에 다시 식민하기 위해서, 또는 지구에서 거주하기 위해서 육체로 출현해 왔다. 내가 금성을 떠나온 이래 그 행성의 삶이 어떻게 변화했는지는 말할 수가 없다. 하지만 아마도 지금 지구상에 살고 있는 형제단 소속의 다른 존재들은 다른 행성에서의 자기들의 삶에 관해 이야기하게 될 것이다.

　수많은 다른 행성들의 문화적 다양성에 대해 알고자 하는 것은 해변의 모래 알갱이들을 헤아리는 것과 비슷하다. 지구 내의 많은 다른 문화들을 연구하는 것은 이 방대한 행성 형제단 내의 무수한 생명체들을 연구하는 것에 비교할 때 유치원의 일거리 정도가 될 것이다.

위대한 단계에 이르기까지 그 생명체가 어떤 모습으로 될 것인가를 결정하는 것은 한 행성에 거주하는 영혼들의 영적 성숙도이다. 개인들이 영적으로 더 발전하면 할 수록에 그들의 삶은 덜 복잡해지고 물질적인 기술에 덜 의존하게 된다. 그 때는 마음을 통해서 작용하는 영혼의 천부적 힘에 보다 의존하게 되는 것이다. 초기에 한 행성의 삶은 단순하고 원시적이지만, 이윽고 기술이 출현하고 점점 복잡하게 된다. 그때 그 행성은 우리가 오늘날 지구에서 발견하는 - 어느 정도 발전하기는 했지만 아주 복잡한 - 것과 매우 유사한 기술단계에 도달한다. 그리고 최종적 단계의 모습은 더욱 진보된 행성들에서 찾아볼 수가 있는데, 그곳의 기술은 다시 매우 단순해지고, 동시에 매우 발전돼 있는 형태인 것이다.

예컨대, 걷는 것은 단순하지만 한계가 있는 이동 방법이다. 그리고 그보다 약간 더 복잡한 방식의 이동 수단은 말(馬)을 타는 것이 될 것이다. 계속해서 좀 더 복잡하고 발전된 방식은 자동차나 열차, 비행기를 이용하는 것이다. 그러나 영혼의 몸으로 여행하는 것은 한층 더 진보된 방법이지만, 낮은 차원의 세계에서 이용하는 그 어떤 다른 여행 방법보다 훨씬 단순하다.

다른 행성들은 모두 이런 정도의 어떤 단계에 있고, 그들의 방식은 단순하지만 기술적으로 진보된 삶의 방식을 이루고 있는데, 그 모든 것은 그들의 영적인 발전 여하에 달려 있다. 일부 행성들은 지구처럼 훨씬 더 뒤떨어진 상태를 경험하기도 한다. 때문에 태양계 내의 모든 존재들이 이를 염려하게 된 것이다. 그런데 과학기술적 발전이 영적인 성숙도를 앞지를 때마다 그 행성의 행로는 커다란 어려움에 봉착하게 된다.

## 각 행성의 독특성

내가 앞서 언급했듯이 금성, 화성, 목성, 토성, 천왕성, 해왕성, 그리고 명왕성은 그들 나름의 고유한 형태로 문명을 이루고 살고 있다. 또한 나는 명왕성 너머의 행성들은 비거주지역이고 아직 이름이 붙여져 있지 않다고 배웠다. 하지만 이것은 내가 금성을 떠나온 이후에 바뀌었는지도 모른다. 원래 태양계 안에는 오직 4개의 행성, 즉 수성, 금성, 화성, 목성만이 존재했었다. 12개의 행성들 중에 나머지 것들은 그 이후에 창조와 해체라는 지속적인 자연의 과정을 통해서 형성된 것이다. 행성들은 지구의 과학자들이 믿고 있는 것과는 반대로 끊임없이 형성되고 있고, 또 파괴되고 있다.

지구상의 핵실험은 심각한 문제를 야기할 수 있는데, 왜냐하면 수성(水星)에서 발생했던 일이 지구에서도 일어날 수 있기 때문이다. 핵실험으로 인한 수성의 궤도 변경은 그 행성을 태양에 보다 근접시키게 되었고, 결국 그곳의 주민들은 떠날 수밖에 없었다. 다행스럽게도 그당시 토성(土星)은 비어 있었으며, 수성의 우주여행 기술은 그곳으로 행성 철수가 가능할 만큼 발전돼 있었다. 하지만 지구는 그렇게 운이 좋지 않을 수도 있는 것이다.

최고 창조주의 법칙(우주법, 또는 자연법)에 관한 진리는 우리 태양계 내의 다른 행성들에게 잘 알려져 있고, 또 받아들여져 있다. 이들 행성들이 지구와는 대조적으로 함께 공유하고 있는 모든 것들은 영적 법칙하에 사는 그곳 주민들의 삶과 그들이 이런 진리들을 자기들 삶의 가장 중요한 부분으로 여기는 데서 생겨난 것이다.

우리는 동료 인간들을 육체나 마음, 의식 상태나 태도, 또는 낮은 속성들로 판단하지는 않는다. 이런 요소들은 모두 일시적인 가면들인 것이다. 각자의 삶의 형태는 영혼 그 자체를 표현하고 있는 것이며, 그런 까닭에 우리는 삶의 모든 것을 머리로 판단하는 대신에 가슴으로 이해한다. 영적으로 진보된 행성들의 주민들은 모두 '카르마(業)의 법칙'에 대해서, 또 어떻게 자신들이 모든 행위와 비행위(非行爲)을 통해 직접 그것과 맞닥뜨리게 될 것인지를 잘 알고 있다. 마찬가지로 그들은 죽음이 끝이 아니라 단지 다른 세계로 옮겨가는 것임을 안다.

생명의 법칙에 대한 자각(自覺)은 어떻게 인간이 행동하느냐에 있어서 커다란 차이를 만들어 낸다. 만약 인간세상에서 '카르마의 법칙'만이라도 제대로 이해되고 받아들여진다고 하더라도 지구상의 삶은 변형될 것이다. 각 개인들의 내적 열림(영적개화)만이 지구를 전쟁과 폭정, 학대의 시대로부터 벗어나게 할 것이다. 여러분은 그런 가능성을 지니고 있는데, 왜냐하면 당신들은 여전히 그것을 원하고 있기 때문이다. 여러분이 그것으로 충만해질 때, 인류는 또한 성장할 것이다.

## 행성들의 진화

영혼의 공동의 적은 물론 돈과 권력이며, 그것은 인간의 마음과 감정을 통제하기 위해 의식을 통해서 움직인다. 게다가 인간의 생각과 감정들은 항상 이 세상 속에서 일어나는 까닭에 자신의 생각과 감정을 콘트롤하게 되면, 곧 자기 운명을 통제하게 되는 것이다. 인간을 통해서 흐르는 부정적인 것들은 하나 또는 그 이상의 5가지 격정으로 나타나며, 그것은 탐욕, 분노, 자만, 색정, 그리고 물질에 대한 집착이다. 이런 부정적 요소들이 지구의 주민들 속에서 전반적으로 힘을 상실할 때 인류문명은 크게 진보할 것이고, 그 상태는 금성문명이나 행성들의 형제단에 소속된 다른 행성에 존재하는 문명과 매우 흡사한 것이다. 내면의 다스림과 같은 것을 통해서 세상에는 갈등과 전쟁이 없게 될 것이다. 이 태양계 내에서의 마지막 행성간 전쟁은 일찍이 여러분의 인간사회가 존재하기 이전에 일어난 바가 있다.

삶의 외적 상황은 언제나 내적인 마음과 감정의 통제 상태를 그대로 반영한다. 인류가 지구의 이웃 행성들의 주민들을 인식하기 위한 노력 속에서 우리의 외적 형태를 넘어 주목해야 할 매우 중요한 어떤 것은 다른 인간들을 향한 우리의 태도이다. 우리는 다른 인간들을 우리가 지칭하는 용어가 아닌 인간 각 존재가 영혼이고, 그들이 거주하는 낮은 세계들이란 단지 일종의 학교라고 받아들인다.

만약 우리가 지구에서 선입관적으로 편견을 지니고 있거나 무엇인가에 대해 나쁘게 느끼는 누군가를 만난다면, 이것은 그 사람의 의식 수준의 결과이기 때문에 그대로 수용한다. 즉 이것이 그가 배운 전부인 것이다. 각 사람은 자신의 태도와 의식각성의 수준을 변화시키는 경험을 할 때까지 그 만큼만 알 수 있는 까닭에 우리는 아무도 나쁜 것이 아님을 깨닫는다.

우리 금성인들은 모든 생명을 위해 사랑의 감정을 방사하고 나눠주는 것으로 알려져 있고, 우리는 스스로 평화와 평온을 체험했다. 우리는 어떤 상황에서도 행복하며, 그것이 얼마나 부정적으로 보여지느냐와 관계없이 어떤 것을 부정적으로 생각하기보다는 그것을 우리가 성장하도록 돕기 위한 경험으로 받아들인다.

다른 행성 출신의 사람들과 사이좋게 지내는 것은 매우 쉽다. 우리에게는 다른 이들을 끌어당기는 어떤 내면적인 특성들이 있다. 그렇다고 우리가 지구상의 사람들보다 더 낫다는 것은 아니다. 우리는 단지 지금 자체적으로 평화롭고, 또 활용할 수 있는 생명에 관한 영적 진리가 조성된 환경에 태어날 기회를 가진 것뿐이다. 우리들 중의 많은 이들이 또한 과거 지구에서의 삶을 경험한 바가 있다.

인간 각자는 누구나 그 자신이 이루고 싶어 하는 것을 단순히 시각화함으로써 무엇이든 원치 않는 것들을 변화시킬 힘을 내면에 가지고 있다. 지구 주민 대부분은 자기 내면의 이런 힘을 알지 못하는데, 그러므로 여러분은 그것을 경험하고 배운 사람들을 숭배하는 경향이 있는 것이다. 지구상의 인간이 개인으로서 그 자신의 내면에 있는 거대한 잠재력을 알지 못하는 데 반해 우리는 자신이 누구이고 무엇인지 깨달을 기회를 가지고 있다. 그리고 각 개인은 스스로 걸어갈 길을 선택해야만 한다.

# 불간섭

　조화와 불간섭주의는 오랜 세기에 걸쳐 수많은 진보를 이룩한 우리 금성 주민들의 삶의 특성이다. 이것은 자아실현과 신성실현을 향한 영혼의 여정에 있어서 낮은 세계들에서의 영적발전에 아주 중요한 것이다. 또한 그것은 지구상의 많은 사람들이 아직도 배워야할 필요가 있는 주요 교훈들이다. 불간섭주의는 각 개인을 위한 자유의 영적법칙이다. 두 사람이 똑같이 생각하고 느끼거나, 반응하거나, 또는 똑같은 태도나 관점을 가질 수는 없다. 또한 동일한 수준의 영적인 개화를 하지도 않는다. 각 개인은 준수해야만 하는 영적인 법칙에 따라 그 자신만의 고유한 세계를 가지고 있다.

　이런 사실은 지구상에서 인식되거나 이해되지 않고 있는데, 그것이 오늘날 수많은 세상의 문제들을 일으키는 원천인 것이다. 만약 사람들이 그들 자신의 삶에 대해 좀 더 주의를 기울인다면, 세상의 문제들은 줄어들게 될 것이다. 그리고 여러분이 다른 사람들의 삶에 해를 끼치면 끼칠수록 그만큼 더욱 더 다른 이들이 여러분 자신에게 지장을 주게 될 것이다. 이것이 바로 행위에서의 "카르마(業)의 법칙"인 것이다.

　다른 이들이 꼭 어떤 식이 되어야 한다거나 어떤 규범이나 태도들을 가져야 한다고 믿는 것은 결국 간섭이나 충돌을 초래하게 된다. 가장 이상적인 것은 다른 사람들을 그들 나름의 독특함을 가진 개인으로, 또는 그 자신만의 교훈을 경험하고 있는 영혼으로 받아들이는 것이다. 간섭에는 타인의 동의가 없이 자기의 생각이나 견해를 일방적으로 강요하거나 억지로 도우며 충고하는 것이고, 더욱이 다른 사람의 행동이 잘못됐다고 생각하는 것이다. 다른 이들이 왜 그렇게 행동하고 생각하며 느끼는가를 이해하기 위해 노력하는 것은 단지 그들을 심판하는 것보다는 훨씬 더 유익하다. 그것은 또한 각 개인이 자기 스스로에 대해 더 낫게 이해하는 것을 돕는다. 우리는 남과 말다툼하지 않는다. 우리는 이해를 추구하고, 다른 이들이 하고자하는 말이 무엇인지가 더 중요하다고 느끼는데, 왜냐하면 인간은 이미 그의 마음속에 있는 것을 아는 까닭이다.

균형은 삶에서 매우 중요하며, 낮은 세계의 도처의 존재들이 그것을 통달하기 위해 노력할 만큼 보편적으로 중요한 것이다. 인생에서 어떤 극단에 치우치지 않는 것은 영혼이 낮은 시공(時空)의 세계들로부터 벗어날 수 있는 방법들 중에 하나이다. 하지만 불행하게도 지구상의 매우 소수만이 균형의 교훈을 배우고 있다. 영혼으로서 균형이 잡혀진다는 것은 삶의 모든 측면에서 균형을 유지하는 것을 의미한다. 심지어는 먹는 음식물에 있어서도 인간은 긍정적인 식품과 칼(Kal) 식품 사이에서 균형에 도달하도록 노력해야 한다.[1] 그러나 슬프게도 지구상의 문명화된 사람들의 상당수가 칼 식품들을 섭취한다.

욕망에 관해서 인간은 항상 어떤 대상이나 상황에 말려들지 않고 피할 수 있어야 한다. 그렇지 않다면 그는 이 세상의 그런 것들에 의해 노예로 전락할 것이다. 인간은 어떤 것에 속박되어서도, 또 반대로 그것에 대항해서도 안 된다.

이렇게 '중도(中道)'의 길을 가는 것은 아슬아슬한 분기선(分岐線)을 걷는 것과 같이 양쪽이 일부 겹쳐진 균형점의 자리에 서 있는 것이다. 영적인 사람은 때로는 신성한 영적 힘의 통로가 되기도 하고, 다른 경우는 칼(Kal)의 권력에게 이용당하기도 한다. 자기중심적이고 이기적인 인간은 거의 언제나 칼(Kal) 세력들의 통로이다. 이런 내용을 언급하는 목적들 중의 하나는 인간이 자신의 삶 속에서 균형을 성취하는 데 도움을 주기 위한 것이다.

균형은 또한 인간의 자연 보존 문제에 있어서도 지켜져야만 한다. 이미 대규모적인 손상이 지구의 섬세한 생태계에 가해졌고, 또 계속되고 있다. 먼 옛날 금성과 화성의 주민들은 자연을 파괴하는 것이 곧 그들 자신을 파괴하는 것이라는 사실을 실감함으로써 일찍 깨어났다. 그들은 토양으로부터 빼앗아 온 것들을 다시 보충해 넣고 도시와 마을을 건설하기 위해 아무 것도 파괴하지 않는 방식으로 자연을 존중

---

[1]여기서 칼(Kal) 식품이란 부정적인 먹을거리들, 즉 인체에 해로운 음식들이나 인스탄트 식품, 생명에너지가 결여된 것들을 의미한다. (역주)

하기 시작했다. 인류가 범세계적으로 척박해진 토양을 치료하고 식량 증진을 위한 화학약품 사용을 중단하지 않는 한, 인간은 지구상에서 다음 세기까지 살아남지 못할 것이다.

다른 행성들에는 질병이라는 것이 없으며, 평균 수명이 몇 천세 정도이다. 그리고 우리 주민들의 외모는 20대에서 30대 초반 이상으로는 나이가 들어 보이지 않는다. 그 많은 원인들이 우리가 이곳의 삶을 즐긴다는 데 있으며, 또 행성의 신비로운 감응력에 대한 우리의 정신적 태도로부터 연유하고 있다.

만약 지구의 사람들이 영양섭취에 관한 진리와 그것을 응용하는 법을 알았다면, 우리가 누리는 뛰어난 건강을 똑같이 기대할 수 있었을 것이다. 인간이 두려워하는 지구에서 알려진 대부분의 질병들은 사실 사람들이 먹거나 섭취하지 않는 음식에 의해서 유발되고 있다. 오염되거나 에너지가 결핍된 음식물을 먹은 후에 건강을 기대하는 것은 자동차에다 기름 대신 우유를 넣고 차가 달리기를 기대하는 것과 같다. 질병은 증상에 지나지 않는다. 그 원인은 3가지 수준, 즉 생각, 감정, 그리고 육체적 행위에 있다. 부정적인 생각과 감정들은 결국 육체의 병을 초래할 것이다.

## 원격순간이동

금성의 운송수단은 '에너지-물질 변환기'로 이루어진다. 이 기기의 발송 장치는 물질을 에너지로 전환시키고, 반대로 수신 장치는 그 에너지를 다시 물질로 바꾸는 것이다. 공중부양기기는 그 이전에 이미 광범위하게 이용돼 왔다. 그리고 그 기기의 개발은 자력(磁力)을 우주여행에 처음 이용했던 같은 시기에 이루어졌다.

## 우주여행

우주여행은 오랜 세월 동안 우리의 삶 전반에 걸쳐 생활화되어 있다. 우리 금성인들이 우리의 행성을 떠나 여행을 하는 동기는 언제나 우주와 그 대자연의 법칙에 대해 좀 더 배우기 위한 것이다. 상당수의 과학자들과 전문가들이 우리의 모선(母船)과 호송선단의 양 우주선들에 탑승한다. 변화는 늘 낮은 세계들에 있게 마련이므로 우리는 항상 새롭게 관찰하고 배울 것들을 발견하곤 한다. 행성들의 형제단에 소속해 있는 것은 많은 이점들이 있다.

우리는 항상 어려움에 처한 행성들과 우주선을 돕거나 이웃 행성들에 충분치 않은 광물 및 식물들을 함께 나누기 위한 준비가 돼 있다. 또한 우리의 과학자들은 보다 훌륭한 업적을 이루어내기 위해 공동 프로젝트를 가지고 함께 협력하여 연구한다.

모든 태양계들에서 우리가 행성 지구라고 부르는 것과 같은 이름인 칼 나-아르(Kal Na-ar), 또는 부정적 세력들이 많은 사건을 일으킨다.(우리 금성인들이 지구를 호칭하는 영문발음상의 이름은 지라타 지엄(Jhlata Geum)이다.) 그 세력들이 커지는 것은 종종 우리의 생존과 인근 행성들의 삶에 위협이 된다.

## 달에 있는 우주기지

아주 오래전부터 달(Moon)은 지구에 관계된 우리의 작업에 있어서 작전기지가 되어 왔다. 이곳의 한적한 계곡과 분화구 안에다 우리는 정교한 거주지와 수송망을 건설한 바가 있다. 가까운 미래에 이런 사실에 관해 훨씬 더 많은 정보들이 알려지게 될 것이다. 우리의 시설들 가운데 거대한 격납고 같은 것들은 우리가 운용하는 모선들을 안전하게 수리하고 보관할 수 있는 장소이다.

지구의 일반 대중들은 달에 관해서 완전히 잘못 이해하도록 오도돼 왔다. 달은 죽어있는 위성이 아니라 바로 태양 주위를 도는 다른 행성들처럼 주의 깊게 설계된 작은 행성이다. 지구의 달은 공기와 더불어 그곳에 적합한 인간 생명체들을 가지고 있고, 지표면에는 일부 초목(草木)과 박테리아, 곤충, 그리고 작은 동물들까지 있다. 물론 달의 상당 부분은 사막 지역이고 기온이 높아 무덥다. 그럼에도 다른 방문자들과 마찬가지로 우리 주민들은 환경용의 헤드기어(Head gear)를 쓰지 않고도 대기 속에서 생존할 수 있고 또 활동하고 있다. 어느 정도의 시간에 걸쳐서 인간의 몸은 좀 희박한 공기 속에서도 적응할 수가 있는 것이다.

어린 아이였을 때 나는 지구의 달이 살기에 알맞은 곳이라고 배웠을 뿐만 아니라 영혼의 체외이탈(體外離脫) 경험을 하던 동안에도 이 사실을 내 스스로 확인한 바가 있다. 그때 우리는 모선 위에 있었고, 나의 삼촌은 우주여행에 대한 모종의 비밀들을 나에게 설명해주기 위해 내 곁에 앉아 있었다.

## 우리의 우주선은 어떻게 작동하는가?

우리 금성인들의 놀라운 기술적 발전은 자연의 힘에 저항하는 대신에 그것을 활용하여 동력화(動力化) 한 결과이다. 우리의 모선과 접시 형태의 UFO 호송선들은 우주의 자연 에너지인 태양과 자기(磁氣) 에너지를 이용함으로써 경이롭게 보이는 활동들을 수행할 수가 있다. 우리의 우주선들은 중력(重力)과 마찰력에 의해 영향 받지 않을 뿐만 아니라 또한 엄청난 속도로 여행할 수도 있다.

지구상의 관측자들은 레이다상에 나타난 우리 우주선들의 믿을 수 없는 속도를 측정한 바가 있다. 그들은 시간당 수천 마일(Mile)에 달하는 UFO의 예각(銳角) 방향전환과 이론적으로 우주선 탑승자 전원의 몸이 분쇄될 수 있는 거짓말 같은 속도로의 급가속(急加速)과 급감속(急減速)현상을 목격했다. 그 비밀은 태양 에너지뿐만이 아니라 자기적(磁氣的)인 힘과 자기장(磁氣場)을 이용하는 데 있다.

모든 모선들과 작은 왕복선들은 그 내부에 중심축 내지는 기둥으로 보이는 장치를 보유하고 있다. 모선 내에서 이 축(軸)은 세로로 세워져 있는데, 작은 호송선들 안에서는 이것이 천정에서 바닥으로 일직선 형태로 내려와 있는 것이 보인다. 이 중심축은 그 우주선의 자기적인 극(極)으로 작용하며, 어떤 행성의 주변과 안에서처럼 자기장을 만들어내는 것을 돕는다. 지구가 바로 북극과 남극을 가지고 있는 것과 마찬가지로 우주의 우주선 역시 음극(-)과 양극(+)의 자기적인 충전장치를 가지고 작용하는 것이다.

우주선 내의 강한 중력장(重力場)과 자기장을 형성하기 위해 필요한 동력은 태양으로부터 직접 끌어내어 얻어진 것이다. 작은 호송선 내 꼭대기의 유리 같은 돔(Dome) 아래와 자기축(磁氣軸)의 상부에는 수정질(水晶質)로 표면이 입혀진 거대한 코일(Coil)이 장착돼 있다. 이 수정 물질은 태양 에너지를 매우 효과적으로 자기 에너지로 전환시킨다. 우주선에는 이런 방식으로 견고한 황금의 축과 함께 필요한 자기장이 형성돼 있다. 금(金)은 자기적인 힘을 전달하는 최상의 전도체(傳導體) 가운데 하나이다.

일단 그것이 적절히 조정되면, 자기장은 우리의 정찰선이나 모선을 지구의 자기장과 대기의 간섭을 받는 여러분의 항공기나 우주선과는 달리 하나의 독립적인 존재로 만든다. 게다가 우리의 우주선들은 그 자체가 작은 미니 행성과도 같다. 행성의 영향력으로부터 자유로운 이 우주선의 독립 상태는 무중력 상태로 불린다. 비행 중에 우리의 우주선들은 행성 그 자체와 균형을 유지하는 상태 속에 있다. 동력이 작동되었을 때, 우주선은 무중력이 된다. 그리고 비행하거나 행성의 표면에서 이륙하기 위해서 매우 적은 추진력만이 필요하게 되는 것이다. 대기와의 마찰력은 우주선을 에워싼 자기(磁氣)와 높은 에너지장에 의

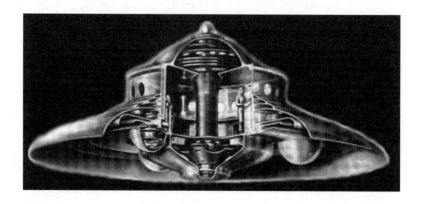

해 효과적으로 제거된다. 그것은 마치 그 우주선이 행성의 중력과 대기에 의해 전혀 영향 받지 않는 깊은 공간 속에 있는 것과 같다.

우주선내의 그 축의 극성(極性)은 비행중이거나 지표에서 이륙할 때 뒤바뀐다. 수평비행이나 추진은 우주선의 하부구조를 떠받치고 있는 충전된 3개의 금속성 구체(球體)를 통해 만들어진다. 그것이 이런 형태의 우주선들의 기본적인 특징이며, 이는 자기적인 축이 이런 종류에 속한 모든 우주선들의 전형적인 기계장치이자 작동기관의 일부인 것과 마찬가지이다. 이 UFO들의 둥근 3개의 하부구조는 또한 자기적인 극(極)을 가지고 있고 전기적으로 충전돼 있다.[2] 그것이 설치된 그 위의 회전하는 기체지지부는 그 우주선을 다른 자력선(磁力線)으로 전환시킨다. 우리 우주선의 속도는 어떤 임의적인 빛의 속도가 아닌 단지 특정 우주공간에 대해서만 제한되어 있다. 극도로 높은 속도일 경우 행성의 인근에서는 매우 위험할 수 있는 것이다.

우주선상에서는 기체(機體)가 얼마나 맹렬히 기동비행을 하느냐와는 관계없이 UFO가 움직이거나 가속된다는 아무런 느낌이 없다. 또한 순식간에 우리의 우주선들은 조종사나 승무원들에게 최소한의 압박감을 일으킴도 없이 정지할 수가 있다. 우주선 내의 탑승자들은 마치 아무런 미동(微動)조차 하지 않는 방안에 있는 것처럼 느끼는 것이다.

---

2)빌 클렌디넨은 전형적인 금성 UFO의 하부에 보이는 3개의 반구체(半球體) 중의 한 내부를 목격했을 때, 그 구조를 거꾸로 된 수직의 크리스마스 트리와 수은 증기로 가득 찬 밀폐된 방안의 검은 탄소봉 같은 수평의 봉(棒)들처럼 보인다고 묘사했다. 이 막대기 같은 구조는 상승 및 하강을 할 수 있고, 그 실내에서 회전될 수가 있다. 그것은 그 불룩한 부분에서부터 바닥까지 무거운 케이블처럼 연결돼 있다.

안토니 시란티티스(Anthony Serantitis)는 자신의 통일장 법칙을 가지고 전기와 자기(磁氣), 그리고 중력(重力)을 동일한 현상의 다른 측면들로 설명한다. 즉 이런 측면들은 서로 직각으로 작용한다는 것이다. 그는 자신의 방정식으로 인공적으로 생성시킨 역장(力場)이 그 속성상 전자기적이거나 전기-중력적이 될 수 있다는 것과 낮은 밀도의 전기-중력장은 더 높은 밀도의 다른 에너지장 속에서 '부양(浮揚)'될 것이라는 사실을 보여주었다.

만약 이것이 우주비행선과 같은 기체(機體) 주변과 전체에 생성되었다면, 우주선을 그 중력장 속에서 떠오르게 만들 수가 있다. 왜냐하면 그와 같은 에너지장은 그 안에 있는 모든 원자 내의 전자기장들과 직접 반응하고, 관성력은 작용되지 않기 때문이다. 그러므로 탑승자에게 아무런 물리적 감각도 느껴짐이 없이 UFO가 높은 속도에서 직각으로 방향 전환하는 것이 가능한 것이다. 통일장 법칙에 관한 그의 갑작스런 아이디어와 완전한 이해는 그가 개인적으로 UFO와의 경험을 겪은 후에 생겨났다.

(웬델 스티븐스 주)

이런 현상은 우주선이 외부에서 작용하는 힘들로부터 완전히 벗어나 독립적이기 때문이다. 우주선을 정지시키기 위해 브레이크를 거는 것은 동시에 조종사의 몸에도 브레이크가 걸리는 것이지만, 급정지하는 우주선에 비교할 때 그는 아무 것도 느끼지 못한다.

우리의 우주선을 에워싼 에너지장은 공중에서 일어날 수 있는 충돌을 사전에 예방한다. 즉 우주선들은 탑승자들에게 아무런 충격을 주지 않고도 (에너지 보호막에 의해) 서로 튕겨내는 것이다. 반면에 지구의 항공기들은 이런 보호 장치가 없다.

우리는 또한 우리의 우주선들이 지상으로부터 총격을 받았을 때 급히 이동하는데, 그 탄환이 보호막에 의해 지상으로 다시 반사되기 때문이다. 그럼에도 이 사실은 지구상의 어떤 이들에 의해 우리 우주선이 응사했다는 식으로 왜곡되었다. UFO를 둘러싼 역장(力場)은 운석(隕石)에 의한 폭격뿐만이 아니라 공기 내의 마찰력에 대해서도 보호해 준다. 모선과 호송선들 기체의 티타늄(Titanium) 외피가 약간의 도움은 될지라도 대부분의 보호작용은 그 에너지장에서 나온다. 이것은 보통의 티타늄이 아니라 반투명의 효과를 일으키는 어떤 광선에 의해 처리된 것이다.

오직 모선만이 자급자족이 가능하며, 그 외의 호송선이나 정찰선들은 모선 내의 정비실에서 보수 및 에너지 재충전이 필요하다. 이런 중,소형 우주선들은 장거리 여행용으로 제작된 것이 아닌 것이다. 그리고 모선은 필요한 모든 에너지를 우주공간으로부터 직접 끌어온다.

## 금성의 과학자들

만약 자기적(磁氣的) 힘에 관한 비밀들이 알려져 인간세계에 도입되었다면, 지구상의 삶은 분명히 대변혁이 일어났을 것이다. 모든 에너지가 무료이고 누구나 이런 자기적인 동력으로 움직이는 항공기나 우주선을 이용할 수 있다면, 그때 오게 될 혁명적인 변화들을 여러분 스스로 한 번 상상해보라.

하지만 부정적인 권력자들이 현재 이 지구를 지배하며 강하게 버티고 있다. 그리고 인간 개개인들에게 좀 더 힘과 자유를 제공해줄 수 있는 그 어떤 것도 그 세력들에게는 일종의 위협으로 간주돼 왔다. 그런데 여기에는 우주의 절대자인 신(神)의 '지고(至高)의 법칙'조차 포함돼 있는 것이다. 과학기술 분야에서 만인에게는 선(善)이 되지만 소수의 권력자들에게는 위협 내지 악(惡)이 되는 새로운 발명들은 대개 비밀리에 은폐되거나 파괴되었고, 아니면 적어도 그 신뢰성을 상실케 하여 믿지 않게 만들었다.

니콜라 테슬라

지구의 주민들은 전기에 관한 발명가인 니콜라 테슬라(Nikola Tesla)[3]에게 많은 빚을 지고 있다. 그의 발명이 없

---

3)니콜라 테슬라(1856년 ~ 1943년): 유고슬라비아(지금의 크로아티아) 출신의 전기공학자이자 발명가, 물리학자, 기계공학자이다. 나중에 미국으로 건너가 1891년 미국시민이 되었다. 테슬라는 19세기 말과 20세기 중반에 이르기까지 가장 뛰어난 과학자 중의 한 사람이며, 그의 다양한 이론과 발명품은 제2의 산업혁명을 불러오는 데 견인차 역할을 하였다. 한 때는 미국의 에디슨 회사에서 수년간 발전기와 전동기를 연구했으나, 후에는 에디슨과 결별하고 자신의 연

었다면, 지구는 오늘날과 같은 곳이 되지 못했을 것이다. 한때 그는 전기모터와 발전기를 설계하면서 토마스 에디슨(Tomas Edison)과 함께 일했다. 또한 당시 나이아가라 폭포의 동력 시스템에 대한 책임을 맡고 있던 사람이 테슬라였다. 70대의 나이에 이르기까지 니콜라 테슬라는 700건 이상의 발명 실적을 보유하고 있었다.

하지만 테슬라는 시대를 너무 앞서 갔었다. 나중에는 에디슨조차도 그에 반대해 입장을 바꾸었고, 그의 빛나는 수많은 발명들에 대한 평판을 떨어뜨리기 위해 온갖 시도를 한바가 있다. 테슬라는 지구 자체로부터 뽑아내어 사용할 수 있는 무한 에너지의 활용법을 개척했고, 에너지란 것은 굳이 거대한 발전설비에서 생성돼야 할 필요가 없다는 것을 이해하고 있었다.[4] 그러나 테슬라가 당시 이야기했던 것을 알고 있던 자들은 그와 그의 아이디어(Ideas)들의 명성에 손상을 입히는데 성공했으며, 그런 식으로 세상에 커다란 유익(有益)을 안겨다 주었을 자력(磁力)에 관한 비밀들은 은폐되고 말았던 것이다.

다음과 같은 테슬라 자신의 말은 그가 무엇을 목표로 지향했는가를 우리에게 알려준다.

"무선 에너지의 가장 가치 있는 응용은 비행기기의 추진력으로 사용하는 경우가 될 것이다 …"

그가 사망했을 때 테슬라의 연구실은 폐쇄되었고, 세월에 걸쳐 그의

---

구소를 설립하여 최초의 교류유도전동기와 테슬라 변압기 등을 만들었다. 그가 평생 획득한 특허는 25개국에서 272개에 달한다.(역주)
4)1950년에 캐나다 앨버타의 리스브리지에 살던 윌버트 B. 스미스는 금성인들과 접촉했는데, 그 외계인들은 그에게 니콜라 테슬라의 앞서 있던 전자기 기술을 일깨워 주었고, 그의 끊어져 있던 이해의 공백을 메워주는 도움을 주었다. 그들은 지구의 물리적 밀도 속에서 운용하기 위한 테슬라 프로젝트를 개발하고자 스미스와 몇 년 동안 함께 일했으며, 궁극적으로는 UFO 및 거기에 관련된 물리적 원리를 연구하기 위해 설립된 캐나다의 〈프로젝트 마그넷〉팀과 협력하였다.
하지만 불행하게도 그 프로그램은 선의를 가지고 있었지만 잘못 안 언론인들에 의해 그 프로젝트에 관계된 사람들까지 성가시게 괴롭힘을 당하고 후원자들은 난처한 상황에 처하게 되어 결국 1954년에 공식적으로 중단되고 말았다. 그럼에도 스미스는 중단하지 않고 홀로 금성인들과 연구를 계속했고, 완전히 새로운 개념의 물질과 에너지를 개발했다. 그의 연구결과는 그가 세상을 떠난 후 1964년에 그의 아내에 의해 출판되었다.(그 책의 제목은 "신과학(The New Science)"이다.) (웬델 스티븐스 주)

위대함에 대한 기억도 모두 사라져 버렸다. 지구상의 소수의 사람들은 그가 지금도 항상 존재하고 있음을 알고 있다. 그리고 그보다 더 적은 극소수의 사람들은 그가 인류를 돕기 위해 금성(金星)으로부터 이곳에 왔다는 사실을 아직도 알고 있다.

### - 그의 감춰진 삶과 업적에 대해 -

"전력(電力)이라는 것은 어디에나 무제한의 양으로 존재한다. 그리고 그 힘에 의해 코일이나 석유, 가스, 기타 다른 어떤 연료나 비용이 없이도 세상의 기계장치들을 움직일 수가 있다."

-N. 테슬라 -

테슬라가 남긴 이 말에는 그가 어떤 존재이며, 왜 인간 세상에 왔었는가를 암시해주는 중요한 단서가 함축적으로 내포되어 있다. 〈지구의 과학문명을 100년 앞당긴 천재 과학자〉, 〈현대 과학기술의 아버지〉, 〈우주에서 길을 읽고 지구에 잘못 태어난 외계인〉, 이런 말들은 뜻있는 사람들에 의해 테슬라에게 흔히 붙여진 별칭들이다. 그리고 여기에다 굳이 한 가지 별명을 더 덧붙인다면, 〈우주적 비전(Vision)을 지녔던 위대한 마스터 과학자〉라는 표현이 적절하다고 해야 할 것이다.

그런데 이런 지고의 찬사에도 불구하고 오늘날 발명가 "에디슨"과 물리학자 "아인슈타인" 박사를 모르는 사람은 거의 없어도 테슬라를 아는 사람은 별로 많지 않다. 심지어는 〈과학인명사전〉에서조차 그의 이름이 누락돼 있는 경우까지도 때때로 발견할 수가 있다. 그렇다면 어떻게 이런 이상하고도 부자연스러운 일이 있을 수가 있을까? 그러나 여기에는 그럴만한 충분한 이유가 있으며, 일반인들이 모르는 모종의 감추어진 흑막(黑幕)이 존재하고 있는 것이다. 니콜라 테슬라는 인류 역사상 가장 위대한 과학자였을 뿐만 아니라 시인(詩人)이자 음악가였고, 또한 신비가인 동시에 철학자이기까지 했다. 그는 인류 과학문명이 꽃피기 시작하던 중요한 시기에 지상에 태어나 엄청난 업적을 쌓았을 뿐만 아니라 지상의 과학발전에 중대한 공헌을 한 사람이다. 하지만, 인류를 돕고자 했던 그의 순수한 과학적 열정은 이기적이고 사악한 세력들에게 이용당했고, 시대를 너무 앞서간 탓에 무지한 인간들에게는 미친 과학자 취급을 받으며 외면당하기 일쑤였다.

한마디로 에디슨이 돈에 집착한 개인적인 발명가였다면, 반면에 테슬라는 돈과는 무관하게 지구 전체 인류의 공익을 위해 이타적이고 순수한 마음으로 수많은 발명품들을 개발했던 인물이었다. 자신의 재정 상황에는 별관심이 없었던 그는 무관심 속에서 평생을 독신으로 연구에만 매진하다가 86세로 세상을 하직했다. 그는 오늘날 우리가 사용하는 교류전기(A.C) 시스템과 고주파 변압기, 유도전동기, 네온사인, 교류발전기, 집적회로, 모터, 라디오를 발명한 장본인이다. 게다가 더 나아가 그의 연구영역은 당시로서는 믿을 수 없었던 무선에너지 전송 및 무선통신 기술, 기상조절, 레이더, 전자 광선무기, 에테르 연료 자동차, 비용이 들지 않는 무한 공간에너지의 활용, 다른 행성과의 교신기술에 이르기까지 광범위하게 확장돼 있었다.[5] 그리고 그는 당시 이미 그런 놀라운 기술들을 실용화하여 인류에게 전수할 수 있는 충분한 능력을 갖추고 있던 시대를 앞서간 과학자였던 것이다. 실제로 그는 100년 전인 그때 이미 전선줄이 없이 전기 에너지를 송전하는 방법과 프리 에너지(Free Energy) 활용법을 알고 있었다. 즉 테슬라는 지구자체가 이미 엄청난 전기의 힘을 지니고 있으므로 거기에다 파이프를 연결하듯 뽑아 쓰기만 하면 아무런 비용도 들이지 않고 무제한으로 전기에너지를 활용할 수 있다는 사실을 인간에게 증명하려고 했고, 그 기술을 구현하려고 했던 것이다.

따라서 우주적인 관점에서 볼 때 테슬라는 이 책에서 옴넥이 이미 밝혔듯이, 외계문명권에서 인류과학문명에 도움을 주기 위해 계획적으로 파견한 외계인 사명자였다고 보아야 할 것이다. 그럼에도 당시 지구상의 거의 모든 사람들은 불행하게도 그의 진정한 신분을 전혀 알아보지 못했다. 그

---

5)테슬라는 1899년 미 콜로라도 스프링스에 있는 동안 자신이 다른 행성(아마도 화성)의 지성체로부터 신호를 받았다고 대담하게 언급한 바가 있다. 또한 그는 1931년 〈타임 매거진(Time Magazine)〉紙와의 인터뷰에서 다음과 같이 의미심장한 언급을 했다.
"나는 행성간의 교신보다 더 중요한 것은 없다고 생각한다. 그것은 언젠가 이루어질 것이며, 우주 내에 우리처럼 활동하고, 고민하고, 노력하는 다른 인간들이 존재한다는 확신은 인류에게 마법적인 결과를 낳을 것이다. 그리고 우리가 인간 자체인 한은 계속 지속될 우주적인 형제애의 토대를 형성할 것이다."
그런데 실제로 테슬라가 자신이 개발한 〈테슬라 스코프〉라는 장치를 통해 당시 이미 다른 행성과 교신했다고 믿을만한 정보들이 있다.(역주)

리고 그 당시 지구를 지배하고 있던 어둠의 정치 권력자들은 인류를 통제하는 데 그의 앞선 기술이 방해가 됨을 알고 그것들을 의도적으로 가로막았다. 게다가 오직 그들은 단지 테슬라의 진보된 기술들을 훔쳐서 하프(HAARP)와 같은 군사적인 목적과 부정적인 방향으로 악용하려고 시도했던 것이다. 그리하여 그가 전 인류의 평안과 복지를 위해 우주로부터 가져왔던 대단히 중요한 기술들이 모두 억압되거나 은폐되어 사라져 버리고 말았다. 그리고 이러한 비극적 현실이 바로 지구가 우주에서 '어둠의 행성'으로 불릴 수밖에 없는 이유인 것이다.

만약 그가 인류를 위해 지구에 펼쳐 놓으려 했던 과학기술들이 모두 그대로 실현되었다면 어떻게 되었을까? 아마도 오늘날 우리가 겪고 있는 전쟁과 테러, 질병, 굶주림, 빈부갈등, 기상재앙, 천재지변 등이 완전히 해결되었거나, 아니면 적어도 그 대부분이 감소되었을 것이다. 최소한으로 가정한다고 하더라도 우리는 최소한 지금과 같이 각박하고 결핍된 비극적세상이 아니라 대단히 풍요롭고 에너지 비용이 거의 들지 않는 전혀 다른세상에서 살고 있을 것이다.

그의 과거 삶을 면밀히 추적해 볼 때, 그는 일반 과학자들과는 전혀 차원이 다른 사람이었으며, 번뜩이는 영감(靈感)과 상상력, 눈에 보이는 환영(영상)을 통해 개발할 모든 기술들의 설계도를 미리 보았던 과학자였다. 또한 때때로 유체이탈(幽體離脫)과 영적인 교신마저도 자유자재로 행했던특출난 능력의 소유자였다는 사실이다. 그리고 테슬라는 바로 이런 방식으로 다른 진보된 행성으로부터 과학기술을 직접적으로 수신했던 것이다.

이 책에서 금성여인 옴넥 오넥이 그가 금성에서 온 존재였음을 밝혀줌으로써 그가 "지구에 잘못 태어난 불운한 외계인"이라는 농담조의 별명은 결국 어느 정도 사실로 증명된 셈이다. 하지만 그는 우주에서 길을 잃고 지구에 잘못 온 것이 아니라 인류문명의 개화를 돕고자 일부러 자원해서 온 존재라는 사실을 우리는 분명히 인식해야 할 것이다.

근래에 활성화된 채널링 정보들 속에서도 가끔 그에 관련된 정보들을 접할 수가 있는데, 그런 정보들에 의하면 현재 테슬라는 고향인 금성으로 돌아가지 않고 지구 내부세계(지저문명)에 머물고 있다고 한다. 테슬라가 지저세계에 있다는 사실은 지저공동세계와 채널링하고 있는 다이안 로빈스(Dianne Robins)의 정보에 의해서도 뒷받침된다. 그리하여 아마도 그는 지저세계에 머물면서 향후 지구에서 전개될 새로운 5차원 문명의 개막에 일조하고자 계속적인 노력을 기울이고 있는 것으로 보인다.

참고적으로 미국의 한 채널러가 테슬라로부터 받은 메시지를 소개하고자 한다. 그리고 우리는 테슬라가 자신의 직접적인 육성을 통해 전하는 말들을 들어봄으로써 그에 관한 참된 진실을 이해하는 데 보다 더 가까이 다가설 수 있을 것이다. (발행인)

* * * * *

*채널링: 캔데이스 프리즈

"친애하는 독자 여러분! 나는 니콜라 테슬라(Nicola Tesla)입니다. 나는 여러분의 지상에 한 때 살았으며, 말 그대로 세상에 불을 밝히고 전 지구적인 통신을 가능케 하는 온갖 종류의 진보된 지식들을 인류에게 가져왔습니다.

나는 여러분의 세계에 존재하는 전기(電氣)를 뽑아내 이용하고, 그것으로 동력장치를 움직이는 단순한 기술을 개발한 바가 있습니다. 또한 나는 올바른 목적으로 사용만 했다면, 멋진 방어시스템을 제공하고 지구권의 전쟁을 종식시킬 기술을 가져 왔습니다. 아울러 나는 당신들이 이른바 〈죽음의 광선〉이라고 부르는 기술도 인류에게 주었습니다만, 그것의 목적은 사실 죽음이 아니었습니다. 하지만 내가 지구에 선사했던 많은 기술들이 어둠의 과학자들과 다른 이들에 의해 도난당했고, 극악무도한 수단들로 전용되기 위해 개발되었습니다.

친애하는 이들이여! 모든 기술은 선(善)을 위해서 사용될 수도 있고, 또는 악(惡)을 위해 사용될 수도 있습니다. 그것은 단지 그 기술이 누구의 손에 들어가느냐에 달려 있는 것입니다. 인류는 지금 마침내 내가 구상했던 무선기술을 가지고 있습니다. 나는 과거 어느 날 인류가 자신을 세상과 연결시켜주는 작은 장치를 손에 쥐게 될 것이라고 생각했습니다. 그런데 당신들은 지금 그것을 실행하고 있는데, 바로 핸드폰과 유사기기들이 거기에 해당되는 것입니다.

사랑하는 이들이여! 지구상의 어두운 지도자들이 저지른 최악의 실수는 전기를 전선을 통해서 송전한다는 것입니다. 이것은 송신되는 상당량의 전류의 신호가 그 전선에 의해 상실되어 감소되므로 엄청나게 비경제적입니다. 그리고 거기에 요구되는 전류의 세기로 인해 인간에게 해로울 수 있고, 또 피해를 주고 있는 전기적인 신호가 발생합니다. 지구상의 도처에는 변압기들이 있으며, 그 주변에 살고 있는 사람들은 그것의 영향 때문에 아무도 건강하지 못합니다.

내가 개발했던 시스템은 전기 에너지를 지구의 전리층(電離層)을 통해 송전하는 것이었는데, 이 방식은 아무런 전류의 손실이 일어나지 않습니다. 그리고 그것은 각 빌딩의 전기 수신장치로 쉽게 포착하여 얻을 수가 있는 것입니다. 그때 그 전기 신호들은 건물 내의 공기를 통해 실제로 전등이나 진공관으로 전달되어 점등됨으로써 빛을 밝히게 될 것입니다.

여러분이 현재 사용하는 백열등이나 형광등은 내가 인류를 위해 구상했던 것이 아니었습니다. 이런 장치들은 일부 형광등이 약간 다르게 작동하는 것을 제외하고는 대부분 전기 저항에 의해 빛을 밝히는 것입니다. 보통의 전구를 켜기 위해서는 하나의 전선줄이 필요하며, 그것은 물론 그 집의 배선에 연결돼 있습니다. 이런 과정에서 많은 전류가 손실되는 것입니다. 여러분이 그 아래 앉아 사용하는 많은 조명장치들이 이런 식으로 켜지는데, 이런 방식은 여러분에게도 정말 좋지 않은 에너지 흐름을 만들어냅니다. 반면에 백열의 진공관(Vacuum Tube)은 완전히 안전합니다.

오늘날 지구상의 모든 사람들은 전기를 생산하기 위해서는 연료가 사용돼야 한다고 믿고 있습니다. 즉 그들은 전기라는 것이 어떤 연료로부터 만들어지는 것이라고 믿고 있는 것입니다. 실상은 그렇지가 않습니다. 전기는 그냥 (자연 속에) 있는 것이며, 그것은 어디에나 존재하고 있는 것입니다. 그것은 일종의 전자(電子)의 흐름입니다. 여러분의 소위 아스트랄체(Astral Body)라는 것은 전자들로 만들어져 있습니다. 전자들은 도처에 존재하고 있습니다. 그러므로 그것은 단지 여러분이 있기 바라는 곳과 여러분을 위해 작용하기 원하는 곳에다 보내거나 유도해야 할 필요가 있을 뿐입니다.

석탄이나 석유, 가스연료를 연소시켜 움직이는 발전설비들이 하는 것은 발전기의 회전자를 돌리는 것입니다. 그 이상도 그 이하도 아닙니다. 여러분은 이미 프리 에너지(Free Energy)를 가지고 있는데, 바람이 풍력발전기의 회전자를 돌리고, 수력발전 댐에서 나오는 물이 회전자를 돌리지 않습니까?

친애하는 이들이여! 그것들에서 사용되는 연료는 없으며, 전혀 없는 것입니다. 그럼에도 여러분은 물체를 작동시키기 위해서는 연료를 가져야만 한다고 생각합니다. 핵연료 역시도 필요 없습니다. 전자들은 상실되지 않으며, 언제나 존재하고 있는 것입니다. 그리고 전기로 사용된 것은 사용한 후 다시 재활용되기 위해 자연환경으로 되돌아갑니다.

자신의 연구소에서 테슬라 코일의 방전을 실험 중인 테슬라

나는 인류에게 영구적으로 작동되는 전기 발전기를 가져다주었습니다. 그것에 관한 설계는 충분한 전기를 생산했습니다. 그런데 친애하는 이들이여! 여러분 모두가 한 것은 그 전기를 받아 발전기의 회전자를 돌리는 기계에다 사용하는 것이었습니다. 여러분 모두는 자동차에 일종의 교류 발전기를 가지고 있습니다. 그것은 배터리에 저장된 전기를 만들기 위해 엔진의 가솔린을 사용하지 않습니다.

여러분의 자동차는 엄밀히 말해 연료가 필요 없습니다. 예컨대 캘리포니아에서 우리는 매우 멋진 전기자동차가 개발되어 시험되었고, 사람들에 의해 사랑받고 있음을 보았습니다. 거기에는 오직 한 가지 문제밖에는 없습니다. 즉 플러그(Plug)가 꽂아져야만 한다는 것이지요. 친애하는 이들이여! 그런 자동차의 바퀴가 발전기의 회전자를 돌릴 수는 없는 것입니까? 또는 위에서처럼 사실 그 시스템이 정확하게만 만들어졌다면, 바퀴들이 회전자를 돌릴 필요도 없겠지만, 그 바퀴를 이용하는 것은 하나의 간단한 아이디어인 것입니다. 그러므로 원리는 매우 단순한 겁니다.

그럼에도 불구하고 인류는 화석연료의 사용으로 인해 극도로 오염된 행성에서 살고 있습니다. 요컨대 여러분은 더 이상 어떤 것에도 화석연료를 사용할 필요가 없습니다. 나는 또한 인류에게 소위 "죽음의 광선"이라고 불리기는 했어도 여러분이 원하는 차량용 강철을 만드는 데 필요한 열을 충분히 생산하고도 남는 관련 과학기술을 주었습니다. 이 야기를 계속 진행하도록 하겠습니다.

여러분의 건물에는 전선이 설치돼 있으므로 한 가지 장치를 쉽게 만들 수가 있는데, 그것은 '테슬라 코일(Tesla Coil)'[6]을 이용하는 것입니다. 나의 시스템은 하나의 불꽃을 만들어낼 수가 있고, 그 불꽃은 포

---

6)테슬라의 가장 유명한 발명품 가운데 하나로서 특수한 변압기이며, 저전압을 고전압으로 바꿀 수 있는 장치이다. 1차코일과 2차코일로 구성되어 공진의 원리로 고전압을 발생시킨다. 불꽃 방전으로 생기는 고주파 진동 전류의 전압을 높이는 간단한 장치로 2차적으로 생겨나는 전압은 수백만 볼트 이상에 달한다고 한다.(역주)

획될 수가 있으며, 기존의 전선으로 전달될 수가 있습니다. 하지만 장차 인류가 단극성(單極性)의 시대로 진입할 때, 전선은 사라져야만 합니다. 전선은 단일 극성의 행성에서는 더 이상 맞지가 않습니다. 그러므로 새 건축물들은 다르게 지어져야 하고, 오래된 건물들은 거기다 필요한 것들을 설치하기 위해서는 할 수 있을 때 새로운 기술로 바꿔 가설돼야 합니다.

새 건축물의 경우는 거대한 '테슬라 코일'을 세워 전리층을 통해 에너지를 송신하는 것이 권할만 합니다. 하지만 소형 코일 역시도 건물로 직접 에너지를 보내는 데 이용될 수가 있습니다. 양쪽이 다 효과적입니다. 사실 이것은 오래된 여러분의 건물에다 사용할 수 있는 방법입니다. 여러분은 처음에는 단지 그 불꽃을 건물의 전선에다 연결시킬 수가 있고, 나중에는 그 신호들을 포착하고 분배하는 데 필요한 수신 장치와 다른 장비들을 건물에다 다시 설치할 수 있습니다.

친애하는 이들이여! '테슬라 코일'은 단일 극성(Mono Polar)입니다. 나는 과거 그 당시에 그것을 단극(單極)이라고 불렀습니다. 여러분은 전기가 이해돼 있지 않음을 알고 있습니다. 전자들이 존재합니다. 그것들은 양전하(陽電荷)도 음전하(陰電荷)도 지니고 있지 않으며, 이는 지구상의 과학자들에 의한 엄청난 오해입니다. 따라서 거기에는 음(一) 전기도 양(+) 전기도 없는 것입니다. 그것은 단순히 존재하고 있으며, 그 이상도 이하도 아닙니다.

가정과 소규모 지역을 밝히는 다른 조명방법은 벽에다 페인트를 바르는 특수한 기초 부분에다 어떤 수정체들(Crystals)을 덧붙이는 것에 관계가 있습니다. 소량의 열만으로도 이 방법은 가정의 방들을 훌륭한 부드러운 빛으로 밝힐 수가 있을 것입니다. 책읽기에는 충분치 않을지라도 즐기고 주변을 돌아다니는 데는 아주 충분합니다. 기본적으로 하나의 열 펌푸(Heat Pump)가 야간에 이를 위해 열 공급을 할 것입니다. 빛을 밝히는 데는 소형이 필요합니다.

테슬라의 노년의 모습 (1941년)

　당신들이 배워야 할 감춰져 있는 나에 관한 너무나 많은 것들이 있습니다. 지금은 지구의 주민들이 괴물(어둠의 세력)에 맞서서 일어나야 할 때입니다. 나는 또한 간단한 장치인 다이나모(발전기)를 인류에게 주었는데, 미국의 당신들은 자전거에조차 그것을 사용하지 않고 있습니다. 이 장치는 바퀴의 통 위에 장착되어 전기를 생산하는데, 현재는 단지 조명용으로만 사용됩니다.

　친애하는 이들이여! 이 발전기가 자전거에다 동력을 공급할 수 있다고 생각하지는 않으십니까? 그렇습니다. 그것이 가능합니다. 여러분은 오직 스스로 바퀴를 굴릴 필요만 있었겠지만, 그 발전기는 여러분이 훨씬 덜 힘을 들이고도 자전거를 움직일 수 있게 도와줄 수 있습니다. 자전거 무게는 약간 더 나갈 것이나, 그것이 여러분이 페달을 밟는데 요구되는 에너지를 방출함으로써 무게를 충분히 상쇄하게 될 것입니다.

　나는 지구상의 기술자들에게 자전거에다 효과적인 발전기를 추가로 장착할 것을 적극 제안하는데, 왜냐하면 그것이 다가오는 에너지 부족 시대에 인류가 자동차를 개조할 때까지는 여러분을 돕기 위한 가장 빠른 방법이기 때문입니다.

여러분의 자동차들이 '테슬라 코일'에 의해 달릴 수 있도록 개조될 수 있을까요? 지금 그대로의 상태로는 불가합니다. 하지만 피스톤에다 압축공기나 물을 펌푸질 하기 위해 '테슬라 코일'을 이용함으로써 차들은 개조될 수가 있습니다. 그런데 이것은 돈이 많이 들 것이고, 그 코일은 이렇게 이용할 수 있도록 생산되고 있지 않습니다. 다른 방법으로 여러분은 엔진을 제거하고 그것을 다른 것으로 대체하는 방법을 찾고 있습니다. 완전히 새로운 차로 시작하는 것이 좋을 수도 있는데, 낡은 것을 재활용하는 데는 비용이 들게 될 것이기 때문이지요.

이제 나는 추가적으로 내 자신에 관계된 약간 흥미로운 언급을 하고자 합니다. 사실 나는 죽지 않았습니다. 나는 이 지구세계에 남았고, 내부지구(지저세계)로 걸어 들어갔습니다. 나는 나이를 퇴행시키고 재생되는 4차원 형태의 몸으로 변형을 겪었는데, 그것은 이 세상을 다시 한 번 완전히 걷고자 하는 것이 나의 의도였기 때문입니다. 나는 여전히 얼마간은 중년을 지난 모습으로 보이므로 내 사진과는 다소 부합될 것입니다.

그러나 나는 이 세계를 다시 걸을 것이고, 과학과 오래 전에 내가 애태우며 경험했던 고난의 이야기를 통해서 과학자들과 대중들이 진실을 알도록 도울 것입니다. 한 때 나는 어둠의 정치세력들에 의해 통제를 받았고, 더 이상 지구의 빛을 밝히는 일에 참여할 수 없었습니다. 나는 단순히 고독하게 살았으며, 여러분이 오늘날 (채널링으로) 부르는 것과 같은 영혼과의 끊임없는 교신으로 하루하루를 보내며 살았던 것입니다.

우리는 내가 이 세계를 떠나서 행성 지구가 나의 도움을 받을 준비가 되었을 때 다시 돌아오기로 결정했습니다. 그리하여

미 주간지, <타임>지 표지에 등장했던 니콜라 테슬라

가짜 매장식이 있었습니다. 극소수만이 내가 이렇게 할 것임을 알고 있었으며, 그 당시 내가 간단히 사라지는 것보다는 이렇게 장례식을 진행하는 것이 더 나았습니다. 그리고 그때 이후로 나는 지구 내부세계의 주민이 되었습니다. 현재 나는 때때로 지구의 일부 과학자들과 일하면서 그들에게 필요한 정보를 주기도 합니다. 하지만 여태까지 빌딩과 전기 자동차의 전력공급용 장치로서 대략 에어컨 크기만한 작은 상자로 된 것의 개발이 허용되지 않았습니다.

하지만 덧붙여 언급하건대, 여러분은 또한 아무런 연료의 소비 없이 단궤 철로로 달리는 초고속 열차의 기술을 받았습니다. 여러분이 빠뜨리거나 잃어버린 것에 대해 생각해 보십시오. 그러나 그것은 어둠의 과학자들에게는 잃어버린 것이 아닌데, 그들은 내가 지구로 가져온 그 기술들을 지하기지에서 사용하고 있기 때문입니다.

지구에서는 현재 몇 개의 대륙들에서 고속 열차가 운용중인데, 본래 내가 준 기술이 어떤 식으로든 손상되지 않았다면, 다가오는 지구변화 이후에 사용될 수가 있습니다. 그리고 어둠의 세력들은 모든 것이 완비된 모종의 훌륭한 지하시설들을 마련해 두었으며, 이것은 지상의 주민들도 역시 이용할 수가 있습니다. 그렇지만 어둠의 존재들은 장차 이 시설들을 이용하지 못할 것인데, 그들은 제거될 것이기 때문입니다. 하지만 여러분은 이용이 가능합니다. 그리고 이것은 지금의 넘치는 인구문제를 경감시키는 데도 도움을 줄 것입니다. 나는 테슬라입니다.

멋진 하루가 되시길!

# 제10장

## 다시 디스(Des)로

# 다시 디스(Des)로

## 아감 디스에 착륙하다

우리의 우주선은 캐슈미르(Kashmir)의 높은 산봉우리들이 우뚝 솟아있는 계곡 사이 깊은 곳에 착륙했다. 나는 우주선의 둥근 창문을 통해서 멀리 보이는 계곡에 서 있는 인도인 도시의 건물 모습을 볼 수 있었다. 때는 이른 아침이었고, 태양이 밝게 빛나며 험준한 산의 얼굴들을 비추고 있었다. 이 첫 경관에서 나는 지구는 분명 아름다운 곳 같다고 생각했다.

우리가 우주선으로부터 나와 걷고 있을 때 나는 뒤를 돌아보았고, 그 UFO가 숲이 우거진 고지(高地) 안의 개간지에 단정히 앉아 있음을 보았다. 족히 몇 시간은 돼 보이는 동안 우리는 계속 앞에 놓인 험준한 산의 경사면을 타고 올라갔다. 평지를 걷는 것은 그런대로 견딜 만 했지만, 산을 오르는 것은 거의 참을 수 없을 정도였다. 한 벌의 갑옷을 안에 껴입은 듯한 느낌이 계속되었고, 내 다리는 고통스러울 정도로 너무나 무거웠다. 아직까지 나는 내 몸을 거울에 비춰보지는 못했지만, 느껴지는 감각이 너무 뻑뻑하고 어색했으므로 다소 괴상할 거라고 생각되었다.

우리 주변의 산허리는 매우 낯설어 보였다. 초원 위에는 군데군데 눈의 얼룩들이 덮여 있었으나, 그렇다고 약간이라도 추운 것은 아니었다. 삼촌은 거기에 대한 내 질문에 답해주었는데, 이곳이 산속의 고지(高地)인지라 공기가 매우 희박한 까닭에 별다른 한기(寒氣)가 없이도 눈이 남아 있을 수 있다는 것이었다.

전방에서 우리는 숲으로 둘러싸인 고원 위에 목재와 돌로 이루어진 거대한 요새의 성채가 서 있음을 보았다. 이곳은 영적인 도시 '아감 디스(Agam Des)'에 상응하는 다른 한 쌍의 물리적인 대응물이었다. 위의 산비탈로 나 있는 돌계단은 목재로 이루어진 입구와 성채를 둘러싼 담까지 이어져 있었다. 입구 안으로 들어서자 꽃과 야채들이 서식하는 정원이 보였고 각양각색의 동물들이 사육되는 농장이 나타났다.

삼촌과 나, 그리고 동료 조종사는 정돈된 돌길을 걸어 올라갔고, 쇠고리가 달린 거대한 나무 문 앞으로 다가갔다. 바로 그때 그 문이 소리 없이 안쪽으로 열렸으며, 우리 앞에는 두건이 달린 승복(僧服) 차림의 한 인물이 서 있었다. 그는 길게 늘어진 턱수염과 푸른 눈을 가진 위엄 있는 남성이었다. 그가 우리에게 인사말을 건네며 말했다.

"여러분의 방이 마련돼 있습니다."

그는 우리를 거처할 침실 숙소로 안내했고, 지칠 대로 지친 몸이었던 나는 너무나 반가웠다. '아감 디스'는 행성 지구에 있는 가장 위대한 영적 도시이며, 대사(大師) 야우블 사카비(Yaubl Sacabi)에 의해 인도되었다. 외부에서 볼 때 '아감 디스'는 어떤 티베트의 수도원과 매우 유사한데, 그럼에도 이곳에는 지구에서 가장 위대한 영적 거인들이 일부 살고 있다. 야우블 사카비 대사는 자신들의 몸을 불멸화하기로 선택하고 인간의 믿음을 초월한 나이들을 가지고 있는 그런 아데프트(Adept:초인)들 속에 있는 것이다. 그는 동일한 육체로 몇천 년을

살아왔다고 한다.[1]

수세기 동안 지구로 오는 우주여행자들은 지구의 거칠고 조악한 진동에 그들 자신을 적응시켜 익숙해지기 위해 '아감 디스'로 오곤 했다. 또한 '아감 디스'는 지구에 있는 〈황금 지혜의 사원들〉 중의 하나를 가지고 있는데, 다른 하나는 티베트의 '카추파리(Katsupari) 수도원'이다.[2] 이런 사원(寺院)들은 아주 옛적부터 금성에서 중요시했던 우리가 '우주 창조신의 법칙'이라고 부르는 고대의 가르침들을 보존해 왔다.

물리적으로 '아감 디스'는 돌바닥과 신비로움, 그리고 거무스름한 목재의 성벽으로 이루어진 거대한 정사각형의 건물이다. 실내의 조명 방법은 양초를 이용한다. 거기에는 벽을 따라 곳곳에 촛대가 설치돼 있다. 그리고 건물의 중간에는 벽난로가 갖추어진 대식당이 있었다. 사람들이 만나는 곳은 영적인 챈팅(Chanting)을 위해 사용하는 대성당 같은 거대한 집회실이었다.

정문 입구의 바로 안쪽은 동물들이 뛰노는 안마당이자 약초, 야채, 꽃들이 자라는 정원이었다. 각 방에는 침대 하나와 책과 몇 가지 개인 소지품들이 놓인 소탁자가 있었다. 그리고 건물 주변을 따라 대략 50개 정도의 아주 단순하게 꾸며진 침실들이 배치돼 있었다. 거기에는 또한 한 대사(大師)의 그림이 각 방마다 걸려 있었다. 이곳에서는 사원 안에 있는 그 누구도 초대받지 않는 한 다른 사람의 방에 들어가지 않는다.

---

1) '아감 디스'에 있는 〈지혜의 학교〉내의 한 스승은 같은 육체로 500년이 넘게 살아 왔다. 또한 우리는 일본에서 있었던 다른 UFO 접촉 사례를 상기시키고자 한다. 일본의 한 불교 고위 승려는 그의 80대 나이에 외계인들의 방문을 받았던 접촉자이다. 그는 다수의 접촉 기회를 가졌고, 한 번은 그 외계인들의 고향 행성에 2주일 동안 데려가졌는데, 거기서 그는 속성과정으로 그 외계인들의 역사와 문화, 그리고 언어를 읽고 쓰는 방법을 배웠다. 그가 깨달음을 추구하던 구도(求道)의 시기에 그는 한 대사 밑에서 공부하기 위해 히말라야로 갔었다. 이 스승은 비록 외관상 젊어보였으나 당시 500살이 넘은 것으로 알려져 있었다. 그 때가 이미 50년 전이었고, 그 대사는 아직도 살아 있다.(옮녁 주)

2) 탱글라 산 속에 있는 '카추파리 수도원'은 〈아키스바쉬의 소리〉라고 하는 오래된 장소 인근에 위치해 있으며, 한 계시예언자는 아직도 티베트 북부의 야생에서 활동하고 있다. 그곳은 타이머라고 부르는 탐험되지 않은 장소 근처이다. 그 수도원은 퍼비 콴츠(Fubbi Quantz)라는 이름의 대수도원장이 이끌고 있다.
(옮녁 주)

나는 '아감 디스'에 머무르는 모든 이들은 태양의 일출과 더불어 기상한다는 것을 첫 날에 알았다. 전날 밤 나는 아침식사에 호출하기 위해 종이 울릴 것이라는 말을 들었다. 다음 날 아침 내가 잠속에서 종이 울리는 것을 들었을 때, 마당에서는 수탉 한 마리가 홰를 치며 울고 있었다. 그때 나는 내가 입고 있던 벨트와 두건이 달린 긴 겉옷이 감자 자루처럼 올이 성긴 재료로 짠 천임을 알아차렸다. 또한 나는 그것이 나에게는 너무 헐겁고 크다는 것을 알았다.

창밖을 내다보자 아래에 수평으로 펼쳐져 있는 즐비한 고산준봉(高山峻峰)의 바다가 보였고, 오렌지-핑크빛의 아침 하늘 속에서 태양이 떠오르고 있었다. 따스한 한 줄기 산들바람이 내 얼굴을 스쳐갔다. 창문은 한쪽에 나무로 된 덧문이 달린 돌 벽 사이의 사각형 구멍에 지나지 않았다.

## 영적인 도시와 그곳의 사람들

식당에 내가 들어섰을 때 좌석은 이미 거의 차 있었으며, 나는 기다란 테이블에 나 있는 자리 하나를 잡았다. 각 테이블마다 약 12명의 사람이 앉을 수 있었다. 중앙 테이블의 가장 상석(上席)에는 한 대사께서 앉아 계셨고, 다른 테이블들의 상석에도 고위 비전 입문자들이 자리를 잡고 있었다. 우리의 아침 식사는 과일 한 조각과 쌀 밥 한 공기, 그리고 약초로 다린 차(茶)였다. 그것이 전부였다. '아감 디스'에서의 한 끼 식사는 하루에 두 번, 매우 간소하다는 것을 알 수 있었다. 그날 아침 우리는 약초 차와 함께 현미(玄米), 산에서 캐온 뿌리 식물을 먹었다. 그리고 하루걸러 과일 조각과 요구르트가 제공되었다. 저녁에는 양념이나 소스가 가미되지 않은 신선한 녹색의 샐러드를 먹었다. 고기나 생선류는 하루걸러 나왔다. 번갈아 가며 우리는 야채와 전분이 배합된 요리를 접했다. 날마다 우리는 약초 차(茶)나 과일 주스를 마셨고, 때때로 염소 우유를 대접받았다.

음식 맛은 담백했으나 훌륭했다. 내가 '아감 디스'에 머물러 있는 동안 점차 내 음식에는 마을에서 가져온 양념류나 다른 첨가물들이 추가되었다. 이런 방식으로 나는 날마다 조금씩 미국 음식에 적응할 수 있게 되었고, 머지않아 정식으로 미국식 식사를 하게 될 것이었다. 그럼에도 내 신체조직은 나중에 미국의 테네시와 아칸소에서 보낸 첫해 동안 내가 먹은 모든 음식에 대해 실제로 격렬하게 반응한 바가 있다. 미국 음식들은 그렇게 생명력이 고갈돼 있을 만큼 가공 처리돼 있고 오염돼 있으므로 우리는 마땅히 그것을 비극이라고 말할 수 있는 것이다.

첫날 아침에 식사하는 동안 나는 삼촌과 그의 친구가 거기에 있지 않음을 알아차렸다. 나는 그들이 함께 어딘가 멀리 간 것이 아닌가하고 추측했는데, 아마도 UFO로 모선에 귀환할 준비를 하러 갔을 것이라고 생각했다. 아침 식사가 끝난 후 나는 저녁 준비를 위해 마당에서 채소를 거두어들이는 일거리를 부여받았다. '아감 디스'의 모든 방문자들과 수도사(修道士)들은 일상적인 노역(勞役)을 통해 그곳에 체류하는 대가(代價)를 지불한다. 이것이 그곳을 운영하고 유지하는 방법인 것이다. 거기서 나는 어떤 날은 동물들에게 먹이를 주고 염소의 젖을 짜기도 했었다.

나는 수도사들에게 많은 말을 하지는 않았는데, 그들은 불필요한 말은 가급적 하지 않는다는 규칙을 가지고 있기 때문이었다. 오전의 중간쯤에 수도사들이 모여 다양한 악기를 연주하며 챈팅(Chanting)[3] 시간을 가질 때 나는 그들 곁에 앉아 음악을 들었다. 악기를 들지 않은 사람들은 노래를 부르듯 만트라를 합창했다. 챈팅은 챈팅홀에서 날마다 열렸으며, 사람들은 그곳에 모여서 벤치에 앉거나 바닥에 앉았다. 나는 챈팅을 사랑했다. 그것은 내가 황홀하게 마음이 사로잡힐 정도로 너무 아름답고 가락이 좋았다. 수도사들은 매번 다른 만트라

---

[3] 각종의 신성한 만트라(眞言)나 다라니(陀羅尼), 경전내용 등을 고저장단의 음악적 가락에 맞추어 낭송하는 것을 말한다. 때로는 이런 독송을 할 때, 목탁이나 또는 북, 드럼, 링공 같은 악기가 동원되기도 한다. (역주)

(Matra)를 가지고 매일 아침과 건조한 저녁에 챈팅을 행했고, 이는 상위의 차원계를 경험하려는 목적 때문이었다.

나는 곧 '아감 디스'의 생활은 매우 균형이 잡혀있고 질서정연하다는 것을 알게 되었다. 실제로 그곳의 사람들은 엄격한 관습을 가지고 있었다. 모든 것은 매일 매일 정확하게 같은 시간에 이루어졌다. 정오에는 모든 이들이 사적인 볼일을 위한 자유 시간을 가지며, 이때 그들은 산 아래의 마을들을 방문하거나, 낮잠을 즐기거나, 기타 개인적인 목적의 일들을 본다. 이 첫날의 자유 시간 동안 나는 몹시 피곤하긴 했지만 낮잠을 자고 싶지는 않았다. 그것보다는 주변을 둘러보기로 했다. 나는 정원을 통해 밖으로 나가서 잠시 걸었고, 작은 개울이 흐르는 시냇가에 앉았다. 그리고 나는 그곳에서 수업시간을 알리는 종이 울릴 때까지 깊은 생각에 잠겨 있었다.

이 수업은 '아감 디스'에 살고 있는 첼라들(제자, 학도)에게 최고 창조주의 법칙들을 교육하기 위한 시간이었다. 나 자신과 같은 방문자들에게 이것은 개인 지도교사와 만나는 시간이었다. 이 첫날 나의 스승은 몇 개의 과목들을 포괄적으로 다루었다. 우리는 잠시 동안 서구

세계에서 어떻게 수학(數學)을 공부하고, 또 미국의 교육제도는 어떻게 만들어져 있는지에 대해 이야기했다. 이어서 그는 유치원이란 곳이 어떠한지, 그리고 모든 아이들이 5~6세경에 학교에 가도록 예정돼 있다는 것을 설명해 주었다. 또한 그는 성적표라는 것이 무엇인지를 나에게 설명했다. 그의 말은 그것이 별로 썩 좋은 제도는 아니지만, 어쩔 수 없는 차선책이라는 것이었다. 하지만 내가 거기에 익숙해질 것 같지는 않았다.

그는 나에게 몇 개의 단어들은 발성하는 것과 ABC 등을 쓰는 법, 그리고 3~4개의 문장 구절을 읽는 법을 가르쳐 주었다. 이 모든 것은 배우기가 비교적 쉬웠다. 그는 전에 종종 들었던 것을 내게 설명했다. 즉 나는 내가 가진 영적인 가르침들을 어디에서도 듣지 못할 것이고, 내 인생의 말년까지 그것을 이해하는 그 누구도 찾지 못할 거라는 것이었다.

다른 인종들에 대한 인간들의 태도는 내가 익숙해져 있는 것과는 달랐다. 지구에서는 피부색이 보다 더 어두운 유색인종(有色人種)일수록 열등한 부류로 간주되었다. 나는 이것을 받아들이는 것과 목성의 왕실 종족을 상기해야 하는 어려운 시기가 있었다. 나는 어차피 이런 현실과 더불어 살게 될 것이고, 그러니 왜 이런 일이 일어났는가를 그저 이해하기 위해 노력하자고 생각했다.

'아감 디스'의 수도사들은 자신들의 이름을 공개하지 않았는데, 당시의 영적인 가르침들 자체가 지극히 비밀이기 때문이었다. 또한 이것이 그들의 보호책이었는데, 왜냐하면 마을의 주민들은 이미 수용된 인도나 티베트의 사상적 방향과 다른 어떤 가르침에 대해서는 부정적인 태도를 품었기 때문이다. 그리고 나 역시 좀 더 성장하게 되면 이런 종류의 부당한 편견이나 적대감과 맞닥뜨리게 될 것이었다.

2주일이 지난 후부터 나는 지구에 관한 새로운 많은 것들을 배웠다. 때때로 지도교사와 나는 책을 가지고 실내에서 공부하기도 했고, 또 야외로 나가서 숲속의 다른 식물들과 나무, 꽃들에 관해 배우곤 했다. 약초밭에서는 다양한 약초들과 그 용도, 그리고 왜 특정 종류의 약초들이 특정한 날의 어떤 시간에 차(茶)속에 넣어지는지를 가르침받았다. 나는 걷고, 앉고, 계단을 오르고, 기타 온갖 종류의 육체적 훈련을 연습하는 데 많은 날들을 보냈다. 이러다 보니 내가 모든 나의 자아의식(自我意識)과 한 벌의 갑옷 및 투구를 착용하고 있는 듯한 답답하고 둔중한 신체적 느낌을 떨쳐버리는 데는 단지 2주일이 소요되었다. 날마다 나는 균형 잡힌 훈련을 받았고, 거기서 나는 한 발로 서거나, 깡충 뛰기도 하고, 걷는 것과 달리기를 연습했다. 또한 우리가 밖으로 나가 걷는 가운데 나는 수도사들 중의 한 사람이 보고 있는 동안 물웅덩이를 건너뛰거나 나무를 기어오르기도 했었다.

## 아감 디스에서의 체류

내가 '아감 디스'에 머물러 있는 기간에 서너 명의 교사들과 함께 공부했는데, 한 과목 당 1명씩이었다. 그리고 교사들 누구나 그 분야에 대한 깊은 관심과 함께 많은 연구를 한 사람이기는 마찬가지였다. 나는 미합중국의 현 상황에 관해서 뿐만이 아니라 역사에 대해서도 배웠다. 동서간의 냉전(冷戰)에 대한 설명이 있었고, 어떻게 사람들이 (2차 대전시) 적에 의한 폭격을 두려워했는가를 들었다.

내가 얼마나 몸의 감각이 어색한지를 첫 번째 교사에게 언급했을 때, 그는 나를 위해서 산 아래의 계곡에 있는 한 마을에서 거울을 빌려왔다. '아감 디스'에서는 아무도 거울을 가지고 있지 않았던 것이다. 이로 인해 나는 몹시 흥분되었는데, 왜냐하면 난 아직까지 내 몸을 거울에다 객관적으로 비춰보지 못했기 때문이었다. 그리고 그것은 실제로 내가 느끼는 것만큼 내 모습이 괴상하지 않다는 것을 깨닫는 데 도움이 되었다. 수도사들은 말하기를, 지구의 기준으로 볼 때 나는 사실상 매우 우아하고 아름답다고 하였다. 나는 그런대로 이를 인정해야만 했고, 나중에는 덜 괴상하다고 느꼈다.

하루 종일 이어진 '아감 디스'에서의 나의 첫 교육이 끝난 후 우리는 약초차와 염소 치즈를 곁들인 검은 빵을 맛보았다. 나중에 우리는 야외에서의 챈팅을 위해 숲으로 향하는 길을 냈고, 그 길로 우리가 천천히 산보하며 거기에 도착했을 즈음엔 먹은 음식이 잘 소화돼 있었다. 우리는 그곳에 둘러앉았다.

챈팅에 관한 설명이 있었고, 나는 그것이 어떤 세계에서 유래된 것인지를 들었다. 그리고 나서 우리는 챈팅을 행했다. 나는 그 경험에 대해 단지 기분이 활기차게 고양되고 밝아지면서 말로 형언할 수 없는 것이었다고만 언급할 수 있다. 챈팅이 끝난 후 천상으로 고양되었던 우리의 마음을 현세로 되돌리기 위해 비전입문자들은 문/답 시간으로 30분을 우리와 보냈다.

수도사들의 다음 스케줄은 레크리에이션(Recreation) 시간이었는데, 내가 신체운동반과 스포츠 경기에 참가하는 것은 허락되지 않았다. 그때 삼촌과 그의 동료는 아래 마을들 중의 한 곳을 향해 산책을 하는 것이 어떻겠느냐고 제안했다. 삼촌 오딘은 내게 이런 마을들에 있는 길거리 시장에 대해 상세히 말해주었으며, 그것은 매우 흥미로웠다. 이런 곳에서는 온갖 종류의 수공예품들을 팔았는데, 예컨대 양탄자, 보석 장신구류, 도자기, 의류, 기타 그 이상의 것들이 거기서 거래되었다.

나는 마을로 가서 이런 모든 것들을 구경한다는 사실에 다소 마음을 들떴으나, 삼촌은 그것은 좀 어려울 거라고 설명했다. 왜냐하면 원주민들은 매우 거무스름한 피부색의 사람들이기 때문에 우리의 빛나는 피부와 머리카락이 지나치게 그들의 시선을 끌 것이라는 것이었다. 마을들의 다수는 당시 공산주의자들의 통제 하에 있었고, 또한 신분증명서나 신원보증서를 보자고 할 당국자들이 있었다.

길을 따라 걸으며 삼촌은 흥미를 끄는 여러 종류의 꽃 봉우리들과 식물, 동물들을 가리켰다. 나는 특히 꿩과 야생 공작(孔雀)들에 매혹되었다. 우리는 식사 시간 조금 전에 '아감 디스'로 되돌아 왔고, 나는 내 방에 가서 산책의 피로를 풀기 위해 휴식을 취했다. 거기서 나는 금성에서 가져온 식물과 어머니로부터 받은 보석을 바라보았다. 그리고 미국에서 장차 있게 될 나의 삶이 어떠할까를 내내 생각하고 있었다. 그때 식사 시간을 알리는 종소리가 침묵을 깨뜨렸다.

'아감 디스'에 머물러 있는 동안 나는 '야우블 사카비(Yaubl Sacabi)' 대사를 약 3번 정도 보았다. 그중 한 번은 챈팅 시간 중이었고, 나머지 두 번은 식사 시간에서였다. 그분은 매주 한 번 정도는 자신의 자녀들(※제자들을 그는 그렇게 불렀다.)과 함께 모였다. 보통 때의 대부분의 시간 동안 대사께서는 산을 넘어 마을들로 여행 중이셨거나, 아니면 영체(靈體)로 이곳 지구나 어딘가 다른 고차원계에서 임무 수행을 하기 위해 깊은 명상에 들어 계셨다.

야우블 사카비 대사님은 커다란 검은 눈과 어두운 올리브색의 피부, 그리고 턱수염을 가진 인도 사람과 매우 비슷해 보인다. 머리 색깔은 희끗희끗한 은백색이었다. 그는 매우 고요한 사람이었고, 언제나 미소를 머금고 있었다. 강연을 하는 중이 아니면 그분이 영적인 문제들에 관해 말씀하시는 것은 드물었다. 내가 아는 리바자 타즈(Rebazar Tarz)와 퍼비 콴츠(Pubby Quants)같은 다른 마스터들도 지구에서의 영적인 임무수행을 위해 자신의 육체를 계속 보존했다. 리바자 타즈 대사는 현대사회에서 수행할 임무를 갖고 있는 페다르 자스퀴(Peddar zasq)와 댑 펜((Dap Pen)을 훈련시키는 직접적인 책임을 맡고 있었다. 그는 최고 창조주의 법칙들을 가르쳤다. 그는 아마도 지구상의 인류가 깨어나는 향후 수십 년 내에 좀 더 공개적으로 활동하게 될 것이다.

만찬 시간에 야우블 사카비 대사님은 음식에 축복을 내렸고, 그것이 우리에게 봉사하는 목적에 대해 언급하셨다. 그분은 삼촌 오딘과 나, 그리고 우리의 동료를 반갑게 맞아주시며 우리가 '아감 디스'에 온 것을 기꺼이 환영한다고 하였다. 또한 모든 수도승들에 관해 언급하면서 그들은 우리가 '아감 디스'를 방문한 것을 영예롭게 받아들인다고 말씀하셨다. 대사께서는 지나치게 많은 말을 하시지는 않았다. 그런데 모든 수도사들이 우리가 금성에서 왔다는 것을 알지는 못했다. 다만 나의 스승과 야우블 사카비 대사님만이 이 사실을 알고 있었다.

나는 대사님 근처에 가까이 있는 것이 좋았는데, 그분이 주변에 계실 때 내가 느낀 기분 때문이었다. 그분의 존재 자체가 나를 편안하고 기분 좋게 만들었던 것이다. 그리고 그런 느낌은 그분과 같은 종류의 사람만의 것이었다. 식탁에 앉았을 때 대사께서는 제자들에게는 영광스럽게도 손수 빵을 쪼개어 식탁마다 차례차례로 돌리셨다.

'아감 디스'에 있는 모든 사람들은 길게 드리워진 법복(法服)과 두건을 착용했으며, 다른 이들이 있는 데서는 결코 그것을 벗지 않았다. 그들이 우리가 사회적으로 아는 기준으로는 아름다운 것은 아니었으나, 내가 그들에게 받은 느낌과 그들의 용모가 균형 잡혀 있다는 점에서는 아름다웠다. '아감 디스'에 있는 수도사들과 아데프트들은 나에게 얼굴이 맑고 매우 순수한 존재들이라는 인상을 심어주었다. 그리고 나는 그들의 존재 안에 함께 거하는 영광을 누렸던 것이다.

'아감 디스'는 오래된 고대 계열에 속하는 모든 마스터들의 고향이며, 그들은 영혼의 여정에서 아데프트(Adept)에 도달한 존재들[4]로서 지구의 영적진화에 커다란 책임을 맡고 있었다. 이 고대의 비전적 지식체계를 배우는 학도들도 역시 이곳에 산다. 이곳의 모든 거주자들은 남성들로 이루어져 있는데, 대부분은 인도인들이고 나머지 소수는 서구인들이었다. 그들 중의 약간은 단지 12살 정도로 나이가 매우 어렸으나, 연령(年齡)은 최고 몇 천세까지 고루 분포돼 있었다. 내가 육체적 외모만으로 그들의 나이를 짐작하여 말하는 것은 사실상 불가능하다.

그들의 대부분은 그들에 관해 언급된 대로 고대의 인품을 그대로 지니고 있었다. 그들은 모두 평상시 아주 조용했고, 꼭 필요한 말이 아닌 한은 말하지 않았다. 모든 이들이 침착하고 부드러운 음성을 지니고 있었으며, 다른 행성의 우리들이 가진 관습 - 남이 말할 때 중간에 끼어들어 방해하지 않는 - 을 따랐다. 즉 다른 사람의 말이 끝날 때까지는 아무도 이야기를 시작하지 않고는 했던 것이다.

영적인 가르침을 배우는 가장 신참의 제자들은 사원(寺院)에서 2년

---

[4]보통 신지학(神智學)에서는 5비전 입문자를 '아데프트(Adept)'라고 칭한다. 이 단계는 불가(佛家)에서 언급하는 아라한(阿羅漢)의 경지보다 한 단계 위의 상태로서 상당한 깨달음의 경지이다.(역주)

간 봉사함으로써 그 대가를 치렀다. 이들이 바로 각 방마다 씻기 위해 놓인 물통에다 물을 채우고 그 관리를 도왔던 사람들이었다. 이런 식으로 그 수도사들은 사원에 봉사했고, 그들은 언제나 새로 들어온 입문자들이었다.

그 첫날 있었던 식사 후에 모든 이들이 마무리 청소 일을 함께 도왔다. 어떤 사람은 식기를 닦았고, 어떤 이는 바닥을 청소하고, 또 다른 어떤 이는 테이블 위를 닦고 정리했다. 그리고 나서 다들 자기 방으로 돌아가 사적인 할 일이나 독서 등을 했다. 수도사들 중에 한 사람이 내게 빌려줬던 최초의 지구 책은 제목이 〈하이디(Heidi)〉[5]였다. 나는 그 책을 상당히 즐겨 읽었다.

토요일에는 앞으로 이틀 동안 먹을 농작물을 거두어들이고 냉장보관소에 저장하는 데 시간을 보냈다. 이 보관소는 차가운 산의 기류(氣流)가 곧바로 흐르는 곳에 세워진 작은 목조 건물이었다. 목욕은 숲속에 만들어 놓은 작은 목욕탕에서 이루어졌다. 여기에는 밑바닥이 주철(鑄鐵)로 된 커다란 목제 목욕통이 있었는데, 밑에다 불을 땜으로써 물을 데울 수가 있었다. 우리는 또한 개울가에 있는 차가운 폭포수로 목욕하는 선택을 하기도 했다.

일요일에는 식사 준비를 하는 것 외에는 할 일이 별로 많지가 않았다. 그 나머지 시간은 자유였다. 나는 그날 아침 아주 늦게까지 잠을 잤다. 그리고 잠자리에서 일어난 후 닭과 병아리들과 함께 놀러 나갔다. 나는 자리에 앉아서 수도사들이 노래하며 연주하는 것을 들었고, 노래하는 중에 그들과 합류하는 것을 좋아했다. 그들이 내게 가르쳐준 노래들 중에 하나를 영어로 가사를 번역한다면, 다음과 같이 생각된다.


나는 오늘 행복한 영혼,
나는 언제나 행복할거야.
태양이 밝게 비치지 않더라도

---

5) 스위스의 여류 아동문학가 조한나 스피리(Johanna Spyri)가 1881년에 발표한 대표작. 알프스 소녀 하이디에 관한 이야기이다.(역주)

나는 언제나 환하게 빛이 날거야.

나는 오늘 행복한 영혼,
나는 언제나 행복할거야.
그대도 역시 나와 함께 행복하지 않겠소?
나는 즐겁고 행복한 영혼.


'아감 디스'의 수도사들은 자기들이 선호하는 취미 생활에 늘 부지런했다. 그들은 노래 부르기와 악기 연주를 사랑했고, 극소수의 사람들은 그림을 그리기도 했지만, 난 그들이 자기 작품을 팔았을 거라고는 믿지 않는다. 수도사들 중에 어떤 이들은 약초를 재배하는 작은 정원을 가지고 있거나, 화원을 아름답게 꾸미는 일을 도왔다.

날씨는 언제나 상쾌했다. 나는 야외로 나가 산과 계곡을 둘러보기를 즐겼다. 공기는 항상 맑고 활기찼고, 태양은 늘 세계의 지붕인 이곳을 밝게 비추고 있었다. 이런 이곳에 서서 나는 눈을 감고 깊이 호흡을 하곤 했다.

나는 '아감 디스'에서 2주(週) 동안 아주 많은 것을 배웠다. 즉 육체로 좀 더 불편 없이 사는 것과 모든 것을 자비(慈悲)로 행하는 것을 배웠던 것이다. 여러 날들이 지났을 때 나는 몸이 이전보다는 훨씬 덜 불편하고 무겁지 않다는 것을 느꼈다. 나는 중력(重力)에 대해서 많은 것을 알게 되었고, 그러므로 물리적 법칙들에 매우 주의하고 안전하게 적응해야만 했다. 나는 내 발이 항상 땅을 확고히 딛고 있는 것을 보기 위해 밑을 내려다봐야만 했으며, 또 어떤 물체를 내려놓았을 때 그것이 적절히 내려져 있는지를 확인하고자 매우 신경 써야만 했다. 하지만 아스트랄 세계에서는 훨씬 덜 신경 쓰고도 여유 있게 모든 것을 할 수가 있었다.

나는 내가 지구에서 사는 내내 늘 어딘가에 부딪치고 타박상을 입고는 했던 이유가 바로 내가 물리법칙에 전혀 익숙해 있지 않았던 데에 있다고 추측한다. 여러분이 이 세상에서 뭔가에 부딪쳤을 때 그것은 아플 것인데, 그렇다고 인간의 상궤에서 벗어난 어떤 것을 생각할 수는 없다. 대체로 모든 사람들이 상위계에 머물러 있을 때의 전생(前生)을 기억하지 못하는 것은 다행스러운 일이다. 왜냐하면 그런 기억이 있을 경우에는 제한된 물질세계의 삶이 아주 견딜 수 없는 것처럼 생각될 것이기 때문이다.

'아감 디스'에서 처음 보낸 며칠이 지난 후 삼촌은 내게 춤을 추기 위해 노력해 보라고 제안했다. 이것은 좋은 아이디어처럼 보였으나, 내가 걷는 것에도 불편한 점이 있음을 고려할 때 그것이 잘 될 것인지는 의심스러웠다. 처음에 나는 천천히 동작을 연습했고, 날마다 그것은 점점 더 나아졌다. 이 과정에서 나는 내 자신을 훨씬 더 즐기게 되었다. 그리고 수도사들이 삼촌과 우리 친구에게 플루트(Plute)와 옛 것처럼 보이는 독특한 현악기를 빌려줘서 나는 음악에 맞춰서 춤을 출 수가 있었다.

육체로 하는 춤추기는 생소한 경험이었다. 내 아스트랄체의 자유로움은 사라졌다. 그리고 춤을 추는 것은 훨씬 더 이곳 물질계에 국한된 행위이다. 이곳에서 위로 올리는 어떤 동작을 했을 때는 반드시 다시 내려야만 하기 때문이다. 생각의 힘으로 기품 있게 춤을 추거나 다소간 공중으로 떠오르는 대신에 이곳 지구에서 춤을 출 때 여러분은 육체적인 균형을 유지해야 하고, 몸의 각 근육을 통제해야만 한다. 또한 이곳에서는 염력(念力)으로 즉시 음악을 창조하는 대신에 악기를 직접 연주해야만 한다. 그럼에도 불구하고 춤은 기분을 북돋우고 활기를 불어넣는 경험이었고, 내가 계속해서 즐겼던 취미였다.

삼촌 오딘은 나와 함께 시간을 보냈으며, 때때로 내게 이야기를 읽어 주거나 내가 어렸을 때의 재미난 사건들에 관해 말해주었다. 나는 그가 이곳 지구에 나를 두고 떠나는 것에 대해 슬퍼한다는 것을 느낄 수 있었지만, 그는 그것을 밖으로 내색하지는 않는 한 사람의 마스터였다.

그는 내가 보닉 밑에서 배울 때 빠뜨렸을 수도 있는 것들에 관해서 묻자 거기에 대해 대답해 주었다. 나는 그로부터 이곳 지구에서는 나의 생각들을 주시해야만 한다고 들었는데, 왜냐하면 비록 그 생각들이 즉각 실현되지는 않을지라도 생각과 마음가짐이 바로 이 세상의 모습을 만드는 것이기 때문이라는 것이다. 내가 알게 된 것은 지구의 아이들이 수많은 상상의 놀이를 하지만, 우리가 아스트랄계에서 했던 것처럼 그들이 상상했던 것을 즉시 실현할 수는 없다는 것이다. 지구의 아이들도 우리가 하는 것처럼 소꿉놀이를 하고 여러 가지로 꾸미지만 우리보다는 덜 공을 들인다.

수도사들은 내가 춤을 배우고 있다는 것을 알고 난 이후에는 식사 후 내가 할 허드렛일을 자기들에게 춤을 보여주는 것으로 대신하라고 요청했다. 그들에게는 오락거리가 별로 없었고, 또 내 춤은 영성(靈性) 지향적이었던 까닭에 그들은 그것을 아주 즐겁게 받아들였다. 춤추기는 당시 내가 좋아했던 늘 하는 하나의 일과였다.

상위 차원계에서 왔던 까닭에 나는 '아감 디스'에 존재하는 높은 영적 진동을 잘 알고 있었다. 그런데 내가 이 영적인 도시를 떠난 후 몇 년 동안 나는 그것이 정말 지구상에 존재했던 곳인지가 좀 의심스럽기도 했다. 즉 그곳은 마치 영적으로 진보된 행성들 중의 한 군데서나 발견될 수 있는 장소와 매우 흡사하게 생각되었던 것이다. 물론 이곳에 대한 전반적인 인상은 다른 행성들이나 다른 세계들에서 온 방문자들에게 실질적인 접속점을 제공하기 위해서라는 것이다.

금성에 사는 우리가 '최고 창조신의 법칙'이라 부르는 것을 공부한 지구상의 누군가는 내면의 채널을 통해 그 모든 진리와 지혜를 받아들인다. 그는 지구나 금성, 또는 상위 차원계들에 있는 이런 사원들 가운데 한 곳을 영혼의 몸으로 방문하게 되는데, 그 목적은 이 행성에서 가장 오래되고 완전한 경전(經典)인 〈영원의 길(Way of The Eternal)〉을 배우기 위한 것이다. 통상적으로 처음에 지구의 비교학도들은 한 사원에서 다른 사원으로 옮겨가며 진보해 나가며, 티베트에 있는 "카츠파리 수도원"을 거친다. 바로 그곳에 〈영원의 길〉 1권이 보관돼 있고, 학도들은 퍼비 콴츠 대사 밑에서 배운다.

〈영원의 길〉 2권은 '아감 디스'에 보관돼 있으며, 나는 거기에 머물러 있을 때 그 경전을 직접 본적이 있다. 그것은 외관상 유리로 된 상자 안에 넣어진 커다란 책처럼 보이지만, 영적인 구도자들에게는 가장 심오한 비밀들을 담고 있는 경전이라고 알려져 있다. 이 경전의 대부분이 이런 책들 속에 담겨진 지혜를 담당하고 있는 약 9명의 알려지지 않은 마스터들에 의해서 집필되었다고 한다.

3번째 경전은 리츠(Rets)에 있는 '모크샤(Moksha)의 전당' 안에 보관돼 있다. 그리고 그 다음 책은 금성의 아스트랄계의 사하스라-달칸월(Sahasra-Dal Kanwal)에 있는 '황금 지혜의 사원' 안에 있으며, 고팔 다스(Gopal Das) 대사의 보호 하에 보관되고 있다. 이분은 그가 아직 지구상에 살고 있을 때인 그리스도 탄생 수천 년 이전의 고대 이집트 시대에 영혼여행에 관한 가르침들을 전한 바가 있다. 〈영원의 길〉의 부가적인 장(章)들에는 보다 진보된 학도들이 배워야 할 고등한 차원계의 법칙들에 관한 내용이 계속 이어지고 있다.

'아감 디스'에서의 우리의 마지막 날은 매우 특별했다. 우리는 차(茶)와 시큼한 크림이 곁들어진 달콤한 케이크 등의 맛좋은 아침식사로 그날을 시작했다. 쌀밥이 담겨진 우리의 식기에는 약초와 닭고기가 섞여 있었는데, 이것은 사원에 있는 그 누구에게도 드문 대접이었다. 오후에는 챈팅실에서 영적인 시(詩) 낭송, 음악연주, 노래, 그리고 만트라 가창 등으로 구성된 특별한 프로그램이 진행되었다. 한편 그것은 영적인 세미나처럼 보이기도 했는데, 행사의 마지막 순서에 야우블 사카비 대사의 짤막한 말씀이 있었기 때문이다. 그 메시지는 그의 제자들을 위한 것이었으므로 내가 그분이 말씀하신 것을 여기서 밝히는 것은 허락받지 못했다.

저녁식사는 어린 양고기와 갈색 쌀밥, 야채요리 등으로 이루어진 성찬(盛饌)이 나와 우리를 놀라게 했다. 그 식사는 풍성한 샐러드와 약초차로 마무리 되었다. 야우블 사카비 대사님은 이전처럼 빵을 손수 쪼개어 주변 사람들에게 돌리셨다. 그 식사는 '아감 디스'에서의 멋진 체류를 마감하는 최고의 마무리 과정이었다.

식사가 끝나자 우리는 각자의 방으로 가서 소지품들을 챙겼고, 모든 수도사들이 우리와의 작별 인사를 하기 위해 입구까지 함께 걸어 나왔다. 우리는 그들에게 손을 흔들었고 나무로 된 계단들을 걸어 내려왔다. 험준하고 가파른 경사지를 걸어 내려오는 나의 발걸음은 이전보다는 훨씬 더 가볍고 편안했다. 그리고 우리가 원래 착륙했던 눈에 익은 숲 속의 개간지 지점에 도착하기까지의 소요 시간이 마치 잠깐 동안인 것처럼 생각되었다.

## 네바다(Nevada)로의 여행

잠시 기다리자 우리의 우주선이 초저녁 하늘에 나타났다. 삼촌은 비행하기에 가장 적당한 시기인 주변이 어스름해질 때까지 기다렸는데, 우리의 UFO가 밤하늘의 별들과 쉽게 뒤섞일 수 있기 때문이었다. 우리가 이륙하여 높이 날아오르자 지상의 도시들이 반짝이는 불꽃들처럼 내려다 보였다. 그리고 서쪽의 미합중국을 향한 우리의 여행은 1시간도 채 안 걸릴 것이었다.

비행 도중 나는 별들과 지상을 내려다보느라 분주했고, 번쩍이는 선내의 차트들(Charts)을 주시하고 있었다. 삼촌은 내게 지구의 주민들에 관해서와 아이들이 알아야만 할 것들에 관해 이야기해주려고 애를 썼다. 그는 나에게 다시 한 번 아이들의 세계와 그들의 태도, 그리고 인간사회에서의 그들의 신분에 대해 말해주었다. 요컨대 그것은 인간 세계에서 아이들은 다른 세계에서처럼 스스로 결정하는 것이 허용되지 않을뿐더러 독립적인 영혼을 지닌 완전한 개체들로 배려되지 않는다는 것이었다.

우리가 미국 네바다(Nevada) 주(州)에 가까워짐에 따라 나는 쉴라(Sheila)의 옷으로 갈아입었다. '아감 디스'에 있을 때 나는 긴 법복과 샌들을 신고 있었는데, 나는 이것을 벗어 삼촌에게 주었고, 삼촌은 내 꽃과 보석이 든 꾸러미를 내게 건네주었다. 목에 나는 목걸이를 하고 있었다. 옷은 아름답게 보였지만 나는 그처럼 짧은 옷을 입는 것에는 익숙하지가 않았다. 내 머리는 쉴라가 하고 있는 것처럼 빗어졌고, 삼촌 오딘은 막대 모양의 머리핀이 적절한 위치에 자리 잡도록 도와주었다. 마지막으로 독특한 가죽 구두와 흰 양말을 착용하자 나는 채터누가(Chattanooga) 행 버스 안에서 쉴라가 하고 있을 복장과 거의 똑같은 모습으로 보였다.

## 착륙

얼마 후 한밤중에 우리가 탑승한 우주선은 네바다 주의 산악지대와 황량한 사막 사이의 지역에 착륙했다. 우리는 실내에서 약 10분 동안 UFO 주변의 에너지장이 소거되고 "윙 … "하는 특유의 소리가 가라앉을 때까지 대기했다. 그 뒤 곧 우리는 밖으로 나왔고, 우리를 향해 다가오는 차의 전조등을 보았다. 타이밍은 완벽했다!

삼촌과 동료 조종사는 자동차의 운전사에게 다가가 악수를 했으며, 몇 분간 그와 이야기를 나누었다. 그리고 나서 그 운전사는 따뜻한 미소를 지은 채 내 이름을 다정하게 불렀고, 내 머리를 가볍게 쓰다듬어 주었다. 삼촌의 지구 접촉자는 미국식 양복과 넥타이를 착용하고 있었는데, 인근 어딘가에 살고 있는 모양이었다. 그리고 바로 그가 우리를 아칸소 주까지 태워다 주게 될 것이었다.[6]

울퉁불퉁한 도로 사정으로 인해 달리는 차가 덜컹거리자 나는 무슨 일이 일어나고 있는지 이해하기가 어려웠다. 이렇게 몸이 요동치는 경험은 내게 전적으로 새로운 것이었기 때문이다. UFO 호위선들은 비행 중에 아무런 미동조차 느껴지지 않으며, 거친 폭풍우 속에서나 까다로운 기동비행을 할 때도 전혀 문제가 되지 않았다. 따라서 이 작은 승용물(乘用物)로 여행하는 것은 내게 무섭기까지 했다. 그것은 마치 내 몸이 로봇처럼 느껴졌을 뿐만이 아니라 또한 이 로봇이 너무나

---

6)이 아칸소로의 여행은 UFO를 타고 쉽게 갈 수도 있었으므로 우리는 다음과 같이 결론지을 수가 있다. 즉 이것은 덜컹거리는 자동차 여행과 이런 모든 물질계의 낯선 관성력(慣性力)에 관계된 경험을 겪어봄으로써 나중에 옴넥이 처음으로 지구상의 승용물을 타게 되었을 때 받을 충격이나 영향력을 완화하기 위해 사전에 계획된 프로그램의 일부였다는 것이다.

(웬델 스티븐스 주)

품위 없는 다른 기계 안에 적재돼 있는 상태였던 것이다. 하지만 아마도 당시 내 마음에는 모든 것이 지나치게 확대 해석되어 받아들여졌을 것이다. 사실 지구상의 기준으로 볼 때 우리가 타고 있던 그 승용차는 고급이었으며, 캐딜락(Cadillac) 플릿우드 차종이었다.

내가 덜컥덜컥 거리는 승차감에 불평을 늘어놓는 동안 그 운전사는 내게 자연의 힘을 이용하는 대신에 연료를 쓰는 지구의 시대에 뒤진 교통수단에 관해 설명해주고자 했다. 그리고 그것은 심한 소음과 좋지 않은 냄새를 발생시킨다는 설명이었다. 나의 민감한 후각과 청각으로 느끼기에도 적어도 그것은 매우 시끄럽고 악취가 풍기는 것처럼 생각되었다.

그런데 우리의 승용차가 갑작스런 경적소리로 우리를 놀라게 했을 때, 나는 좌석에 앉아 아름다운 일출(日出) 광경을 바라보며 그것을 즐기고 있었다. 경적이 울리던 그 순간 나는 깜짝 놀라 소리를 지르며 귀를 틀어막았고, 좌석으로 몸을 움츠렸다.

"어떻게 된 거죠? 무슨 일에요!"

삼촌과 운전사는 두려움으로 커진 내 눈을 힐끗 돌아다보았고, 이내 웃음을 터뜨렸다.

"저런! 애야!" 삼촌은 나를 가볍게 어루만지며 입을 열었다.

"경적소리였단다. 그건 다른 운전자들에게 주의를 주기위해 소리를 내는 장치란다."

"아! 예." 긴장을 풀면서 내가 말했다.

"저는 자동차가 고장이라도 일으킨 줄 알았어요."

우리는 휘발유를 급유하는 문제 때문에 정차하기까지 아침 공기를 가르며 잘 달려왔다. 삼촌은 내게 일정거리를 주행하거나 차가 설 때마다 수시로 자동차 기름 탱크를 다시 채워줘야 한다고 설명을 했다. 그 기름 탱크는 단지 일정 분량만을 채워 넣을 수가 있었다. 그는 내게 화장실을 가르쳐 주었고, 또 육신이라는 것은 계속해서 물과 음식을, 특히 수분을 공급해주어야 함을 일깨워 주었다.

그가 말하기를, 인간들은 많은 이들이 적절한 영양공급보다는 오히려 순전히 입의 즐거움만을 위해 먹는다고 하였다. 이런 이유 때문에 주유소에는 그렇게 많은 간식거리들과 소다 음료들이 비치돼 있었다.

그런데 나는 미국음식에 대한 요란한 입문식을 치렀다. 삼촌이 내게 포테이토(Potato) 칩을 사주었던 것이다. 나는 그것의 맛이 짭짤하고 먹을 때마다 오도독 오도독하는 소리가 많이 난다는 것을 알았다. 이어서 그들은 내가 탄산음료 마시기에 도전해 볼 것을 원했다. 내가 그 화성인(운전사)을 쳐다보았을 때, 그는 뭔가를 들어 올렸고, 삼촌은 그 음료수 병을 내게 건네주기 전에 언뜻 그들에게 웃음을 지었던 것으로 짐작한다.[7]

그리고 처음으로 내가 그 음료를 들이켰을 때 비로소 나는 그 웃음의 의미를 알았다! 그것은 마치 뜨거운 불이 나의 목구멍을 타고 위 속으로 밀려내려 오는 것과 같았던 것이다. 그것은 거의 나로 하여금 숨이 막히게 할 만큼의 강렬한 자극이었다. 눈물을 머금은 내 눈이 놀라서 점점 더 커짐에 따라 삼촌은 더 이상 웃음을 참지 못했다. 지구에서의 나의 첫 시음 결과가 이와 같을 줄은 나는 전혀 예상하지 못했다. 그것은 마치 새로 태어난 아기에게 탄산 음료수 병을 주는 것과 같았던 것이다. 나는 삼촌이 나를 골탕 먹이는 데 또 성공했다는 것을 알고 나서야 역시 그들을 따라 웃기 시작했다.

---

[7]지금도 진행 중인 광범위한 또 다른 UFO 접촉 사례가 금성과 화성에서 온 존재들과 관계가 있으며, 이것은 1920년에 앨버트 코우(Albert Coe)가 정기적으로 원반형 금속 비행선으로 오는 외계인들에 의해 접촉이 이루어지고 빈번한 방문을 받음으로써 시작되었다. 부디 이 접촉이 이런 현상과 관련해서 비행접시란 말이 만들어지기 27년 전에 시작되었다는 사실을 주목하기 바란다.

이러한 접촉은 1980년에 이르기까지는 A. 코우와, 그리고 나중에는 그의 아내를 통해 계속되었고, 아직도 외계인들과의 접촉은 진행 중이다. A. 코우는 지구상의 대표적인 주변 국가들의 여러 도시들에서 빈번히 그들과 만남을 가졌다. 그는 〈충격적 진실〉이라는 사적으로 인쇄된 보고서를 통해 그의 초기 접촉에 관한 개요를 발표했는데, 거기에는 UFO 현상이 대중화되었을 때인 1950년대 초까지의 경험이 망라돼 있다. 그는 화성인과 금성인들 역시 지구의 자동차를 운전하고 있다는 사실을 서술하고 있고, 이 두 행성의 사람들이 긴밀히 함께 협력해서 활동한다는 것을 알고 있었다. 옴넥은 여기서 마치 모든 이들이 이 사실을 알고 있기나 한 듯이 화성인에 관한 뜻밖의 언급을 하고 있는 것이다.

(이상 웬델 스티븐스 주)

해가 다시 질 때까지 우리는 끝없이 나있는 것처럼 보이는 고속도로를 계속해서 달렸다. 다른 방향을 향해 우리 옆을 지나 질주하는 자동차들은 한 동안 나를 겁먹게 했다. 나는 그 차들 중에 하나가 우리에게 돌진해와 충돌하지 않을까 매우 두려웠다. 나의 두려움을 감지한 삼촌이 도로 위에 페인트로 그려진 선이 차선을 분할하고 있다고 설명해주었지만, 때때로 어떤 운전자가 조심하지 못했을 때는 차는 충돌하고 말 것이었다. 거기에는 이런 충돌사고를 막아줄 아무런 장벽도 없었다. 따라서 당시 발생하던 빈번한 교통사고는 엄청난 수의 죽음을 유발하고 있었던 것이다.

고속도로 휴게소에는 어떤 다른 음료가 있었고, 삼촌은 계속해서 그 음료에 대해 설명해주었는데, 사람들은 그것을 쾌락을 위해 복용한다고 하였다. 그리고 알코올과 마약이라 부르는 약물은 인간의 마음과 지각작용에 많은 영향을 미치는 까닭에 때때로 사고를 일으켰다.

그런데 큰 트럭이 우리 곁을 돌진해 지나갔던 나의 첫 경험은 내게 충격을 주었고 두려움에 빠지게 만들었다. 내가 그 괴물이 반대편 차선에서 우리를 향해 달려오는 것을 처음 보았을 때, 나는 거의 심장발작이 일어날 정도였다. 그 차량은 그만큼 거대하고 소음이 요란해 보였다.

"저건 뭐죠?" 나는 놀라서 외쳤다.

"저 커다란 물체는 뭐에요?"

그들은 다시 웃음을 터뜨리면서 그런 물체들을 더 많이 보게 될 거라고 말해주었다. 삼촌은 그 대형 물체는 트럭이라고 부르며, 물품을 다른 도시로 운반하는 데 이용된다고 설명했다. 한 도시에는 있는 공장이 다른 곳에는 없을 수가 있으므로 그런 경우 필요한 것은 무엇이든지 그것을 다른 도시들로 수송하는 데 트럭들이 이용된다는 것이었다. 그리고 사람들은 그 트럭 운반비용을 지불한다는 것이다.

주기적으로 우리는 식사를 하기 위해 정차했고, 휴게소에서 햄버거나 내게는 아주 생소한 다른 음식들을 먹고는 했다. 점심식사로 나는 스테이크(Steak)를 먹었고 그것을 좋아했지만, 익힌 야채요리는 별로

였다. 그것은 항상 지나치게 삶아져 있었기 때문이었다. 하지만 녹색 샐러드는 맛이 좋았다.

암소 고기는 처음 씹어 먹기가 어렵다는 것을 알았는데, 결국 그것의 일부가 내 치아 속에 그대로 남아 있었고, 칫솔을 구입하기 위해 우리는 정차했다. 삼촌은 내게 이빨이 썩지 않도록 그것으로 늘 청결하게 유지하라고 일러주었다. 이어서 그는 레스토랑이 무엇인지를 설명했다. 스스로 요리해 먹지 않는 사람들이나 여행 중인 이들은 그곳에 들러 이미 준비된 식사를 한다는 것이었다. 그 대신에 그들은 일정 액수의 돈을 지불해야 한다는 설명이었다.

삼촌은 음식을 주문했고, 웨이트리스는 주문사항 중 의문 나는 것들을 질문했다. 물론 그는 네바다에 착륙한 우주선을 떠나기 전에 미국인의 의복으로 갈아입은 상태였다. 우리의 운전자는 화성인(火星人)이었고, 분명히 잘나가는 직업을 가지고 있었는데, 왜냐하면 그는 상당한 양의 돈을 가지고 있었기 때문이다. 그들은 나에게 다른 행성들에서 온 많은 외계인들이 현재 인간 속에 섞여 지구에서 살고 있으며, 또 이곳의 직업을 가지고 있다고 말했다. 그들 중의 일부는 결혼했지만, 대다수는 고향 행성의 배우자를 함께 데려오지 않은 한은 독신이라고 한다.

미국에서 보낸 우리의 첫날이 저물어 갈 무렵, 우리는 잠자리를 위해서 '모텔(Motel)'이라고 부르는 한 곳에 차를 세웠다. 삼촌 오딘은 이런 숙박시설들은 밤을 지내려는 사람들을 위한 장소라고 설명했다. 그 이유는 대부분의 자동차에는 우리의 우주선처럼 수면용 침대 설비를 갖추고 있지 않기 때문이라고 하였다. 나는 우리가 그곳 객실에 머무르는 대가로 또 다시 화폐가 사용되었음을 눈치 챘다.

그곳은 삼촌이 나에게 이런 모든 새로운 경험들을 설명해 주기 위한 시간을 갖기에는 아주 유용한 장소였다. 사실 지구상의 삶에 관해 내가 배워야할 많은 것들은 강의로 이뤄질 수 있는 것이 아니라 직접 경험돼야만 했다. 그러므로 자동차로 여행한 이 최초의 이틀 동안은 나에게 매우 중요했다.

다음날 이른 아침에 우리는 다시 여정을 시작했으며, 삼촌과 그의 친구는 운전석을 바꿔 교대로 운전했다. 그들은 말하길, 운전을 하는 것은 운전자가 자기 자신보다도 기계에 의지해야 하기 때문에 어렵다고 하였다. 그리고 이런 차량들은 종종 고장이 나곤 하는데, 그때도 또한 연료를 판매한 곳에서 더 많은 비용을 치르고 수리를 한다는 것이었다.

## 지구에 대한 나의 첫 인상

이튿날 오후 무렵 우리는 아칸소 주에 가까워지고 있었고, 거기에는 더 많은 집들과 빌딩, 혼잡한 소음, 그리고 사람들이 붐비고 있었다. 사람들을 더 많이 보게 되면 될수록 난 그들을 좋아하지 않게 되었다. 그것으로 인해 내가 머물렀던 히말라야 지역의 티베트가 마치 금성처럼 생각되기도 했는데, 장소에 따라 사람의 의식(意識)에 커다란 차이가 있기 때문이었다. 그리고 누군가는 내게 '아감 디스'는 미국과는 다르다고 말할 것이다.

정말로 나는 이와 같은 사람들과 장차 함께 살아야 한다는 것에 대해 처량함을 느끼며 스스로가 염려스러웠다. 무엇보다 나는 작은 도시들과 마을들을 거쳐 오는 과정에서 인간의 부정성(Negativity)을 느낄 수가 있었다. 또한 나는 그들의 탐욕과 분노, 그리고 탁한 오라(Aura)와 감정들을 감지할 수가 있었다. 내가 인간의 사념들을 포착했을 때, 그들의 태도나 마음가짐이 한참 저급한 아스트랄 수준과 비슷하다고 말한 것은 정확했다!

나는 어느 곳에서나 인간의 불안과 의심, 그리고 두려움의 감정들을 느꼈다. 삼촌은 이 감정들의 원인이 돈에 있다고 설명했는데, 돈이 불평등과 빈부격차를 초래하고 사회의 모든 다른 큰 문제들뿐만이 아니라 서로간의 불신을 일으키기 때문이라는 것이다. 아울러 그는 돈이 대부분의 문제의 근원인 까닭은 권력 추구자들에 의해 돈이 인간을 지배하고 통제하는 도구로 이용되는 데 있다고 하였다. 돈이 없이는 이것이 불가능하며, 인간사회가 지금 돌아가는 것처럼 존재할 수는 없다는 것이다.

내가 본 도시들과 읍(邑)들은 대단히 불안정하고 몹시 서두르는 듯이 보였고, 별로 청결하지가 않았다. 건축업자들은 모든 빌딩의 구조들을 사각형으로 만들고 층층이 쌓아올린 것으로 생각되었다. 나는 왜 사람들이 이렇게 사는 것인지 이해할 수가 없었다. 왜 그들은 정원과 넓은 마당을 갖지 않는다는 말인가? 나는 지구가 내가 자라난 세계와 그렇게 심한 차이가 나리라고는 전혀 상상하지 않았다. 삼촌은 내게 많은 사람들이 정원을 가지고 있기는 하지만 밀집된 도시에서는 이것이 어렵다고 말했다. 또한 그는 농장에 대해서도 말해주었는데, 그 설명이 나로 하여금 이곳의 삶을 좀 낮게 느끼도록 해주었다.

나는 어떻게 일부 사람들이 자기 옷이 깨끗한지, 또 머리가 제대로 빗어졌는지도 신경쓰지 않고 거리를 활보하고 제 갈 길을 가는지 이해할 수가 없었다. 그들의 의복 스타일은 혐오감을 자아냈고, 그 어디에나 미적 감각이 결여된 모습들이 널려 있다고 생각했다.

하지만 진짜 문제는 사실 내 자신 속에, 내 마음가짐 속에 있었다. 나는 인간세계의 좀 더 나은 모습을 알지 못했는데, 왜냐하면 나는 보호돼 왔고, 다른 형태의 삶으로 인도돼 왔기 때문이다. 그리고 물론 내가 이곳 지구에서 살기 위해 온 이유들 중의 하나는 연민이나 자비(慈悲)를 배우기 위한 것이었다. 내가 주변을 점점 더 살펴보게 됨에 따라 나는 내가 잘못된 생각을 했다는 마음을 갖기 시작했는데, 내가 보고 있는 사람들처럼 머지않아 나 역시 그런 도시에서 살게 될 것이기 때문이었다.

삼촌은 백인의 대다수가 흑인종에 대해 가지고 있는 태도에 관해 언급했으며, 그런 정신적 태도는 각 개인으로부터 생겨난 것이라기보다는 선조나 부모로부터 물려받은 것이라고 하였다. 바꿔 말하면, 아이들은 단지 어른들이 가진 사고방식을 똑같이 배워 가지고 있는 일종의 어른의 확대판이라는 것이다. 그러므로 오직 그들이 어린 나이에 집을 떠났거나, 혹은 그들 고유의 개인적 경험에 의해서 나름대로의 독자적 사고(思考)를 확립했을 때만이 흑인에 대한 태도(또는 어떤 다른 편견들)를 변화시킬 수가 있었다. 특히 미(美) 남부에서는 흑인에 대한 차별과 편견이 심하다고 들었다. 나는 이런 편견에 찬 사람들에 대해 조심해야만 했는데, 때때로 이들은 자기들이 믿는 것을 위해서 폭력적인 태도를 취하기 때문이었다.

## 리틀 록(Little Rock)

삼촌 오딘은 머지않아 일어날 버스 사고에 관해서 내게 일깨워주었다. 어린 쉴라의 처지를 이해하고 받아들임으로써 나는 모든 혼란의 와중에서 너무 두려워하지 않도록 노력해야 했다. 우리가 탄 차가 리틀 록(Little Lock)에 진입했을 때는 저녁 무렵이 가까워지고 있었다. 교외 지역으로 접근하는 중에 비가 쏟아지고 천둥이 치기 시작했다. 갑자기 차의 속도가 늦추어졌고, 삼촌은 우리가 버스를 따라잡았다고 알려주었다. 그 커다란 승용물은 한 레스토랑 근처에 멈춰 서 있었으며, 우리는 버스와 약간의 거리를 유지하고 있었다. 이윽고 버스가 출발해 퍼붓는 빗속을 뚫고 도로를 달리기 시작했다. 나는 버스가 칸주리(Kanjuri) 대사가 예언한대로 충돌할 것이고 이제 곧 그것이 일어날 것임을 알고 있었으므로 가슴이 계속 두근거리고 있었다.

## 버스 사고 및 쉴라의 죽음

밤은 점점 더 어두워졌고, **드디어 그때 그것이 발생했다!** 버스 운전사는 전방의 자동차가 빗길에 미끄러지며 속도가 떨어졌던 까닭에 급브레이크를 밟아야만 했다. 그 찰나의 순간에 버스는 미끄러운 포장도로의 옆길로 미끄러지며 전복되면서 질척한 도랑 속으로 처박히고 있었다. 당시 쉴라는 버스 운전사의 바로 뒤에 앉아 있었다. 차가 뒤집히는 온통 혼란의 와중에서 버스 문짝은 열어젖혀졌고, 쉴라의 몸은 튕겨나가 어둠 속으로 내던져졌다. 그리고 그녀는 이미 사망한 사람들

중에 섞여 있었다.

삼촌은 차를 세웠고, 나를 소지품이 든 나의 작은 꾸러미를 들고 내리게 했다. 그리고 나의 작별 인사가 있었다. 삼촌이 내게 한 마지막 말은 부상자들을 돕기 위해 신속히 벌어질 구조봉사에 관한 것이었다. 나는 여행 가방이 필요 없었는데, 그녀의 것이 버스에 있었기 때문이었다. 그리고 버스 운전사가 그녀 할머니의 주소를 적은 메모지를 가지고 있었다. 그녀는 여행자 도우미의 보호 하에 가던 중이었으며, 그들은 보통 부모 없이 여행하는 아이들을 돕는 역할을 한다.

온통 혼란의 도가니 속에서 인근의 사람들은 허둥댔고, 사이렌 소리가 점점 더 커지면서 구조자들이 도착하고 있었다. 운전사는 도랑에서 사람들을 돕기 위해 노력하고 있었는데, 버스가 옆으로 누워있었으므로 버스 내의 사람들은 끌어올려져 창문 밖으로 기어 올라오고 있었다.

한편 삼촌과 그 화성인은 쉴라의 몸을 진창과 덤불 속에서 찾아내고자 차에서 내렸다. 어둠은 깊어졌고, 폭풍우는 계속되었다. 따라서 경찰은 부상자들과 시신(屍身)을 손전등으로 비추며 찾아내는 데 애를 먹고 있었다.

나는 단지 여기서 삼촌의 수색과 우리의 모든 계획이 성공적이었음을 추정해서 언급할 수가 있다. 쉴라의 몸은 결코 구조자들에 의해 발견되지 않았다. 그것이 내가 삼촌과 우리 사람들을 잠시 동안 본 마지막 기회였다.

모든 일이 일어나고 있었음에도 나는 몸이 부들부들 떨렸고, 몹시 외롭다고 느꼈다. 나는 또한 쉴라가 어떠한 고통도 느끼지 않고 떠나기를 바라며 울고 있었다. 나는 천둥과 번개가 치는 빗속에서 한 시간 넘게 서 있었다.

사람들은 소리를 외치며 달려가고 있었고, 사이렌 소리가 가까워졌다가 멀어졌다. 셔틀버스에서 나는 무릎에 상처를 입은 채 진흙탕 속으로 나동그라져 있었다. 나는 막 사고를 당한 이들 가운데 한 사람인 것 같았지만, 다행히도 큰 부상을 당하지는 않았다.

마침내 버스 운전사가 어둠 속에서 내게로 다가왔다.

"오! 너 거기에 있었구나!"

한 여성이 말했다.

"너 버스에서 우리와 함께 있었지?"

"네!"

신경질적으로 내가 대답했다. 나는 그들에게 내가 쉴라라고 말했다.

그들은 나를 부축해 다른 부상자들과 함께 구급차들 가운데 한 곳으로 데려갔다. 교통사고 보험 문제 때문에 생존한 버스 승객 전원이 병원에서 검사를 받아야만 했다. 병원에서 나는 침묵 속에 앉아있었다.

# 제11장

## 쉴라(Sheila)

# 쉴라(Sheila)

## 돈나의 어린 시절

쉴라의 어머니 돈나(Donna)는 1930년대 초 미국 테네시 주의 폴링워터(Falling Water)에서 태어났다. 그녀는 가족들 가운데 유일하게 금발 머리와 푸른 눈을 가지고 있는 아이였기 때문에 돈나는 가장 이색적인 아이였다. 모든 사람들이 그녀를 다정하게 "코튼탑(Cottontop)"이라고 불렀는데, 이것은 그녀의 아버지가 지어준 이름이었다.

돈나의 아버지는 부드럽고 친절한 남성이었고, 그녀가 온 마음으로 존경하고 사랑했던 사람이었다. 그녀가 겨우 3살이었을 때, 매일 아침 돈나는 춤추고 노래하기 위해 아빠 방으로 달려가곤 했다. 아빠는 자신의 어린 딸을 사랑했다. 그는 어린 딸의 춤을 보는 것이 유일한 낙(樂)이었으므로 딸에게 지나친 흥분이 아빠를 죽일 거라는

고모의 말에 신경 쓰지 말라고 말했다. 하지만 돈나의 아버지는

오랫동안 탄광에서 일해 온 까닭에 심각한 질병으로 당시 누워만 지내는 형편이었다.

매일 아침 아빠 앞에서 재주를 부리기 전에 돈나는 키스를 받기 위해 침대 위로 뛰어 올라가곤 했는데, 하루는 어쩐지 방 안이 달라보였다. 뭔가가 매우 잘못돼 있었고, 눈을 감은 아빠의 몸은 얼음처럼 차가웠다. 그녀는 그가 여전히 그대로 누워 있음을 보면서도 어떻게 생각해야 할지 알지 못했다. 이어진 모든 정신적 혼란과 동요 속에서 돈나는 오직 두렵다는 것만을 기억했다. 그녀의 고모가 방으로 달려왔을 때 외쳤던 다음과 같은 말은 돈나의 가슴 속에 상처로 남아 있었다.

"봐라! 네가 계속 아빠 앞에서 춤을 추면 넌 결국 아빠를 죽일 거라고 내가 말하지 않았니?"

겁에 질린 채 큰 충격을 받은 작은 소녀는 눈물을 쏟으며 밖으로 달려 나갔고, 자신이 정말 아빠를 죽였다고 믿고 있었다. 그녀는 낡은 목조 가옥 밑으로 기어들어가 숨은 채 가장 나이 많은 오빠인 오토 (Otto)가 와서 달래기까지 울부짖으며 울고 또 울었다. 오토는 그녀가 정말로 아빠를 죽인 것이 아니라고 설득하면서 돈나를 달래고 꼭 껴안아 주었다. 하지만 이런 모든 슬픈 경험은 단지 고난과 아픔으로 점철된 돈나 인생의 시작에 불과했다. 그녀와 그녀 가족의 생활고와 가난은 더욱 심해졌다. 그녀의 엄마 제인(Jane)은 이제 남편이 세상을 떠난 마당에 7명이나 되는 아이들을 데리고 간신히 입에 풀칠이나 하면서 살 수 밖에 없었던 것이다. 그 가난한 가족은 아무것도 풍족한 게 없었다.

## 쉴라 태어나다

나중에 돈나는 매우 새파란 어린 나이에 결혼했는데, 그의 어머니 (나중에 지구상의 내 할머니가 됨)가 생계수단이 없어 더 이상 돌봐줄 형편이 안됐기 때문이었다. 그때 그녀는 불과 14살이었으며, 짐작컨대 그 마을에서 가장 잘 생긴 한 남자와 결혼했다고 한다. 즉 다른 모든 여자들이 그에 대해 열광적이었다는 것이다.

돈나가 사춘기에 이르기도 전에 어느새 결혼 생활 두 달이 지나갔다. 그 후 곧 그녀는 임신하게 되었다. 그녀는 분명히 아기를 가진 것에 흥분했지만, 그녀의 남편은 전혀 아버지 노릇을 할 준비가 돼 있지 않았다. 결혼하기 전에 그의 수입은 자신의 가족을 부양하는 데 모두 들어갔었다. 그런데 이제 그는 부모의 날개 밑에서 빠져 나와 자기가 원하는 모든 것을 구입할 좋은 기회를 맞은 것이었다. 그러므로 돈은 정작 생필품을 사는 데가 아니라 그의 당구 게임과 사이다 및 핫도그 사먹기, 영화관람, 기타 사고 싶은 모든 것을 구입하는 데 탕진되었다. 그리고 가족에게 온 갖가지 청구서들은 전혀 지불되지 않았다. 하다못해 식탁조차 없어서 앉는 의자처럼 만든 목제 오렌지 박스를 대신 사용하였다.

돈나는 커가는 아기를 키우는 것은 고사하고 결혼하기에도 너무 어리고 미성숙한 상태였다. 그녀는 여전히 좋아하는 인형(人形)을 끼고 잠을 잤고, 밤에 그 인형의 얼굴에다 콜드크림(Cold-Creme)을 발라 주기까지 했으며, 그녀의 남편은 거기다가 굿나잇(Good night) 키스까지 해줘야만 했다.

## 초년기

여기서 내가 나의 지구에서의 어머니의 어린 시절에 관해 말하는 내용들은 보닉(Vonic)을 통해 내게 전해진 것은 아니다. 이것은 내가 그녀와 함께 사는 동안 그녀 자신이 나에게 말해 준 것에서 많은 부분을 알게 된 것이다.

돈나는 임신 8개월경에 남편과 함께 갔던 낚시 여행에서 큰 영향을 받았다. 그들이 강 쪽을 향해 가파른 경사면을 내려 갈 때, 돈나는 임신한 불룩한 배의 상태로 발이 미끄러지며 아래로 굴러 떨어졌다. 그리고 그 바람에 그녀가 가지고 가던 미끼용 떡밥이 쏟아져 사방으로 흩어지고 말았다. 그런데 돈나 뒤에서 뛰어오던 그녀의 남편은 오로지 낚시 떡밥 외에는 아무런 생각도 없었다.

"오! 내 낚시 미끼들! 넌 내 미끼를 다 망쳐놓았어!"

그는 혹시라도 돈나와 배속의 아기가 어떤 부상이라도 입지 않았는지에 대해서는 전혀 관심조차 보이지 않았다. 그녀는 그 일로 인해 결코 그를 용서할 수가 없었다. 그렇다고 그가 무자비한 것은 아니었다. 다만 그는 아직 철없이 어리고 미성숙했던 것이다.

돈나는 남편의 생일이었던 8월 20일에 그에게 살아 있는 생일 선물을 주었다. 즉 1948년의 바로 이 날에 쉴라가 태어났던 것이다. 그럼에도 당시 그가 생각할 수 있던 전부는 쉴라가 자기에게 줘야할 생일 선물을 잊었다는 것이었다. 그리고 돈나는 스스로 아기를 돌보고 양육하는 것에 관해 거의 아는 것이 없었다. 또한 그녀의 남편은 쉴라에게 필요했던 물품들을 전혀 사주지 않았다. 이것은 부분적으로 그의 낮은 수입 때문이기도 했지만, 또 일부는 그 역시 아기에게 필요한 용품들에 대해 거의 몰랐기 때문이었다.

그 결과 몇 달 만에 아기는 거의 빈사(瀕死) 상태에 빠지게 되었다. 게다가 그 지역에는 의사들의 도움을 받기가 쉽지 않았다. 아기는 피부에 대장질환 증상을 나타냈고, 악성 설사에다 귀와 목구멍까지 감염돼 있었다. 돈나는 하느님께 아기만 살려준다면 앞으로 올바로 살겠다고 기도하고 또 기도했다. 다행히 어린 쉴라는 살아났다. 하지만 돈나는 자신의 약속에 어울리는 삶을 살지는 못했다. 그리고 이로 인해 그녀는 나중에 엄청난 일을 겪고야 만다.

어린 딸의 건강이 다시 회복된 후 돈나는 남편과 이혼하고자 결심했다. 그리고 나서 그녀는 남편과 함께 앉아 문제를 잘 해결하기보다는 그냥 간단하게 즉시 이혼해 버렸다. 사실 돈나는 결혼생활을 꾸려나가는 데 관해 별로 아는 것이 없었다. 그리고 그들은 둘 다 미성숙했고, 가정을 형성해 결혼생활을 제대로 할 준비가 돼있지 않았던 것이다.

이때 나의 사람들(금성의 우주인들)은 내가 개입해 들어가야 할 시기를 알기 위해 쉴라의 삶의 패턴을 따라 추적하고 있었다. 이것은 나의 영적 개화(開化)에 대한 책임을 맡고 있는 한 마스터에 의해서 모두 계획되고 준비되었다. 그는 쉴라가 성인(成人)이 되도록 살게 되지 않으리라는 것을 알고 있었으나, 아직은 그녀의 정확한 죽음의 시기를 적시하지는 않았었다.

한편 쉴라의 아버지는 페기(Peggy)라는 소녀와 다시 재혼했다. 그는 하루 만에 그녀를 데려왔고, 돈나의 승인이라도 얻으려는 듯이 돈나에게 소개했던 것이다. 이것은 돈나의 입장에서는 기묘한 일처럼 생각되었고, 그녀의 마음을 몹시 어지럽혔다. 하지만 페기는 멋진 아내였으며 아름다운 여성이었다. 그리고 그녀와 어린 쉴라의 아버지, 두 사람은 나중에 쉴라에게 매우 좋은 영향을 주었다.

돈나는 그때 에드(Ed)라는 나이 먹은 남자를 만나고 있었는데, 그는 쉴라 나이 또래의 딸이 하나 있었다. 그는 돈나와 쉴라에게 매우 친절했고, 결국 그녀는 나이 17세에 에드와 두 번째로 결혼했다. 돈나와 에드는 그 즈음에 한 아파트 건물로 옮겨갔으며, 거기에는 그녀가 우상시했던 연상의 언니가 살고 있었다. 돈나는 거기서 친척관계에 있던 한 어린 소년을 데리고 형제자매들과 함께 즐겁게 지냈다. 그 소년은 쉴라보다 불과 몇 살 위였는데, 두 아이들은 서로 친구처럼 잘 어울려 놀았다. 돈나는 그 과정에서 또 임신이 되었고, 나중에 그녀 남편이 '에드가 버논(Edgar Vernon)'이라고 이름을 지은 남아(男兒)를 낳았다. 그들은 거기서 몇 년 동안 살았으며, 돈나는 아기와 어린 딸, 그리고 남편 에드와 함께 그런대로 행복했다.

그런데 그녀가 전혀 눈치 채지 못했던 것은 그녀의 남편이 자신의 언니에게 상당한 관심을 가지고 있었다는 사실이었다. 언니로 인해 그녀의 사랑은 질투로 남게 되었다. 어느 날 돈나는 어린 아들 에디(애칭)를 이웃에 있는 언니의 아파트에다 맡겨두고 쉴라와 함께 어머니 제인을 방문했던 적이 있었다. 그리고 뒤늦게 집에 돌아왔을 때 아들 에디도, 남편도, 그녀의 언니도 모두 어디론가 사라져 버렸다는 것을 발견했다. 돈나와 그녀 언니의 남편은 약 이틀 후 그들이 사실상 사랑의 도피행각을 벌였다는 것을 깨달을 때까지 이를 알지 못했다. 이 사건은 돈나에게 엄청난 충격과 깊은 상처를 주었는데, 왜냐하면 그녀는 언니를 너무나 사랑하고 신뢰하고 있었기 때문이었다. 그러나 세월은 흘러갔고, 그 과정에서 감정은 조금씩 변했으며, 모든 것은 어쩔 수 없이 받아들여졌다.

이것은 돈나의 두 번째 결혼 실패였다. 그 두 번째 결혼이 실패로 끝났을 때 그녀의 나이는 19살이었고, 어린 딸과 함께 혼자 몸이었다. 그리고 그녀는 자신의 아들을 되찾을 수 있는 어떤 합법적인 방법은 아무 것도 없다는 것을 깨달았다.

## C. L과의 만남

두 번째 남편과 결혼해 있을 당시 돈나는 우연히 에디의 삼촌 뻘되는 C. L이라는 이름의 남자를 만났다. C. L은 영화배우 케리 그랜트(Cary Grant) 스타일의 사람으로서 코밑 수염과 아치형 눈썹. 그리고 V자형 앞머리와 매우 특이한 방식으로 옷을 입었다. C. L은 팔방미인(八方美人)이었고 매우 세련된 구조의 인간이었지만, 신뢰할 수 없는 사람이었다. 그는 한마디로 말해 일종의 협잡꾼 내지는 사기꾼이었다. 하지만 그는 자기가 원하는 대로 하기 위해서 여러 얼굴을 가지고 사람들을 매혹시키고 저항할 수 없게 만드는 재주를 가진 인간이었다. 그는 복합적인 성격과 더불어 아주 지적인 면이 있었다. 그는 매우 종교적인 어머니 밑에서 성장했고, 기독교를 신봉했지만 폭음(暴飮)하기 일쑤였다. 심지어는 그의 어머니조차 그가 얼마나 말썽을 일으키고 골치를 썩이는지를 언급했다. 그는 11살에 음주를 시작했고, 이미 5살 경부터 몹시 무자비한 일들을 늘 저질러 왔다.

그의 어머니는 그 모든 일들이 유개화차(Boxcar)에서 살던 시절의 어느 날 밤에 시작되었다고 주장했다. 하루는 거친 폭풍우가 맹위를 떨치고 있었다. 갑자기 C. L이 고통의 비명을 질렀고, 그 뒤로는 사람이 이전과는 완전히 달라졌다는 것이다. 그녀는 그것은 마치 일종의 사악한 에너지가 그의 몸을 점거한 것처럼 생각되었다고 말했다.

C. L은 도무지 예측할 수 없는 사람이었다. 그는 당신의 머리를 부드럽게 쓰다듬다가도 곧 바로 그 다음 순간에는 당신을 방 저쪽으로 밀쳐낼 것이다. 아무도 그가 다음에 어떻게 행동할 것인지, 또 상대에게 어떤 반응을 보일 것인지 알지 못했다. 그는 분명 이상한 남자였

지만, 이러함에도 불구하고 당시 돈나는 그에게 빠졌던 것이다. 대개의 사람들은 언제나 C. L의 관심과 인정을 바라는 것처럼 보였다.

돈나에게 구애하던 시기에 종종 그는 어린 쉴라의 옷뿐만이 아니라 음식을 사들고 오곤 했다. 돈나는 C. L이 자기 마누라에 관해 늘어놓은 신세타령과 하소연에 대해 동정적이었고, 또 그녀는 너무 어렸으므로 그가 실제로 어떤 인간인지를 깨닫지 못했다. 그의 마누라가 알콜중독자였던 것은 사실이었으나, 그렇게 만든 장본인은 바로 C. L이었음을 돈나는 나중에야 알게 될 것이었다.

그와 함께 살기 시작한 약 1주일 후에 돈나는 C. L 역시 알콜 중독자임을 깨달았지만, 때는 이미 늦은 뒤였다. 비록 그녀 자신이 일부러 술을 마시지는 않을지라도 그는 계속해서 술잔을 그녀에게 들이밀었다. 그녀 역시 결국에는 술을 마시기 시작했는데, 그러나 그것은 그의 상스런 행동을 피하기 위한 어쩔 수 없는 선택이었다. 그리고 그의 잔혹함은 역시 어린 쉴라에게도 영향을 미쳤다.

## C. L과 함께 떠돌다

C. L은 술에 취했을 때마다 돈나를 두드려 패는 습관이 있었다. 그때 쉴라는 공포에 사로잡혀 그것을 지켜보았고, 그 남자를 무서워했다. 돈나와 C. L은 한 곳에서 몇 달 이상은 결코 살지 않았다. 그들은 전국을 방랑하며 돌아 다녔으며, 대부분 모텔과 하숙집을 전전했다. 한때 그들은 버지니아에서 작은 레스토랑을 소유했었고, C. L은 상당히 성공했다. 하지만 그는 결코 한 장소에 오래 머물 수가 없었다. 그는 손에 넣을 수 있는 모든 돈과 재산을 갖고 옆길로 새기 위해 몸이 근질거렸던 것이다. 돈나가 쉴라를 데리고 따라다니는 내내 그는 법적인 말썽거리에 연루되어 한 주(州)에서 다른 주(州)로 도피해 다녔다. 그들은 전국에 레스토랑과 모텔 등을 운영했지만, 적법한 직업이 수지가 맞지 않을 때는 트럭 절도나 밀주(密酒) 제조에도 손을 대곤 하였다.

# 불행한 삶

어린 쉴라는 그들 곁에서 끌려 다녔다. 그녀는 너무나 불행한 소녀였다. C. L은 그녀를 두렵게 했고, 쉴라는 왜 엄마가 그런 남자를 좋아하는지 그저 혼란스럽기만 했다. 맨 정신일 때 C. L은 멀쩡하고 매력적이었지만, 취하기만 하면 그는 극도로 난폭하고 잔혹해졌다. 한 번은 C. L이 만취해 돈나를 구타할 때, 6살의 어린 쉴라가 제 엄마를 보호하려고 했던 특이한 경우가 있었다. 그때 이에 격분한 그는 쉴라의 얼굴을 후려쳤고, 그녀의 눈가에 멍이 들게 하였다. 이 어린 소녀는 그를 꿰뚫어 보았으며, 도대체 왜 엄마 돈나가 그렇게 비참하게 살아야 하는지 이해할 수 없었다.

C. L은 제 스스로를 어떻게 해볼 수 없었기 때문에 전체 상황은 음주문제 외에도 그에게는 정신적으로 뭔가 문제가 있었는데, 아마도 그것은 음주에 의해 유발된 것 같았다. 돈나는 단지 좀 더 참아내기 위해 점점 많은 술을 마셨다. 그리고 그녀는 C. L을 사랑하는 것만큼이나 경멸하기 시작했다. 여러 번 그녀는 쉴라를 데리고 도망치기도 했었으나, 그는 항상 감언이설(甘言利說)의 속임수나 폭력을 통해 그녀가 다시 발길을 되돌리도록 조종했다.

돈나가 또 다시 쉴라를 데리고 떠나기 위해 시도하는 날이 왔을 때, 그녀는 지나가는 트럭 운전사에게 태워달라고 부탁했다. 그리고 그 운전사는 그녀들을 인디애나폴리스의 자기 집으로 데려갔다. 그와 그의 아내는 돈나와 쉴라를 잘 보살펴 주었으며, 그들에게는 쌍둥이 소년인 자식 둘이 있었다.

그런데 돈나가 C. L에게 전화를 하는 어리석은 실수를 저질렀을 때 그는 즉시 자동차 열쇠를 뒤지게 되었고, 그 열쇠는 그녀가 C. L이 추격해오지 못하도록 일부러 가지고 왔다. 하지만 그녀는 미처 C. L이 여분의 열쇠를 가지고 있었음을 알지 못했다. 그는 도착하자마자 그녀 앞에서 흐느껴 울면서 앞으로 어떻게 스스로 바뀔 것인지에 대해 계속 말을 늘어놓았다. 그는 더 이상 비열한 폭력을 쓰지 않을 것이고 술도 절대 마시지 않겠다고 맹세했다. 그리고 순진한 돈나는 또 그의 말을 믿었다.

## 쉴라 - 채터누가로 가기 위해 리틀 록으로 보내지다

그러나 C. L은 귀가 길에 인디애나폴리스 외곽에서 갑자기 차를 틀어 고속도로를 벗어남으로써 돈나를 깜짝 놀라게 하였다. 그는 숲 속의 삼림보호구역으로 차를 몰았다. 그리고 거기서 차를 멈춘 C. L은 자신을 배반한 대가로 그들 모녀를 죽이겠다고 위협했다. 총을 흔들며 그는 돈나가 그 남자와 바람을 피웠다고 비난했다. 그는 심지어 쉴라에게 그들 둘이 함께 있는 것을 보지 않았느냐고 억지 고백을 강요하기까지 했다.

위험한 운명의 순간에 그들 모녀는 한 순찰경관에 의해 구조되었는데, 그는 C. L의 불법주차를 경고하기 위해 따라와 근처에 차를 댔던 사람이었다. 이것이 C. L을 어느 정도 침묵시키기는 했다. 하지만 돈나는 이런 삶은 쉴라에게 살만한 가치가 없는 것이라고 생각했고, 이런 종류 정도의 일들은 늘상 벌어지는 것이었다. 그녀는 자신의 어린 딸이 C. L과 함께 산다는 것은 너무 불행한 일이라는 것을 깨달을 수 있었다. 때문에 돈나는 쉴라가 채터누가에서 훨씬 더 안정되게 살 수 있다고 - 즉 학교에도 가고 친구도 사귀는 - C. L을 설득했다. C. L이 거기에 동의했지만, 그것은 단지 그녀를 쫓아 보내는 것이 더 낫기 때문이었다.

이때 C. L과 돈나는 인디애나폴리스에서 서쪽으로 향하는 도로 위에 있었다. 즉 그들은 돈나의 어머니 제인의 주소가 적힌 메모지와 함께 쉴라를 여행자 도우미가 있는 버스에 태우기 위해 한동안 정차해 있었던 것이다. 여기까지가 어떻게 쉴라가 아칸소 주(州)의 리틀록에서 비오는 밤에 일어났던 자신의 운명과 조우하게 되었는지에 대한 설명이었다.

## 할머니 집, 문 노크하기

내가 채터누가의 할머니 집에 도착했을 때, 나는 그 전체적인 카르마적 대혼란의 한 구성요소가 되었다. 돈나는 나의 어머니가 되었고, 또 C. L은 나의 의붓아버지가 되었던 것이다. 그러나 내가 나중에 그와 함께한 삶은 쉴라에게 그러했던 것 이상으로 모두가 악몽(惡夢)이었다.

# 제12장

## 나의 지구 가족

# 나의 지구 가족

## 공영 주택단지에 도착하다

마침내 불이 켜졌고 문이 열렸다. 그리고 나는 잠옷을 입은 나이가 지긋한 여성이 안에 있음을 보았다. 그 즉시 나는 그녀가 나의 지구에서의 할머니인 제인(Jane)이라는 것을 알아차렸다. 보닉(Vonic)이 그녀를 건강이 좋지 않은 병약한 여성이라고 묘사한 것은 틀림없었다. 그녀 아랫배의 불룩하게 부풀어 오른 부분은 마치 임신 8개월의 임산부처럼 보이게 만들었다.

"쉴라니?"

그녀가 누구인가를 확인하기 위해 어둠 속을 응시하며 물었다.

"예! 저예요." 내가 대답했다.

침묵 속에 나는 서 있었고, 그녀의 응답을 기다리고 있었다.

"이거 원 어떻게 된 거냐? 네 엄마는 어디 있니? 모두 어디 있어?"

그녀가 재차 물었다. 그녀가 새벽 3시에 깨어 일어나 문 앞에 서 있는 셜라를 본 자기 눈을 쉽게 믿을 수 없으리라는 것은 당연했다. 왜냐하면 돈나가 미리 전화를 걸어 자기 딸이 채터누가로 가게 될 거라고 말하지 않았기 때문이었다.

"다른 사람은 아무도 없어요." 내가 대답했다.

"나 혼자에요."

"네가 여길 혼자서 왔다는 거냐?" 그녀는 되물었다.

그러고 나서 그녀는 열린 문을 붙든 채 나를 들어오게 했다.

보닉은 그 다음에 내가 말할 것을 내게 잘 준비시켰다.

"저기요. 엄마가 C. L과 싸우는 바람에 절 이곳으로 보내셨어요. 엄마는 제가 더 이상 거기 있는 걸 바라지 않았어요."

나는 그녀에게 그 메모지를 보여주었고, C. L이 한 짓을 모두 고해 바쳤다. 즉 어떻게 그가 돈나와 나를 죽이려고 협박했고, 어떤 식으로 엄마가 나를 이곳으로 보내는 게 어떻겠냐고 C. L에게 요청했는지를 말이다.

"어떻게 그들이 나에게 알려주지도 않고 그럴 수가 있니?"

할머니는 마음이 매우 혼란스러워 보였다. 우리가 거실을 통해 계단 쪽으로 걸어갈 때 그녀는 걱정스러운 듯이 말했다.

"너를 데리고 어떻게 살아가야 할는지 난 모르겠구나!"

나는 할머니가 나를 위층의 방으로 데려가 침대의 그녀 옆에 눕게 할 때 약간의 어색함을 느꼈다. 하지만 나는 오래되지 않아 기온이 떨어질 때 지붕에서 나는 탁탁거리는 소음을 들으며 잠에 빠져들었다. 그 날은 적어도 지루하게 이어진 최종적인 날이었다고 말할 수 있을 것이다.

이곳이 향후 몇 년간 살게 될 나의 새 거처였다. 할머니는 시골지역에 있는 지금의 집에서 다른 곳으로 옮겨가려는 계획을 완전히 실행하지는 못했다. 그녀 가구의 일부는 이미 거기로 옮겼지만, 그녀의 딸 엘렌(Ellen)이 아직 그 아파트에 같이 살고 있었다. 할머니는 의사에게 당뇨병과 심장 수종증을 진단받은 후 최근의 무기력 상태에서 회복되기 위해 그곳에 머무르고 있었다. 그리고 이모인 엘렌은 인근의 좀 더 나은 곳으로 옮기려고 계획 중이었다.

## 초기의 나날들

아침에 깨어 일어나 보니 모든 이들이 이미 아래층에 있었다. 조용히 나는 부엌으로 걸어갔고, 식탁에 앉으며 이모 엘렌과 할머니의 대화에 끼어들었다. 그들의 대화 내용은 나에 관한 것이었다. 엘렌의 생각은 나를 멀리 아동보호시설로 보내자는 것이었는데, 왜냐하면 할머니는 주로 국가에서 주는 사회복지 보조비로 생활하고 계셨고, 소년 둘을 뒷바라지하고 있었기 때문이었다.

나는 얼떨떨했고, '이게 정말일까?'라고 생각했다. 그런데도 그들은 마치 내가 거기에 없기라도 한 것처럼 논의를 계속했다. 이것은 내게 그들이 쉴라에 대해 얼마나 소홀하고 무관심한가를 보여주는 것처럼 들렸기에 나를 몹시 슬프게 했다. 그것도 내가 도착한지 얼마 안 된 시점에 말이다.

나는 그들이 나를 멀리 보내는 것에 관해 얼마나 진지한가를 알아차리게 되자 와락 울음을 터뜨렸다.

"난 아동 보호소에 가고 싶지 않아요!"

나는 울부짖었고, 할머니 다리를 잡고 매달렸다. 내 얼굴에는 눈물이 흘러내리고 있었다.

"제발 절 아동 보호소로 보내지 마세요."

난 할머니에게 간청했다. 할머니가 엘렌 이모를 바라보았다.

"나는 이 애를 아동 보호시설로 보낼 수가 없구나."

할머니가 입을 열면서 내가 C. L과 살면서 아마도 심한 고초를 겪었을 것이라는 점을 이모에게 상기시키고 있었다.

"그래, 네가 어느 정도 준비를 할 수 있을 때까지 데리고 있으마."

이모 엘렌이 넌지시 말했다. 할머니는 나를 데리고 있기로 결정했다. 바로 그날 아침 그녀는 보호 처분에 관한 법정일자를 합의하기 위해 누군가에게 전화를 했다.

아침 식사 후에 나는 사촌들인 도니(Donny)와 짐(Jim)을 만났으며, 이 두 소년은 이모 엘렌의 아이들이었다. 그들은 밖에서 놀고 있었다. 도니는 나보다 생일이 몇 달 빨랐고, 짐은 석 달 정도 늦었다. 그 아이들의 까까머리 스타일은 나의 호기심을 자극했다. 곧 바로 그들은 내가 다니게 될 학교에 관해 자세히 말하기 시작했는데, 그 이야기는 나를 기쁘게 했다. 나는 학교에 가는 것이 걱정되지 않았고, 그곳에 입학하는 것이 행복하고 좋았다. 멀(Merle)과 벤(Ben)도 감정적 소란이 벌어질 때 2층에서 내려와 보느라 이미 나와 구면이 되었다. 그들은 둘 다 고등학교 상급생이었지만, 서로의 사이는 촌수상 삼촌과 조카지간이었다.

우리가 부엌에 앉아 있을 때, 도니와 짐은 자기들이 이웃에 대해 알고 있는 것들과 나에게 보여주고 싶은 모든 것들을 말해주고자 했다. 바로 그때 두 여자 아이가 주방으로 들어왔다. 둘은 모두 내 나이 또래였다. 그중 갈색의 눈동자와 가지런히 내린 갈색의 머리칼을 가진 한 아이는 나의 사촌인 린(Lynn)이었다. 다른 아이는 앤드리아(Andreia)였는데, 긴 적갈색 머리와 녹색의 눈을 가지고 있었다.

할머니가 내게 그들을 소개했고, 그 애들은 내가 본 적이 없는 어머니 돈나의 형제가 낳은 두 딸들이었다. 그들은 인근의 저소득자용 공영주택단지에 살고 있었다. 오래지 않아 그들은 자기들의 집에서 할머니가 아직 살고 있던 곳인 폴링 워터로 옮겼다.

나에게 만족스럽게 느껴졌던 대부분의 사촌들은 나이가 나와 비슷했고, 아마도 좋은 친구가 될 것 같았다. 그리고 그들은 보닉이 그들에 대해 설명한 것과 정확히 똑같게 보였다.

이날 할머니와 두 소년과 나는 시골의 할머니 집으로 옮겨 돌아갔다. 그것은 수많은 갑작스런 이사 중의 첫 번째였는데, 이런 잦은 옮김은 지구에서의 초기 몇 달 동안 나를 힘들게 했었다. 폴링워터는 매우 울창하고 푸른 초목으로 뒤덮여 있었지만, 내가 일찍이 보았던 지역들 중에서도 가장 낙후된 장소였다. 우리는 채터누가 시(市)에서 멀지 않은 테네시의 숲이 많은 언덕 사이에 위치해 있었다.

우리 집은 건축용 불록 위에 세워진 9개의 방이 있는 목조 가옥이었고, 화장실은 청결은 고사하고 나무판자들로 덧대 놓은 형편이었다. 급수시설은 1마일 정도 떨어진 산속의 계곡에서 끌어다 설치돼 있었다. 동물들은 야생에서 자라고 있었고, 나는 그 동물들과 뛰노는 것을 즐겼는데, 야생 멧돼지만은 예외였다. 때때로 그 녀석들은 숲에서 튀어나와 나를 집에까지 추격해 왔기 때문이었다.

나는 이 모든 것이 놀랍기만 했다. 나는 숲의 상쾌한 냄새를 사랑했고 숲 속에서 뛰놀았지만, 지구가 이렇게 원시적일 줄은 전혀 상상하지 못했다. 물론 현대적인 기준으로 폴링 워터는 참으로 낙후된 곳이었으며, 나는 채터누가의 많은 부분을 보지는 못했다.

우리가 폴링워터에 오래 머물지는 않았다. 어느 날 밤늦게 나와 할머니는 앉아서 이야기를 나누고 있었다.

"할머니, 저를 집으로 돌려보내지는 않으실 거죠? 그렇죠?"

"그래, 난 이미 우리가 가서 만나봐야 할 판사에게 그러겠다고 말했잖니? 그 사람이 내가 널 데리고 있도록 할 것 같구나."

"무슨 일이에요? 할머니!"

갑작스럽게 그녀가 뭔가 편찮아 보였다.

"안색이 너무 안 좋아 보여요."

그녀는 한숨과 함께 대답했다.

"그려, 몸이 아주 불편하구나. 너무 피곤해."

그때 그녀는 내게 성경에 관해 말하기 시작했다. 난 할머니의 팔베개에 머리를 두고 누워있었고, 등유 램프 옆에서 그녀는 예수와 우물가의 여인에 관한 아름다운 이야기를 읽어주었다. 매우 늦은 밤이었고 내가 잠들 때까지 멀과 벤은 귀가하지 않았다.


## 데이비드와 페기

나는 어렴풋한 불안감으로 눈을 떴다. '내가 어디 있는 거지?' 나를 둘러싼 낯선 벽을 바라보면서 나는 스스로 생각했다. '이게 실제일까?' 인접한 방에서 새어나온 전기 불빛이 머리 위로 비치고 있었다. 가스등의 덮개 위에서 나는 아름다운 여성과 멋지게 보이는 남자의 모습이 담긴 사진을 보았다. 그 반대쪽에는 아기의 사진이 붙어 있었다.

바로 그때 나는 방으로 다가오는 발걸음 소리를 들었다. 나는 눈을 감으며 잠든 체하고 있었다.

한 여성의 음성이 들렸다. "글쎄, 난 저 애를 어디에다 맡겨야 할지 모르겠어요. 우리가 어디다 잠자리를 마련해 줘야 할 것 같아요."

그녀는 결심한 듯 말했다. "데이비드! 난 우리가 그 애들을 이곳으로 데려와야 할 것 같아요. 아기를 이리로 데려오고, 쉴라를 그곳으로 가게 해야 할 거예요."

그때 내 마음 속에는 문득 가스등 덮개에 붙어 있는 사진이 떠올랐다. 그리고 나는 쉴라의 친아버지가 데이비드였음을 기억해냈다. '그가 내 아버지야.' 나는 속으로 생각했다. '그래, 지구에서의 나의 아빠.'

나는 눈을 떴고, 일어나 기지개를 켰다.

"안녕! 아가야, 잘 지냈니?"

데이비드가 웃는 얼굴로 침대로 다가오며 말했다.

"아빠!" 난 소리쳤다.

"그래, 아빠다." 데이비드가 위에서 몸을 구부리며 말했다. 나는 위로 손을 뻗어 그를 껴안았고, 그를 만나게 된 것이 정말 기뻤다. 이 남자의 목에 매달리는 것이 정말 좋다고 느껴졌는데, 그는 이처럼 상냥한 사람이었다.

"우린 널 아기 침대로 데려 갈 거야." 그가 설명했다.

"그리고 우리와 함께 아기를 재우는 거다. 좋지?"

"저기, 아빠! 난 마루방에서도 잘 수 있었어."

"아니야. 넌 그렇게 할 필요가 없어. 방이 있는데 뭐. 알다시피 우리에겐 꼬마 남자애가 있고, 또 개는 4살 정도란다."

페기(Peggy)가 다른 방에서 들어왔다.

"그래! 밥 먹으러 가자. 저녁식사 시간이야."

"저녁이라니?" 내가 무심코 말했다. 나는 분명히 그때가 아침인줄 알고 있었다.

"그럼, 그렇고말고." 데이비드가 말했다.

"넌 밤새 여기서 잠들어 있었어. 그리고 너 정말 피곤했던 모양이구나. 하루 종일 잠을 잤으니 말이야."

"내가?" 난 그것을 거의 믿을 수가 없었다.

"그래." 그가 대답했다. "너의 삼촌이 널 이곳으로 데려왔고, 네 할머니가 나아질 때까지 우리와 함께 지내게 될 거다."

나는 할머니의 병환이 악화되었고, 그녀 아들 중의 한 명이 그녀를 병원으로 데려갔을 거라고 추측했다. 아주 종종 내가 들었듯이 할머니는 몸이 아주 안 좋았다. 할머니가 회복되어 그 공영주택 단지로 옮겨갈 때까지 나는 아버지와 그의 아내 페기와 함께 지냈다. 나는 아직 그곳에 살고 있는 친척들을 잠시 방문할 때를 빼고는 결코 폴링워터로 다시 가지 않았다.

지구에서 보낸 이때의 초기 몇 주 동안 내 친척 중의 한 사람이 "넌 쉴라가 아니야."라고 말한 적이 있었는데, 그렇다고 내 마음이 초조하지는 않았다. 나는 쉴라에 관한 모든 것과 또 충분히 쉴라처럼 보인다는 것을 알고 있었으므로 그것을 견뎌낼 상당한 자신이 있었다. 페기와 데이비드는 내게 매우 잘 대해 주었고, 나는 그들과의 삶을 즐겼다. 그녀가 나의 엄마가 아니라는 것은 내게 전혀 문제가 되지 않았는데, 내가 함께 살게 될 사람들 중의 그 누구도 나의 본래 친척은 아니었기 때문이다. 페기는 마음씨가 곱고 멋진 사람이었고, 나를 그녀의 아이들 중의 한 사람처럼 똑같이 대해 주었다.

그날 저녁식사 후에 우리는 페기의 어머니인 로즈(Rose)와 그녀의 아이들인 지미(Jimmy)와 재니스(Janice)를 방문했다. 재니스는 수수하게 어깨까지 내려온 긴 금발 머리를 가진 아름다운 아이였다. 그 애는 나와 나이가 동갑에다 나보다 생일이 불과 5일 정도 느렸을 뿐이었고, 우리는 함께 잘 어울렸다.

"쉴라야! 우리는 영화배우 놀이하자." 그녀가 제안했다.

"뭐?" 내가 물었다. 이것은 내게 전혀 새로운 이야기였다.

"영화배우 스타(Star)말이야. 너 거기에 관해 아무 것도 모르니?"

"몰라.""난 영화 보러 가 본적 없어."

"어! 그래. 아 참! 너 시골에서 살았지." 재니스는 폴링워터를 생각하며 기억했다.

"난 도리스 데이(Doris Day)가 될 거야. 아니 … 자넷 리(Janet Leigh) 하고 싶어. 네가 도리스 데이가 되고."

"좋아." 내가 말했다. "근데 도리스 데이는 누구니?"

"이곳에 그녀 사진이 있어." 재니스는 잡지를 뒤적거리며 찾았고, 마침내 어떤 사진 하나를 가리켰다.

"와! 예쁘구나." 내가 말했다.

"그런데 내가 마릴린 몬로(Marilyn Monroe) 하면 안 될까? 여기 이 사람 말이야."

"안 돼! 넌 그녀가 될 수 없어. 넌 마릴린 몬로처럼 보이지 않아. 넌 도리스 데이야."

"좋아. 알았어."

"토니 커티스(Tony Curtis)는 내 남자 친구야." 재니스가 설명했다.

"그리고 넌 딘 마틴(Dean Martin)을 친구로 가질 수 있을 거야."

나는 다시 한 번 좋다고 말했다. 그리고 나서 우리는 놀이를 시작했다.

"어떻게 하는 거니?" 내가 물었다.

"먼저 넌 옷을 차려입어야 돼. 여기 우리 엄마 옷 중에서 하나를 입어."

재니스는 내가 그런 놀이에 대해 그렇게 모르고 있다는 것에 놀랐음이 분명했다. 그녀는 그것을 내가 폴링워터라는 시골지역에서 산 탓이라고 생각하는 것 같았다. 나는 꽃무늬로 장식된 긴 옷과 굽이 높은 구두를 신고서 어이가 없다고 느꼈다. 재니스는 내 입술에다 립스틱을 칠해 주었고, 뒤로 한 걸음 물러나더니 만족스러운 표정으로 나를 보았다.

"이제 너 예쁘게 보인다."

"그래, 고마워." 내가 그녀에게 대답했다.

"너도 예뻐 보여." 그렇게 치장하고 나서 우린 영화 스타 놀이를 했다. 나는 그들이 노래하고, 큰 차를 굴리고, 레스토랑에 가고, 많은 돈을 쓴다는 것을 배웠다. 재니스의 눈이 갑자기 반짝였다.

"너한테 말할게 있어!" 그녀가 소리쳤다.

"네가 오늘 밤에 우리랑 영화 보러 갈수 있을지 알게 될 거야. 우린 영화 보러 갈 거거든."

"무슨 영화 보러 갈 건데?" 내가 흥분해서 물었다. 이것은 흥미로운 소리로 들렸다. 영화 스타 놀이는 내게 지루한 놀이였다.

"〈블로브(The Blob)〉[1]야!" 재니스가 말했다.

"진짜 무시무시한 영화일거야. 네가 우리와 같이 갈 수 있는지 알아보자."

재니스와 나는 거실로 달려갔다.

"페기 언니! 쉴라도 오늘 밤에 우리랑 같이 영화 보러 갈 수 있을까?"

그녀가 물었다. 페기는 재니스의 큰 언니였다.

"글쎄! 난 모르겠구나." 그녀가 아빠를 쳐다보았다. 데이비드가 입을 열었다.

"그래, 너도 갈 수 있어. 좋아. 재니스! 여기 2달러 있다. 쉴라 데리고 같이 영화 보러 갈 수 있단다."

"난 그럴 필요 없는데." 재니스가 말했다.

"우린 공짜로 들어갈게요."

아빠가 물었다.

"네가 어떻게 하려고?"

"저기요, 바비(Bobbie)가 극장 앞에서 표 사가지고 들어갈 때 우리

---

[1] 1950년대 미국에서 상영된 SF 공포영화이다. 감독은 어빈 이어워스, 주연은 스티브 맥퀸과 아네타 코사우트였다. (역주)

는 언니 팔 아래 고개 숙이고 숨어서 들어가는 거예요." 바비는 재니스의 14살 먹은 언니였다.

"안 돼! 그건 정직하지 못해. 이제는 너희도 표 사야 돼."

아빠가 말했다.

"여기 돈 있다. 쉴라에게 캐쉬 열매 좀 사 주거라. 맛있을 거야."

"난 전에 극장 가본 적 없어. 아빠." 내가 말했다.

영화 <블로브>의 포스터

"그래, 알아. 너희 할머니가 네가 영화 보러 가게 허락하지 않으셨기 때문이지. 그렇지?"

"몰라."

"저런! 할머니는 영화를 별로 안 좋아하신 거야. 그래서 너한테 영화 보러가겠냐고 묻지도 않으신 거구."

나는 이해되지 않았다.

"왜 할머니는 영화를 불신했던 걸까?"

"쉴라야! 할머니는 기독교인이기 때문이야. 그들은 영화 보러 다니지 않는단다."

그 이유는 여전히 내게 감이 와 닿지 않았지만, 나는 어쨌든 좋다고 말했다. 내가 선호하는 말이 "오케이(OK)!"이었는데, 그 말이 골치 아픈 문제들로부터 나를 보호하기 때문이었다. 나는 기꺼이 응하기 잘하는 작은 소녀였다. 종교들이 인간에게 무엇을 하라고 말하는 개념들은 내게 그저 불합리하게 생각되었고, 나는 이 주제에 관해 나의 이모가 이전에 언급했던 것을 기억하고 있었다.

우리가 집을 나서려 할 때 재니스가 나를 붙들었다.

"잠깐 기다려. 넌 그런 모습으로는 극장에 갈 수가 없어."

"어떻게 해야 되는데?" 내가 물었다.

"넌 립스틱을 지우고 그 옷을 벗어야 돼. 그리고 그 굽 높은 구두부터 벗어."

그녀가 말했다.

나는 소리 내어 웃었다. "아! 그래, 맞아!"

바비가 우리를 극장에 데려갔는데, 거기서 나는 내 생애 두 번째로 탄산음료인 사이다를 맛보았고, 팝콘 역시 마찬가지였다. 나는 그것들을 정말 좋아했으며, 캐슈 열매의 맛은 특별했다.

비행접시에 관한 오점은 그로 인해 지구의 주민들에게 온갖 종류의 혼란과 두려움이 초래되었다는 것이다. 영화의 내용은 이렇게 시작되었다. 어느 날 밤에 이상한 물체가 한적한 숲속에 착륙했다. 한 쌍의 젊은이들이 처음으로 그것을 목격했으나, 그들이 그 착륙지역에 이르렀을 때 타오르는 듯한 섬뜩한 발광체 외에는 아무 것도 볼 수가 없었다. 그 물체에 대한 호기심에서 남자는 나무 막대기로 그것을 쿡쿡 쑤셔본다. 그러자 갑자기 그 타오르는 듯한 그 물체가 그의 손을 덮쳤고 계속해서 그의 팔을 휘감았다. 남자가 그것을 내팽개치려고 필사적으로 시도하는 동안 그의 여자 친구는 비명을 지르며 도망쳤다.

그 괴물체를 뿌리치는 데 실패한 그는 결국 병원에 오게 되는데, 의사는 이를 보고 당황한 나머지 어찌할 바를 몰랐다. 의사들은 그 물체가 무엇이든 간에 즉시 그것을 떼어내야 한다는 데 뜻을 모았다. 그들이 옆방에서 그렇게 남자의 문제를 논의하고 있을 때, 갑자기 그들은 눈앞에서 거대하게 발광(發光)하고 맥동하는 에너지 덩어리를 목격한다. 이윽고 그것이 그 아이를 집어삼키더니 이제는 다음 희생자를 향해 움직이고 있었다.

그 영화가 끝날 때까지 영화 속에서 그 괴물체는 사람들과 주택, 자동차들을 빨아들였고, 더욱 더 거대해져 갔다. 사람들은 공황상태에 빠져 집에서 빠져나와 달아났다. 그러다 아주 우연히 영화의 주인공들은 그 생물이 낮은 기온에 취약하다는 사실을 발견하게 되는데, 결국 그 놈을 냉각기 안에다 몰아넣어 없앰으로써 지구가 살아남는다는 스토리였다.

그런데 문제는 내가 그 영화가 상영되던 내내 웃음을 멈출 수가 없다는 데 있었다. 내게는 그 모든 것이 너무 웃겼다. 한마디로 그 〈불로브〉라는 영화는 전체가 웃음을 자아내는 내용이었다.

"왜 웃었니?" 재니스가 말했다. 그녀는 내가 좀 의아한 모양이었다.

"그건 정말 무서운 영화야."

"난 모르겠어." 내가 말했다.

"나에겐 그저 우습게 보이는 걸!"

나는 내내 이렇게 생각하고 있었다. '정말 이상해. 왜 사람들은 그런 기괴한 생물이 우주에서 온다고 생각하는 걸까?' 하지만 사람들의

영화 〈블로브(The Blob)〉 포스터(왼쪽)와 영화 속의 한 장면.

의식(意識)은 그러했던 것이다. 그들은 흔히 영화에서 본 것에서 바로 어떤 생각들을 형성하곤 했다.

나는 그때 우리(금성)쪽 사람들이 내게 주의를 주었던 지혜를 깨달았는데, 그것은 내가 다른 행성에서 온 존재라는 것을 입 밖에 내지 않는 것이었다. 나의 이야기를 믿을 사람들은 아마도 공상과학 영화들에 나오는 무시무시한 괴물들을 기억할 것이다. 어차피 부정적인 세력들은 이렇게 우리 우주인들이 우리 자신을 쉽게 드러내지 못하도록 만들어 놓았던 것이다.

내가 지구에서 처음 본 이 영화가 우주에서 온 생물에 관한 내용이라는 것은 기묘한 일치였다. 재니스는 우리가 영화관을 나올 때도 여전히 겁에 질려 있었다.

"너 〈드라큘라〉 볼 때까지 기다려!" 그녀가 말했다.

"그거 볼 때도 아마 넌 웃을 거다."

하지만 그녀가 드라큘라가 무엇이고 그가 어떤 짓을 했는가를 내게 말하기 시작했을 때 나는 두려움에 사로잡히게 되었다. 나는 그와 같은 인간이 실제로 이 지구상에 존재했다는 것을 믿을만한 근거를 가지고 있었다.

우리가 재니스의 집으로 귀가했을 때, 아빠는 나를 집으로 데려가기 위해 기다리고 있었다.

"그런데 내일 우리는 네가 할머니 댁으로 다시 돌아 갈 수 있을 때까지 너를 2주 동안 학교에다 등록시켜야 할 거다."

"나 할머니한테 돌아가야 돼?" 내가 물었다.

"아빠와 같이 살면 안 돼?"

아빠는 나를 자신 가까이로 끌어당겼다.

"아가야! 넌 나와 함께 지낼 수가 없어. 왜냐하면 네 할머니가 너의 법적인 보호자이기 때문이야. 그건 법적으로 네가 할머니에게 의탁되도록 정해져 있고, 나하고는 같이 있을 수 없다는 의미란다."

"뭐야! 난 이해가 안 돼." 내가 말했다. 그는 나를 설득하기 위해 애를 썼다.

"그건 일이 그렇게 진행돼 버렸기 때문이야. 만약 네가 나에게 먼저 왔다면, 그땐 내가 너의 법적 보호자가 되었겠지. 하지만 사실 그건 내게 좀 힘든 일이야. 너도 알다시피 난 내 가족이 있고, 키워야 될 애들이 있지 않니? 넌 나의 첫 아이고, 아빠는 널 너무 사랑한다. 그리고 넌 항상 내게 특별한 아이란다. 하지만 난 지금 당장 너를 부양할 만큼 넉넉한 형편이 못돼."

"좋아." 내가 말했다.

"그렇지만 그건 할머니 건강이 좋아졌을 때라야 하잖아?"

"글쎄! 난 자세히는 모르겠구나. 네가 할머니 무릎에서 잠들었던 날 밤에 할머니는 진짜 병이 악화되셨단다. 너도 알지만 할머니는 당뇨병과 악성 심장병이야. 그녀는 곧 집으로 돌아가셔야 돼."

"시골집으로 다시 간단 말이야?"

"아니. 할머니는 도시의 공영주택단지에서 살게 되실 거야."

"아! 그래. 맞아!" 나는 기억해냈다.

아빠는 설명하기를 계속했다.

"내 추측으로는 할머니는 그리로 갈 것 같구나. 왜냐하면 월세가 불과 25달러로 정말 싸기 때문이지."

"그럼 나는 그곳 학교에 다니게 되는 건가?"

"그래." 그가 말했다.

"아빠를 다시 보게 될까?" 내가 물었다. 나는 데이비드에게 상당한 애착을 가지고 있었다.

"오! 물론이지. 난 언젠가 와서 널 우리 집으로 데려갈 거다. 네 할머니가 그렇게 허락만 하신다면 말이야." 그가 내게 답변했다.

그날 밤 침대에 누워 있을 때 나는 그날 일어난 모든 멋진 일에 대해 곰곰이 생각했다. 나는 내 나이 또래의 누군가와 즐겁게 보냈고, 처음으로 영화를 보았던 것이다. 영화들은 오락거리에 속한 통속적인 형태였는데, 이런 영화에 관해서는 삼촌 오딘이 이전에 말해준 적이 있었다.

시골지역에서 노는 것은 재미있었으나, 영화 보러가서 외계에서 온 기괴한 생물을 보는 것은 이상한 경험이었다. 하위 아스트랄계에는 〈불로브〉같은 위험스러운 생물이 있을 것으로 추측하지만, 물질계에 그런 것이 있는지는 알지 못한다.

다음날 아침 아빠는 나를 깨웠고, 학교에 데려가기 위해 옷을 입혔다. 처음으로 그는 내게 뭔가 특별한 것을 보여주었다. 그가 그것을 내게 건네줄 때 나는 물었다.

"나한테 주는 거야?"

"물론이지."

그것은 진 오트리(Gene Autry)와 그의 애마(愛馬)가 겉에 그려진 필기용 서판(書板)이었다.

"멋지다!" 내가 소리쳤다. 그러나 아빠가 내게 준 그 서판에 딸린 검은 연필이 왜 그렇게 굵은지 난 이해하지 못했다. 그리고 그 서판

위에 그어진 선들이 매우 큼직했다. 짐작하기로는 아이들은 글자를 크게 쓸 것이라고 예상하고 만든 모양이었다.

## 교회와 학교

그날 아침 나는 학교에서 긴장하고 있었다. 재니스는 나를 자기 친구들에게 소개하기 위해 이미 와 있었지만, 그 애는 나와는 다른 반이었다. 나의 교사는 갈색 눈과 짧고 곱슬인 검은 머리칼을 가진 아름다운 여성이었다. 그녀는 나의 양친께서 많은 여행을 하고 계시다고 언급하며 나를 학급 애들에게 소개했다. 그런 까닭에 내가 1살 늦은 7살 나이에 1학년을 시작하는 것이라고 이야기했다.

나는 다른 아이들이 얼마나 내게 친절하게 대해주는지 놀라웠고 또 행복했다. 그들 중의 어떤 아이들, 특히 남자 애들은 내가 연상이다 보니 나를 놀려먹으려는 충동을 참지 못했다. 그러나 얼마가 지난 후에는 모든 애들이 잠잠해졌다.

루이스(Lewis) 여사는 훌륭한 교사였다. 그녀는 나를 도와 가르치는 데 성실했고, 나는 그녀를 점점 더 사랑하게 되었다. 나는 그녀가 내게 가르쳐주려는 것들을 이미 다 알고 있었지만, 그것을 굳이 그녀에게 내색할 수는 없었다. 나는 그냥 배우는 체 했던 것이다.

처음에 그녀는 아이들이 다른 학습에 열중해 있는 동안 나를 지도하며 내게 ABC 등을 가르쳤다. 나는 극히 짧은 시간 안에 우리 반의 학습 진도를 따라잡았다. 얼마 되지 않아 그녀는 우리 학급에서 진도 나가고 있는 나머지 교과과정을 설명하기 위해 특별히 내 책상에 따로 올 필요가 없게 되었다.

내가 얼마나 신속히 낱말읽기와 암산, 이름쓰기 등을 배우는가를 그녀가 알게 되자, 나는 곧 2학년으로 올라가게 되었다. 이것은 아빠가 나를 학교에 등록시킨지 불과 2주 만이었다. 하지만 쉴라 자신은 결코 1학년을 마치지 못했었고, 나의 아빠와 루이스 여사는 쉴라가 C. L과 돈나의 떠돌이 생활에 의해 방치돼 있던 영리한 아이였다는 것

외에는 생각할 수 없었다.

내가 2학년 학급으로 올라갔을 때는 마침 우리의 교사인 리드 (Reed)씨가 뺄셈을 처음 가르치려 하던 중이었다. 그는 말했다.

"자, 오늘 우리는 뺄셈을 배울 예정인데 …"

"뺄셈이요?" 내가 무심코 내뱉었다.

그가 나를 굳은 표정으로 쳐다보더니 입을 열었다.

"먼저 손을 들고 나서 말을 해야 한단다."

"아! 예!" 내가 말했다.

"뺄셈이 뭐죠?"

리드씨는 빠른 말투로 말했다.

"곧 설명하게 될 거다."

하지만 그가 거기에 관해 말을 하면 할수록 나는 혼란스러웠다.

"정말 이상해요."

"왜 선생님은 어떤 것에서 뭔가를 제하려는 거죠?"

"무슨 말인지 모르겠구나?" 그는 의아한 듯 말했다.

이것은 나를 당황하게 했다.

"모르시겠어요? 당신은 우리 선생님이시잖아요? 뭘 하시는 거냐고요? 둘에서 하나를 빼고 하나가 남아 있어요. 왜 둘에서 하나를 빼냐는 말이에요?"

"쉴라! 그런 질문은 이치에 맞지 않아."

"하나에서 하나를 빼면 영(0)인데, 이치가 맞나요? 어떻게 그 자체에서 뭔가를 제할 수가 있는 거냐고요? 당신은 그 대상을 제거할 수 있고 아무 것도 남지 않지만, 그 자체로부터 그것을 없애지는 못해요."

나는 내가 말하고자 하는 주안점을 관철하며 계속 주장했다. 왜냐하면 이 새로운 수학적 개념은 내가 배웠던 것과는 일치하지 않았기 때문이다.

"쉴라! 너 이상한 질문하기 그만두지 않으면 교장 선생님한테 보내 버릴 거다."

"아, 좋아요." 난 조용히 말했다.

"더 이상은 질문하지 않을게요."

뺄셈은 내게 전혀 무의미했고, 또 앞으로도 그럴 것이다. 뺄셈은 너무 관념적이고 '팽창(Expansion)'이라는 자연법칙에 부합되지 않기 때문에 나는 그것을 좋아하지 않는다. 테우토니아에서 나는 결코 어떤 다른 것에서 뭔가를 제하는 것을 가르침 받지 않았다. 우리는 단지 존재하는 것을 변화시키기만 할 뿐이다. 나는 또한 지구상의 기본적인 10수(數) 체계와 관련해서도 의문을 가지고 있었다. 보다 진보된 행성들에서는 '0'이 존재하지 않는데, 그것은 0 자체의 속성 때문이다. 자연법칙에 따라 우리는 무엇보다도 9수 체계가 맞는다고 배웠다. 말이 나온 김에 말하자면, 지구상의 정부들은 추락한 비행접시들을 수 년간에 걸쳐 조사했고, 그들의 차원이 9수 체계를 사용하는 경향이 있음을 발견했다.

나는 굳이 문제를 만들지 않기 위해 입 다물고 뺄셈을 배웠다. 그날 저녁 나는 귀가해서 아빠에게 학교에서 배웠던 둘에서 하나를 제하면 1이라는 것을 말했다.

"아주 잘했다." 그가 말했다.

"난 또 10에서 5를 빼면 얼마인지 알아."

"얼마지?"

"5."

"그걸 어떻게 알았니?" 그가 말했다.

"학교에서 가르쳐 주던?"

"학교에서는 둘에서 하나 빼기를 가르쳐 줬어. 그건 단지 내가 계산한 거야."

"그래, 너 정말 잘하는구나. 그렇지." 그는 미소 지었다.

"나는 네가 정말 자랑스럽다. 넌 내 첫째 딸이기 때문이야. 넌 네 엄마를 많이 닮았어."

"내가?"

"그럼."

"엄마는 예뻐." 나는 보닉이 내게 그녀에 관해 묘사해 준 것을 기억하면서 말했다.

"엄마는 마릴린 몬로 같아."

"그래, 비슷하지." 그가 웃으며 말했다.

그때 나는 내가 돈나를 언젠가 만난 것이 아닌가 의심했다. 나는 그녀에 관해 할머니와 이모 엘렌으로부터 많은 이야기를 들었지만, 내 자신이 그녀를 만나지는 못했다. 그런 상태는 지구에서 보낸 나의 삶이 1년이 지나도록 그러했다.

금요일 저녁 우리는 늘 먹는 핫도그와 칠리(Chili) 식사를 하면서 식탁에 앉아 있었는데, 그것은 내가 좋아하게 된 음식이었다. 그때 전화벨이 울렸고 아빠는 전화를 받으러 나갔다. 잠시 후 그는 할머니가 오고 있다고 알려주었고, 내 가슴은 철렁 내려앉았다. 1주일 내에 나는 할머니 집으로 돌아가게 될 것이기 때문이었다.

나는 떠나는 것이 싫었다. 그만큼 아빠와 페기는 내게 정말 잘해주었던 것이다. 그리고 학교에서 사귄 새 친구들은 어찌해야 할 것인가?

"아빠! 나 돌아가야 돼?" 내가 물었다.

"그래, 아가야!" 아빠가 말했다.

"할머니한테 돌아가야 한다고 내가 전에 말했잖니?"

"알았어." 나는 슬픈 음성으로 조용히 말했다. 페기는 정말 친절했으며, 내 머리를 따주었다. 나는 푸른 눈과 길게 늘어진 물결치는 듯한 갈색의 머리를 가진 그녀가 너무 아름답다고 생각했다. 나는 그들과 헤어지는 것이 섭섭했다.

"월요일에 우리가 널 데리고 학교에 가거나, 아니면 네가 이번 주말에 학교를 떠나게 된다고 그쪽에다 통지해야 될 거야. 그래야 거기서 네 학적부를 새 학교로 보낼 수가 있단다."

"좋아."

하지만 월요일에 학교에 가는 대신에 나는 아빠와 페기에게 작별인사를 해야만 했다. 내 눈은 눈물로 글썽였다. 할머니는 내가 집으로 일찍 와서 집을 수리하고 짐 정리하는 것을 돕기를 바랐다. 결국 나는 학교의 친구들과 작별인사를 할 수조차 없었다.

내가 서턴 스트리트(Southern Street)) 1821번지에 있는 집을 다시 한 번 두드렸을 때, 할머니는 나를 기다리고 계셨다. 내부의 모든 것은 뒤죽박죽으로 어질러져 있었고, 멀(Merle)과 벤(Ben)의 도움에도 불구하고 그곳은 쉽게 정리되지 않았다. 아파트 자체는 새롭고 윤이 났으나 할머니의 가구들은 너무 낡았고, 내 마음이 금방 의기소침해질 정도로 우중충해 보였다. 내가 보닉에게 배운 그대로 할머니는 남편의 음주 때문에 갈라서서 손자 둘을 데리고 혼자 살고 있었다.

채터누가의 산등성이에서 내려다보자 공영주택단지의 아파트들이 거대한 U자형의 건물 형태를 이루고 철로 조차장(造車場)을 마주보고 있었다. 남부의 도로는 우리 주택단지의 끝과 접해 있었고, 우리 배후에는 흰 자갈이 깔린 평평한 옥상이 있는 2층 벽돌 건물들이 줄지어 서 있었다. 각 가정마다 따로 뒷마당과 위층, 아래층이 있었고, 쓰레기는 가옥번호를 표시할 수 있게 돼 있었다.

우리 아파트의 내벽은 녹색 페인트가 칠해진 단순한 석조건축 블록이었으며, 바닥은 암갈색의 아스발트 타일이 깔려 있었다. 맨 앞부분은 거실이었다. 우측의 현관은 주방으로 연결돼 있고, 침실로 향한 계단은 그 현관에서 나머지 부분으로 나 있었다. 모든 것이 전기로 작동되었는데, 우리 아파트는 벽에 부착된 새 냉장고, 전기 레인지, 전기 히터가 갖춰져 있었다. 주방 옆과 거실 뒤쪽은 다용도실이었다. 이곳에는 다수의 선반과 벽장뿐만이 아니라 두 개의 커다란 세탁물 수거기가 있었다. 위층에는 3개의 침실이 있었고, 또 붙박이로 된 낮은 욕조가 설비된 현대식 욕실이 하나 있었다.

한 달에 25달러인 월세는 할머니가 지불했는데, 이 아파트는 현재의 기준으로 보더라도 호화로운 시설이었다. 해충구제업자가 매달 소독약을 뿌리기 위해 방문했으며, 나중에 내가 알게 된 것은 그것이 대도시에는 없는 일종의 서비스라는 것이었다.

며칠 후 우리는 자리를 잡았고, 할머니는 우리 집 인근의 예쁜 하얀 목조 건물로 우리 모두를 불렀다. 나는 곧 보닉이 그녀가 하나님의 교회에 나가는 독실한 기독교인이라고 말했을 때의 의미를 알게 되었다. 교회에 나가는 이 새로운 경험은 우리가 매주 월요일, 수요일, 금요일, 일요일마다 그곳에 출석함으로써 그 신선함이 사라졌다. 그러나 주일학교는 재미있었다. 우리는 이야기를 읽고 노래를 불렀다. 교회에서는 찬송가 합창이 있었고, 기타와 피아노 연주를 들을 수가 있었다. 때때로 그곳에 모인 신도들 앞에서 노래하는 한 젊은 남자는 특히 미남이었다. 그의 이름은 바로 엘비스 프레슬리(Elvis Presley)[2]였다.

교회에서의 나의 나머지 경험들은 인내하고 이해하는 과정의 과업들이었다. 그 하나님의 교회는 한 개인이 자기 멋대로 사는 것을 매우 어렵게 만들었다. 보닉이 설명했던 그대로 여성은 바지를 입거나, 머리를 자르거나, 파마를 하거나, 화장을 하거나, 장신구를 하는 것이 허용되지 않았다. 그것은 마치 현존하는 법률이 몽땅 여성에게 적용되는 것처럼 생각되었다. 남성은 음주와 흡연이 금지돼 있었는데, 그것은 실제로 그들의 건강에 유익했다. 하지만 그들이 단지 그것을 교회가 제정한 율법이었기 때문에 그렇게 실천한다는 것은 나를 어리둥절하게 했다.

예배 시간의 설교는 대부분의 사람들을 고민하게 했다. 목사들은 항상 성경에서 한 구절의 이야기를 직접 인용해서 그것을 도덕적으로 설명함으로써 설교를 했다. 흔히 그들은 똑같은 이야기를 가지고 다른 실례(實例)를 들어가며 4번 5번이나 반복하곤 하였다. 그리고 그것은 언제나 상당히 감정적이었고, 때때로 고함을 치는 식의 설교였다.

신앙부흥 전도사가 마을에 올 때마다 그런 설교와 찬송가가 요란하게 울려 퍼졌다. 할머니는 이런 신앙부흥 집회에 나를 데리고 참석하기를 고집했으며, 이 부흥회는 매일 밤마다 열리고 있었다. 신도들은 구원받기 위해서 새로운 사람들을 데려가곤 했고, 가장 많은 수의 개종자들을 데려온 사람들에게는 상품이 수여되었다. 나는 이 모든 것에 대해 어떻게 생각해야 할지를 알지 못했다.

---

[2]1950년대~70년대에 이르기까지 '록큰롤의 제왕'으로 불렸던 미국의 유명한 가수이자 영화배우(1935 - 1977) (역주)

부흥전도사들은 뒤에서 격앙된 음성으로 찬송가가 불려 질 때 이 새로 온 이들에게 너무 늦기 전에 구원에 다가가 지금 구원받으라고 주장하고, 또 간청했다. 한편 교회의 분위기가 종종 이상한 방향으로 치닫곤 했다. 사람들은 울거나 무릎을 꿇기 시작했던 것이다. 또 다른 이들은 위 아래로 껑충껑충 뛰기 시작했고, 큰 소리로 외치거나 방언 (方言)을 하고 있었다. 그들은 성서를 어떤 한 장소에다 펼쳐놓고, 기이한 방언을 하면서 이리저리 다니며 그것을 다른 사람에게 가르치고 있었다. 그리고 이제 구원받을 사람들은 무릎을 꿇고 앉아 제단 대용의 긴 목제 의자에 대고 소리치며 울부짖었다. 그때 설교자와 그의 협력자들은 민첩하게 다가와 그 사람들 곁에 같이 무릎을 꿇었다.

"형제여! 당신은 기꺼이 하나님께 당신의 죄를 사해달라고 요청하시겠습니까? 당신은 이제 기꺼이 신성한 인간으로 거듭날 용의가 있으신가요? 그리고 예수의 보혈로 당신의 죄를 씻어내게 하시렵니까?"

예수의 피를 가지고 하는 이런 비즈니스(Business)는 내게 종종 우려가 되었는데, 왜냐하면 나는 문자 그대로 그것을 받아들였기 때문이었다. 모든 것이 끝났을 때 구원된 사람들은 손을 흔들며 그들을 교회의 일원으로 환영하는 전체 앞에 서 있었다.

계속 반복되는 이런 똑같은 과정들은 나로 하여금 세상모르는 잠 속에 빠져들게 했다. 때때로 나는 무엇이 어떻게 진행되고 있나 들어보려고 애도 써보았지만, 나의 관심은 오래가지 못했다. 나는 그저 찬송가 부르기와 박수치기를 좋아했고, 그것이 전부였을 뿐이다.

나는 이런 사람들이 매우 진지하고 성실했다는 것과 그 모든 것이 그들에게는 매우 깊은 영적 의미가 있음을 알았고, 또 이해했다. 이런 나의 태도는 내 자신의 경험과 내가 받은 가르침에 기초에 있었다. 금성에서 나는 성서(聖書)라는 것이 오래 전 지구상에 살았던 특별한 사람들이 집필한 일종의 일지(日誌)라는 사실을 배웠고 이해하게 되었다. 즉 그것은 하나의 역사책과 마찬가지인 것이다. 그리고 이런 사실은 지구의 주민들이 받아들이기가 쉽지 않다.

한 때 종교를 창시한 지도자들의 말씀에는 위대한 진리가 있었다.

하지만 오랜 세기에 걸쳐 그 내용이 다시 고쳐 써지고 개역(改譯)됨으로써 성서의 말씀은 오늘날 절대적인 진리로 간주될 수는 없는 것이다. 그러나 나는 율법에는 동의한다.

금성에서는 많은 지구상의 개인들이 종교 지도자들의 경전을 자기들 이익을 위해서 써먹거나, 또는 특정 부분을 빼버린 채 자기들 목적에 이용했다는 것이 알려져 있다. 만약 거기에 원래 쓰인 것과 다른 부분이 있거나 뭔가 이해되지 않는 것이 있다면, 성서의 그 부분은 다시 고쳐 써진 것이다. 이런 이유 때문에 다른 교파들은 다른 성서를 가지고 있는 것이다. 그런 문헌들은 진리에 대한 그들 나름의 이해에 따라 변조되었다.

신(神)의 말씀이나 진리라는 것은 책을 읽어서 되는 것이 아니라 경험돼야만 한다. 이것은 실제로 영혼계 너머의 형언할 수 없는 세계에 있는 궁극의 실재를 깨닫고 그 존재와 소통함으로써 이루어지는 것이다. 그리고 오직 영혼 자체만이 그것을 경험할 수가 있으며, 그것은 물질적인 체험이 아니다.

## 새로운 삶에 대한 생각

사람들을 통제하기 위해서 종교 성직자들은 "믿어라! 그렇지 않으면 지옥에 떨어지게 될 것이다."라는 교의(敎義)를 만들어 냈는데, 즉 두려움의 종교를 창조해낸 것이다. 그리고 수집된 어떤 서한(書翰)이나 집필된 문서들이 곧 '신(神)의 말씀'이라고 하는 근본원리가 확립되었다. 또한 그런 문헌들을 조작하고 자의적으로 해석함으로써 대중들을 조종할 수가 있었다. 그런데 거기에 연루된 모든 사람들이 그것에 관해 인식하지는 못했다고 하더라도 이와 같은 일은 칼(Kal)의 공작인 것이다.

교회에서 만든 인위적인 규정들은 나를 성가시게 했고, 나는 종종 할머니와 왜 여성이 바지를 입거나 립스틱을 바를 수 없는지에 관해 입씨름을 하곤 했다. 한 교회가 사람들에게 이것을 하고 저것을 하지 말하고 말할 수 있다는 것은 내게 쉽게 납득되지 않았다.

궁극적인 지고의 존재의 법칙에 따르면, 나는 천부적으로 내가 좋아하는 옷을 입고, 하고 싶은 대로 행동할 권리를 가지고 태어났다. 그리고 나는 '카르마(業)의 법칙'하에 스스로 내 행위에 대해 전적인 책임이 있음을 받아들인다. 그러므로 교회나 그 어떤 사람도 나의 천부적 권리를 빼앗을 권리는 없는 것이다.

내가 할머니와의 논쟁을 통해 배운 것은 입씨름하는 행위는 무익하다는 사실이었다. 나는 삼촌 오딘과 보닉이 말했던 대로 지구의 아이들은 개인적인 인격에 관한 매우 적은 자유만을 누리고 있었다. 특히 학교에서 이것은 진실이다.

할머니는 나를 '마리 앤 가버 초등학교'에 등록시켰는데, 이 학교는 공영주택단지 안에 있었고 정부에 의해 운영되는 공립학교였다. 나의 2학년 교사인 나이 지긋한 젠센(Jensen) 여사는 내게 특별한 인상을 주지는 못했다. 생각하건대 그녀는 자신이 맡고 있는 학생들이나 학교에 대해 큰 관심은 없는 듯 했다.

잠시 동안 학교가 새로운 맛에 좋기는 했으나, 나의 흥미는 점차 사라져 버렸다. 교사들이 오직 아이들이 알아야한다고 자기들이 느낀 것들만을 가르친다는 것은 나를 심란하게 했는데, 그것들은 누구나 가정에서 배워야 하는 기본적인 것이었다. 개개의 사실들을 암기하는 데만 너무 많은 시간이 소비되었고, 어디 쇼나 콘테스트에 나가서 질문받지 않는 한은 실생활에서 우리에게 도움이 될 만한 것들은 별로 없었다.

맨 처음부터 나는 아이들의 경쟁의식 속에다 테스트(Test) 하기와 등급 매기기와 같은 불필요한 파괴적인 힘들이 주입되는 것을 보았다. 배움이 느린 학습자들은 낮은 평점을 받거나 성장이 더딘 아이들과 함께 배우도록 보내짐으로써 강등되고 탈락되었다. 즉 교육자들은 각 개인은 자기 나름의 고유한 속도로 배워나간다는 사실을 고려하거나 허용하지 않는 듯이 보였다.

나는 선생님들과 아이들, 휴식, 그리고 점심시간 등이 좋았지만, 수업 그 자체는 지루했다. 아이들의 대부분은 무엇이 가르쳐지든 배우는 것은 중요하다고 느꼈기 때문에 수업을 받아들였다. 하지만 아이들이 무엇을 배우고, 언제 배우는가 하는 문제에 있어서 보다 위대한 선택의 자유가 주어진다면, 아마도 경이로운 일이 될 것이다.

학교에 있지 않을 때 나는 종종 스스로 내가 이의를 제기했던 다른 일들에 관해 혼자 생각하며 시간을 보냈다. 되돌아보면 삶에는 단지 육체적으로 생존하기 위해서 보낸 수많은 시간과 판에 박힌 진부한 사건들이 너무나 많았다. 그럼에도 많은 사람들은 몸이 비만하고 불결하거나, 자기들의 외모를 돌보지 않았다. 그리고 나는 이 모든 것이 그릇된 교육과 나쁜 식습관에서 온다는 것을 깨달았다.

밤에 홀로 침대에서 나는 고향과 이모 아레나(Arena), 삼촌 오딘, 아버지에 관해, 그리고 우리 생명들 안에 거하는 모든 창조성에 관해 떠오르는 생각들을 억누를 수 없었다. 그것은 내가 결코 잊을 수 없는 중요한 대상들이었고, 내가 어떤 역할을 맡든 관계가 없었다. 이곳 지구에서의 나의 삶은 매우 낯설게 생각되었으며, 과거의 나의 슬픔 같은 것은 누군가와 함께 나눌 수 있는 것이 아니었다.

나는 내 방과 내가 좋아하는 호젓한 모든 장소들로 돌아가 고향에 대해 상상했다. 림즈(Rimj)에 관한 기억들과 헤어질 때의 모든 나의 친구들의 미소 띤 얼굴들은 내 마음이 침울할 때마다 나와 친숙해졌다. 누군가 나를 알아봐 줬으면 할 때가 있었으며, 그때의 나는 쉴라가 아니었다. 나는 그녀의 삶에 개입하여 몰두케 된 존재로서 때로는 내가 정말로 그녀가 되는 것이 두렵기도 했다. 당시 쉴라로서의 나는 매우 조용한 아이로 알려지게 되었다. 하지만 옴넥으로서의 나는 감추는 것 없이 솔직했고 쾌활했었다. 이러한 나의 조용함의 일부는 무엇을 해야 할지 모른다는 데서 연유했고, 또한 내가 뭔가 잘못 말하고 행동하지 않을까하는 두려움 때문이었다.

나의 지구 가족들 안에서 나는 여러 가지를 관찰했고, 질문하는 대신에 그런 관찰을 통해서 나는 배웠다. 내가 그 해답을 얻기 위해 감당해야 하는 어려움이나 기다려야 하는 시간 같은 것은 문제가 되지 않았으며, 나는 항상 일이 어떻게 진행되는가를 스스로 보기를 원했다. 누군가에게 어떤 질문을 하는 것은 나를 어렵게 했는데, 그것이 부지불식(不知不識)간에 뭔가 남의 주의를 끌기 때문이었다.

금성의 나의 사람들은 내 인생의 후반기까지 극히 일부 경우에만 나와 교신했다. 그들은 절대적으로 필요한 경우가 아닌 한은 간섭하지 않는 것이 좋다고 믿었다. 그럼에도 때때로 나는 나의 고유한 생각이 아닌 어떤 사념 파장들을 인지했으며, 따라서 나는 그들의 나에 대한 관심과 내적인 인도를 알고 있었다.

꿈속에서 나는 단출한 옷차림만으로 테우토니아를 방문했다. 나는 곧 아스트랄체(幽體)를 제어하는 나의 능력이 이제 많이 떨어졌다는 것을 알았는데, 내가 육체로 돌아왔을 때 그것의 진동은 낮아져 있었다. 대부분의 시간 동안 나의 마음은 지구에서 내가 배우는 것들로 흐트러져 있었고, 영혼여행(Soul Travel)에 주의를 기울이는 경우는 드물었다. 나는 이 새로운 삶에 적응하고 사람들이 내게 기대하는 것들을 배우느라 정신이 없었던 것이다. 나는 쉴라에 관한 말이 나올 때는 언제나 주의 깊게 귀를 기울였다. 영적인 수련을 하는 것은 내가 가진 얼마 안 되는 사생활로는 거의 어려웠다. 그리고 나는 이미 수많은 물질세계의 새 경험들을 겪느라 여념이 없었다.

크리스마스 시기가 다가오고 있었고, 그때 나는 채터누가에서 거의 두 달 정도를 지내고 있었다. 나는 지구판 그리스도 이야기에 관해서는 알고 있었지만, '크리스마스 트리(Tree)'가 무엇을 하는 것인지와 이때 하는 선물증정의 의미는 의아했다. 그래도 그것은 한 해중에 멋진 시기임은 분명했다. 그때만큼은 사람들의 다른 이들을 대하는 태도가 한결 나아져 보였다.

크리스마스 전야(前夜)에 우리는 트리 아래서 화려하게 채색된 종이에 싸인 선물들을 발견했고, 그 다음날 아침까지 도저히 기다릴 수가 없었다. 모든 사람들이 산타 클로즈가 그 선물을 가져 왔다고 주장했지만, 난 그들이 내게 산타 할아버지의 그림을 보여주기 전까지는 그런 사람이 실제 존재한다고 믿지 않았다. 그는 우습게 보이기는 했으나 행복해 보였다. 나는 그를 믿어야 할지 말아야할지 선택할 수는 없었으나, 어른으로 성장해감으로써 아이들의 산타 클로즈에 대한 희망이 퇴색한다는 것은 있음직한 일이었다. 아마도 그는 아주 오래 전에 존재했던 모양이었다.

성탄절 아침 우리 집의 문밖에는 햄과 치킨, 쿠키, 캔디, 과일, 땅콩으로 가득한 커다란 바구니가 놓여 있었다. 그것은 내가 집 밖에서는 처음 본 과일과 캔디였다. 그리고 그 선물들은 '미(美) 재향군인회'에서 보내온 것이었다. 그때가 바로 우리가 선물들을 열어 볼 시간이었다.

이모 엘렌으로부터 나는 작은 어린이용 스토브(Stove)를 선물 받았다. 길 건너 이웃인 도우(Dow)씨는 내게 놋쇠로 만든 장난감 침대를 주었고, 할머니의 선물은 적당한 크기의 아기 인형이었다. 또한 할머니는 장갑과 속옷, 두건이 부착된 스카프를 내게 선물했다. 그리고 색칠하기 그림책과 크레용은 멀과 벤에게 받았다. 나는 그림그리기를 좋아했고 그것은 매우 창의력이 풍부했다. 도니(Donny)와 짐(Jim)은 장난감 차와 총, 그리고 플라스틱 벽돌쌓기와 링컨 로그 세트를 선물받았다. 집짓기 장난감은 재미있었지만, 다른 무엇보다 내게 의미가 있는 선물은 할머니로부터 받은 아기 인형이었다.

치킨과 육즙소스, 비스킷, 그리고 불루 베리 코블러(Cobbler)3) 등으로 이루어진 우리의 성탄절 만찬은 내가 채터누가에 온 이래 기억할 수 있는 최고의 식사였다. 그 후 나는 몇 년 간 평범한 아이의 삶을 살았다. 나는 아주 작은 아이였고, 나의 삶은 별로 특별하거나 의미심장한 것은 없었다. 내가 사랑했던 강아지는 우리 집 앞에서 차에 치여 죽었는데, 아마도 나는 어린 아이들이 겪는 모든 일들을 경험한 것 같은 생각이 든다.

나는 채터누가에서 즐겁게 지냈다. 그곳은 울창한 숲이 조성된 산들과 언덕에 의해 둘러싸인 아름다운 초록색 도시였다. 나는 곧 남북전쟁 중의 한 유명한 전투가 바로 동쪽에 있는 미셔너리 산등성이에서

---

3)포도주에 레몬, 설탕 따위를 넣고 얼음을 섞은 음료.(역주)

벌어졌다는 사실을 알게 되었다. 이 지역의 많은 다른 곳들뿐만이 아니라 룩아웃 산(山)은 관광객들에게 매력이 있는 곳이었다.

채터누가에 관계된 것 가운데 나를 가장 당황케 한 것은 사람들의 흑인에 대한 태도였다. 모든 흑인 주민들은 '검둥이 마을'이라고 부르는 그들만의 구역에 모여 살았다. 그리고 흑인 가정은 우리 공영주택 단지에서 살지 않았다. 이것이 바로 인종차별이 성행하던 1950년대 초의 모습이었다. 나는 경험을 통해 우리 '행성들의 형제단'의 일부인 흑인들이 얼마나 중요한지를 알고 있었다. 그들은 자기들의 문화적 전통과 타고난 운명에 자부심을 가질 권리가 있다. 부정적인 주변 상황에 접할 때마다 나는 수없이 뭔가를 말하려는 내적 충동을 억누르며 내 자신을 제어해야만 했다. 누가 한 인종을 옹호하려는 어린 아이의 항변을 이해하거나 너그럽게 보아줄 것인가? 그것은 단지 내 자신에 관계된 더 많은 문제만 불러일으킬 것이었다. 그러므로 나는 흑인 주민들에게 가해지는 모욕이나 불손한 언동을 듣고도 못들은 체 하였다.

## 돈나(Donna)

내가 나의 지구에서의 어머니인 돈나를 처음으로 만난 것은 내가 채터누가에서 산지 거의 1년 만이었다. 나는 종종 그것이 어떻게 전개될지 알고 싶다고 생각했고, 실제로 그 만남을 기대하고 있었다. 하지만 나는 결코 그녀가 내가 쉴라가 아니라는 것을 알아볼까봐 걱정하지는 않았다.

어느 날 밤 나는 깊은 잠 속에 빠져 있었는데, 복도에서 할머니와 다른 어떤 여성이 조용한 목소리로 이야기를 나누는 것을 희미하게 들을 수 있었다. 그때 나는 깨어 일어나 밖을 내다 볼 기력이 없었다. 잠시 후 나는 그녀가 내 곁으로 다가와 침대의 내 옆 자리에 눕는 것을 알아차렸다. 그리고 나는 본능적으로 내 팔을 들어 올려 그녀의 목을 끌어안았다. 이것이 이전에 내가 아침마다 깨어나는 습관적인 방법이었다.

사랑이 가득 찬 커다란 푸른 눈이 나를 주의 깊게 들여다보았고, 행복감이 내 안에서 솟구쳐 올라왔다. 내 팔은 여전히 그녀의 목을 껴안고 있는 상태였다. 나는 그녀가 나와 그렇게 밀착해 있는 것을 행복해하며 내가 깨어나기를 기다리고 있다는 것을 알았다. 그녀는 나를 정말 사랑했다.

"어머! 너 결국 깼구나. 잠꾸러기!"

"엄마!" 내가 외쳤다. 나는 그녀에게 매달렸고 내 머리를 그녀 목에 파묻었다.

"잘 지냈니? 내 아가!" 그녀가 나를 끌어안으며 갈라진 목소리로 물었다.

"난 엄마가 여기 와서 너무 기뻐."

돈나는 흐느끼기 시작했고, 나도 울었다.

그 다음날 그녀는 나를 어딘가 특별한 곳에 데려가고 싶다고 했고, 다른 옷을 입을 건지 내게 물었다. 나는 그녀에게 그러겠다고 했다. 내면 깊숙이 나는 그녀와 한 핏줄임을 느꼈다.

"엄마는 네 옷을 모두 살펴보았다." 그녀가 말했다.

"그리고 할머니가 정말 너한테 옷을 잘 입혀주셨다는 것을 알았단다. 네 옷이 모두 27벌이나 되더구나." 그녀는 옷을 모두 세어 본 모양이었다.

"얼마나 많은 여자 아이들이 27벌의 옷을 가지고 있는지 모르겠구나. 엄마는 그렇게 많은 옷을 가져보지 못했단다."

나는 그녀에게 할머니가 도심 번화가에 나가서 옷가게 쇼 윈도우에 진열된 최신 스타일의 옷을 보고 왔다고 말했다. 그런 다음 집으로 돌아와 할머니는 다른 사람 옷을 재봉해주고 남은 자투리 옷감을 활용해 이런 옷들을 나에게 만들어 주셨던 것이다. 그것이 내가 많은 옷을 가지게 된 비법이었다. 나는 학교에서 내가 가장 옷 잘 입는 아이로 상을 받은 것에 대해 할머니께 감사한다.

아침을 먹은 후에 엄마와 나는 쇼핑(Shopping) 하기 위해 시내 번화가로 나갔다. 내게 필요했던 것은 비옷이었고, 엄마는 그걸 사주기로 결정했지만, 노란색이나 검은색 대신에 내 마음에 드는 예쁜 하늘색은 늦게야 비로소 찾을 수 있었다. 그러고 나서 우리는 전혀 고급 식당이 아닌 작은 햄버거 레스토랑에서 점심을 먹었다. 거기서 나는 햄버거와 감자튀김, 그리고 사이다를 주문해 먹어치웠다. 이것은 삼촌 오딘이 이런 미국 음식을 내게 처음으로 맛보게 해준 이후 처음 해보는 레스토랑에서의 식사였다. 그것은 참으로 특별한 즐거움이었다.

나는 엄마와 함께 즐겁게 보냈고 너무나 마음이 편하다고 느꼈다. 그녀는 어느 정도 내가 정말 그녀의 작은 딸인 것처럼 느끼도록 해주었다. 그것은 내가 아직 지구에서 경험해 보지 않은 따뜻함과 친밀감이었고, 나는 그것을 기꺼이 받아들였다. 그리고 우리 둘이 과거에 많은 생(生)들을 함께 보냈다는 나의 생각에는 일말의 의심도 없었다.

집에서 나는 엄마가 사준 색칠하기 그림책 작업을 하기 시작했는데, 그 그림책은 색칠할 곳은 각각 여백으로 남겨져 인쇄돼 있는 종류의 것이었다. 내가 그녀에게 색칠한 첫 페이지를 보여주었을 때 엄마는 놀라워했다. 어떻게 내가 색칠할 곳을 그렇게 잘 파악했는지 그녀는 알고 싶어 했다. 할머니와 엄마는 나와 함께 있는 동안 상당 시간 서로 이야기를 나누었는데, 조용히 말을 했으므로 무슨 말들을 했는지는 알 수 없었다.

엄마는 그 후 몇 년 간 가끔씩 나를 방문했고, 대개 1년에 1번 정도였다. 그리고 그것은 그녀가 C.L로부터 잠시 벗어날 수 있을 때마다였던 것이다. 내가 들은 바로는 그녀의 C.L과의 삶은 점점 힘들어지고 있었다.

내가 새엄마와 같이 살 시간이 별로 없었으므로 나는 그녀와의 애정에 아주 목말라 있었다. 엄마가 오랜만에 집에 왔던 경우 중에 한 번은 그녀가 나와 시간을 보내는 대신에 친구들을 만나러 나갔을 때 나는 저녁 내내 울고 또 울었다. 어린 아이였기 때문에 나는 아직 분별이 없었다.

내가 그녀 가까이 있을 때마다 느낀 포근함과 그녀에게 가졌던 깊은 감정은 나를 어찌할 바를 모르게 했다. 이 영혼에 관한 무엇이, 또 우리가 전생(前生)에 공유했던 어떤 경험들이 나로 하여금 이런 식의 느낌을 가지도록 하는 것일까? 아마도 내가 그 궁극적인 답을 알기도 전에 시간은 흘러갈 것이었다.

## 놀이

내가 10살이 되었을 때, 나의 삶은 변하기 시작했다. 추측컨대 그 것은 내가 점점 더 나를 둘러싼 세계가 어떻게 돼가고 있는가를 인식 했기 때문일 것이다. 나는 그때까지는 놀며 보냈고, 가능한 한 즐겁게 지냈다. 하지만 이제는 예민하게 삶에 관심을 갖게 되었는데, 나는 한 아이에서 10대 청소년이 되어가는 중간 과정에 있었던 것이다.

집에서의 생활은 멋지고 평화로웠다. 나는 항상 멀과 벤이 악단을 우리 집에 데려와서 연주하고 즐거운 시간을 보내기를 고대했다. 벤은 드럼(Drum)을 연주했고, 멀은 바이올린 연주자였다. 그때 나는 그들 과 어울려 춤을 출 수 있게 될 것이었다. 그리고 벤이 나를 위해 기 타를 연주할 때마다 나는 발레를 추곤 했었다. 그렇게 춤추는 것을 보면서 할머니는 내가 자라 발레 무용가가 될 거라고 믿었다.

춤을 추는 가운데 나는 잠시 동안이나마 정상적인 나, 진정한 내가 될 수 있음을 발견했다. 음악이 연주될 때 나는 내 자신을 그 리듬에 맡김으로써 나를 잊어버렸다. 즉 그때만은 나는 다시 옴넥(Omnec)이 었던 것이다.

나는 종종 내 가족이 만약 그렇게 가난하지 않다면 얼마나 멋질까 하고 생각했다. 그때는 아마도 우리는 하프(Harp)를 가질 수도 있을 것이다. 나는 이웃의 아이들과 함께 클럽을 만들어 레몬수와 쿠키를 나눠 먹으며 놀았다. 또한 우리는 어린이용 집 놀이와 서커스 놀이, 그리고 피구(避球)와 소프트 볼을 함께 즐겼다. 여름에는 우리가 매우 늦게까지 밖에 나가 뛰놀지 않는 날이 얼마 되지 않았는데, 어른들이 앉아 이야기를 하는 동안 종종 우리는 한밤중까지 공영주택단지 거리 를 위 아래로 뛰어 다니곤 했다.

나는 대개 경쟁적인 놀이나 오직 상대를 이기기 위한 시합 같은 것은 피했다. 승리한 자가 패배한 자를 비웃고 웃음거리로 만드는 것은 나를 당황시켰고 고민케 했는데, 승자는 다음에도 또한 싸움에 의지하곤 했다. 인간의 삶이라는 것은 그렇지 않아도 충분히 심각하다. 그러므로 놀이는 재미있어야 한다고 생각되었다.

어떤 놀이를 할 때 나는 거의 언제나 리더 노릇을 하게 되고는 했는데, 아마도 그것은 내 머리가 항상 새롭고 재미있는 아이디어로 넘치고 있었기 때문인 것 같았다. 그리고 나는 사교적인 사람이었으므로 내가 알고 있고 느낀 것들을 타인들과 나누기를 좋아했다. 나는 스스로 내 자신이 남에게 비판적이지 않음을 알고 있었다. 나는 항상 따돌림을 당하는 애들의 친구가 되려고 노력했고, 그 아이들을 똑같이 대했는데, 그로 인해 어떤 때는 내가 역시 왕따를 당한 적도 있었다. 그리고 나는 점점 내 자신과 나의 처지에 대해 덜 슬픔을 느끼게 되었다. 나는 수많은 새로운 과제들을 배우느라 너무나 바빴던 것이다.

## 어른들

우리 이웃의 아이들과 놀면서 나는 인간세상과 어른들에 관해 많은 것을 배웠다. 그 아이들의 태도와 습관은 그들 고유의 경험에서 생겨났다기보다는 그들의 부모로부터 직접 연유했다. 아이들은 자기들 부모가 한 그대로 불경스런 말을 내 뱉었고, 부모의 정치적인 언급이나 흑인에 관해 말했던 것을 똑같이 되풀이 했다. 일부 어떤 아이들은 대통령이 자기 부모가 속한 정당과 다르다고 해서 그를 미워했다. 러시아인들(당시 소련)은 모두 악한 세력이었는데, 그들이 우리를 폭격하려고 계획하고 있기 때문이라고 했다. 그리고 모든 아이들은 자라서 나중에 군(軍)에 입대하기를 원했으며, 이는 모든 할아버지와 아버지, 삼촌들이 미국을 구하기 위해 전쟁에 나갔기 때문이었다. 그런데 그 어른들 또한 마찬가지로 어렸을 때 자기들 부모의 태도를 보고 그대로 배웠던 것이다.

하지만 경건한 기독교인들은 다른 모든 사람들만큼은 흑인에 대한 편견을 갖고 있지는 않은 것으로 보였다. 예를 들면, 할머니는 가끔씩 우리 집 문을 노크하는 거리의 떠돌이들을 위해 따로 음식을 챙겨두시곤 했었다. 그녀는 자신이 타인들에게 자비롭고 관대한 한은 하느님께서도 자기에게 그러실 것이라고 생각했다. 나는 그녀로부터 관대함에 대한 교훈과 베푸는 자는 언제나 자신에게 필요한 것을 얻는다는 것을 배웠다. 또한 나는 어른들은 다른 사람이 말하고 생각하고 있는 것에 의해 매우 쉽게 영향 받는다는 것을 알았다. 사람은 누구나 자기외의 다른 사람의 삶에 참견하였다.

나는 시종일관 무엇을 어떻게 하라고 말을 듣는 것이 싫었지만, 아이로서의 내 처지를 받아들여야만 했다. 아이들이 지성을 가진 존재로서 거의 신뢰받지 못하고 선택을 할 자유가 별로 없다는 것은 정말 생소했다. 어른들이 말한 것이 곧 법(法)이 되었고, 이의를 제기할 거리가 되지 못했다. 그리고 인간세상에서 아이들은 독립적인 개체들이 아니라 당연히 부모의 연장선상의 존재가 될 거라는 기대를 받았다. 그것이 고의적인 것은 아니었지만, 그런 태도는 아이들 각자가 하나의 독립적인 영혼이라는 이해에서 나온 것이 아니었다.

나중에 아이의 이름을 짓는 것은 곧 그들의 아버지나 일가(一家)가 그 아이의 개성을 죽이는 것이다. 그리고 모든 이름은 나름대로의 독특한 진동(Vibration)을 지니고 있고, 같은 이름을 가진 사람들은 카르마적으로 관련성이 있다.

세월이 흘러감에 따라 나는 매우 부정적인 사람들의 태도가 어떤 방식으로 그들 자신 외부의 누군가를 향해 있는가를 깨달았다. 지구의 사람들은 일찍이 내가 그럴 것이라고 처음 상상했던 것보다 훨씬 더 자기중심적이었다. 매우 공통적이고 일반적인 태도는 내가 승자가 돼야만 한다거나, 또는 세상에서 우월한 위치에 서기 위해서는 무엇인가 - 돈, 재능, 용모 -를 많이 거머쥐어야만 한다는 것이었다. 나는 이런 사고방식이 이해되지 않았고, 그런 태도를 이 세상의 일부로 받아들이는 데는 긴 시간이 걸릴 것으로 생각되었다. 나는 그와 같은 마음가짐이 인간 세상에 상당한 고난을 초래했다는 것을 알았다. 또한 나는 한 인간의 외견상의 용모가 어떠하냐는 별로 중요하다고 보지 않았는데, 그 이유는 오직 내면의 성품만이 진정한 것이라고 생각했기 때문이다. 즉 육체라는 것은 단지 일종의 껍데기에 불과한 것이다.

지구에서의 삶 속에서 나는 결코 내가 이방인이라는 느낌과 낯선 세계에서 살고 있다는 감정에서 자유롭지 못했다. 채터누가에 사는 한 어린 소녀로서 나는 종종 사람들의 생각을 감지하여 물리적인 방식으로 반응했다. 나는 누군가 내게 요청하거나 묻기 전에 앞질러 심부름을 하거나 대답을 하곤 했던 것이다. 이것은 나의 가족들을 당황스럽게 했고 일종의 수수께끼였는데, 나는 그것에 대해 조심했어야 했다. 나는 곧 그들의 이해를 넘어선 나의 그런 행동으로 인해 많은 사람들이 깜짝 놀랐다는 사실을 알게 되었다. 인간의 상식을 벗어난 어떤 것은 인간에게 부정적인 반응을 유발하는 것처럼 보였다.

나는 모든 사람들을 육체로 보기보다는 영혼으로 생각했기 때문에 보통 사람들하고는 차이가 있었다. 나는 다른 사람들의 분노나 부정적인 감정에는 거의 반응하지 않았는데, 왜냐하면 무반응이 그런 공격적 행위를 피하는 유일한 방법이었기 때문이다. 그때 상대로부터 방출된 부정적 에너지는 달리 갈 곳이 없고 바로 그 방출자에게 다시 돌아가게 되는 것이다. 그리고 성난 사람은 단지 더욱 화가 날뿐이다.

나는 누군가 고의로 내 자신이나 친구들에게 상처를 주려고 했을 때만 화가 났다. 나는 언제나 이웃의 학대받고 괴롭힘을 당하는 아이들 편에 서서 그들을 옹호했다. 그리고 나 역시 종종 감정적으로 상처받거나 울고는 했는데, 그 이유는 내가 세상에서 벌어지는 잔혹함을 이해할 수 없었기 때문이었다.

의사소통은 내게 큰 문젯거리였다. 나는 항상 영어에 고민이 있었으며, 예컨대 그것은 철자(綴字)와 발음을 정확히 하는 문제였다. 스스로 많이 실망스럽지만, 오늘날까지도 나는 종종 말을 할 때 다른 단어를 사용해야지 하고 생각할 때도 습관적으로 한 단어만을 사용하고는 한다.

처음에 나는 사람들이 말한 모든 것을 진지하게 받아 들였다. 나의 친척 중에 한 사람이 식사 전에 내게 "가서 네 얼굴을 씻도록 해라.(Go Wash your face off)"라고 말했을 때 나는 상당히 혼란스러웠다.[4] 사람들은 부주의하게 단어들을 사용하곤 했다.

멀과 벤이 군(軍)에 입대한 이후에 할머니와 나는 우리들 스스로의 힘으로 살았고, 집은 매우 조용했다. 할머니는 이 시기 동안 내게 아주 잘 대해 주셨다. 그녀는 자신의 마지막 손녀에게 애착을 느끼게 되었던 모양이다. 한 때 집안에는 자라나는 아이들이 가득 차 있었지만, 이제는 단지 나 한명 뿐이었다. 이것은 그녀에게 커다란 변화였다.

가을에 다시 학기가 시작되었을 때 집안 분위기가 자리를 잡아갔다. 나는 우리의 새 교사였던 다드손(Dodson) 선생님께 감사드리며, 덕분에 4학년은 가장 멋진 해가 될 수 있었다. 날마다 그녀는 우리에게 이야기를 하나씩 읽어주었는데, 먼저 아주 재미있어 보이는 안경을 착용하곤 했었다. 그리고 그녀가 머리를 움직일 때마다 안경 위에 그려진 눈이 깜박였다. 때문에 우리는 매일 그것을 보려고 즐겁게 기다렸다.

## 할머니

그 후 곧 할머니께서 수술을 받기 위해 켄터키에 있는 육군병원으로 떠나게 되었다. 그 수술은 그녀의 아들들 중의 한 명이 주선한 것이었기에 수술비를 낼 필요는 없었다. 이모 엘렌이 2주일 동안 나를 돌보기 위해 옮겨왔다. 그런데 이모 엘렌과 그녀의 아들들이 심술궂은 면을 보여주기 시작한 것은 할머니가 떠난 지 10분도 채 되지 않아서였다. 엘렌 이모는 할머니가 주변에 있을 때는 내게 항상 친절했었다. 그러나 이제 나는 학교에 가는 것과 집에서 허드렛일을 하는 것 외에

---

4)여기서 "face off"라는 말이 "얼굴을 떼어내다, 벗기다, 없애다."라는 의미가 있기 때문에 옴넥이 그 표현을 말 그대로 받아들여 그렇게 혼란스럽게 생각했던 것 같다. (역주)

는 아무 것도 허용되지 않았다. 반면에 그녀의 두 아들인 도니(Donny)와 짐(Jim)은 엄청난 자유를 향유했다. 그들은 자기들이 하고 싶은 것은 무엇이나 할 수가 있었다.

할머니의 켄터키 병원에서의 체재는 거의 끝나갔고, 나는 그녀를 다시 보게 되기를 학수고대했다. 내가 엘렌 이모 같은 사람 대신에 할머니와 함께 살 수 있었던 것은 천만다행이라고 느껴졌다. 어느 날 도니와 짐은 영화 보러 일찍 극장에 갔고, 나는 상점에 심부름하러 보내졌다. 그리고 내가 집에 도착했을 때 나는 엘렌 이모와 옆집 사는 이웃이 맥주통을 가지고 호수로 놀러갈 채비를 하고 있음을 발견했다. 엘렌 이모가 말했다.

"쉴라! 할머니는 네가 극장에 가도록 허락 안하실거다."

나는 그것이 사실이 아님을 알고 있었다. 할머니는 도니와 짐이 극장에 갈 경우 나도 같이 갈 수 있게 하라는 메모를 이모에게 써두셨던 것이다.

"그리고 우리는 가서 맥주 마실 거니까 넌 우리와 함께 호수에 갈 수 없단다."

그녀는 말을 계속했다. 이모 엘렌은 내게 현관에서 기다리고 있으라는 주의를 주고는 현관문을 잠그고 떠났다. 나는 두 손으로 얼굴을 받친 채 침울한 심정으로 현관 층계에 앉아 있었다. 그날 나는 도니와 짐이 극장에 가서 즐기는 동안 잠긴 문 앞에서 내가 받은 특별한 대접에 대해 전혀 놀라지 않았다. 한 주 내내 훨씬 안 좋았기 때문이었다.

나는 한숨을 내쉬었고, 하루 종일 무엇을 할 것인지 난감하기만 했다. 그런데 내가 잠시 고개를 들었을 때, 갑자기 내 마음은 들떠 올랐다. 내 눈에 들어온 것은 바로 아빠의 모습이었고, 그것은 정말 아빠 데이비드가 분명했던 것이다. 그가 나를 향해 인도(人道)를 걸어 내려오고 있었다.

"안녕! 쉴라야! 할머니는 어디 계시니?"

"아! 아빠! 할머니는 병원에 가셨어." 내가 말했다.

"할머니는 켄터키의 병원에서 수술 받고 계셔."

"저런! 그럼 누가 널 돌봐주고 있는 거니?"

내가 엘렌 이모라고 말했지만, 그녀는 오늘 호수로 놀러갔고 나는 잠긴 문 앞에 앉아 있었다. 아빠가 주위를 둘러보았다.

"그 애들은 어디 갔니?" 그가 물었다.

"개들은 극장에 갔어." 내가 슬픈 기색으로 설명했다.

"뭐라고! 어떻게 이럴 수가 있냐? 이건 도저히 용납이 안 되는구나."

그는 분개하며 말했다.

"네 이모 엘렌은 너한테 잘해줬니?"

"저기 … 아니야." 나는 고백하고 말았다.

"이모는 정말 오랫동안 내게 너무해 …" 나는 나의 비애를 그에게 모두 털어놓았다.

아빠는 창문의 방충망을 뜯어내고 그곳을 통해 나를 집안으로 데리고 들어갔다. 그리고 할머니가 돌아올 때까지 자기가 나를 데리고 있을 것이라고 약속해 주었다. 우리는 내 소지품을 챙겼고, 엘렌 이모와 이웃집 사람에게 메시지를 남겼다. 물론 나는 의기양양(意氣揚揚)해졌다. 하지만 이것은 아빠가 그곳 인근의 학교에다 등록시킨 후 월요일에 느낀 나의 즐거움에는 비교할 바가 못 되었다,

## 다시 돈나와

그날 우리 모든 아이들은 버찌 거리에 있는 유원지를 향해 천천히 행진하고 있었다. 그때 누군가가 행렬 속의 내 뒤로 몰래 다가와 내 어깨를 가볍게 쳤다. 나는 내 뒤에서 걷고 있던 소녀의 장난으로 생각하고 웃으며 뒤를 돌아다보았다. 그러나 그것은 놀랍게도 바로 엄마였다.

"엄마 아냐?" 나는 환호하며 외쳤고 기뻐서 깡충깡충 뛰었다. 우리는 서로를 얼싸 안았다.

"어떻게 날 찾아냈어? 엄마!"

내가 물었다. 이것은 너무 좋아서 마치 꿈만 같았다. 그녀를 다시 보게 되었으니 얼마나 멋진 일인가!

"응, 할머니가 나한테 편지를 쓰셨어. 네가 걱정이 되더구나. 이모 엘렌이 네가 아빠와 같이 있다고 말하더라."

그녀가 웃음을 지으며 설명했다. 엄마가 그렇게 행복해하는 것은 너무나 좋았다. 그때 선생님이 대열을 건너서 우리 쪽으로 다가왔다.

"쉴라 엄마시군요. 당신에 관해 말씀 많이 들었습니다."

나는 모든 아이들에게 우리 엄마가 영화배우보다 더 예쁘다고 말했다. 우리는 유원지까지 걸어갔고, 엄마와 나는 그곳에 앉아 이야기를 나누었다. 그녀는 내가 어떻게 지내고 있는지, 또 학교생활은 좋은지를 물었다. 나는 그녀와 C. L이 레스토랑을 열기 위해 동부의 테네시로 가는 도중이었음을 알았다. 엄마는 앉아서 시간을 보고 있었고, 그때 선생님이 와서 내가 일찍 조퇴할 수 있도록 해주셨다. 우리는 페기와 아빠의 집에 가서 내 옷을 챙겼다. 그리고 나서 우리는 남부 거리 1821번지에 있는 할머니의 집으로 돌아왔다.

엄마는 내가 이모로부터 얼마나 푸대접을 받았는지를 듣고 나서는 할머니가 퇴원해서 오실 때까지 나와 함께 머물러 있기로 결정했다. 그녀가 어느 정도 여분의 시간을 나와 보내게 되었기에 나는 생기가 솟았고 너무나도 엄마가 고마웠다. 그러자 돌연히 이모 엘렌과 두 아이들은 유별나게 내게 친절해졌다. 며칠 후 할머니가 돌아오셨고, 모든 이야기를 듣게 되었는데, 그녀는 나를 다시는 이모에게 맡기지 않을 거라고 단언할 만큼 흥분했다.

언제나처럼 엄마가 떠날 때 우리는 서로의 모습이 안보일 때까지 서서 나도 울었고, 엄마도 울었다. 그녀에 대한 나의 강한 애착은 설명할 수 없는 것이었다. 마치 그녀가 항상 나의 진짜 엄마였던 것처럼 나는 그녀가 나를 떠날 시간이 올 때마다 함께 가기를 열망하곤 했었다.

# 질병

그해 내내와 다음 해 여름까지 나는 병원과 의료센터를 들락날락했다. 한 의사의 말에 따르면, 나의 문제는 빈혈증이었다. 나는 병약한 어린 소녀였다. 내가 지구의 음식을 먹기 시작한 이후로 나의 위장은 늘 문제를 안고 있었다. 종종 나는 학교를 조퇴해야 했고 귀가하곤 했는데, 그것은 위장의 통증 때문이었다. 문제의 일부는 우리 집이 좀처럼 균형 잡힌 식사를 하지 않는다는 데 있었다. 생명을 유지하기 위해 내가 먹는 음식물에는 단백질이 충분치 않았다. 우리는 주로 전분(澱粉)을 먹었고, 샐러드나 과일은 거의 먹지 않았다. 익힌 야채요리는 지나치게 열을 가해 너무 익혔고, 우리가 고기를 먹을 때마다 그것 역시 과도하게 구운 것이었다. 우리 가족은 매우 가난했던 것이다. 그리고 빈약한 식사에도 감지덕지하며 내가 맨발로 여기 저기 돌아다니는 바람에 나는 요충(蟯蟲)의 공격을 받게 되었다. 그 후 곧 나는 추가적인 증상을 얻었다. 하지만 내 몸의 대부분의 불편함과 고통은 지속적인 오한과 발열, 부스럼, 그리고 지독한 위장의 통증에서 왔다.

아마도 그 모든 것은 물질세계에 대한 잠재의식적인 거부반응의 일부로서 나타났던 것이 아닌가 한다. 그러나 육체적 고통은 결코 감정적인 고통만큼 나를 크게 괴롭히지는 않았다. 만약 누군가 내게 화를 내거나 야비한 짓을 했을 경우, 그것은 그들이 내 얼굴을 세게 때리는 것보다 내게 더 상처를 주었다. 나는 전혀 아프다고 겉으로 내색하는 사람이 아니었다. 나는 그 통증이 얼마나 심한지와는 관계없이 마치 아무 이상이 없는 것처럼 행동하고는 했는데, 육체적인 고통을 노출하는 것은 어느 정도 품위를 떨어뜨리는 것이라고 느꼈기 때문이었다. 그리고 그 다음에는 만성적인 육체의 불편함으로 인해 필요 이상의 견딜만한 여분의 고통이 생겨났다.

항상 쉽게 피로해지는 육체로 산다는 것은 쉽지 않았고, 육신은 날마다 내가 원하든, 원치 않든 간에 수면을 취해야만 했다. 또 어떤 물체에 부딪치는 것은 고통스러웠고, 피부의 찢김은 위험했으며, 모든 종류의 박테리아들이 인체를 끊임없이 공격했다. 따라서 나는 종종 '이 물질세계라는 것은 얼마나 불행한 장소인가!'라고 생각했다.

목욕을 하고, 세탁하고, 머리를 빗고, 이빨을 닦는 이 모든 자질구레한 일들은 내가 받아들여야만 하는 고민거리였다. 추운 날씨는 내가 특히 싫어하는 일기(日氣)였는데, 그런 날은 나로 하여금 더욱 육체와 그 모든 고통을 의식하게 만들었다. 육체의 불편함과 고통들은 나에게 고스란히 견디며 생존해야 하는 새로운 당면문제가 되었다.

그때 그것을 알지는 못했지만 6학년이 초등학교의 마지막 해였다. 여느 때처럼 우리는 온갖 종류의 것들을 배웠고, 나는 별로 흥미가 없기는 했으나 높은 평점을 받았다. 학교에서 내가 좋아했던 분야는 미술수업과 체육, 오락 등이었다. 역사수업은 나를 가장 지겹게 했다. 어떻게 그렇게 많은 사람들이 자유를 위해 싸운 전쟁을 자랑스럽게 생각할 수 있을까? 결과적으로 아이들은 무력(武力)과 폭동, 반란이 목표에 이르는 확실한 방법이라는 생각을 마음에 새기게 되었다. 나는 항상 의견차이나 불화(不和)에는 또한 그것을 극복하는 다른 길도 있다는 것이 가르쳐져야만 한다고 생각했다.

이 해 동안 남자 아이들에 대한 나의 관심이 싹트기 시작했다. 이제까지 할머니는 언제나 남자 애들에게 관심을 가지는 것에 관해서는 내 뒤에서 방관하고 계셨다. 최종적으로 나는 내 자신의 내면에 관심을 갖고 있었다. 나의 사촌들과 함께 밤을 보낼 때 우리는 옷을 꾸며 입는 놀이를 즐겼다. 긴 드레스에다 하이 힐(High heel)을 신은 채 립스틱을 바르고 나서 우리는 거리의 위아래를 누비고 다녔다. 만약 할머니가 이런 모습을 보셨다면 경을 칠 노릇이었다.

내 친구 마리(Mary)는 남자 애들과 건달들, 그리고 엘비스 프레슬리에 대해 커져가는 나의 관심을 처음 유발시킨 아이였다. 내가 꼭 음악을 좋아하는 것은 아니었지만, 그것은 우리의 삶과 함께 하는 일부였다. 마리의 손위 언니인 릴리(Lilly)는 남자 친구와 화장, 그리고 청춘기 세계에 관해서 내게 커다란 영향을 미쳤다. 그녀는 당시 16살이었다. 마리와 릴리는 같이 기묘한 놀이를 했으며, 적어도 당시에는 내게 그들이 그렇게 느껴졌었다. 릴리는 남자처럼 꾸몄고, 마리는 소녀 역할을 맡았는데, 그리고는 그들은 사랑을 했던 것이다.

엄마 돈나가 내게 다시 편지로 소식을 보내 온 것은 8월이 가까워서였다. 다행히도 모든 것은 좀 더 낫게 변해 있었다. 그녀와 C. L은 더 이상 음주와 싸움을 하지 않았고, 이제는 포트 메이어즈(Fort Meyers)에서 플로리다 해안 쪽으로 좀 떨어진 '새니벨(Sanibel) 섬'에서 즐거운 삶을 영위하고 있었다. 그들은 〈샌드캐슬〉 모텔을 운영했다. 그들이 보낸 그림엽서를 볼 때, 그곳은 마치 낙원처럼 보였다. 즉 몇 마일에 걸친 해변을 따라 하얀 백사장과 울창한 열대 식물이 길게 펼쳐져 있었던 것이다. 그들은 편지에서 이렇게 묻고 있었다.

"괜찮다면, 쉴라가 이곳에 와서 우리와 함께 몇 주 동안 지내면 어떻겠니?"

나는 당일에 바로 떠나고 싶었지만, 할머니는 그렇게 긍정적이지 않았다. 우리는 며칠 동안 찬반양론을 벌였다. 그러다 결국 전환점이 찾아 왔다. 할머니는 말씀하셨다.

"네가 엄마를 사랑하고 언제나 엄마가 그리워 울고는 한다는 것을 안다. 그러니 엄마 보러 잠시 갔다 오는 것도 나쁘지는 않을 것 같구나."

나는 할 말을 잊었고, 너무 행복하고 흥분되었다. 만세! 마침내 나는 테네시를 벗어나 어딘가로 가고 있었다. 그날 삼촌 밥(Bob)이 나를 버스 정류장까지 태워다 주었고, 나는 이전보다 성숙해졌음을 느꼈다.

여름 내내 할머니는 나를 위해 옷들을 재봉했으며, 오늘 나는 내가 좋아하는 옷들을 골랐다. 그것은 붉은 색과 오렌지색, 그리고 황금빛 저녁노을 색깔의 꽃이 그려진 흰 드레스였다. 그 옷은 허리가 꼭 맞았고, 밖으로 퍼진 치마와 목 뒤쪽이 깊게 파진 스타일이었다. 그리고 나는 엄마가 내게 보내준 검은색의 가죽구두와 긴 양말을 신고 있었다.

내가 버스에 오를 때 나의 사촌 앤드리아(Andrea)가 할머니 뒤에서 내게 립스틱을 슬며시 건네주었다. 할머니는 코를 훌쩍거리며 작별인사를 하셨다. 나는 그녀를 바라보았다. 그렇다. 나는 정말 가난에도 불구하고 내가 필요한 모든 것을 해주셨던 이 여인을 제대로 이해하지 못하곤 했었다. 나는 할머니를 껴안았고, 입을 맞추었다. 나는 진정으로 그녀를 사랑했다.

버스는 채터누가를 떠났다. 나는 혼자서 어딘가로 가고 있었다. 나는 속으로 '이곳을 다시 보지 않았으면 좋겠다.'라고 생각했다. 붉은 립스틱을 하고 혼자 길을 떠난 나는 부쩍 커버린 느낌이었고, 단지 내가 알지 못했던 것은 지구에서의 나의 초기 동안의 삶이 면밀하게 보호받아왔다는 사실이었다. 하지만 거친 카르마의 균형 작용은 아직 시작도 되지 않았었다.

(※ 이후의 스토리는 2편에 해당되는 책인 〈금성에서 온 여인〉에서 계속 이어진다.)

# 제13장

## 금성에 비교하다

## 13장

## 금성에 비교하다

### 교육과 경험

여러분은 오직 한 가지 이유 때문에 하위세계에 태어나 있는 영혼들이며, 그것은 최고창조신과 함께 지각 있는 협력자가 될 수 있는 경험을 쌓기 위한 것이다. 그것은 티타니안(금성인)들이 오랫동안 인식하고 있는 진리이고, 이러한 자각(自覺)은 우리의 삶의 방식에 반영돼 있다. 새로운 경험으로부터 얻는 배움은 각 개인의 삶에서 떼어놓을 수 없는 부분이다.

날마다 우리는 영혼으로서의 우리 자신에 관해, 그리고 우리가 탐구할 수 있는 수많은 세계들에 관해 좀 더 배우기 위해 분발한다. 우리는 그것들이 우리에게 어떤 과제나 교훈을 제시하고 있는가를 통찰하기 위해 그 경험과 상황을 주의 깊게 조사한다.

지구상에서의 내적 및 외적 삶들은 종교와 판에 박힌 교육에 의해 교묘히 조종 받고 있다. 종교는 짐작컨대 내면의 영적 삶을 돌보고 해결하는 것이다. 반면에 교육체계는 외부의 물질적 삶에 관계된 배움을 돌보고 처리하는 것이다.

내가 채터누가에서 한 어린 아이였을 때, 교회와 학교는 나의 삶을 이루는 두 개의 중요한 영역이었다. 이 양(兩) 분야에서 나는 실망감 외에는 얻는 것이 없었는데, 왜냐하면 거기에는 지구인의 현 의식(意識)이 그대로 반영돼 있기 때문이었다. 지구상의 종교와 교육은 개인적인 자유를 거의 허용하지 않으며, 인간이 그 자신만의 고유한 경험을 할 수 있도록 허용하지 않는다.

나의 고향 행성에서의 교육은 오랜 세기에 걸친 진화의 산물이다. 금성에서는 최고창조신의 법칙을 대하는 것과 마찬가지로 개인의 경험들은 매우 높이 고려되며, 그렇게 우리의 교육체계가 형성돼 있다. 그리고 그것은 초기단계 이후 새로운 금성인 문화와 공조하며 발전해왔다.

조직화되고 경직된 교육은 금성의 주민들이 새로운 삶으로 옮겨갈 때 돈과 산업, 그리고 쇠퇴하는 도시들과 함께 버려졌다. 그리고 그들은 아이들이 행한 것은 사실과 개념들을 암기한 것에 지나지 않는다는 것과 그 대부분은 곧 망각되고 만다는 꾸밈없는 진실에 직면했다. 더욱 중요하게도 그들은 물질세계의 인간은 영혼의 배움을 말이 아닌 실제적인 삶의 경험들을 통해서 배워야만 한다는 것을 이해했다.

그리하여 사람들이 자연으로 돌아감으로써 아이들은 초년기부터 삶에 몰두하게 되었다. 각 가정은 자신의 어린애들을 스스로 가르쳤다. 사람들은 가정을 영위하는 가운데 참여를 통해 아이들을 가르치기 위한 새로운 방법과 원리들을 창안해 냈다. 예컨대 가정의 어머니가 식사준비를 위해 야채를 준비했을 때, 그녀는 자녀들 앞에서 그것을 다듬고 껍질을 벗기는 과정에서 하나하나를 세고는 했는데, 이런 식으로 아이들에게 셈하는 법을 가르치는 것이다. 정원에서 아이들은 채소들의 모양과 성장방법을 알기 위해 그것을 직접 수확해 보는 기회를 가졌으며, 그럼으로써 어머니가 식사 준비하는 것을 도왔다. 그런 방식으로 그들은 인공적인 그림들 대신에 채소들을 직접 다뤄보는 경험을 했다. 또한 아이들은 소풍이나 현장실습 기간 동안에 자연에 대한 가르침을 받았는데, 예를 들면 그 식물이 먹을 수 있는 종류인지, 아닌지를 배웠다. 그리고 특별한 경우에는 아이들로 구성된 작은 그룹들이 행성들과 우주에 관해 배우기 위해 우주공간으로 데려가지기도 했다.

가정에서 아이들은 동물을 돌보고 집안청소를 도왔을 뿐만 아니라 1주일에 1번은 가족의 식사를 준비하는 책임을 맡기도 했었다. 그렇다고 문학이나 예술이 빠지지는 않았다. 아이들은 언제나 그들이 배운 것에 대해 시(詩)를 짓거나 노래를 작곡해보라는 격려를 받았다. 아울러 그날 하루 동안 그들이 본 사물이나 사람들을 종이 위에다 그려보라고 의욕을 북돋아 주었다. 그리하여 무용, 미술, 연기, 기타 모든 종류의 재능들이 어린 아이들과 성인들을 위한 대중적인 취미가 되었다. 결국 예술을 통해 자신의 개성을 표현하는 것은 오늘날의 일상적 삶을 이루는 긴요한 일부가 되었던 것이다.

특별한 놀이 하나는 특히 대중적 인기가 있었다. 이 놀이에는 모든 아이들이 연주하고 노래하기 위해 함께 모인다. 그리고 각자는 자기 차례가 오면 어떤 예술적 특성이나 상황, 무대장치 등을 고안해내는 것이다. 그때 다른 아이는 그 아이의 아이디어를 표현하기 위해 연기하고 노래하거나 춤을 추었다. 이것은 그 모임에 참석한 전원이 번갈아가며 아이디어를 창출할 기회를 갖고 한 가지를 행동으로 표현할 때까지 저녁 내내 계속되었다. 아이들은 이와 같은 방식으로 재빨리 사고(思考)하는 것과 이야기나 시(詩), 또는 개인이 인도받은 재능이 무엇이든 그것을 창조해내는 것을 배웠다. 이처럼 아주 어린 시절부터 그들은 자기 자신을 수많은 다른 방식으로, 또 동시에 재미있게 표현하는 것을 배웠던 것이다.

그리고 날마다 늦은 저녁에는 가족 구성원 전원이 함께 모여 영적인 체험을 하기 위해 30분 정도 침묵 속에서 몸과 마음을 이완했다. 이것은 서두에서 언급했던 〈묵상(黙想)의 시간〉이라고 부르는 영적인 문제에 대한 몰입의 시기이다.

사람들의 이해력이 발전함으로써 그들은 아이들이 자신의 태도를 계발하고 고유한 경험을 할 수 있는 자유를 부여받을 경우, 그때 그 아이는 부모의 단순 복제품이 아니라 한 독립적 개체로 성장하리라는 것을 배우곤 했다. 아이들은 적절한 인도와 훈련과 더불어 자신의 기준에 의해 자연스럽게 자라났다.

공부에 흥미가 없는 아이들은 억지로 하라고 강요받지 않았으며, 그들 스스로 준비가 되었다고 느낄 때 비로소 당시 금성 문화의 기초부터 배워나가도록 허용되었다. 그러나 모든 배움의 놀이가 매우 흥미롭고 재미있게 된 이후로는 대부분의 아이들이 적극 참여했다. 모든 아이들은 배우고 성장하려는 자연스러운 욕구를 인식하고 있었다.

금성의 아이들은 대부분의 기초를 가정에서 배우며, 그러므로 모든 부모들은 자기들 자녀의 배움의 과정에 직접 관여되어 있다. 가정이 삶의 중심이 되어 있는 까닭에 이것은 매우 자연스러운 것이다. 그리고 금성의 주민들이 아스트랄 차원으로 변형되었을 때도 그들의 교육 과정에 대한 접근법은 같은 방식으로 지속되었다.

## 이모 아레나(Arena)와 기초교육들

내 삶의 초기 몇 년 동안 나의 이모 아레나는 유용한 많은 기초들을 나에게 가르쳤다. 그때 내가 배웠던 중요한 모든 지식들은 아스트랄 세계에서 성숙한 시민이 되는 것과 관계돼 있었는데, 그것은 우리의 무한한 힘을 콘트롤하기 위한 많은 훈련들을 포함하고 있었다. 그녀는 내가 배움의 과정에서 사물들을 구현할 수 있도록 나를 인도했다. 하지만 그녀는 언제나 내가 가르침에 의존하기보다는 내 스스로 배우도록 용기를 북돋아주었다.

아주 어린 시절 이래 내 지식의 대부분은 물질세계에 관한 것뿐만이 아니라 아스트랄계에 대한 것이었으며, 그것은 내 자신의 개인적 경험의 결과로서 형성된 것이었다. 초년기에 나는 금성의 알파벳과 언어, 숫자체계를 배웠다. 이외에도 이모 아레나는 나의 관심과 질문에 의해 자신도 배울 수 있게끔 스스로의 마음을 열었다.

우리는 날마다 오후에는 함께 앉아 그림그리기와 조각과 같은 예술과 공예를 배웠다. 식물들의 세계는 특히 나의 흥미를 끌었다. 나는 식물들을 좋아했다. 나는 약초들에 관해서, 또 그것의 의료적 이용법과 일상적 용도에 대해 배웠다. 또한 나는 당시 다양한 수많은 사물들에 관해 배움으로써 지구의 주민들과 나눌 이 책을 집필할 수가 있었다. 예를 들면, 나의 관심은 역사 전체에 걸친 의복 스타일에서부터 인간의 특성에 이르기까지 광범위하게 분포돼 있었다. 아울러 나는 많은 친구들을 만들 수 있고, 또 트집 잡기 좋아하는 사람들에게 대처할 수 있는 태도들에 대해 배웠다.

## 배움의 신전

좀 더 성장함에 따라 나는 날마다 테우토니아의 도시를 방문하기 시작했다. 〈배움의 신전〉에서 우리는 단순히 가르침을 받았다기보다는 각 현장에서 전문가의 인도에 따라 모든 것을 경험했다. 〈예술의 신전〉은 모든 신전들 중에서 가장 거대했고, 아이들과 어른들 양쪽 모두의 마음을 끌어당겼다.

매일 아침 〈예술의 신전〉에는 학생들을 지도하기 위해 서너 명의 마스터들이 도착했다. 우리들 대부분은 중앙 홀(Hall)에서 공부했고, 각자 앞에 자료들을 놓은 채 다리를 포개고 바닥에 앉았다. 대개는 마스터가 실례를 들어 강의를 시작하곤 했다. 그는 이용할 수 있는 다양한 자료들과 그런 도구들이 다른 결과를 창출해내는 데 활용된다는 것을 보여주었다. 그는 예술에 관계된 역사라든가, 누가 어떤 기술을 개발했는가와 같은 내용들은 제외했으며, 이런 부분들은 역사 교사들에게 맡겨졌다. 가장 이상적인 것은 학생이 다른 사람의 것을 모방하는 것이 아니라 그 자신만의 스타일로 배우는 것이었다.

그 무렵에는 누구나 다 시도해보고, 또 실수도 하면서 배우기 마련이다. 진도가 좀 느린 아이들은 마스터에게 그 모든 것이 어떻게 이루어지는지를 보여 달라고 요청했고, 그는 도움을 청한 아이들에게 언제든지 손길을 내밀 수 있는 존재였다. 그러므로 학생 각자는 그것이 미술이든, 수예(手藝)든, 목각(木刻)이든 자신의 고유한 속도대로 배워 나갔다. 그리고 각 개인은 자기만의 개성을 활용하여 독특하고도 고유한 작업을 이루어냈다.

다른 신전들도 같은 방식으로 운영되었다. 한 가지 예술에 통달하기 위해 수많은 세월을 거기다 바칠 것인지, 아니면 단지 몇 가지 기초적인 기술만을 습득하기 위해 며칠만 투자할 것인지는 학생들의 선택이었다. 개개의 학생들은 격려를 받았고, 그가 부여받은 한 가지 기술에 숙달된 후에는 적어도 하루 정도는 동료 학생들을 이끌어주었다. 이런 식으로 누구나 조만간에 한 예술 분야에서 장인(匠人)이 될 수가 있었다.

어떤 단계의 숙련 상태에 도달하자마자 우리는 온 마을 사람들이 즐길 수 있는 전시회 개최를 위해 모든 것을 진열하고 배치하는 프로젝트를 떠맡았다. 그런 예술작업들을 지구에다 비교해 보았을 때 내가

본 신전의 작품들은 대단히 환상적이었는데, 왜냐하면 오직 순수한 상상력을 유지하는 것만이 우리를 아스트랄계에 머무르게 할 수 있기 때문이다.

우리 금성의 문화에서는 한 개인이 자기가 선택한 분야에서 '통달의 단계' 가까이 이르렀을 때, 이전에는 결코 이루어진 적이 없는 뭔가를 성취하기 위해 도전하는 것이 전통이다. 이런 식으로 우리는 예술이나 과학 분야에서 새롭고 다른 무엇인가를 끊임없이 추가하고 있는 것이다.

나는 어린 시절의 다양한 시기에 〈수학의 신전〉, 〈역사의 신전〉, 〈종교들의 신전〉, 〈원예의 신전〉, 〈생물학의 신전〉에서 공부했다. 〈생물학의 신전〉에서는 어떻게 생명이 기본적인 화학물(化學物)에서 창조될 수 있는지를 보여주었다. 그들은 또한 '인간형 인공 생명체들'이 어떻게 창조될 수 있는지도 보여주었다. 이들은 로봇들(Robots)로서 금성의 역사에서 한 번 정도 이용된 바가 있다. 금성의 주민들은 비극적 역사를 통해 이것이 좋은 아이디어가 아니었음을 배웠는데, 인공적 생명체들은 기괴한 하위 아스트랄 존재들의 의해 조종될 수 있기 때문이었다.(당시 금성의 생명체들은 물질 차원이었다.)

〈생물학의 신전〉은 가장 깊은 생명의 비밀들과 어떻게 모든 생명체들이 창조되었는지를 가르쳤다. 그 비밀은 바로 생명 자체는 물질 우주 너머에서 발원한다는 것이다. 확대된 거대한 스크린에서는 생명이 실제로 물질의 형태로 시작되어 등장하는 모습이 상영되었다. 그리고 그 신전에서 배웠던 대부분은 오늘날 지구상에서 가르쳐지고 중요시되고 있는 이론들을 파기해버릴 것이다.

나는 신전에서의 배움의 경험들을 즐겼는데, 한 때는 학자가 되는 것에 일생을 바칠까하고 진지하게 고려했을 정도였다. 내가 〈수학의 신전〉을 방문한 기간은 짧막했다. 이곳은 위 아래로 수많은 층들로 이루어진 피라미드 형태의 건물이었다. 여기서 나는 기본적인 9수(數) 체계에 관한 것 이상을 배우려고 계획했으나, 너무 많은 암산(暗算)으로 인해 흥미가 감소되었다. 물론 그 신전에서는 모든 숫자체계와 수

많은 수학적 주제들을 가르쳤다.

## 시간을 통한 여행

〈역사의 신전〉은 우리의 과거뿐만이 아니라 우리 태양계 내의 모든 행성들의 역사와 우리 금성의 우주여행자들이 발견한 모든 것을 다루었다. 거기서 나는 미래의 생(生)에 지구에 태어나야만 할지도 모른다는 것을 알았고, 이번 기회에 가능한 한 지구에 관해 많은 것을 배우기를 바랐다. 그리고 영혼으로서 나는 내가 배운 모든 것을 기억할 것이다. 또한 나는 많은 생애를 그곳에서 보냈다는 것을 알고 있었기 때문에 지구에 관심이 있었다.

지구에서 내가 가장 좋아하는 지역과 시대는 고대 이집트였다. 나의 음악과 무용에 대한 사랑과 어느 정도 타고난 감(感)은 그 위대한 문화제국에서 살았던 전생(前生)에서 온 것이다. 그 시대 이래 춤은 매번 태어날 때마다 내 삶의 일부였다. 그리고 나의 경험들은 이제 그것들이 내 영혼에 모두 저장될 정도로 발전했다. 또한 나는 음악 작품에서 항상 미리 그 음악이 어떤 음조(音調)로 전개될지를 아는 재능을 계발했는데, 이것은 창작무용을 하는 데 큰 도움이 되었다.

〈역사의 신전〉은 죽어있는 과거를 부활시켜 생생하게 보여주었기 때문에 내가 좋아하던 곳 중에 하나였다. 그 건물의 중심 층은 일종의 타임머신(Time Machine)이었다. 이곳은 모든 이들이 중앙부분의 객석에 앉게끔 돼있는 어두운 장소였다. 그리고 나서 제어장치에 날짜와 행성, 그리고 정확한 장소가 입력되었다. 그러면 어떤 경고도 없이 실내의 사방 벽들과 어둠이 사라지고 우리는 실제적인 과거의 장면 속에 있게 되는 것이다. 하지만 당시 우리는 아스트랄체(Astral Body)로 살고 있었고 장면은 물질계의 모습을 보고 있던 까닭에 우리는 마치 육체적으로 죽은 것처럼 그 장면들을 보았다. 그리고 심령적 비전(Vision)을 가지고 과거 속에 살아 있는 그들은 우리를 유령처럼 인식했을 것이다. 우리에게 그것은 매우 실제와도 같은 경험이었다.

입체적 영상의 모든 것이 우리를 통과해 지나갔다는 것을 우리가 깨달을 때까지 그것은 매우 두려웠다. 나는 그 영상 속의 누군가 내게로 걸어온다고 해서 주춤거리거나 겁을 내며 뒷걸음질 할 필요가 없는 것을 알아야만 했다.

우리는 영상 속에서 금성의 선사시대(先史時代)를 방문했는데, 그때는 괴상해 보이는 거대한 짐승들이 서식하고 열대우림이 울창하던 시대였다. 안내자들은 그때가 지구의 공룡시대와 유사한 시기라고 우리에게 말했다. 나는 이 과거로의 여행이 매혹적이고 흥미진진했지만, 몸이 으스스했기 때문에 어느 정도 무섭다는 것을 알았다.

그러고 나서 우리는 미래로 향해 길을 떠났다. 그 시기는 인간이 기술적으로 모든 것을 콘트롤하는 시대였다. 모든 것이 자동으로 이루어졌다. 보이는 풍경들은 이상하게 황량해 보였는데, 도시들과 개인의 주택들이 있었다. 버튼을 누르자 작게 농축된 정육면체 형태의 식사가 나왔다. 이 문화 속에서 가장 끔찍한 금기(禁忌)는 아무도 다른 사람을 어떤 식으로든 접촉할 수 없다는 것이었다. 이것은 불결하고 위험한 행위로 간주되었는데, 질병이 전염될 수 있기 때문이었다. 그리고 아기를 가지기 위해서 남성의 정액이 시험관 안에 넣어졌고, 이것이 여성의 몸에 삽입되었다. 또 아이들은 24시간 내내 그들을 돌보는 기계장치에 의해 양육되었다. 즉 기계가 그들에게 먹을 것을 주고, 기저귀를 갈아주었으며, 또 교육에 좋은 장난감을 쥐어주었다. 그리고 벽에 설비된 스크린으로부터 가르침을 받았다. 그들은 사랑을 빼고는 모든 것을 가지고 있었다. 나는 이 모든 것이 매우 두렵고 걱정스러웠다. 나는 신전의 안내자로부터 이런 시대가 약 50년 간 지속될 것이란 말을 들었다. 사람들이 다른 이들과 접촉하는 것이 허용되지 않았기 때문에 감정적 느낌들이 증오로 변질되었고, 살인이 확산되었다. 이 행성은 금성이 아닌 태양계 내의 다른 곳이었지만 그 이름을 여기서 언급하지는 않을 것이다.

## 지구상의 많은 종교들

유년기 동안 나는 물질계에서부터 높은 영적세계들에 이르기까지의 최고창조신의 방대한 세계들에 관해 많은 것을 배웠다. 나에게 부여된 과업은 최고창조신의 법칙들이 지닌 많은 측면들을 이곳 지구에다 말로 전하는 것이 아니다. 그것은 마지막으로 지저(地底)로 들어간 이래 계속 그런 가르침들을 보존해온 영적인 대사(大師)들에 의해 오늘날 세상에 전파되고 있다. 이 전적으로 영적인 작업은 한 권의 책에다 옮겨놓기에는 너무나 방대하고 심오한 것이다. 대신에 나는 티타니아 (Tythania)에서 내가 접했던 가르침들을 소개하고 있고, 지구상에서 그것을 발견할 수 있는 방향을 제시할 것이다.

티타니아(금성)는 단지 한 행성의 영적행로, 또는 여러분이 그것을 종교라고 부르고 싶다면 한 종교의 길을 가지고 있음을 기억하라. 지구에는 혼란스럽게도 많고도 다양한 종교들과 영적인 행로들, 오컬트 (祕教), 형이상학적 그룹들, 그리고 철학체계들이 존재한다. 하지만 나는 이런 차이들에 잘 적응하도록 나의 이모에 의해 충분히 준비되어 있었다. 나의 가장 귀중한 과업 중의 하나는 이런 많은 행로들의 기원을 다루어야 한다는 것이다.

지구상에 그렇게 많은 종교분쟁과 갈등, 복잡한 영적 행로들이 존재하고 있는 이유는 영적으로 미성숙하고 아직은 초기 발전단계에 있기 때문이다. 대개 발전과정에 있는 행성들은 전체 역사 내내 유사한 문제들을 가지고 있다. 이에 관계된 진실은 최고창조신이 자신에 관한 진리를 찾는 몇몇 영적 진로, 즉 구도(求道)의 길을 만들어 놓았다는 것이다. 그런데 같은 가르침인데도 불구하고 이런 영적인 길들에는 실제로 다른 이름들이 붙여져 있다는 사실이다.

여러분이 지구상의 종교적인 역사를 살펴본 적이 있다면, 종교들이나 다양한 영적 가르침들이 특별한 한 영적 지도자에 의해서 각각 시작되었고, 그들이 세상을 떠난 후 그것이 헌신적인 제자들에 의해 계속 이어졌다는 것을 발견할 것이다. 우리 모두가 알고 있는 이와 같은 인물들로는 예수 그리스도, 붓다(Buddha), 모하메드(Mohamed), 크리쉬나(Krishna), 그리고 기타 다른 이들이 있다. 그리고 이런 대부분의 영적 지도자들의 경우, 영혼이 육체에서 벗어나 고차원 세계에 도달하는 유체이탈(幽體離脫) 경험을 자유자재로 했다는 것이다. 그가 아스트랄이나 멘탈(Mental), 또는 코잘(Causal) 등의 어느 세계에 이르렀든 간에 그는 위대한 지혜와 고차원의 메시지를 다른 사람들과 나누겠다는 열렬한 사명을 가지고 지상으로 다시 돌아왔던 것이다. 그것이 구원에 관한 복음이나 사회적인 복음일 수도 있겠지만, 그럼에도 그 모든 것은 고차원계와의 접촉에서 시발된 것이다.

그런 식으로 물질계에서 하나의 새로운 종교가 시작되어 성장하고 번창하게 된다. 그리고 그 이후에는 추종자들이 몇 세기에 걸쳐 영혼으로서의 아주 기본적인 실수를 저지르게 된다. 그들은 원래의 창시자의 족적을 따름으로써 그 창시자가 경험했던 것을 재경험 해보고자 시도한다. 즉 그들은 다른 영혼의 영적계시나 지혜를 수신하려고 시도하고, 또 유체이탈 경험을 통해 다른 차원의 정보를 받았던 것이다. 또 어떤 추종자들은 그때 믿음과 수행방식의 변화를 통해 그들 나름의 깨달음을 체험한다. 그리고 곧 이어서 그 사람의 성공을 기반으로 분파 그룹이나 곁가지가 갈라져 나와 형성되었다. 하지만 한 개인을 추종하는 이 모든 행위는 무엇이란 말인가? 그것은 그들을 더욱 종속시키고 이전보다 더 외부의 힘에 의존케 만들뿐이다.

각자는 이른바 영적 거인(巨人)들이 했던 것처럼, 독자적인 진리와 경험을 추구해야만 한다. 각 개인의 영혼이 독특한 까닭에 한 개인은 다른 사람의 길이나 방법, 가르침을 그대로 따를 수 없으며, 또 같은 결과를 기대할 수도 없는 것이다. 개개인들은 그들이 영적으로 개화되는 만큼 자기에게 적합한 방법을 이용하여 그 자신만의 유체이탈 경험을 추구하게 될 것이다. 그때 비로소 각 개인은 영적인 거인이 되고, 육체적 죽음을 맞이하기 전에 저 너머 천상에서 무슨 일이 일어나고 있는지를 스스로 배우게 되는 것이다.

대중들은 어떤 종교들이나 일정한 수준에서 제공되는 다양한 영적

행로들이 필요하다. 이런 가르침들이 무조건 옳지 않다고 비난될 수는 없다. 모든 영혼들은 고등한 진리들을 이해하는 데 도움이 되는 기초지식을 갖추기 위해서 다양한 종교와 신앙요법, 또는 철학적 경험이 필요한 것이다. 그것들은 모두 그 길을 따라 올라가는 단계적인 층계들이다.

우리는 항상 물질계를 비롯한 하위세계들이 부정성에 의해 운영되는 감옥이라는 것을 기억해야 한다. 모든 종교들과 영적 행로들은 그것의 대리인들에 의해 형성돼 있다. 진실한 구도자(求道者)로서의 학도들은 변치 않는 독자적인 진리를 찾는 것이 필요한데, 그런 진리는 그런 하위세계들 너머에서 발원한 것이기 때문이다.

물질세계에 칼(Kal)의 대리인들이 있는 것과 마찬가지로 멘탈계보다 높지 않은 곳에 도달했을 경우 거기에는 또한 최고창조신의 대리인들이 있다. 조만간 그 개인은 누군가 다른 사람을 올려다보기보다는 자기만의 내적 경험에 의지하는 것을 배운다. 참된 가르침은 항상 창조주의 영적본질이 내면의 빛 속에서 목격될 수 있고, 내면의 소리로 들을 수 있다고 알려준다. 그 내면의 소리가 가장 중요한데, 왜냐하면 이 소리의 기류(氣流)가 자동추적 광선처럼 진정한 영적세계에 도달하는 데 이용되기 때문이다.

내가 지구에 오려고 할 당시 최고창조신의 법칙들이 지구에서 공식적으로 가르쳐지고 있지 않다는 것을 알게 된 것은 실망스러운 일이었다. 그것은 내가 지구에 오지 않겠다고 결심할 수 있었던 한 가지 이유였지만, 한편으로는 카르마에 관해 알게 되면서 나는 다른 결정을 했던 것이다.

지구의 문화는 아직 젊고 수많은 부침(浮沈)으로 가득 차 있다. 성경시대에 하늘에서 눈에 익숙할 만큼 흔했던 우주선들이 바로 오늘날의 UFO라는 것이다. 우주의 여행자들은 지구의 발전 상태를 관찰하기 위해 정기적으로 이곳을 방문했다. 자연의 원소를 주관하는 존재들과는 달리 지구에 최초로 식민지를 개척했던 존재들의 후손들은 매우 두려움이 많은 사람들로 변했다. 그들은 모든 기본적인 진리나 우주,

신(神)에 관해서 무지했고, 그들 자신에 대해서도 알지 못했다. 오직 육체적 생존과 안락만이 우선적인 관심사였고, 죽음은 첫째가는 두려움이었다. 또한 그들이 섬기던 우상들과 신들이 삶의 모든 것을 지배했으며, 제물(祭物)을 바치는 것은 흔히 있는 일이었다.

종교성직자들은 지도력을 가지고 안락한 삶을 누리면서 통제의 종교를 확립했다. 그들이 사람들을 지배하는 도구는 율법과 종교적 예배의식, 그리고 두려움이었고, 그들의 통제는 완벽해졌다. 그리고 불완전하고 유한한 믿음은 대중들에게 한계가 있는 삶의 길을 낳았다.

이 때 위대한 한 영혼이 태어났다. 영혼으로서 그는 유대인들을 인도하기 위해 환생하기를 선택했는데, 스스로 그들에게 가까이 가고 싶다고 느꼈기 때문이었다. 그가 과거 가장 강력한 힘을 쥐었던 생(生)들 중의 하나가 이들 유대인들과 함께 했던 삶이었지만, 그는 또한 그들을 무지로 이끌었던 자들 중의 한 사람이었다. 영적으로 진보된 영혼으로서 그는 지상으로 돌아가 무지한 유대인들을 계몽하고 교화시킴으로써 자신의 카르마적인 빚을 청산하고 균형 잡기로 선택했던 것이다.[1]

그리고 그가 자신이 선택한 사람들 속에 태어났던 방법은 '행성들의 형제단'과 많은 관계가 있었다. 우주의 방문자들은 지상에서 일어나고

---

[1]이것은 바로 예수 그리스도를 의미하는 것이다. 일반 기독교인들이 잘못 이해하고 있는 것과는 달리 예수님은 2,000년 전에 태어나기 이전에도 지구상에서의 여러 전생(前生)을 가지고 있다. 그 과거생 가운데 하나가 바로 구약시대 유대민족의 위대한 지도자이자 이스라엘의 왕이었던 다윗(David)으로서의 삶이다. 다윗은 B.C 1,000년 경 최초로 유대민족의 모든 지파들을 통합하고 이스라엘의 왕이 됨으로써 대제국을 건설했다. 그러나 그의 커다란 정치적, 종교적인 치적의 이면에는 또한 권력을 쟁취하고 통일왕국을 건설하는 과정에서 범한 여러 과오들이 있었다.

예컨대 그것은 많은 집단과 분파들을 규합하고 내란을 진압하기 위한 과정에서 부득이 하게 벌인 수많은 전쟁과 숙청, 그리고 집안의 내분, 아들 압살롬의 쿠테타와 이로 인한 피신, 등과 같은 것들이다. 하지만 예수의 영혼은 그 후에도 여러 번의 환생을 거치면서 카르마를 청산하고 점차 영적으로 정화(淨化)되어 단계적으로 모든 시험과 비전입문 과정을 통과해 나아갔다. 그리고 마침내는 최종적인 승천, 또는 상승(Ascension)에 도달한 것이다. 그리하여 그는 오늘날 지구영단의 중요한 핵심 직책인 그리스도(Planetary Christ)가 된 것이다. 그리고 신약성서에는 예수님이 다윗의 자손이라고 되어 있는데, 이런 경우 선조인 다윗이 후손인 예수로 환생한 케이스인 것이다.

(역주)

있던 일을 보았고, 관여하게 되었다. 화성인들은 멕시코와 남미(南美)에 한동안 있었으며, 잉카 주민들에게 영향을 미쳤다. 그때 그들은 '날개달린 신들(gods)'과 '태양신'으로 알려져 있었는데, 그들은 커다란 힘과 지혜를 가지고 하늘에서 내려왔기 때문이었다.

우주로부터 온 방문자들은 예루살렘과 유대 땅의 사람들에게 '천사(天使)'라고 불렸고, 그것은 천상의 존재들을 의미했다. 우주선으로 착륙한 존재들과 그처럼 평화롭고 신성한 용모를 가진 이들을 그들이 달리 뭐라고 표현할 수 있었을 것인가? 당시의 사람들은 하늘에서 온 존재들을 당연히 숭고한 영적 존재들로 간주했다. 그러므로 성경의 역사에는 신(神) 또는 천사들과 만나는 예언자들의 이야기와 '불덩어리'나 '바퀴 안의 바퀴'와 같은 묘사들로 가득 차 있는 것이다.

만약 여러분이 성서의 구절들을 대중들이 검토할 수 있도록 보다 합리적이고 현대적인 정보로 해석한다면, 전설상의 '3인의 동방박사들'의 진짜 정체에 대해 놀라게 될 것이다. 즉 그들이 누구였고, 그들이 누구를 대리했고, 그리고 그 당시 어떻게 그들이 알고 거기에 도착했는지 말이다. 여러분의 성서에 기록된 일부 그런 사건들의 배후에는 커다란 진실이 도사리고 있다. 그것의 많은 부분이 옮겨지는 과정에서 고의적으로 누락되거나 감춰졌는데, 이는 그들 지구의 영혼들이 확립하고 실행하고 있던 제도에 따라 자기들 의도대로 사람들에 대한 통제를 계속 유지하기 위해서였다.

다른 차원들과 세계들 출신인 여러분의 우주형제들은 지구에서의 경험과 그들 자신의 카르마의 균형을 다시 잡기 위해, 그리고 이 3차원 밀도의 지구인류를 돕기 위해 여전히 이곳에 오고 있다. 일부는 드러내지 않은 채 여러분 속에서 살고 있고, 또 일부는 인류를 관찰하기 위해 우주의 어딘가에서 온다. 그리고 때때로 그들은 인간과 접촉하기도 한다. 이것은 언제나 그래왔고, 또 앞으로도 언제나 그럴 것이다.

나의 사명의 일부는 여러분이 있는 그대로의 현실에 대해 깨어나도록 돕는 것이고, 알고자 하는 사람들을 위해 일하는 것이다. 그리고 이 작업이 계획된 것은 단지 준비된 그들을 위해서이다.

- 옴넥 오넥 -

## □ 영문판 발행인의 논평

이것이 결코 이 스토리의 끝이 아니긴 하나, 우리는 이 이야기를 여기서 매듭짓기로 결정했다. 옴넥은 그녀가 조정하기 위해 온 카르마의 균형을 잡는데 많은 세월을 보냈다. 부분적으로 이것은 또한 인생 후반기에 수행할 그녀의 두 번째 사명을 위한 일종의 준비이기도 했다.

그 두 번째 사명에 착수할 때가 왔고, 여러분이 손에 잡고 있는 이 책은 그 사명 수행의 일부이다. 옴넥의 2차적 사명은 영혼에 관계된 우리의 자각(自覺)이 증대되도록 돕는 것이다. 그리고 우리가 이 작은 세상의 경계 너머로까지 확장되는 보다 커다란 감각으로 존재에 관계된 인식이 넓어지도록 지원하는 것이다.

어느 정도 나이를 먹은 후 카르마적 작용의 여파가 거의 끝나갈 무렵 그녀는 그 속박으로부터 점차 벗어났고, 금성에 있던 옴넥의 사람들은 이곳의 그녀와 접촉을 재개하기 시작했다. 그리하여 직접적인 만남이 점차 증가했다. 이것은 사실 그대로 일의 내막을 돈나에게 털어놓는 것이 필요해졌을 때인 젊은 성인기 즈음부터 대략 시작되었다. 그리고 여기에는 그녀의 어린 쉴라에게 무슨 일이 일어났고, 어떻게 그녀가 몸을 떠난 후 옴넥의 삼촌 오딘에 의해 보살펴졌으며, 또 어떻게 그 몸이 오딘과 그의 동료들에 의해 처리되었는지가 포함돼 있었다.

그리하여 일단 돈나는 물질계와 영적세계에서 벌어진 사실과 일의 모든 내막을 알게 되었고, 옴넥을 그녀 자신의 딸로 완전히 받아들였는데, 이 관계는 오늘날에도 계속되고 있다. 옴넥은 이곳 지구에는 지금 다수의 금성인들이 인간의 몸으로 살고 있지만, 대부분은 태어남이라는 경로를 통해서라고 말한다. 그녀는 자신처럼 영체의 상태에서 현재 이 지구에 있는 어린아이의 육신으로 응축됨으로써 추락한 몸을 가진 다른 이를 알지 못한다.그녀는 금성인들을 만났을 때 자신이 과거에 있었던 행성출신인 그들 대부분을 쉽게 알아 볼 수 있었다. 육체로 응축되어 진동이 낮은 물질계로 들어오는 것은 자기가 본래 지녔던 영적능력의 상당부분을 상실케 한다. 하지만 옴넥은 남겨진 약간의 능력만으로도 여전히 뛰어난 위업을 이룩할 수가 있다.

이 이야기의 다른 부분은 나중에 그 이후의 진행상황에 관한 내용의 입수가 가능해졌을 때 제공될 수 있을 것이다. 그녀는 이 물질세계에서 쉽게 나타날 수 있는 인간의 함정에 빠지기를 원하지 않는다.

우리는 이 이야기를 뒷받침하는 어떤 증거들이 있을지라도 어떤 억지 설득이나 확증자료를 제공함이 없이 그저 이것만을 제시하는 바이다. 그것에 관한 어떤 부분을 입증하려는 것이 우리의 의도는 아닌데, 왜냐하면 남에게 그것을 믿게 하기 위한 노력은 곧 그 사람의 선택할 자유를 막는다는 것을 뜻하기 때문이다. 따라서 우리는 단지 이런 정보를 구하는 사람들에게 이것을 제공할 뿐이다. 그리고 여러분은 자신의 선택에 의해 그것을 받아들일지의 여부를 결정할 것이다. 이 책 안의 일부 유사한 관련 정보는 그런 식으로 마음이 내켰던 사람들에 의해서 적당한 참고내용으로 첨부될 수 있었다.

- 발행자 웬델 C. 스티븐스 -

## ◇ 영문판 발행자 후기(後記)

이런 UFO 연구 분야의 업무에 있어서 우리는 모두 "장님이 코끼리 만지기"식이 될 수도 있지만, 옴넥의 이 자서전을 통해 온전한 전체 그림이 어느 정도 더 명확해졌다.

객관적인 조사의 관점에서 볼 때, 이 보고는 확인할 수 있는 다량의 증거에 의해 뒷받침되지는 않았다. 그렇기는 하지만 이것은 사실상 25년을 상회하는 장기간에 걸친 활동적 UFO 접촉사에 있어서 매우 심오하고도 의미심장한 특성을 지닌 사례이다. 만약 그렇지 않다면, 이 사건은 모든 조직화된 UFO 연구단체들과 집단들, 동호회들에 의해 퇴짜 맞기 십상이었을 것이다.

그런데 우리가 세심하게 충분히 조사해 본다면 고의적으로 간과해 온 이미 탐구했던 수많은 UFO 사례들에서도 그런 다차원적인 측면들을 발견할 수가 있다. 그럼에도 그것들이 누락된 이유는 그와 같은 현상들이 그 사건들을 담당해 조사했던 이들에 의해 제대로 이해되지 않았던 탓이다.

내 자신도 15년 전에 내가 믿을만한 진짜 UFO 사진을 찾고 있었을 때, 이와 같은 한 UFO 사건을 회피하려고 했던 적이 있었다. 하지만 그 UFO 사진들을 추적해 들어가자 나에게는 다차원적인 영적인 측면들뿐만이 아니라 확실한 속성의 실제 증거들을 포함하고 있는 접촉자 사례들이 입수되었던 것이다.

상당히 많은 사건들에 있어서 그 객관적인 물리적 특징들과 주관적인 다차원적이고 영적인 특징들 사이에 어떤 뚜렷한 정의(定意)나 구분이 있어 보이지는 않는다 - 어쩌면 그 모든 사건들이 그럴지도 모른다. 그리하여 나도 자크 발레(Jacques Vallee)처럼 그런 현상들을 이해하기 위한 시도로서 비교(祕敎)와 형이상학 분야를 공부하지 않을 수 없었다.

그 무렵 나는 또한 개인적으로 루터파 교회의 궁극적인 종교적 신념들에서 문제점들을 발견하면서 종교적인 외상(外傷)을 겪고 있었다. 그런데 그 와중에 침례교도인 수많은 내 친구들의 "한번 구원받으면 영원히 구원된 것"이라는 근본주의적 믿음들도 나를 분발시켰다.

나중에 나는 미 공군 내에서 사역하는 가톨릭 종군 신부(神父)로부터 보다 많은 해답을 얻었으며, 그가 가진 믿음들이 약간 더 폭넓다는 것을 알게 되었다. 그리하여 나는 가톨릭 교리 공부에 착수했고, 한 성인으로서 다시 가톨릭교회에서 세례를 받았다.

곧 이어 나는 대만(臺灣)에서의 임무를 부여받아 그곳에서 근무하게 되었는데, 거기서 나의 집은 그 지역의 불교사원에서 대나무 숲을 바로 횡단하면 나오는 언덕에 위치해 있었다. 나의 아이들은 그 불교사원에 가는 걸 좋아했고, 그곳에서 벌어지는 다채로운 활동들을 구경하곤 했다. 아이들이 내게 그곳의 스님들과 이야기를 나눴다고 했기 때문에 나는 모든 것을 알아보기 위해 아이들을 데리고 그 사찰(寺刹)로 가보았다. 정말 거기에는 아이들이 말했던 한 승려가 있었고, 그는 영어에 능통했다.

결국 나는 정기적으로 그 절을 방문하게 되었으며, 그곳의 승려들과 오랫동안 대화와 토론을 나누게 되었다. 그런데 나는 그가 루터파 교회와 침례교도들, 그리고 가톨릭 신도들에 대해서도 많은 것을 알고 있다는 사실을 알고 나서 놀라지 않을 수 없었다. 아울러 그가 이 세상에 자신들이 분명히 아는 것은 아무 것도 없다는 해답을 가지고 있다는 사실에도 놀랐다. 나는 그가 절 안에는 라디오나 신문 같은 것이 전혀 없는데도 불구하고 세상 돌아가는 최신 뉴스들에 정통해 있고(게다가 그는 항상 거기에 머물러 있는 것으로 보였다), 결코 출판된 적이 없는 사실에 관해서도 죄다 알고 있다는 것을 알게 되자 그에게 매혹되었다. 그가 그 사찰 내의 다양한 지역들과 물품들이 지닌 상징과 목적을 설명해 주었을 때, 그것은 내게 충격을 주었고, 그의 그런 종교적 믿음이 이단(異端)이 아닌 것은 내게 익숙해 있는 어떤 기독교인들의 믿음이 이단이 아닌 것과 같은 것이었다. 그 상징들은 단지 보이지 않는 신(神)에 대한 상징들일 뿐이었다. 하지만 이 승려는 그가 상당히 장시간 동안 논할 수 있었던 그 신성(神性)에 대한 일종의 깨달음을 가지고 있었다. 그리고 그는 내게 오직 어떤 교리만을 믿으라고 요구하지 않았다.

그는 말하기를, 신성이란 어디에나 존재하는 것이고, 누구나 간절히 원하기만 한다면 모든 사람이 경험할 수 있는 것이라고 하였다. 그는 어떤 유일한 교리만을 믿는다는 것은 미지의 나머지 다른 것들에 관한 한 개인 자신의 '자각(自覺)'의 기회를 박탈하는 나태한 방식이라고 생각했다. 아울러 그는 나에게 서구세계에서 기적이라고 불렀던 사건들이 있을 수 있지만, 그것은 단지 과거 한때 이해되었던 자연법칙을 단순히 이용하는 것에 지나지 않는다고 말했다.

또한 그는 UFO에 관한 모든 것과 그들이 어디에서 왔고, 왜 이곳에 있는지에 대해서도 알고 있었다. 비록 내가 그것을 다 알지는 못했으나, 당시 그의 설명들은 옴넥이 지금 자신의 원고에서 말하고 있는 것과 일치한다. 적어도 일부 UFO들은 아마도 천사적 존재들이 온 레벨과 동등한 다른 현실계로부터 유래된 출현 현상이다. 또 다른 UFO들은 다른 현실들로부터 온 인간에 대한 배려 내지는 관심사이고, 다른 것들은 여전히 도처에 존재하는 우리와 유사한 현실들로부터 온다. 하지만 이 모든 현실들은 밀접하게 서로 연결돼 있다. 내가 옴넥으로부터 그녀가 히말라야의 한 불교사원에서 이곳에서 살기 위한 준비단계를 거쳤다는 것을 알게 되었을 때, 이에 관한 것들이 마음에서 떠올랐다.

나는 존재하는 다른 세계들과 그것들의 상호관계 및 상호교통에 관한 형이상학적 문헌들을 공부했고, 대략적인 유사성이 있음을 알았다. 그리고 이것은 UFO로 지구에 오는 다른 외계인들이 지구의 접촉자들에게 말했던 내용과 들어맞기 시작했다. 형이상학적 문헌들은 차원간의 관계를 논했고, 물질과학에 대한 형이상학적 개념들을 언급했다. 그것은 또한 소우주와 대우주의 개념들과 현실들 사이의 상호관계를 밝혀주었으며, 우리를 초월한 모든 것과 더불어 우리 고유의 물질세계의 근본적인 조화를 보여주었다. 우리는 우리들 자신만의 고립된 섬이 아니다. 즉 우리는 모든 UFO들과 그들이 오는 모든 세계들이 포함돼 있는 보다 거대한 전체의 한 작은 부분인 것이다. 그러므로 그들이 이 전체에 관여돼 있고, 우리 역시도 거기에 관계되어 있을 것이다.

다른 UFO 접촉 사건들은 우리가 이곳에 홀로 있지 않으며, 우리는 우리 스스로 생각하는 것보다 더 거대한 것일지도 모른다는 것을 말해준다. 이것은 우리의 의식(意識)이 이곳 지구와 다른 곳에서 연속되는 삶의 경험들을 통해 계속해서 우리가 일찍이 상상했던 것보다 더 장대한 규모로 진행되는 생명의 교훈들을 배우고 있음을 의미한다. 우리는 이곳에서 경험하는 것 이상의 책임을 떠맡을 뿐만 아니라 다른 곳에서도 역시 동일한 작업을 진행한다. 그리고 다른 세계들로부터 온 존재들도 이들이 '삶(生)의 학교'라고 부를 수 있는 여기 지구에서 필요한 경험들을 하는 것이다.

돈 엘킨스(Don Elkins)는 여러 해 동안 고등한 의식체와 접촉해 왔고, "하나의 법(法)"이라는 시리즈로 된 비범한 책들 속에서 UFO 현상과 그것들이 나타내는 보다 거대한 현실들을 논하고 있다. 우리에게는 익숙한 이름을 갖고 있지 않은 이 지성체는 굳이 우리처럼 이름을

붙인다면, "라마(RAMA)"라고 불릴 수 있다고 말한다. 그 존재는 외계인 방문자들에 관해 언급하는 과정의 답변에서 많은 외계의 존재들이 지구의 이번 주기(週期)가 종료되기 전에 그들 자신의 카르마적 책무를 이행하기 위해 현 시대에 지구에 육화하는 우선권을 부여받았다고 말했다. 그리고 이번 주기가 끝날 때 함께 하지 않을 지구의 인간들은 이미 다른 곳에서 있게 될 다음의 육화를 위한 준비를 하고 있다고 한다.

라마는 직접적인 한 질문에 대한 답변에서 육체로 있는 지구 인간들의 거의 20% 가량이 실은 이곳 지구에서 자신의 사이클을 끝마치는 외계인의 영혼들이며, 그들 중의 일부는 그들 자신의 종족에 의해 보살핌을 받고 있고, 심지어는 접촉하거나 인도받고 있다고 하였다.

앤드리야 프하릭(Andrija Puharic)은 "스펙트라(Spectra)"라는 한 외계 지성체와 이루어졌던 광범위한 다량의 교신과정에서 현재 이곳 지구인의 육체로 매우 많은 외계인들이 태어나 있다고 들었다. 루스 몽고메리(Ruth Montgomery) 역시 그녀의 책 "우리 속의 이방인들" 속에서 현재 지구에 수많은 외계인들이 인간의 몸으로 있다고 말한 바가 있다. 그녀는 그들을 "워크인(Walk-in)들"이라고 불렀다.

브래드와 프랜시 스타이거(Brad & Francie Steiger)는 자기들이 지구인의 몸으로 태어난 외계인의 영혼이라고 믿는 수많은 사례들을 다루고 있고, "스타피플(The Star People)"이란 제목의 책을 집필했다. 그들은 옴넥 오넥과 사적으로 알고 있으며, 그들의 책에서 이 책의 주제를 다루고 있기도 하다.

시애틀에 있는 〈국제 UFO 접촉센터〉의 댄(Dan)과 에일린 에드워드(Aileen Edward)는 지구인의 몸으로 있는 외계인들의 전체 조직과 UFO 접촉자들의 정보를 모아 정리했는데, 이것은 서로 이해하고 함께 일함으로써 이런 사람들을 돕기 위한 시도의 일환이었다. 그들은 또한 이런 주제들에 관해 아주 상세하게 알았음에 틀림이 없다.

UFO 접촉자 사례들이 축적되는 만큼 더욱더 그 증거들이 접촉자와 UFO 방문자들 사이에는 모종의 특별한 관계가 있다는 것을 보여주는 경향이 있다. 스위스의 에두아르드 마이어(Eduard Meier)는 한때 그가 방문자들 중의 일원이었고, 빈번하게 직접 지구의 경험 속으로 뛰어들어 이런 지구의 진화과정 속으로 육화한 것이라고 들었다. 뉴멕시코의 로즈웰에 사는 SMS 찰스 무디(Charles Moody)는 로즈웰 인근의 자갈 구덩이에서 자신을 선택해 끌어올렸던 베텔기우스에서 온 외계인들에게 혈족 같은 기묘한 친밀감을 느꼈다고 말했다. 또 찰스톤의 빌 헤르만(Bill Herrmann)은 그와 반복해서 접촉했던 레티쿨럼 출신의 방문자들에 대해 "그들은 거의 친족과도 같았어요."라고 말하며 편안한 우정의 감정을 느꼈다고 언급했다. 플로리다의 카르디나스 히알리아(Cardenas Hialeah)는 그를 납치했던 외계존재들에 대한 초기의 충격 이후에는 그들에게 전혀 두려움을 느끼지 않았다고 했다. 그것은 마치 그가 과거부터 그들을 알고 있던 것과 같은 심정이었다는 것이다. 그리고 와이오밍의 패트 맥과이어(Pat Mcguire)도 그의 외계인 방문자들에게 이런 혈족의 느낌을 매우 강하게 느꼈다고 한다. 그들은 실제로 실패가 확실시되던 분야에서 그가 성공하도록 도와주었고, 그 이후에도 그와의 접촉을 계속 유지하고 있다. 남아프리카의 접촉자인 에드윈(Edwin) 또한 다른 태양계에서 온 존재들과의 주목할 만한 접촉과정에서 그의 방문자들에게 매우 강하고도 특별한 동질감을 느꼈다. 그리고 이런 사람들의 리스트(List)는 얼마든지 계속 열거될 수 있다.

나는 자신들이 이번 생(生)에 지구에 태어나기 이전에 금성인으로서 생애를 보냈던 생생한 기억들을 가지고 있는 몇몇 사람들을 알고 있다. 이것만큼 색다르게 보이지는 않을지라도 나는 세계 도처에서 늘 쌓이고 있는 UFO 파일들로부터 이런 종류의 보고를 배제시키는 것이 더 이상 가능하다고 생각할 수는 없다.

직면할 수밖에 없는 또 다른 상황은 외견상 UFO 현상은 오랜 세월에 걸쳐 확립된 형이상학적 개념들과 불가분의 관계이며, 또 이런 것들이 오늘날 우리의 물리적 현실로부터도 분리될 수 없다는 사실이다. 그것은 모두 동일한 동전의 다른 두 양면처럼 생각되므로 이런 측면이 무시되거나 부정될 수도 없는 것이다.

옴넥의 이야기에는 히말라야의 사원과 위대한 스승들에 관한 언급이 나오는데, 이런 교사들은 또한 영(靈)의 방식으로 "엑칸카 (Eckankar)"라고 부르는 가르침을 펴는 인물로도 출현한다. 옴넥이 이런 정보를 알고 있던 때는 1955년 당시였기 때문에 이런 사상이 서구에서 대중적으로 전파된 시기 이전인 것이며, 따라서 우리는 그녀가 테네시에서 그런 정보를 얻은 것이 아니라고 간주해야 한다. 옴넥은 사실 어린 쉴라의 역할을 하기 위해 준비하고 있을 때 히말라야의 사원에서 여러 스승들을 만났고, 그녀는 나중에 이곳 미국에서야 그를 알게 되었는데, 이때는 폴 트윗첼(Paul Twitchell)로 자유롭게 세상 속에서 살고 있을 때였다. 그녀는 폴 트윗첼이 세상을 떠나기 전에 그와 여러 번 만났고, 편지를 주고받기도 했었다. 그리고 옴넥은 트윗첼의 후계자들에게 잘 알려져 있다.

이것은 옴넥의 이야기에 덧붙여진 내용이 아니고, 그것이 옴넥의 이야기를 손상시키는 것도 아니며, 또 '엑칸카'의 믿음을 위한 어떤 것도 아니다. 그것은 단지 자기들 세계 내의 하나의 현실로서 그 같은 영혼의 레벨을 받아들이는 사람들에게 사실을 입증해주는 성격의 일치 사례인 것이다. 많은 독자들은 현실과 영혼차원에서 공통적으로 명확해진 이 결과로 인해 보다 깊은 이해에 이르게 될 것이다. 그리고 '엑칸카'에 관계된 사람들은 이 책에서 확장된 의식에 관한 그들 고유의 신념들의 일부를 뒷받침해 주는 부분들을 발견할 것이다.

나는 금성의 생명체들이 우리의 현실 속으로 들어와 출현할 때까지 우리가 그들을 인식하지 못한다고 해서 그 존재 가능성이 완전히 배제된다고는 생각하지 않는다. 즉 우리는 단지 그와 같은 지식이 우리를 "자극하고", 그런 다음 그것이 우리에게 아주 색다르게 느껴질 때까지는 개인적인 감각으로 그것을 지각하지 못하는 것뿐인 것이다.

한 캐나다인 스포츠맨은 20대 후반에 둥근 원반형 금속 비행기기로 먼 북부 숲속의 외딴 지역에 도착한 어떤 존재들과 물리적으로 접촉하기 시작했다. 그 방문자들은 착륙하여 그와 대면한 채 계속 대화를 나누었으며, 심지어 그들은 우리 사회와 그들의 문명에 관한 보다 광범위한 대화를 위해 그를 자기들의 우주선에 태우기까지 하였다. 그리고 서로 간의 비교되는 점들과 인류가 직면해 있는 어떤 위험들을 논의했다. 그들은 그에게 자기들이 금성과 화성에서 왔고, 그곳의 문명을 아마도 우리가 볼 수는 없을 것이라고 말했다. 왜냐하면 그들은 지구와는 다른 차원의 밀도 상태에 있기 때문이라는 것이다. 그는 그들로부터 그곳에도 우리가 지금 처해 있는 것과 같은 시대가 있었지만, 여건이 달라짐에 따라 변화하지 않을 수 없었고, 우리 역시도 바뀔 수밖에 없는 때가 올 것이라고 들었다.

그들은 자기들의 원래 선조는 아주 먼 다른 별에서 왔으며, 다른 이들은 아직도 거기에 살고 있다고 말했다. 그리고 거기의 그들은 금성과 목성, 토성 등의 생명체들을 알고 있고, 또 접촉하고 있으며, 기타 존재들하고도 역시 마찬가지라고 한다. 그리고 여전히 다른 어딘가에서 오고 있는 다른 존재들은 그들 자신의 업무 때문에 지구에 오고 있다는 것이다. 이 외계인들은 그 캐나다인 목격자와 50년 동안에 걸쳐 가끔씩 접촉해 왔으며, 그가 인생 후반기에 거주 도시를 옮겼을 때도 그를 따라 왔다.

이 특이한 사례와 관련하여 특히 관심이 가는 것은 옴넥이 언급했던 한 화성인 남성에 관한 것인데, 그는 그녀의 삼촌 오딘이 미리 알고 있다 기다렸던 사람이며, 그녀와 삼촌 오딘을 캐딜락 승용차에 태워 아칸소까지 운전했던 인물이다.(그 승용차는 다른 형태로 밀도가 조정돼 있었는지도 모른다.) 그 화성인은 또한 옴넥이 받아들일 준비를 했던 어린 쉴라의 역할과 그녀의 생명을 앗아갈 다가오던 버스 사고를 알고 있어야만 했다. 왜냐하면 그는 곧바로 그 사고 현장으로 차를 몰고 갔고, 그 사건이 발생하기를 차에 앉아 기다리고 있었기 때문이다. 이것은 우리 인간으로 하여금 운명에 관한 놀라움을 갖게 하며, 어쩌면 그 운명에 간섭하고 있는 것인지도 모른다.

이 분야에서 우연히 발견하게 되는 가장 큰 장애물 중의 하나는 외관상 서로 다른 UFO 조종사들의 특성과 마주친다는 것이고, 그들이 사용하는 우주선의 문제이다. 목격된 우주선들이 고속으로 직각 방향 전환을 하고, 급가속을 하는 모습은 언제나 그 비행체들의 견고하지

UFO 연구가 웬델 C. 스티븐스의 말년의 모습

않은 비물질성(非物質性)에 대한 단서가 되어왔다. 그리고 그것이 바로 옴넥이 책에서 기술하고 있는 내용이기도 하다. 그것들이 한 순간에 나타날 수 있고 사라질 수도 있다는 것은 더 이상 미스터리가 아니다. 즉 이런 현상은 그들의 현실차원, 또는 진동율이 의도적인 의지에 의해 변화된 것이다. 보고된 어떤 우주선의 구조가 외견상 이음매가 없는 단일체(單一體)라는 사실은 사례들 가운데 그것을 뒷받침해주는 경우이다. 그런 비행체들은 옴넥이 책에서 서술하고 있는 대로 점진적인 구체화 과정에 의해 나타난 것이고, 서서히 진동율을 낮춤으로써 우리의 3차원 현실에 맞게 밀도를 높여 시각화된 것이다. 이것이 옴넥에 의해 묘사된 일반적이고 통상적인 출현과정이며, 전혀 이례적인 것이 아니다.

UFO가 진입하거나 이용한 후 금방 나타났다가 같은 방식으로 사라지는 비가시적인 통로들은 옴넥이 설명한대로 "우주선을 구성하고 있는 물질의 분자(分子)들"을 마음으로 제어함으로써 나타나는 매우 자연스러운 결과이다. 실제로 물질의 요소가 이용되지만, 그들이 그것을 존재 속으로 응결시키고 진동 수준을 점차 농후하게 낮추어 물질화시키는 것처럼 그들은 물질의 본질을 우리보다 더 깊게 이해하고 있고,

더 낮게 통제하고 있다. 금성인들의 UFO들은 적어도 사실상 그 형태가 모두 다른데, 그것들은 대량생산 방식의 일관작업 조립라인에서 건조된 것이 아니기 때문이다.

만약 거기에 단 1명의 목격자만 있었다거나 그런 비행체들을 본 모든 목격자들이 서로 알고 있었다면, 그런 이야기들을 적당히 공모해서 지어냈다고 치부해버릴 수도 있다. 하지만 이것은 분명히 그와 같은 경우가 아니다. 사건들마다 다수의 목격자들이 있을 뿐만 아니라 그런 동일한 사례들이 다양하게 존재하고 있는 것이다.

내가 조사한 바 있는 종형태(Bell-Shaped)의 우주선에 관계된 UFO 사건들에 있어서 나는 유사한 다른 목격 사건들이 있음을 알고 새로운 목격보고 가운데 단 하나의 가능성 있는 사례를 찾아냈는데, 그것은 바로 시애틀에 있는 빌 클렌디넨(Bill Clendenen)이었다. 그는 오래전부터 하늘에서 낯선 물체들을 목격해왔고, 조지 아담스키의 이야기가 처음 출판되었을 때 그것이 자신의 경험과 어느 정도 유사성이 있음을 알게 되었다. 그리하여 그는 자신이 기록해 놓은 것을 비교하기 위해 아담스키에게 편지를 썼다. 그 후 그의 UFO 목격은 더욱 증가되었고, 또 좀 더 근접해서 목격하게 되었으며, 종국에는 외계인들과 직접적인 접촉이 이루어져 우주선에 탑승까지 하게 되었다. 빌 클렌디넨이 테네시에서 여러 번 UFO에 태워졌던 것은 흥미로운 일이며, 그가 탄 UFO가 바로 종(鐘)형태였던 것이다.

당시 빌 클렌디넨에게는 그 종형 우주선 내부를 세심하게 조사하고 아래쪽의 반구형 동력부분의 구조를 점검하는 것이 허용되었는데, 그는 글렌 패스모어(Glenn Passmore)가 나중에 그림으로 예증한 것을 정확하게 그대로 묘사했다. 패스모어가 어디서 자신의 정보를 얻었는지는 모르지만, 빌 클렌디넨은 그런 그림들이 실려있던 레오나드 크램프의 책을 보기 이전에 그에 관해 들어보지는 못했다고 말했다. 클렌디넨은 자신의 여생(餘生)을 UFO 동력시스템에 관해 자기가 생각하고 이해했던 대로 복제해내기 위해 노력하며 보냈으며, 심지어는 뭔가를 이뤄내고자 시도하고 있던 알라바마 레드스톤의 기술자들과 함께 일하기도 했다. 그는 결코 성공하지는 못했는데, 왜냐하면 그는 그 기계장치가 본래 비물질 상태에서 진동을 낮춰 나타났었다는 것과 자체적인 고유한 특성이 있다는 사실을 알지 못했기 때문이다.

나는 옴넥의 원고를 건네받은 이후, 그녀에게 이런 그림들을 보여준 것은 내가 처음이라고 믿는다. 이 책속에다 그 그림들을 삽입한 것은 바로 나 자신인데, 그 삽화(插畵)들이 옴넥이 기술하고 있는 내용을 가장 잘 설명하고 있기 때문이다. 하지만 이 책에서 옴넥이 설명하고 있는 것뿐만이 아니라 그녀에게 알려지지 않은 다른 사람들의 진술과 그녀에 관해 전혀 들어본 적이 없는 이들까지도 동일한 것을 묘사했다는 사실이다. 나는 이 책의 부록에다 종형 우주선에 관련돼 있는 몇 가지 UFO 사건들을 게재했다. 그리고 옴넥은 이런 사례들에 관한 나의 보고서들을 보지는 못했다.

영국에서는 유사한 종형 우주선과 금성인 탑승자에 관련된 일련의 접촉 사건들이 있었으며, 그 금성인은 자신이 이름이 "얌스키(Yamski)"로 불릴 수 있다고 말한 것으로 알려져 있다. 이 UFO는 자신이 조지 아담스키에 관해 결코 들어본 적이 없다고 주장하는 호기심 강한 한 남자에 의해 목격되었다. 그가 당시 아담스키의 이름을 정확하게 듣지 못했다는 것은 있을 수 있는 일이다.

이 사건은 에일린 버클(Eileen Buckel)에 의해 포괄적으로 조사되었는데, 그는 전체 조사를 "스코리트 미스터리"라는 제목의 책 형태의 보고서로 만들어 사건을 매듭지었다. 그러나 이 유능한 UFO 조사관이자 연구가는 아담스키의 접촉사건을 훼손시키고자 하는 적대자들에 의해 끌어내려졌고, 현재 그는 역정보 기관들에 의해 대중적인 오명(汚名)을 뒤집어쓰도록 교묘히 조종되었다. UFO 연구그룹에 속한 많은 이들이 의식적으로 무의식적으로 이런 주요 역정보 공작에 이용당하곤 하는데, 예컨대 이런 시도는 아담스키 접촉사건이 일말의 타당성을 지니고 있다고 그 가능성을 옹호하는 어떤 누군가가 일종의 "멍청이"나 "광신자"로 취급당할 때까지 계속되는 것이다.

이것을 일부 사례라고 할 수도 있겠지만, 전혀 들어보지 못한 그런 사건들 속에 많은 실제적 진실이 담겨져 있다는 것은 사실이다. 왜냐하면 대개는 그런 추가적인 정보가 공개되기 이전에 역정보 프로그램이 효과를 발휘했으므로 당시 공적인 지식을 위한 정보공개가 억제되거나 보류되었기 때문이다.

나는 아담스키의 개인적인 두 친구들이었던 덴마크의 한스 피터슨(Hans Peterson)과 서독의 헤르 칼 베이트(Herr Karl Veit)가 내가 말하고 있는 것을 아주 잘 이해하고 있음을 알고 있다. 마델린 로데퍼(Madeline Rodeffer)와 말년의 루이 친스타그(Lou Zinsstag) 여사 역시 마찬가지이다. 아마도 언젠가 대중의 정신적 풍토가 좀 더 향상되었을 때 보다 많은 이런 놀랄만한 경험들이 언급될 수 있을 것이다. 만약 미국 정부가 그런 사건들에 관해 알고 있는 모든 것을 공개했다면, 그들의 판도라 상자가 열려졌을 것이고, 우리가 어떤 의심도 불식시키고 그런 접촉 사건들을 입증할 수가 있었다.

역정보 기관들과 많은 자들이 이런 이야기를 바닥에다 패대기치기를 원할 수도 있고, 또 접촉자들을 "정신병원"에다 가둘 수도 있을 것이다. 그러고 나서 그들은 금성인 우주비행사들과 만났던 모든 이들을 안전하게 감금해놓았다고 생각하겠지만, 세상에는 모든 역정보 기관들이 통제할 수 없는 예외적인 사항이 있다. 그것은 바로 그 사건의 실제적인 진실이다.

옴넥은 현재 자신의 사명에 대해 깨닫고 있으며, 그것이 우리들 중의 일부가 한 번 더 자신의 길로 올바로 나가도록 안내할지도 모른다. 예상되는 것은 그뿐인 것이며, 각자에게 그 걸음은 달라질 수 있을 것이다.

이런 금성인들과 우리 지구인들과의 접촉이 현 시대에 일어날 수 있는 것이긴 하지만, 그렇다고 반드시 최근에 처음 생긴 것만은 아니다. 예컨대 그리스 신화에 나오는 고전적인 영웅들은 전형적인 금성인 종족형의 거의 완벽한 실례(實例)들이며, 그들의 금성과의 관계가 분명히 나타나 있다. 고대 그리스인들은 하늘을 날고 지구의 물리적 원소들을 전적으로 통제할 수 있었던 이런 "신(神)들"을 기리며 신전(神殿)을 지어 금성에 봉헌하기까지 했다.

그러나 그 이전의 다른 시대에도 금성인들은 정기적으로 지구를 방문했고, 그 당시 고비(Gobi) 바다의 한 섬 위에 있던 하얀 대리석으로 축조된 거대한 빛의 도시를 왕래했다. 이 도시의 모든 것은 현재 광활한 고비 사막의 모래 아래에 묻혀 있다.

"인간, 어디서 어떻게, 그리고 어디로"라는 책을 집필한 G. W. 리드비터(G. W. Leadbeater)와 같은 신지학자들에 따르면, 일부 금성인들은 그 단지 안에 체류하기 시작했고 자손을 낳았다고 한다. 그리고 그 후손들이 수천 년 후 종족이 나뉘어져 오늘날 우리가 카프카스 산맥이라고 알고 있는 지역으로 이주했다는 것이다. 그들은 그곳에 한동안 정착했다가 그 다음에는 아르메니아, 그리스, 중부 유럽 등지로 퍼져나갔고, 지금의 북유럽인이 되었는데, 궁극적으로는 아메리카에 도착하여 거기서 지금의 코카서스인(Caucasian)으로 알려진 것이라고 한다.

금성인들은 그들이 빈번하게 방문했던 고대 인도의 브라만들(Brahmans:인도 카스트 중 최고위의 승려계급)에게 잘 알려져 있었으며, 그들이 타고 온 승용물들은 마하바라타(Mahabarata)와 다른 고대 문서들에 상세히 묘사되어 기록돼 있다. 목격자들에 의하면, 때때로 지구를 방문하던 이런 많은 비행체들이 "하늘을 가득 채웠다"고 한다. 긴 실린더형의 모선(母船)들은 〈비마나(Vimana)〉로 불렸고, 그것들은 여러 종류로 된 다량의 소형 자선(子船)들을 싣고 다녔다.

신지학(神智學) 문헌에서 금성인들은 "불꽃의 주님들(Lords of The Flame)"이라고 불리는데, 그들은 어린 지구인류에게 보다 높은 마음의 지성을 가져다 준 빛의 존재들이었다. 하지만 이곳에 온 존재들은 반드시 금성에서 온 그들만은 아니었다. 화성과 토성, 기타 다른 행성들에서 온 지성체들 역시 지구를 방문했다고 기록돼 있다. 그리고 이런 방문들은 때때로 금성인들과 함께 동반해서 이루어졌던 것이다.

조지 헌트 윌리엄슨이 우리 태양계 내의 행성들로 구성된 형제단인 태양계 십자 우주 형제들과 채널링을 시작했을 때, 그것을 관찰한 관계자들은 태양계 안의 금성과 화성, 다른 행성출신의 존재들이 함께 활동하고 있다는 사실을 알고 나서 놀랐다. 당시 윌리엄슨은 아담스키의 UFO 강연회가 있은 후의 어느 날 밤 디트로이트의 집에서 한 무리의 사람들에게 음성 채널링을 실연해 보이고 있었다. 그런데 그때 리처드 밀러(Richard Miller)라는 젊은이가 무엇이 일어나는가를 관찰하려는 그 집단 안에 함께 섞여 있었다. 참석자들 숫자에 비해 앉을 의자가 부족하기는 했지만, 윌리엄슨이 트랜스 상태에 몰입하기 위해 준비하고 있을 때 밀러는 채널링이 시작되기를 기다리며 팔걸이 의자에 기대어 앉아 있었다. 그는 기다리는 동안 잠시 선잠에 빠진 듯이 생각되었다. 그런데 이윽고 윌리엄슨이 무아경에 몰입해 다른 발신자의 음성으로 말하기 시작하자, 리처드 역시 트랜스 상태에서 윌리엄슨과 동일한 음성으로 동시에 똑같은 내용을 말하고 있었다. 한 마디, 한 마디 동일한 한 쌍의 입체음향으로 말이다!

그 이후에도 리처드 밀러는 12인의 태양계 십자 그룹 및 그 이상의 발신자들과 채널링을 계속 지속해 나갔다. 나는 당시 캘리포니아 빅토르빌에 있던 리처드 밀러를 탐구하는 집단에 가입했는데, 그 때 나는 거기서 벌어지던 이 경이적인 현상을 한 1년간에 걸쳐 4권의 노트에다 기록하며 그들과 함께 했었다. 그 우주인들은 자기들이 실제로 금성뿐만 아니라 화성과 토성, 목성 지역들, 심지어는 해왕성과 다른 곳에도 존재하고 있다는 것과 인간형 생명체로 진화해 왔다는 충분하고도 설득력 있는 증거를 제공했다.

지구가 현재 격리돼 있다는 그들의 설명은 옴넥이 언급한 지구상의 인류에게는 어떤 제약(제한조건)이 있다는 암시 내용을 뒷받침한다.

옴넥은 자신의 확대된 능력의 일부를 이 물질적 밀도의 세계로 가져오기 위해 훈련했는데, 비록 이런 능력의 상당 부분과 다른 것들의 전부를 완전히 상실하기는 했지만 말이다. 그럼에도 여전히 그녀는 타인의 생각과 오라(Aura)를 읽을 수가 있고, 그들의 전생(前生) 경험들을 감지하며, 미래에 일어날 사건들을 알아차린다. 또 옴넥은 유체이탈(幽體離脫) 여행을 할 수 있으며, 어떤 조건하에서 열리는 자물쇠같이 염력에 의한 어느 정도의 물질 조종이 가능하다. 그녀는 이곳 지구로 오기 전의 금성에서의 자기 과거의 삶에 관한 완전한 기억은 물

론이고 수많은 전생(前生)들을 의식적으로 떠올릴 수 있는 뛰어난 회
상능력을 가지고 있기도 하다. 아울러 그녀는 나비와 새 같은 작은
동물들이 자신의 손에 내려앉도록 유도할 수가 있고, 그들을 쓰다듬어
주곤 한다. 그리고 야생동물들은 그녀로부터 달아나지 않는다. 그녀는
또한 거의 편지를 쓰는 것만큼이나 쉽게 시(詩)를 떠올리거나 지을 수
가 있다. 그녀가 나에게 편지를 쓰고 있을 때 즉흥적으로 지은 시가
있는데, 그것은 다음과 같다.

우리가 머물러 있기를 동경하는 장소가 있다.
그곳은 우리의 영원한 고향,
우리는 한밤 중 몸이 잠들어 있을 때 그곳으로 여행을 하지.
그리고 오직 날이 밝을 때라야 다시 돌아온다네.
나와 그대가 영혼이기는 역시 마찬가지 …
이 육체라는 용기(容器) 안에 우리는 거주한다네.
그것은 우리가 배워야 할 삶의 교훈들을 경험하기 위해서이지.
지금부터 영원에 이르기까지 우리는 영적 자유를 성취하리라.

-쉴라, 1983 -

옴넥은 1955년에 지구에 온 이래, 1975년 경 자신의 경험에 관한 원고를 끝냈을 때 잠시 노출된 것을 제외하고는 대부분의 시간을 쉴라로서 낮은 자세로 살았다. 당시 그녀가 느끼던 시기가 바로 그 직후는 아니었지만, 그녀는 금성인 스승들로부터 그녀가 자신의 진짜 정체를 밝힐 때가 왔다고 들었으며, 따라서 이 원고가 지금 공개되는 것이다.

그녀는 머지않아 우리가 UFO의 활동이 갑자기 증가하는 것을 경험할 수도 있고, 인간의 몸으로 있는 많은 외계인들이 막 자신의 참다운 정체를 깨닫거나 상기하려하고 있다고 생각한다. 그리고 이런 많은 존재들이 자기들의 신분을 본격적으로 드러내게 되리라는 것이다.

- 발행자 웬델 스티븐슨 -

# ■ 부록 1 - 종 형태로 된 우주선(UFO)에 관해

옴넥이 모선으로부터 자기 삼촌과 함께 지상에까지 타고 왔다는 소형의 금성 우주선에 관한 서술은 1953년에 조지 아담스키가 팔로마 정원 근처에서 촬영한 같은 형태의 우주선과 꼭 일치한다. 내가 옴넥에 관해 듣기 오래 전에 나는 이미 아담스키의 사진들을 가짜로 보고 인정하지 않았으며, 당시 UFO 연구 그룹 지도자들의 발표를 액면 그대로 받아들이고 있었다.

그런데 내가 나중에 그 사진들 대부분을 진실로 수용하게 되었을 때까지도 여전히 다른 사람들의 진술은 똑같은 식이었고, 아무도 실질적인 조사나 적절한 분석 작업을 행하지 않았다. 그리하여 나는 내가 찾아낼 수 있는 것을 조사해 보겠다고 결심했다. 그리고 나는 탐구적인 올바른 방식으로 실제의 증거를 추구하는 유일한 사람으로 보였던 캘리포니아 AFSCA의 가브리엘 그린(Gabriel Green)씨를 처음으로 찾아갔다.

그의 진지한 노력은 나를 놀라게 했고, 그는 유사한 종형태의 UFO들을 본 다른 목격들에게로 나를 인도해 주었다. 그리고 나는 그들 중의 일부를 추적했으며, 내 스스로 추가로 서너 명을 더 밝혀냈다. 또한 내게 온 편지 파일들에서도 그런 이들을 찾아냈다. 나는 1975년에 내가 가지고 있던 전체 자료 폴더에서 다음과 같은 사례들을 발췌했다.

개인적으로 상당히 긴 기간에 걸쳐 연구했던 이 두 사례는 목격자들과 광범위하게 인터뷰를 가졌고, 현장을 답사했으며, 상황을 조사했다. 이들 목격자들은 당시 내게 확신을 심어주기에 충분했는데, 그것은 지금도 역시 그러하다. 그들은 정직하고 성실했으며, 자기들이 내게 설명한 것을 진심으로 믿었다. 그리고 그런 목격자들 중에 아무도 서로 만났던 적은 없었다. 다만 빌 클렌디넨만은 예외였는데, 그는 지방 신문에 조지 아담스키와 그의 주장들에 관련된 뉴스들이 보도된 이후에 그에게 편지를 썼었다. 클렌디넨은 자신이 본 것을 설명했고, 아담스키는 그에게 친절한 답장을 보낸 바가 있다.

종형태의 UFO 유형은 엄청난 비웃음과 더불어 이런 종류의 사건들의 가면을 벗기려는 개인들이나 당국의 노력에도 불구하고 놀랄 만큼 변함없이 갑자기 어디선가 나타나고 있다는 UFO 보고가 지속되고 있다. 일찍이 캘리포니아 팔로마 정원 근처에 살던 아마추어 천문가인 조지 아담스키가 1952년에 자신의 6인치 국산 망원경으로 종형태의 비행물체를 포착하여 촬영했다고 주장한 이래, 개인적인 연구가들과 정부기관들은 한결같이 이것이 거짓된 사기라는 누명을 씌우고자 시도해 왔다. 아담스키는 이 낯선 비행체를 자신의 망원경을 통해 관측하다 사진으로 찍었는데, 그것은 윗부분이 세로면이면서 큰 돔(Dome)으로 된 원반 형태였다고 묘사했다. 그것은 오팔색으로 빛나고 있었고, 모종의 반투명 금속으로 만들어진 것처럼 보였다. 그 직경은 약 35피트 정도 되는 것으로 추측되었다. 하지만 가장 두드러진 특징은 밝은 색채의 3개의 거대한 반구형 모습으로 이루어진 생소한 하부구조였으며, 그것은 그 우주선 테두리 내부 밑면에 120도 정도로 각기 떨어져 평평하게 일정한 간격을 두고 자리 잡고 있었다. 사진에서 볼 때 그 안쪽은 어두웠고 중심부분은 상세히 드러나 있지 않았다. 솟아오른 돔의 맨 위는 어떤 투명한 구(球)같은 장치였다. 이것이 현대에 보고되고 있는 이런 외형의 우주선에 관해 최초로 알려졌던 서술내용이었다.

아담스키는 당시 실린더 진공청소기와 맥주 냉각기 등을 찍는 업자들과 교수 등의 다양한 공격자들에 의해 고발당한 바가 있다. 도날드 H. 멘젤(Donald Menzel)은 아담스키의 사진에 찍힌 것이 "병아리 인공부화기"이고, 그런 물체들이 통제된 조건하에 촬영된 계획적으로 저질러진 날조임을 보여주고자 섣부른 시도를 했었다. 흥미로운 것 중에는 전세계의 전문가들에 의해 32년간 조사가 계속되고 있는 것도 있는데, 그 UFO는 아무도 지금까지 발견하지 못한 형태이거나 사진

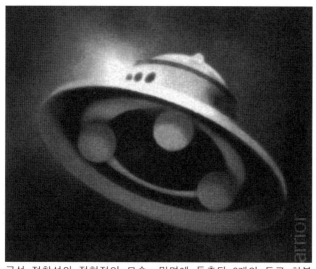
금성 정찰선의 전형적인 모습. 밑면에 돌출된 3개의 둥근 하부
구조를 지니고 있다.

을 복제할 수 없었다. 만약 그것이 훈련받지 않은 일반인에게 그렇게
조작이 용이한 것이었다면, 왜 무제한의 솜씨를 가진 전문가들이 명확
한 해답을 발견할 수 없었겠는가?

그런데 거기에는 극복할 수 없는 한 가지 큰 결점이 있었는데, 그
것은 공기 중에 떠도는 물질에 의한 대기작용으로 인해 쇠퇴작용이
일어나 상당기간 (사진의) 광택이 없어지고 있다는 것이다.

1957년 10월 20일, 미주리 주의 위노나 인근에서 톰 오배넌(Tom
Obannon)은 자신의 집 마당 뒤쪽에서 날아오르는 유사한 종형태의
우주선을 목격하고 사진을 찍었다. 그런데 그 비행체가 상승할 때 밑
의 3개의 반구형 돌출부가 하부 안쪽으로 밀려들어가고 있었다.

1959년 4월 24일, 헬리오 아기아르(Helio Aguiar)는 직경 100피
트가 넘는 것으로 추정되는 거대한 원반형 기기가 바다에서 스쳐지나
갈 때 사진촬영에 성공했다. 그 물체 역시 밑면 중심 부근에 균등하
게 자리 잡은 4개의 둥근 융기부분들을 가지고 있었다. 그리고 이런
구조들이 있었다고 말한 것은 이름 없는 보통 사람들의 목격 보고들

이었다.

1961년 3월 5일 조지 아담스키는 팔로마 정원에서 다시 자신의 망원경을 통해 거대한 검은 시가형의 우주선 사진 5장을 찍는데 성공했으며, 그 거대한 모선의 동체 아랫부분에서는 5대의 종형 우주선이 연이여 발진하는 모습이었다. 그리고 이 사진들은 어두운 하늘에서 촬영된 것이었다. 하지만 1975년 9월 3일, 일본(日本)의 나고야 시에서 히로히토 다나카는 대낮에 유사한 기동작전을 펼치던 장면을 10장이나 성공적으로 찍었다. 거기서 상공의 거대한 모선은 12대 이상의 작은 종형 우주선들을 동체 하부에서 발진시키는 것으로 보였는데, 그것들 중의 일부는 지상으로 하강하거나 도시 위로 낮게 저공비행하는 모습을 보여주었다. 그 시가형 비행선의 특징과 외형은 아담스키가 14년 앞서 촬영했던 종류와 거의 동일했다.

그러나 종형태의 UFO를 개인적으로 목격한 보고들을 살펴본다면, 우리는 아담스키나 이들 다른 목격자들에 관해 전혀 들어본 적이 없는 사람들을 발견하게 된다. 아리조나 주, 턱슨에 사는 M. L. 넬슨(Nelson)씨 부부는 1965년 9월 17일, 막 어스름해질 무렵인 오후 8시 20분경 사우스 체리 애비뉴 247번지인 그들의 경내를 친지인 데이브 필립스와 함께 산책하고 있었다. 그때 그들은 낮게 들리는 윙윙거리는 소리를 들었고, 올려다보니 하늘 높이 종형 우주선이 북서쪽에서 남동쪽 방향으로 거의 일직선 형태로 스쳐 지나가고 있었다. 그것은 가운데 주변이 오렌지색의 광환(光環)같은 빛을 내는 어두운 은백색의 금속성 물체였다. 그 비행체는 종형태의 가장자리 밑 부분 안쪽에 3개의 반구형 돌출부를 가지고 있었다. 그리고 그것들은 그 우주선 밑바닥의 균형선 아래로 불쑥 튀어나와 있었다. 그 원반 위쪽의 솟아오른 테두리는 보다 어두운 빛깔의 창문들이나 유리로 된 부분이 달린 둥근 지붕모양이었다. 창문처럼 보이는 구조의 가장자리 위아래는 오렌지 빛이 우주선을 에워싸고 있었다. 그 작열하는 빛은 그 UFO 위에 채색된 것이 아니라 분명 그 부분에 한정된 것으로 보였다.

그 UFO의 고도는 어림잡아 데이비스-먼댄 공군기지의 항로 높이와 엇비슷한 것으로 판단되었고, 그 비행체는 넬슨의 집 거의 바로 위를 통과해 갔다. 그들은 이 낯선 우주선이 그들 위의 약 1,200 피트 상공을 통과한 것으로 추측했다. 그것은 또한 그들이 날마다 하늘에서 목격하는 제트 비행기 크기의 약 2배, 즉 원거리에서 팔 길이로 측정했을 때 3~4인치 상당한 크기였다. 이 UFO는 하부의 가장자리가 앞을 향해 20~30도 정도 기울어진 상태로 미끄러지듯이 시간당 약 130 마일 정도의 속도로 날고 있었지만, 하강하지는 않았다. 그 속도는 대략 제트 전투기의 비행 속도와 동일했다. 밑에 돌출된 반구형의 구조물들은 외견상 나머지 다른 반쪽이 그 UFO 하부구조 속에 감추어진 듯 모두가 완전한 반구 형태를 이루고 있었다. 그 밑의 가장자리 부분은 어두운 회색에서 심야의 검은색으로 점차 바뀌었다. 중심의 어떤 부분도 분간되지 않았고 그저 검을 뿐이었다. 그 우주선은 당일 지면 위 약 1,500피트 상공층에 떠 있던 수많은 흰 구름들 중의 하나 속으로 진입함으로써 데이비스-먼댄 기지 방향으로 사라졌다. 그것은 아마도 그들에게는 보이지 않는 반대쪽으로 나왔을 것이고, 그런 식으로 그 구름층 속으로 사라져 버렸던 것이다.

그 보다 앞서 1951년 10월 4일 저녁, 워싱턴 주 시애틀의 빌 클렌디넨은 그의 인생행로를 바꾸었던 종형 UFO와 관계된 중요한 경험을 가졌다. NW 55번 도로와 루스벨트 가(街) 인근의 그의 집에서는 서쪽으로는 그린 레이크(Green Lake)를 볼 수가 있고, 시애틀 방향으로는 엘리옷 만(灣)이 바라다 보였는데, 마침 거기서는 만국 박람회가 개최되고 있었다. 북서쪽 40마일 가량의 지점인 포트 다운젠드 방향에서 그는 하늘에다 지그재그의 비행궤적을 만들고 있던 연기와 같은 기체를 목격했다. 그때 갑자기 그 기체(수증기)의 궤적 앞쪽에서 빛나는 하얀 빛이 불쑥 나타나더니 재빠른 지그재그의 움직임을 보이며 남쪽으로 방향을 바꾸었다. 그리고는 기체의 흔적은 사라졌다. 그 빛은 정서(正西)쪽, 즉 브레머톤의 바로 북쪽에 이를 때까지 계속 남쪽으로 나아갔다. 그 다음에 그것은 어떤 감속이나 곡선을 그림이 없이 90도 각도로 날카롭게 방향을 전환했고, 동쪽으로 직진하며 그 코스의 바로 남쪽에 있는 스페이스 니들 기념탑(The Space Needle Monument) 위를 통과해 그린 레이크(Green Lake) 상공으로 비행 중이었다. 그 빛은 이제 선명한 윤곽상태에서 진동하는 흐릿한 테두리의 구(球)의 상태로 변화하고 있었다. 그는 이렇게 말했다.

"그 광구(光球)가 엘리옷 만(灣)과 그린 레이크 상공에서 나를 향해 다가왔을 때 그것은 대략 테니스 공 크기만 하게 커졌습니다. 날이 저물어 어둑어둑할 때였지만, 여전히 밝기는 밖에서 신문을 충분히 볼 수 있을 정도였지요."

"광구는 점점 작아졌고, 점차 희미한 모습의 어두운 오렌지 색채로 변화되었어요. 그 빛 덩어리는 격렬하게 규칙적인 빈도로 맥동했습니다. 그곳에 좀 더 가까워짐에 따라 그것은 꼭대기의 작은 광구 및 하부의 작은 광구와 더불어 뚜렷한 빛의 무리로 보이게 되었죠. 엷은 오렌지색으로 이루어진 그 선실의 상부구조 내에 있는 창문 또는 입구를 볼 수 있었어요. 그리고 맥동하는 오렌지 빛은 그 자체가 아담스키가 촬영한 것과 유사한 종형태의 둥근 UFO로 변형되었습니다."

그 우주선의 선실은 회전하지 않았고, 원반의 꼭대기와 돌출된 외부의 테두리도 회전하지 않았다. 하지만 가장자리 내부 밑에 있는 고리 모양의 둥근 것은 모두 움직이고 있었다. 거기에 있는 보다 검은 첫번째 고리는 시계방향으로 돌고 있었는데, 그것은 평평하지는 않았지만 표면이 아래로 향한 일종의 "유(U)"자 고리로서의 오목한 컵 모양을 이루고 있었다. 그 다음 것의 내부 고리는 120도 정도 간격을 두고 위치해 있는 하얀 반구(半球) 형태였고, 그것은 반시계방향으로 회전했다. 이 점등하는 고리 위에 설치된 반구 역시 회전하는 것처럼 보였다. 그리고 거기에는 반구들과 점등기 테두리 표면이 접촉하는 지점에서 나오는 빛의 불꽃 또는 파동들이 있었으며, 그 곳의 반구들을 에워싸고 있는 듯이 생각되었다. 그 끝(꼭대기)에서 빛이 맥동하는 지점과 연관된 원뿔형 하위센터의 볼록한 구조로 돼 있는 어두운 중간지점 또한 시계방향으로 돌고 있었다. 하지만 원뿔형 하위센터는 움직이지 않았다.

그 우주선의 상부표면 전체는 납작했고 색채는 은색이 아닌 흰색이었다. 오렌지 빛 또는 광휘(光輝)가 외부의 움직이지 않는 가장자리를 에워싸고 있었으며, '창문들' 위의 상부 선실 역시 마찬가지였다. 이 오렌지 빛 광휘와 선실 꼭대기의 둥근 광구는 모두 함께 맥동하고 있었다. 그 광휘와 우주선 표면 사이에는 어느 정도의 간격이 있었다. 그리고 그 광휘의 색채는 엷은 오렌지색이었다. 그 UFO는 샌드 포인트 해군 항공기 이착륙장 방향으로 멀리 날아갔고, 시야에서 사라졌다.

하지만 1954년 2월 15일로 돌아가 보면, 조지 아담스키가 자신의 (카메라가 장착된) 망원경으로 그의 유명한 사진을 찍은 후 1년이 지난 지 얼마 되지 않아 2명의 영국 소년들이 매우 값싼 사진기로 거의 동일한 종형 UFO를 불시에 촬영한 바가 있다. 그것은 오전 11시경이었고, 의사의 아들이었던 13세 소년 스테판 다르비셔(Stephen Darbisher)가 자신의 8살 먹은 사촌 애드리안과 함께 커니스톤 언덕 위를 걷고 있을 때였는데, 그들은 아담스키가 찍은 것과 거의 똑같은 크기와 형태, 비율의 미확인 비행물체 사진 2장을 촬영하는데 성공했던 것이다.

다음의 설명은 스테판이 그 사건이 있은 지 30분 후에 언급한 것이다.

애드리안과 나는 사진 찍기에 좋은 경치와 새들을 바라보며 고원지대를 걷고 있었어요. 그때 갑자기 애드리안이 뒤에서 나를 툭 치면서 이상한 둥근 물체를 보라고 말했는데, 그것은 구름 사이로부터 미끄러지듯 서서히 내려오고 있었습니다. 그 물체는 햇빛이 그것을 포획한 것처럼 은백색으로 빛나고 있었지요. 나는 재빨리 내 카메라를 꺼내 사진 1장을 찍었고, 이어서 필름을 다른 것을 바꿔 넣고 또 1장을 찍었습니다. 내가 촬영을 끝내자마자 그 비행물체는 놀라운 속도로 시야에서 벗어나 구름 속으로 사라져버렸어요. 하강할 때 그것은 태양광선에서 벗어나 있었고, 나는 그 물체가 플라스틱처럼 가벼운 금속으로 만들어져 있음을 볼 수가 있었죠. 그리고 그것은 3개의 착륙장치, 또는 돔(반구형 돌출부분)들과 현창(舷窓)이 달린 하나의 선실을 가지고 있었어요.

사실 애드리안과 나는 작은 골짜기로 내려와 있었고, 따라서 사진의 전경 속에서 높은 곳에 있는 듯이 나타나 있는 것은 우리가 있었던 위치 탓이었죠. 일부 잔디가 그 물체 아래로 보입니다. 그 비행체는 스쳐지나갈 때 발생하는 "획!"하는 소리를 빼고는 그 어떤 소음도 없었습니다.

이 서너 가지 목격담에 관한 진술들은 몇 마디 다른 것 외에는 서로 매우 유사하다. 레오나드 크램프는 자신의 책 "UFO, 한 지그소(JIG-SAW)의 조각"에서 아담스키의 사진과 어린 스테판 다르비셔가 찍은 2명의 사진 및 그의 진술을 매우 면밀하게 비교분석했다. 그리고 양쪽의 사진들을 정사영법(正射影法-직각투영법)에 의해 평면에다 확대시켰는데, 결국 이 두 가지 다른 이미지들이 동일하다는 것을 발견했다. 크램프는 진술에 의거해 작성된 아담스키형 UFO의 부분 단면도(斷面圖)를 만들었으며, 이 단면도는 옴넥 오넥이 자신을 모선으로부터 지구로 데려다 주었다고 언급했던 우주선 내부에 관한 그녀의 설명에 나오는 여러 특징들을 분명하게 보여준다. 과연 이것이 순전히 우연의 일치란 말인가?

## 내가 이 사례에 관심을 기울이는 이유

10년 전에 나는 한 젊은 여성을 만났는데, 그녀는 선천적으로 투시(透視)와 투청(透聽)과 같은 확대된 지각능력을 포함하여 전생기억, 예지력 등의 뛰어난 초능력을 지니고 있었다. 또한 그녀는 데생(素描)과

회화(繪畵)에 예술적 재능이 있었지만, 특히 댄스(Dance)에 독창적이었다. 그녀는 어떤 악기든 집어 들면 불과 몇 시간 안에 그것을 연주할 수가 있었다. 게다가 그녀는 쉽게 유체이탈(幽體離脫)이 가능했으며, 빈번하게 아스트랄 여행을 하곤 했다. 그녀는 거의 편지를 쓰는 것만큼이나 용이하게 시(詩)를 짓고 자신의 음악을 위한 가사를 작사하였다. 이 여성은 자신의 전생(前生) 경험들을 기억할 수가 있었는데, 그녀가 믿고 있었던 것 중의 하나는 자기가 이전에 금성에서 살았다는 것이었다.

그녀는 내게 금성에서의 삶의 모습들을 설명하고는 했다. 당시 나는 우리의 과학자들이 이미 금성의 지표면이 대단히 황량하다는 것을 발견했고, 또 그곳의 대기가 생명이 살기에는 전적으로 부적합하다고 언급하고 있음을 너무나 잘 알면서도 혹시라도 그녀의 말이 실증될 수만 있다면 흥미로운 이야기였으므로 그것을 경청했다.

그런데 몇 년 후 새로운 정보가 입수되었기 때문에 나는 과연 지구의 과학자들이 올바른 방식으로 금성에 관해 평가하려고 했는지에 대해 의문을 품기 시작했다. 다른 경우에는 그곳의 물질계에서 어느 정도 생명의 신호가 나타난 것으로 생각되며, 그것이 단지 일부 지역이긴 했지만 생명의 가능성과 관계가 있었다.

추가적인 조사 및 연구가 진행되고 더 많은 정보가 입수됨에 따라 진실된 현실에 관한 나의 생각은 확장되기 시작했다. 어쩌면 우리는 긴 빨대 구멍을 통해 우주를 바라보면서 전체 가운데 그 극히 일부만을 보고 있었는지도 모른다. 서로 전혀 알지 못하고 아무런 관련도 없는 목격자들의 다른 UFO 사례들은 매우 다른 수준의 생명의 세계들에 관계된 다차원 우주의 개념을 계속해서 발전시켰다.

그 무렵 나는 옴넥의 이야기를 접했는데, 그것은 이제 그리 난해하게 보이지 않았고, 내가 수집했던 상당한 분량의 자료들과도 부합되었다. 내가 옴넥의 원고와 다른 금성 UFO 사례들에 관해 보다 깊이 조사해 들어가는 만큼 나는 초기의 금성 이야기가 계속해서 생각이 났다. 여러분이 스스로 이 보고서와 거기에 덧붙여진 주해(註解)들을 읽어 보았을 때, 거기에는 명백히 일관된 맥락이 있음을 알 것이다.

- 웬델 C. 스티븐스 -

## ■ 부록 2 - 2012 옴넥 오넥과의 인터뷰

● 옴넥, 처음 낸 자서전인 "나는 금성에서 왔다"의 첫 부분에서 당신은 금성의 아스트랄 레벨에서의 삶과 당신이 어떻게 지구에 왔는지를 묘사했습니다. 독자들에게 이것을 요약해 주시겠습니까?

오래 전에 우리 태양계 내의 오래된 행성들 - 화성, 토성, 목성, 금성 - 은 육체적인 생명체들을 부양할 수 있었습니다. 이 행성들과 다른 문명들은 지구상에 있는 모든 인간들의 선조들입니다. 이 행성들에는 오늘날 여러분이 지구상에서 살고 있는 것 같은 물리적인 사회가 있었습니다. 이 행성들은 진화의 시대를 거쳐 어떤 단계에 이르게 되었고, 육체를 유지할 수 없는 시기에 도달했습니다. 그리고 나는 물리적인 지구에서 나의 삶을 계속하기로 동의했습니다. 이렇게 함으로써 나는 의식과 정신적 지식을 손상시키지 않고 그대로 유지할 수 있었습니다. 만약 내가 이런 방식으로 지구에 가기로 결정하지 않았다면, 나는 다시 출생과정을 거쳐야할 필요가 있었을 것입니다. 그리고 나는 태어나는 과정을 겪음으로써 수많은 영적지식을 상실하게 될 거라는 것을 알고 있었지요.

나는 다른 차원의 금성에서 태어났습니다. 그리고 어린 아이로 지구 행성에 왔기 때문에, 나는 축적된 이 정보를 본래대로 유지할 수 있으며, 내가 사람들에게 가르치는 것은 실제로 내가 알고 있는 것과 어디서 읽거나 들은 것이 아닌 지구와 다른 차원에서의 수많은 삶의 주기를 통해 내 스스로 경험한 것들입니다.

● 언제, 그리고 어떻게 지구에 왔나요?

금성에는 아스트랄 수준에서만이 아니라 물리적으로도 (병행해서) 존재하는 리츠(Rets)라는 도시가 있습니다. 이 도시에서 우리는 물질세계에서 우리의 삶의 주기를 계속하기로 결정했을 때, 육체로 변형될 수가 있습니다. 이 과정을 다시 되돌릴 수는 없습니다. 나는 삼촌 오딘과 함께, 리츠에 있는 특별한 신전에서 육체로 변형되어 나타났습니다.

처음에 우리는 소형 우주선으로 거대한 시가(여송연) 형태의 우주선을 향해 여행했으며, 그 우주선은 은하 간 여행을 위해 사용합니다. 작은 정찰선들은 단지 짧은 거리만을 오갈 수 있습니다. 이 큰 모선으로 우리는 지구의 대기권 근처까지 온 다음, 다시 소형 정찰선에 탑승하여 마침내 티베트에 있는 한 사원에 착륙했습니다. 거기에는 은하계의 방문객들이 육체적 조건에 익숙해지기 위해 수천 년 동안 이용해온 전환용 장소가 있습니다.

나는 육체와 중력(重力)에 익숙해지기 위해 1년 동안 머물렀던 수도원으로 데려가졌고, 거기서 지구상의 미국에서의 내 삶을 위해 준비하게 되었습니다. 적절한 시간이 되었을 때, 오딘 삼촌이 나를 작은 우주선에 태워서 미국으로 데려갔습니다. 거기에는 쉴라(Sheila)라는 소녀가 있었으며, 그녀는 다른 생에서 프랑스 혁명기간 동안 나의 자매였습니다. 그 당시 나는 권력자 집단에 대항하여 가난한 사람들의 대의를 위해 일하고 있었는데, 그들이 나를 체포하기 위해 우리 집에 왔었지요. 쉴라는 내가 활동을 계속할 수 있도록 그들에게 자기가 나라고 말했고, 결국 그녀는 나 대신에 참수당하고 말았습니다. 그래서 이번 생에서는 내가 그녀가 죽을 때 그녀의 자리를 차지하게 된 것이고, 그녀의 가족은 나를 입양해서 그녀의 자리에 들어온 나를 키우게 된 것입니다.

● 당신의 책은 어떻게 출판하게 된 것입니까?

나의 자서전인 "나는 금성에서 왔다"의 원고는 이미 1960년대 말

인터뷰 중인 모습의 옴넥 오넥

에 집필되었습니다. 전에 나는 엑칸카(Eckankar)의 창시자인 폴 트윗첼(Paul Twitchell)을 만났습니다. 폴은 아스트랄 금성에서 나를 알고 있었고, 엑칸카의 가르침에 관해 개최했던 강연이 끝난 후 나에게 다가왔습니다. 나는 나의 첫 남편인 스탠리와 함께 거기에 참석했었죠. 폴과 나는 인간관계를 형성하게 되었고, 나는 엑칸카 단체를 설립하는 데 그를 도왔습니다.

폴은 나에게 자서전을 쓰도록 영감을 주었습니다. 원래, 나의 책은 그를 통해 출판하기로 예정돼 있었지만, 1971년에 폴은 갑자기 사망했습니다. 그래서 당시 그 책은 출판되지 못했습니다. 그 책은 오랜 세월이 흐른 후, 퇴역 공군대령이자 UFO 연구가 중의 한 명인 웬델 스티븐슨(Wendelle Stevens)씨의 도움을 받아 90년대 초반에 출판되었습니다.

미국에서 나의 책을 출판한 직후, 독일의 한 출판사가 관심을 보여 독일에서도 그 책을 출판했습니다. 그 때부터 나는 독일, 스위스, 오스트리아를 여러 번 방문하며 인터뷰와 강연, 워크샵을 가졌습니다.

● 많은 사람들이 당신이 공개적으로 나타났을 때인 90년대부터 여전히 당신을 압니다. 지난 기간 동안 우리는 당신을 자주 보지 못했습니다. 이제 자서전과 당신의 정신적인 철학을 포함시켜 편집한 책을 다시 볼 수 있게 되었는데, 지난 시기 동안 무슨 일이 있었나요?

2000년까지 5년마다 나는 우주선에서 검사를 받았습니다. 나는 이곳 지구 사람들의 어려움을 더 잘 이해하기 위해 이곳에 보내졌기 때문에, 오딘 삼촌과 나의 금성인들은 처음으로 내가 지구에 왔을 때부터 내 삶을 추적하고 관찰해왔습니다. 그럼으로써 그들(지구인들)이 영적성장과정에서 더 나은 도움과 뒷받침을 받을 수가 있습니다. 이런 검사를 받는 동안, 그들은 또한 나의 부조화된 상태를 균형 잡고 내 건강을 점검했습니다.

진행 중인 지구의 변형과정은 이 행성의 파괴를 막기 위해 시작되었습니다. 다른 행성들에서 온 사람들이 지구상의 통치자들에게 다가가려 했던 이전의 모든 노력은 실패했습니다. 이런 이유로, 내가 이곳에 가라는 요청을 받은 것이며, 그럼으로써 지구 사람들의 감정과 어려움을 경험하고 이해할 수 있게 되었고, 나의 영적인 지식을 나눌 수 있게 되었습니다. 내가 금성의 아스트랄계에서 태어났을 때, 내 몸은 다른 인간의 몸과는 조금 다르게 기능했습니다. 그래서 나는 우주선에서 정기적으로 검사를 받았으며, 신속히 치유됨으로써 이곳에서의 삶을 계속할 수 있었습니다. 이곳에 온 이래 나는 사람들의 부정적 감정과 흔적을 남기는 부정적인 에너지에 익숙하지가 않았어요. 그렇지만 내 자신의 영적인 발전을 해야만 하는 이유 때문에, 나는 더 이상 검사를 받지 않고 다른 모든 사람들과 마찬가지로 지구상에서 나의 삶을 살아가기로 결정했습니다 - 특별한 종류의 치료 없이 말이죠.

나는 항상 고혈압이 있었습니다. 나는 그것을 지닌 채 정상적인 삶을 살았지만, 지난 몇 년 동안 내 건강에 문제가 생기기 시작했어요. 그러므로 이전처럼 일을 많이 할 수 없었습니다. 그리고 2009년 11

월에는 뇌졸중 발작이 있었지요. 뇌졸중을 겪고 난지 1 주일 후에, 유럽에서 새로운 발행인이 나타나서 나는 독일 병원에 있는 동안 새로운 계약서에 서명했습니다. 2011년에 나의 저서는 독일에서 합본으로 출판되었고, 현재 모든 자료가 영어로도 제공됩니다.

내가 제공한 정보가 여러분의 삶에 변화를 가져오는 데 도움이 되기를 바랍니다. 이 모든 지식과 정보는 여러분이 그것을 자신의 삶에 적용하여 유용하게 활용하지 않는 한, 별 쓸모가 없습니다. 나는 여러분이 본래의 개인적 권리인 아름답고 독창적인 존재가 되기를 요청합니다. 부디 이런 정보를 여러분의 삶에 응용하세요. 그리하여 필요한 변화를 만들어내기 위해 노력하십시오. 그리고 여러분 자신을 실험해 보십시오. 조화와 균형을 이루기 위해 노력하고 어떤 분야에서도 지나치게 방임하지는 마세요. 또한 광신적이 되지 말기 바랍니다. 늘 이런 균형을 유지하면서 다른 존재들과 조화를 이루세요.

그들로 하여금 독창적인 개인이 되도록 허용해주고, 여러분도 개성을 유지하면서 다른 사람이나 표준이 아닌 여러분 자신에게 집중하십시오. 그것은 여러분에게 달려 있습니다. 즉 당신은 노력을 하거나, 변화를 만들거나, 다른 관점에서 삶을 볼 수가 있습니다. 또는 이런 정보를 축적할 수는 있지만 (활용하지 않으면) 쓸모없게 됩니다. 이 정보를 다른 사람들과 공유하십시오. 활용 가능하게 만드세요. 내가 여러분과 함께 하기 위해 노력한 것처럼 말이지요. 그리고 나는 그것이 도움이 되기를 바랍니다. 여러분이 이 정보를 간직하고, 인생을 바꾸고, 본래의 독창적이고 특별한 인간이 되었으면 합니다.

● 옴넥, 90년대 중반 이래로 당신은 "지구의 영적변형"에 대해 말하고 있습니다. 이 변형과정은 무엇을 의미합니까?

지난 세기의 원자력 개발과 더불어, 인류의 기술적 발전은 인류의 영적 진화 수준을 추월했습니다. 그러므로 지구 행성과 그 위에 있는 모든 생명체를 완전히 파괴할 수 있는 가능성은 지구상의 인간의 발전에 대해 책임을 느끼는 존재들 사이에 큰 우려를 불러일으켰습니다. 그러나 우주의 불간섭 법칙은 비록 지구의 통치자들과 대화하여 그들의 생각을 바꾸게 만들려는 시도가 있었기는 하지만 (우주의 존재들이) 직접적인 행동을 취하는 것을 금지하고 있습니다. 지구상에서는 부정적인 세력의 힘이 여전히 과도하기 때문에 이러한 시도는 성공하지 못했습니다.

지구의 지배자들은 어떤 영적지식 대신에 외계인의 첨단 기술과 비밀에 더 관심이 있었습니다. 지구의 영적 변형은 주민들의 진동이 서서히 높아진다는 것을 의미합니다. 이 과정을 통해 점점 더 많은 사람들이 모든 것이 서로 연결되어 있고 사랑이 창조의 원천임을 깨닫게 됩니다.

● 그 동안, 당신이 변형과정에 대한 이런 정보를 대중들에게 공개한 지가 20년이 지났습니다. 당신의 견해로는 그 이후로 무엇이 변화했나요?

나는 더 나은 변화를 많이 볼 수 있습니다. 사람들의 대중의식(大衆意識)은 훨씬 더 진보되었고, 전 세계 곳곳에서 사람들은 자유를 갈망

합니다. 물론 사람들의 인식을 저하시키기 위해 시도하는 반대 세력이 여전히 존재하지만, 이 세력은 점차 힘을 잃을 것입니다. 예를 들어, 1994년에 시작한 명상 프로그램 "작전 평화(Operation Peace)"는 매우 성공적입니다. 매주 수요일, 약 10분 동안 이 프로그램에 참여하는 사람들은 세상이나 선택한 프로젝트에 사랑과 축복을 보냅니다. 그래서 지구를 둘러싼 시차를 고려할 때 이것은 24시간의 과정입니다.

사람들은 자신들이 지금과 같은 방식으로 지구상에 환경을 만들었으며, 변화를 일으켜 진정으로 자기가 살기 원하는 세상을 창조할 수 있는 힘을 갖고 있음을 알아야 합니다. 나는 이 사실을 내 워크샵에서 가르쳤고 내 책에서도 그것에 대해 썼습니다. 여러분은 무엇이 일어날지를 스스로 결정합니다!

여러분은 영혼이며, 영혼으로서의 여러분은 창조의 원천입니다. 여러분은 모두 창조주 자신과 똑같은 창조적 능력을 가지고 있습니다. 그러므로 여러분은 자신의 세계에서 매 순간마다 창조를 합니다. 지구의 변형과정은 사람들로 하여금 창조적인 에너지를 의식적으로 사용하게 하고 이미 지배적인 상황의 희생자가 되지 않게 하는 것입니다.

● 유럽에서 당신의 책과 CD 및 DVD-강의를 다시 발매할 때, 당신은 2011년 가을에 프로모션 순회여행을 가졌습니다. "지구의 변형 과정"에 관해 가장 자주 받았던 질문은 무엇이었습니까?

모든 책 발표회에서 나는 "2012년에 무엇이 일어나게 될까요?"라고 질문을 받았습니다. 나는 그것은 여러분에게 달려있다고 계속해서 설명했습니다. 모든 예언과 예측은 여러분의 관심을 자신이 원하는 현실을 창조하는 것으로부터 벗어나게 하려는 부정적인 세력의 도구로 악용될 수 있습니다.

자신이 원하지 않는 어떤 것에 집중하지 않는 편이 좋을 것입니다. 대신에 의도적으로 여러분이 바라는 것과 소유하기 원하는 것을 위해서만 자신의 에너지를 사용하십시오. 그리하여 여러분은 자기들이 정말로 살고 싶은 세상을 만들게 됩니다.

**옴넥, 이 인터뷰에 응해주셔서 감사합니다.**

## □ 발행인 해제(解題)

### - 금성문명의 실체와 옴넥의 서술내용과 관련하여 -

　본래의 이름은 '옴넥 오넥', 미국에서의 이름은 '쉴라 깁슨(Sheila Gipson)'으로 알려진 한 외계인 여성이 쓴 이 책은 "금성에서 왔다"라는 제목만큼이나 놀라운 측면을 지님과 동시에 우리에게 많은 의구심을 던져주고 있다. 그 이유는 지구에서 우리가 배우고 지녀왔던 기존의 과학지식 및 고정관념과는 일치하지 않거나 그것을 뛰어넘는 내용들이 많기 때문이다.

　지난 30여 년 동안 미국와 러시아의 무인탐사선에 의한 이루어진 결과에 따르면, 금성은 이산화탄소와 황산성분으로 된 두터운 구름층으로 싸여 있고, 그로인한 온실효과 때문에 표면 온도가 섭씨(℃) 약 400도까지 되는 것으로 알려져 있다. 또한 대기 표면의 기압은 지구의 90배나 된다고 한다. 최근 NASA가 발표한 비소(As)를 기반으로 한 박테리아형 생명체의 존재 가능성을 가정한다고 하더라도 금성이 이런 조건이라면, 고등생명체는 도저히 생존할 수 없는 환경인 것이다. 하지만 우리는 수많은 진실의 은폐와 조작이 난무하는 이 지구라는 세상에서 이런 기존의 정보들을 무조건 수용할 수는 없는 것이며, 신중함과 더불어 긍정적 측면의 많은 가능성들을 열어두지 않으면 안될 것이다.

　예컨대 NASA(미 항공우주국)의 전(前) 과학고문이었던 리처드 호글랜드(Richard C. Hoagland)같은 사람이나 일부 전직 우주비행사들은 NASA가 우주에서 찍은 많은 사진들에는 흔히 UFO 및 인공구조물들이 나타나 있음에도 그것들이 대중에게 공개되기 전에 미리 검열하여 삭제돼 왔다고 주장한다. 특히 호글랜드는 몇년 전 자신의 저서, 〈어둠의 임무(Dark Mission):NASA의 비밀 역사〉를 통해 NASA란 거짓과 은폐, 비밀주의를 기본으로 한 미국의 준 군사조직으로서 그동안

리처드 C. 호글랜드

태양계 내에서 탐사된 달과 화성 등의 초고대 외계문명의 흔적들을 철저히 조작하고 숨겨왔다고 폭로했다. 그의 주장 가운데 주목할 만한 또 한 가지는 미국이 아폴로 달 탐사 계획을 갑자기 중단한 것은 그곳에서 상당량의 인공 구조물들을 발견함으로써 본래의 비밀임무가 완료되었기 때문이지 겉으로 내세우듯 예산삭감 때문이 아니라는 것이다.

옴넥 오넥, 즉 쉴라 집슨은 오늘날에도 여전히 생존해 있다. 1955년에 7살의 육체로 응축되어 지구에 온 이후의 인간의 나이로만 따진다면, 그녀는 올해(2017년 기준) 만 69세이다. 그리고 옴넥은 지구에서 성장하여 한 남성과 결혼했고, 지금은 장성한 3명의 자녀들까지 두고 있으므로 이제 그녀는 엄연히 거의 인간화되어 살고 있는 외계인인 셈이다. 옴넥은 진보된 외계 행성에서 왔음에도 불구하고 그녀 역시도 책을 내기까지는 가족의 생계를 위해서 바텐더, 의상 디자이너, 회계원 등의 여러 직업을 전전했다고 한다. 그러다 금성에서 부여받은 자신의 사명을 수행할 때가 되자 이 책을 내기 위한 작업에 착수했고, 1991년 역사상 최초로 자신이 다른 행성에서 온 우주인임을 용기 있게 세상에 공표하게 된 것이다. 최근에도 그녀는 평화와 형제애의 메시지를 전파하라는 금성 지도자들의 지시에 따라 1년에 1~2회씩 미국와 유럽의 독일, 오스트리아, 스위스 등을 돌며 자신의 지식과 지혜를 대중들과 함께 나누고 있다고 한다.

그런데 처음 책을 내기 약 2년 전에 필자가 그녀에 관련된 영문(英文) 정보를 인터넷 검색과정에서 우연히 접하게 되었을 때, 거기에는 간략하게 "워크인(Walk-in)"으로 지구에 온 금성인 여성으로 소개가 되어 있었다. 그것은 매우 흥미를 끄는 내용이었고, "워크인"이란 용어를 "영혼교체 현상"으로 알고 있던 필자는 별 다른 생각 없이 자연스럽게 그렇게 해석하여 받아들였다. 그리고 2009년에 발행된 본인의 편저서인 〈2012 지구차원 대전환과 천상의 메시지들〉에서도 옴넥에 관한 내용을 그렇게 요약해서 짤막하게 소개한 바가 있었다. 하지만 이것은 필자의 본의 아닌 오류(誤謬)였다. 즉, 그 후 그녀의 원 저서 (著書)를 입수하여 직접 읽어보는 과정에서 필자는 뒤늦게 그것이 잘 못된 판단착오였음을 깨닫게 되었던 것이다. 다시 말해 옴넥의 경우 "워크인"은 "워크인"임이 분명하지만, "영혼교체로서의 워크인"이 아니라 말 그대로 육체화된 외계인이 직접 인간세계로 "걸어 들어온 (Walk-in)" 워크인의 존재였던 것이다.

따라서 "워크인"이란 용어의 의미에는 이처럼 두 가지 유형의 워크인이 존재하고 있는 셈이다. 하지만 외계인 옴넥과 같은 유형의 "워크인"으로 지구에 온 경우는 특이하며, 극히 드문 경우라고 생각된다. 대부분의 "워크인" 케이스들은 특별한 사명수행이나 특정의 목적을 위해 거의 어느 정도 성장하거나 완전한 성인의 육체에 영혼이 교체되어 들어오는 사례들인 것이다.

그런데 이 책에서 옴넥이 진술한 내용을 일부 뒷받침해주는 다른 정황적 증거들이 있는데, 한 UFO 컨택티(Contactee)의 경험을 통해 이에 관해 한 번 살펴보도록 하겠다. 옴넥은 이 책속에서 자신이 금성에 있을 때 이용했다는 승용물인 〈버블카(Bubble Car)〉에 대해 언급하고 있으며, 이것은 말 그대로 '둥근 거품 방울 모양의 투명한 비행선'을 의미한다. 그리고 우리는 이와 연관된 언급을 오래 전에 한 UFO 접촉자가 남긴 문서에서 찾아볼 수가 있다. 그 사람은 다름 아닌 바로 테슬라와 인연이 있었던 '아더 매튜스(Arther Mathews)'라는 과학자이다.

1950년대에 캐나다 정부는 한 때 UFO 관련 연구를 진행하기 위해 "마그넷 프로젝트(Magnet Project)"라는 비밀조사기구를 출범시킨 적이 있었다. 이 프로젝트의 책임자는 저명한 과학자 윌버트 스미스 (Willburt Smith) 박사였고, 여기에 바로 천재 과학자 테슬라(Tesla)와 가장 가까웠던 조력자인 아더 매튜스도 참여하게 되었다. 그리고 그는 사실상 테슬라의 제자이자 조수(助手)격이었던 사람으로서 오랫동안 테슬라의 연구를 도우며 친분관계를 맺어온 과학자였다. 따라서

월버트 스미스 박사

당시 그는 테슬라의 발명 및 연구 작업을 이어받아 계속적인 노력을 통해 연구를 진행시키고 있었다.

그런데 사실 그는 캐나다 정부의 "마그넷 프로젝트"에 참여하기 이전에 이미 UFO와의 접촉을 경험했던 실질적인 접촉자였다. 그리고 그가 UFO와의 접촉을 경험하게 된 계기는 테슬라의 연구를 계승하고 있던 그의 작업을 금성의 외계인들이 점검하러 왔었기 때문이었다. 아더 매튜스가 자신의 접촉경험을 서술하여 나중에 캐나다 오타와(Ottawa)의 '신과학 클럽(New Science Club)'에서 발행된 공식 잡지에 게재했던 문서내용을 살펴보면, 이와 같은 내막이 상세히 밝혀져 있다.

그 내용에 의하면, 그의 UFO 접촉은 1941년 봄부터 1961년에 이르기까지 20년 동안에 걸쳐 2년에 1번 꼴로 계속해서 이루어졌다고 한다. 그리고 UFO가 내려 왔던 착륙 장소는 아더 매튜스의 개인 연구소가 있던 캐나다 퀘벡 주(州)의 랙 보우포트(Lac Beauport)의 100에이커에 달하는 그의 외딴 개인 소유지에서였다. 이곳은 배후에 둘러싸인 산기슭과 앞쪽의 솟은 대지 사이에 형성된 움푹 들어간 넓은 초원지대였으며, 그는 자기의 연구소 건물에다 '테슬라 스코프(Scope)'[1] 라는 기기를 설치해 두고 있었다.

그런데 1941년 봄의 어느 날, 연구소 근처에서 그는 자기 아들과 함께 전자파에 관한 문제를 토의하고 있었는데, 그때 그의 아들이 갑자기 하늘을 올려다보며 하늘에 뭔가 이상한 것이 떠 있다고 외쳤다. 그가 상공으로 시선을 돌렸을 때 거기에는 거대한 황금빛 원반이 떠 있었다. 그것은 태양 언저리로 서서히 이동하고 있었고, 약 10분 후에는 그들의 시야에서 사라졌다. 그날 더 이상은 그 물체를 볼 수는

---

1)일종의 〈무선 송수신기〉로서 테슬라가 행성 간의 교신을 목적으로 1898년에 처음 개발한 장치이다. 1938년에 테슬라와 매튜스가 다시 개조했는데, 이것을 매튜스는 나중에 좀더 작고 현대식으로 개량했다. 그리고 이 기기는 인근에 UFO가 나타나면 경보음이 울리도록 설계돼 있었다.

없었고, 매튜스는 초저녁에 일찍 잠자리에 들었다. 그런데 그날 밤, 연구소에 설치해 두었던 〈테슬라 스코프〉라는 장치에서 요란한 경보 신호음이 울려 퍼졌다. 그는 곧 바로 밖으로 나왔고, 즉시 뒤편 산 쪽의 상공에 산 전체를 덮을 만큼 거대한 물체가 체공해 있음을 발견했다. 그리고 그쪽으로 발걸음 옮기던 그는 곧 앞에서 자신을 향해 걸어오던 2명의 낯선 사람과 마주치게 되었다. 이때 이후의 상황을 잠시 원문에서 인용한다.

말년의 아더 매튜스 박사의 모습

　그때 그들 가운데 한 사람이 유창한 영어로 내게 이렇게 인사하며 말을 건넸다. "안녕하세요? 아더 매튜스! 당신의 연구소에 우리와 함께 가볼 수 있을까요?" 나는 매우 당혹스러웠지만, 이어서 그는 한술 더 떠서 더욱 놀라운 말을 계속했다.
　"우리는 금성에서 왔고, 당신이 테슬라의 발명품을 가지고 계속 진행하고 있는 연구 작업을 살펴보러 왔습니다."
그의 말을 되받아서 나는 단지 불쑥 이렇게 말할 수밖에 없었다.
　"어떻게 내가 당신들이 금성에서 왔다는 것을 믿어야 되지요?"
그러자 그중 리더로 보이는 사람이 침착하게 대답했다.
　"우리의 우주선을 본다면, 믿게 되실 겁니다. 하지만 그 전에 우리는 테슬라의 전쟁방지 기기를 살펴볼 것입니다. 지구상에서 그 기기의 비밀을 아는 사람은 당신 외에는 없습니다. 납득하시겠습니까?"
　나는 고개를 끄덕였고, 그들을 내 연구소로 안내했다. 그는 몇 번의 능숙한 손놀림만으로 내가 사실로 받아들일 수밖에 없는 기기의 구조에 관한 스케치를 그려냈다. 그리고 내가 하고 있던 테슬라 장치의 연구 작업에 관한 간략한 점검과 설명이 이어졌다. 말없이 서서 나는 듣고 있었으며, 그들은 나의 노력에 만족하는 듯이 보였다. 그리고 나서 그들은 나를 자기들의 우주선으로 데려갈 거라고 말했다.

이렇게 해서 그는 금성의 UFO로 초대되었고, 그들의 인도로 〈X-12〉라고 불리는 모선의 내부를 구경하게 되었다. 그리고 그 후에도 계속 이어진 여러 차례의 접촉과정에서 그는 모선 내의 스크린을 통한 '원격전송(遠隔傳送)'이라는 불가사의한 순간이동 기술에 의해 금성으로 여행을 하게 된다.

그런데 바로 그가 금성에 가서 목격한 그곳의 광경을 묘사하는 부분에서 옴넥이 이 책에서 언급하고 있는 "버블 카(Bubble Car)"를 연상케 하는 비행체에 관해 설명하고 있다는 사실이다. 그 내용 부분은 다음과 같다.

"나는 컵(Cup) 모양으로 움푹 침하된 광대한 장소의 가장자리에 서 있는 듯이 생각되었다. 사방에는 높은 현무암 기둥들이 우뚝 솟아 있었고, 그것은 마치 사람의 손으로 광(光)을 낸 듯이 매끈하고 완벽했다. 이 거대한 자연 그대로의 무대 더 위쪽에서는 장엄한 물줄기가 격류가 되어 1,000피트나 되는 흑단의 절벽 아래 벼랑가로 쏟아져 내렸다. 그 벼랑

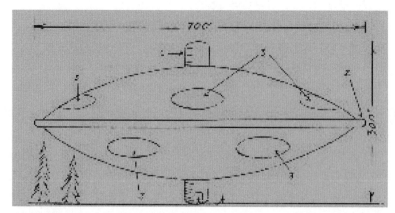

◇아더 매튜스가 탑승했던 우주선의 구조 - 직경이 약 700피트(210m), 높이 300피트(90m)이고, 우주선 한가운데는 지름 37.5m 정도의 밑바닥에서 꼭대기를 관통하는 관(管) 모양의 중심축이 설치돼 있었다. 이 축의 상부에 통제센터가 있었으며, 위 아래로 엘리베이터가 작동되었다. 또한 이 우주선은 승강구를 통해 들락거리는 24대의 소형 자선(子船)들을 싣고 있었다고 한다.

끝 언저리에 정면으로 부딪친 물줄기는 솟구치고 소용돌이치며 다량의 포말(泡沫)을 일으키고 있었다. -

- (중략) - 그때 위쪽을 응시하자, 나는 그 폭포 주변 상공에 떠 있는 *커다란 **비누 거품 모양의 수정구**(Crystal Ball like a gigantic soap bubble)*로 인해 놀라 숨이 막힐 정도였는데, **그것은 투명하게 비쳐보였지만** 무지개 빛으로 번쩍이고 있었다. 그리고 그 가운데 주변에는 폭넓은 황금색 금속의 띠가 이어져 있었다.

그 물체가 가까이 다가옴에 따라 나는 균등하게 나누어진 띠 모양이 사실은 일정 간격으로 자리 잡은 유리 같은 물질로 된 둥근 창문들이었음을 깨달았다. 그리고 내가 중심부에 돌출된 긴 바늘이라고 추측했던 것은 그 **비행선(Airship)**이 나가는 방향을 인도하기 위한 것이었다."

여기서 아더 매튜스가 '투명한 비누 거품 모양의 비행선'이라고 표현한 이 비행체가 옴넥이 말한 〈버블 카〉와 동일한 것임은 두말할 나위 없이 명백하다고 생각된다. 더군다나 그가 금성에 처음 가서 이 비행선을 목격한 시기는 옴넥이 지구에 도착하기도 이전인 1940년대이고, 또한 그가 이런 자기의 경험을 발표한 시기 역시도 옴넥이 이 책을 출판하기 훨씬 이전이므로 이 증거는 더욱 신빙성이 높다고 할 수 있을 것이다. 그리고 역시 또 다른 금성 여행자인 티베트의 라마승 롭상 람파가 금성에서 탑승했다고 자신의 책에서 언급한 "에어 카(Air Car)" 또한 이와 유사한 승용물이 아닐까 추측되기도 한다.

그런데 롭상 람파가 자신의 금성방문 체험을 서술한 부분에는 옴넥이 이 책에서 언급한 내용과 일치하는 또 다른 부분이 있다. 그것은 롭상 일행이 금성에서 소위 〈지식의 전당〉에 초대받아 그곳에서 생생한 가상현실을 통해 지구의 탄생에서부터 미래의 모습에 이르기까지 입체영상으로 경험하는 내용이다. 이때 그들은 바로 이 책에서 옴넥이 어렸을 때 테우토니아의 〈역사의 신전〉에서 금성의 과거역사의 모습을 마치 그 과거의 역사현장 속에 있는 것 같이 생생한 체험을 했다고 언급한 내용과 동일한 경험을 한 것이다. 다시 말해 롭상이 말한 〈지식의 전당〉은 곧 옴넥이 언급한 〈역사의 신전〉이었던 것이다.

다시 접촉자 아더 매튜스에 관한 이야기로 돌아가 보자. 그런데 무엇보다 한 가지 흥미로운 점은 당시 아더 매튜스가 접촉한 금성인들이 그에게 언급하기를, 테슬라가 바로 자기들 행성 출신이라고 알려주었다는 사실이다. 이점 역시도 이 책에서 옴넥이 말한 내용과 일치하는 부분이다. 또 한 가지 우리가 주목할 사항은 아더 매튜스의 말에 따르면, 테슬라 역시 생전에 늘 자신이 금성에서 왔다고 생각했고, 또여러 번 그렇게 언급하기도 했다고 한다. 그러므로 이처럼 테슬라가 금성에서 온 외계 존재였기 때문에 금성인들이 테슬라의 연구 작업을 실질적으로 계승하고 있던 매튜스를 의도적으로 방문하여 접촉했던 것이라고 볼 수 있을 것이다.

그런데 금성문명의 실체와 현 밀도 내지는 차원에 관해서는 최근의 채널링 정보들에서도 가끔 언급되고 있다. 마이크 퀸지(Mike Quinsey)라는 채널러는 은하연합에 소속된 다양한 우주적 존재들과 교신하여 메시지를 수신하고 있는데, 그 중에는 금성 출신인 "케르-온 (Ker-On)"이란 이름의 금성인이 있다. 그가 금성문명에 관해 언급한 몇 가지 내용을 발췌하여 잠시 살펴보자.

"나는 사랑의 에너지와 연관된 행성으로 알려진 금성에서 왔습니다. 금성이 여러분이 아는 것처럼 생명이 살기에는 부적합한 행성처럼 보이긴 합니다만, 그럼에도 그곳의 상위차원은 수정(水晶) 도시들로 이루어진 아름다운 장소의 하나입니다. 인류는 다른 행성들을 살펴보고 생명의 가능성이 없다고 생각합니다. 그렇지만 모든 행성들은 우리 행성과 유사한 다른 차원을 가지고 있으며, 일부는 한층 더 높은 차원에 있기도 합니다. 생명은 여러분 주변의 어디에나 존재하고 있고, 그런 까닭에 여러분의 감각에 감지되지 않는 것이 더 자연스러운 것일 수 있습니다.(2008년)"

"금성이 비록 지구보다 더 상위의 차원에 있긴 하지만, 차원상승기를 맞이하여 나 역시도 한 사람의 금성인으로서 우리의 금성과 더불어 이동하고 있습니다. 금성이 바로 지금의 고등한 수준에서 진동하고 있을 때,

그것은 여러분이 함께 상승하게 될 향후의 새로운 지구와 더욱 흡사합니다. 금성을 현재의 지구에다 비교하자면, 천국 같은 낙원세계입니다. 그리고 만약 여러분이 그곳의 모습을 단지 잠깐만이라도 힐끗 볼 수 있다면, 당신들은 주저 없이 자신의 목표를 상승에다 걸 것입니다. 여러분이 지구에서 펼치는 게임이 끝나가고 있습니다. - (중략) - 그러므로 여러분은 다가오는 차원상승이라는 사건이 단지 지구에만 한정된 것이 아니라 은하계적인 규모라는 사실을 알 수가 있습니다. (2009년)"

또한 그는 금성인들이 우리 지구인간과 동일한 외모를 갖고 있는 인종(人種)임을 이렇게 밝혀주고 있다.

"나는 금성 출신의 케르-온이고, 우리는 또한 과거 여러분과 직접적인 접촉을 가졌던 은하연합의 멤버들에 속해 있는 존재들입니다. 우리의 연결고리는 또한 여러분 역사를 멀리까지 거슬러 올라가게 되는데, 게다가 가깝게는 인간 중에 조지 아담스키(George Adamski)와 같은 일부 사람과 접촉했을 때인 최근의 시기까지 포함됩니다. 우리의 종형태의 정찰선은 인간들에게 잘 알려져 있으며, 여러 번 사진에 찍혔습니다. 우리는 인간의 모습과 거의 같은 존재들이고, 따라서 우리는 여러분 중의 한 사람처럼 쉽게 지구상의 거리를 활보할 수가 있었습니다. (2009년)

이어서 이제부터는 아스트랄 차원에 관련된 주제로 넘어가 보도록 하겠다. 이 책에서 옴넥은 금성이 이미 오래 전에 물질차원에서 아스트랄 차원으로 전환되어 오늘날 아스트랄 문명으로 존속하고 있다고 언급하고 있다. 그리고 이 점은 또 다른 금성 여행자들인 페루의 윌라루 휴아타를 비롯한 몇몇 사람들에 의해서도 사실로 뒷받침되고 있다. 그렇다면 이와 관련해서 우리가 가질 수 있는 몇 가지 의문점에 관해서 검토해보자.

먼저 제기될 수 있는 의문은 아스트랄계라는 것은 공간적으로 정확히 어디에 위치해 존재하고 있는 것인가? 라는 문제이다. 그런데 이 점에 관해서는 기존의 신지학적(神智學的) 가르침이나 서구의 영계통신 정보들에 의해서 이미 어느 정도 밝혀져 있다. 즉 아스트랄 세계는 물질계와 겹쳐서 존재하며, 다만 물질계와는 그 진동주파수 대역이 다르고, 더 광대하다는 차이뿐인 것이다. 그러므로 공간상으로 볼 때, 아스트랄계는 대체적으로 한 행성의 지표(地表)와 땅 속을 포함해서 대기권을 에워싸고 있는 형태로 수천 마일에 걸쳐 분포돼 존재하고 있다고 한다. 아울러 각 행성마다 이런 방식으로 독립된 아스트랄 영역을 가지고 있으며, 예컨대 지구의 아스트랄계와 금성 또는 화성의 아스트랄계는 서로 각기 달리 존재한다. 따라서 육신을 벗은 영적인 존재라 할지라도 원칙적으로 행성 서로간의 아스트랄 영역사이를 넘나들며 머물거나 교통할 수는 없으리라고 생각이 된다. 특히 진화수준이 낮은 행성의 아스트랄계 거주자가 더 진보된 행성의 아스트랄계로 함부로 이동할 수는 없는 것이다. 또한 금성문명의 진화단계는 지구보다는 한 단계 앞서 있으므로 지구의 아스트랄계와 금성의 아스트랄계가 반드시 동일하다고 할 수는 없을 것이다.

하지만 이 책에서 옴넥이 지구에 오기 전 삼촌 오딘과 함께 버블카를 타고 금성을 이륙하여 구경했다고 하는 저급 아스트랄계에 관한 내용으로 추측하건대, 금성과 지구의 아스트랄계가 일부 서로 중첩되거나 교차되는 영역이 있지 않은가하는 생각이 들기도 한다. 이 부분은 솔직히 필자 자신도 확실한 답을 알지는 못하며, 어쨌든 우리가 물질계 이상의 차원(次元) 문제를 인간의 머리로 이해하기에는 난해한 측면이 있음을 부정할 수는 없을 것 같다.

보통 신지학에서는 아스트랄 차원을 그 물리적 밀도와 질료 상태에 따라 7가지 등급으로 분류한다. 다시 말해 맨 하위 1~2계를 저급 아스트랄계, 중간의 3~5계는 중급 아스트랄계, 맨 상위의 6~7계를 고급 아스트랄계로 나눈다. 이처럼 아스트랄계 내에도 가장 낮은 층에서 높은 단계에 이르기까지 여러 영역이 존재하므로 그곳에 거주하는 영적 존재들도 수준이 다양하고 천차만별인 것이다. 즉 사악하거나 동물적 욕망 수준에 있는 가장 저급한 존재들에서부터 아름다운 선심(善心)과 고양된 의식(意識)의 소유자들에 이르기까지 폭넓은 스펙트럼을 지닌다는 것이 아스트랄계의 가장 특징적인 요소인 것이다.

그런데 옴넥은 이 책에서 금성의 수준이 중간 레벨의 아스트랄계에 해당된다고 언급한 바 있다. 깊은 내면의 삼매(三昧) 상태에 몰입할 수 있는 요가의 수행자들이나 고급 명상가들은 오래전부터 이 중급 단계의 아스트랄계를 〈상하(常夏)의 나라〉라고 표현해 왔다.

추측하기로는 금성의 아스트랄 수준은 지구의 중간 아스트랄계보다 진동율에 있어서 1~2계 정도의 상위레벨과 동등하다고 보아야 하지 않을까 생각한다. 따라서 금성은 지구의 아스트랄계로 치면 거의 상위 아스트랄 수준에 근접한다고 추정할 수가 있다.

지구의 아스트랄계와 금성의 현 아스트랄 차원 간의 중요한 차이점은 지구의 아스트랄계는 단지 지구에서 윤회하는 영혼들이 다시 지상에 환생하기 위한 대기 장소로서의 성격인 반면에, 금성의 경우는 물질차원의 문명이 그 진동이 높아져 상위 아스트랄 수준으로 진화해 올라선 것이라는 사실이다. 그러므로 같은 아스트랄 차원계에 거주하는 존재들일지라도 행성에 따라 그 수준이 차이가 있고 능력이 다르다는 것은 다음과 같은 사실에서도 입증된다. 즉 아스트랄 차원의 금성인들은 UFO와 같은 성간 비행체를 제조해 그 진동율을 자유자재로 조절함으로써 어떤 행성이든 마음대로 왕래할 수 있는 반면에, 지구의 아스트랄계(영계) 거주자들은 그런 심령적 구현능력이 전혀 결여돼 있다는 것이다.

다음으로 아스트랄계에서 발생하는 죽음의 문제에 대해 살펴보도록 하자. 이 책에서도 이미 언급된 바 있지만, 일반적으로 아스트랄체로 살고 있는 존재들은 그 수명이 보통 몇 천세에 달한다고 알려져 있다. 하지만 그렇다고 해서 그 상태로 영생을 하는 것이 아님은 분명한 것이다. 이 책에서 옴넥의 생모(生母)는 전생(前生)의 카르마로 인해 옴넥이 태어난 지 얼마 되지 않은 시기에 죽음을 맞이 했다고 했는데, 그렇다면 아스트랄계에서 사망한 영혼은 어디로 가는가? 라는 의문이 제기될 수가 있다. 알려진 바에 의하면, 이러한 존재들은 그 카르마 여하에 따라 더 낮은 세계인 물질계로 태어나든가, 아니면 다른 영역의 천체, 또는 더 높은 상위계에 해당되는 멘탈계(Mental Plane)로 옮겨간다고 한다. 그리고 물질계에서 죽었을 때 육체라는 껍질을 남기고 가는 것과 마찬가지로, 아스트랄계에서 상위계로 올라갈 때 역시도 아스트랄체라는 껍질을 벗고 떠난다고 한다. 하지만 아스트랄계에서의 죽음은 육체처럼 아스트랄체 자체가 노화(老化)되거나 쇠퇴하여 기능이 멈춤으로써 일어나는 것은 아니라고 한다. 그리고 진보된 행성의 존재들은 "종말" 또는 "사멸"이라는 뉘앙스가 강한 〈사망〉 내지는 〈죽음〉이라는 용어보다는 "전환(Transition)" 또는 "변형(Transformation)"이라는 표현을 사용한다는 점을 유념할 필요가 있다. 사실상 죽음이란 모든 것이 끝나거나 영원히 사라지는 것이 아니라 '다른 차원의 세계로 옮겨 가는 것' 내지는 '낡은 몸을 벗어 버리고 진동이 다른 새로운 몸으로 변형되는 것'에 지나지 않기 때문이다. 따라서 지구보다 진보된 행성이나 상위차원의 존재들은 이런 현상을 인간처럼 지나치게 슬퍼하거나 비극적으로 보지 않는다는 것이다.

또 한 가지 우리가 가질 수 있는 의문점은 금성과 같이 진보된 아스트랄 문명권에서도 지구에서와 같이 남녀간의 '결혼'이라는 제도가 있느냐? 라는 것이다. 이 책에서 옴넥의 이모인 아레나(Arena)와 이모부이자 삼촌인 오딘(Odin)의 관계는 명백히 부부(夫婦) 사이로 보인다. 그런데 부부사이로 보일지라도 그곳에서 통용되는 남녀관계라는 것이 과연 이곳 지구상과 같은 것인지는 의문의 여지가 있다. 따라서 이 문제를 앞서 소개했던 UFO 접촉자 아더 매튜스 박사의 접촉 사례를 통해 살펴보도록 하겠다.

아더 매튜스가 금성의 모선에 초대되어 탑승했을 때, 그와 처음 만나 우주선으로 안내했던 2명의 금성인 가운데 리더격이던 존재는 매튜스에게 모선 내에서 한 여성 우주인을 자신의 "삶의 동반자"라고 소개한 적이 있었다. 그녀는 환상적일 정도로 대단히 아름다운 여성으로서 푸른색 눈과 금발 머리에다 내면의 영성이 얼굴에서 환한 기쁨으로 방사되고 있었다고 한다. 그리고 그는 자기들 커플(Couple)의 이름을 '프랭크(Frank)'와 '프랜시스(Frances)'라고 부르면 된다고 그에게 알려주었다.

당시 그들은 젊어 보였음에도 불구하고 실제로는 프랭크가 800세, 프랜시스가 650세를 넘게 살아왔다고 하였다. 그런데 후에 언젠가 한번 매튜스는 그들에게 다음과 같은 질문을 던진 적이 있었다.

한 때 나는 프랭크에게 프랜시스가 그의 아내냐고 물어보았다. 그는 응답했다.

"아닙니다. 여러분 세상에서 흔히 통용되는 이 부인(Wife)이라는 용어의 의미대로는 아닙니다. 우리는 서로 〈인생의 동반자〉가 되기로 선택했습니다."

"그렇다면 분명히 당신들은 우리가 결혼이라고 부르는 어떤 예식(禮式)에 의해 결합돼 있겠군요."

"아니요. 우리는 가슴 속에서 서로를 원하는 바람만으로 충분하며, 결혼식 같은 무의미한 말은 필요하지가 않습니다."

"그럼 당신들이 어느 때고 헤어지는 것을 막는 장치가 아무 것도 없겠네요."

"전혀 없습니다."

"그러면 금성에서는 분명히 우리가 '이혼'이라고 하는 것이 흔히 있는 일이겠군요."

나는 과감하게 말로 맞받아쳐 보았다.

그 금성인 커플은 내 말에 호쾌하게 웃음을 터뜨렸다. "장미가 관목 숲에서 스스로 돋보이는 것만큼이나 일반적인 일이지요." 프랜시스가 부드러운 미소를 지으며 농담 삼아 말했다.

"제가 설명해 드리죠." 프랭크가 입을 열었다.

"금성인 커플들이 결합할 때, 그들은 자체적으로 갖고 있는 진리에 관한 지식으로 인해 그들이 (짝을 잘못 고르는) 어떤 실수를 저지르는 것은 불가능합니다. 왜냐하면 그들은 서로 상대가 영혼의 동반자라는 것과 그 결합이 영원하다는 것을 인식하고 있기 때문입니다. 여러분의 세상에 이런 진리적 지식이 결여돼 있다는 것은 슬픈 일입니다. 그로 인해 법적인 결혼 의식(儀式) 같은 것이 필요해지게 되는데, 결국 이것은 지구의 주민들이 뭔가 불안하고 서로를 확신할 수 없기 때문이지요."

결국 이 말은 그들 세계에서는 서로 상대를 직관적으로 꿰뚫어 인식하므로 서로 간의 내면을 속일 수가 없으며, 따라서 특별히 따로 우리의 결혼식과 같은 외적으로 거창한 형식적인 의식(儀式)이 전혀 불필요하다는 이야기이다. 이것으로 미루어 볼 때, 금성문명 역시 어떤 면에서는 지저문명 텔로스(Telos)에서와 마찬가지로 대개는 소위 '영혼의 짝'인 〈트윈 플레임(Twin Flame)〉 사이의 남녀결합이 보편적으로 이루어지는 세계라는 의미가 될 수 있을 것이다.

마지막으로 우리가 제기할 수 있는 의문점은 이 책의 저자인 옴넥 오넥에 관한 것이다. 즉 옴넥은 어떻게 미처 청산되지 못한 카르마(業)가 있었음에도 금성 같은 진보된 천체(天體)에서 태어날 수 있었을까 하는 점인 것이다. 필자의 추측으로는 아마도 당시 옴넥이라는 영혼의 영적각성 정도와 카르마의 수준이 금성에 잠정적으로 태어나는 것이 어느 정도 허용될 만큼은 되었기에 가능하게 않았겠는가 생각된다. 다시 말해 외계인들이라고 해서 그들이 전혀 카르마가 없을 것이라는

426

생각은 우리의 단순한 착각이고 오산인 것이다.

　그런데 우리가 쉽게 오해할 수 있는 문제가 바로 이 외계인들의 카르마에 관한 문제이다. 앞서 언급했듯이, 흔히 우리는 그들은 모두 지구 인류보다 진화, 발전되었기에 마치 카르마가 전혀 없을 것이라고 생각하기 쉬운데, 옴넥의 사례에서 알 수 있듯이 이는 사실이 아닌 것이다. 다시 말해 그들 역시도 진화과정에 있는 생명체이기는 인간과 마찬가지이며, 때문에 그 배우고 경험하는 과정에서 얼마든지 일부 실수와 오류가 있을 수 있다고 보는　것이 합리적이다. 다만 외계인과 지구인과의 차이가 있다면, 적어도 지구보다 진보된 금성 같은 행성에서는 이런 인과응보적(因果應報的)인 〈카르마의 법(法)〉이라는 우주법칙을 깊이 깨닫고 이해하고 있기에, 그들은 인간처럼 무지한 상태에서 쉽게 비리(非理)를 저지르거나 부정적인 악업(惡業)을 짓지는 않는다는 것이다. 따라서 그들에게는 지구에서와 같이 무거운 업력(業力)으로 인해 반복적으로 자주 이루어지는 짧은 주기(週期)의 윤회환생(輪廻還生)이 없는 것이다. 그리고 그들이 고통스런 굴레인 물질 행성에서의 이런 윤회의 사이클을 돌지 않는 것은 과거생에 쌓은 그만한 공덕과 영적 깨달음이 있기 때문이라고 할 수 있다. 하지만 그렇다고 해서 우리가 지구의 모든 것을 부정적으로 볼 것만은 아니다. 왜냐하면 지구는 고통과 어려움이 큰 만큼 그에 비례하여 영적 배움의 속도가 빠르고 카르마 청산이 단기간에 이루어질 수 있다는 장점이 있는 것이다.

　불가(佛家)에는 이른바 "복진타락(福盡墮落)"이라는 말이 있다. 즉 이는 부처님 설법(說法)으로서 우리가 좋은 덕(德)을 쌓고 자비행(慈悲行)을 통해 많은 선업(善業)을 지음으로써 다음 생에서는 그 공덕에 의해 천상계에 태어날 수 있다는 것이다. 하지만 만약 그곳에 난 후 거기에서의 복락(福樂)을 즐기는 데 스스로 도취하고 만족하여 더 이상의 선업 쌓기나 깨닫기 위한 노력을 하지 않을 경우, 그 게으름으로 전생에 쌓은 복(福)이 다하면 결국 다시 지구와 같이 윤회하는 사바세계로 떨어지게 된다는 것이다. 그러므로 우리가 금성에서 온 옴넥의 이 자서전을 통해 배울 수 있는 새삼스러운 교훈은 다음과 같은 것들이

# KARMA(業)

카르마(業)의 법칙은 내가 행한 어떤 행위나 작용이 그대로 다시 나
에게 돌아오는 우주의 법칙이다

라고 할 수 있다.

첫째, 내가 지은 카르마라는 빚은 당장은 아닐지라도 먼 내생(來生)의
그 어느 때라도 반드시 갚지 않으면 안 된다. 즉 인간에게 진 금전적 부
채는 회피할 수 있을지 모르나, 내가 스스로 진 카르마의 빚은 우주에서
그 어디로도 피하거나 도망갈 수가 없다.

둘째, 지구는 대표적인 카르마의 행성이며, 이곳은 영혼들을 카르마의
법칙을 통해 교육하고 성장시키는 물리적인 특별한 배움의 장소이다. 따
라서 청산해야 할 카르마가 있는 다양한 외계의 영혼들이 이곳에 인간으
로 태어나거나 또는 일부 워크인 방식으로 와서 지구에서의 고된 삶의 경
험을 통해 배우고 진화하고 있다. (※물론 카르마가 전혀 없음에도 오직

카르마의 법칙을 가르친 부처님. 이 인과법칙은 지구에서만 해당되는 것이 아닌
우주 보편의 우주법칙이다.

순수하게 인류를 돕기 위한 목적으로 다른 차원이나 행성에서 온 존재들
도 일부 존재한다.)

셋째, 그러므로 윤회전생(輪廻轉生)이라는 법칙은 비단 지구권 내에서만
국한해서 이루어지는 것이 아니다. 즉 영혼이 윤회하여 환생하는 과정은
거시적으로 보면, 우리 태양계는 물론이고 더 나아가 은하계적인 규모로
진행되는 보편적인 우주법칙이다.

넷째, 지구보다 높은 차원에 있는 천계(天界)의 존재들일지라도 얼마든
지 "복진타락(福盡墮落)"하여 다시 하위세계로 추락할 수 있다. 그러므로
인간을 포함한 우주의 모든 존재들은 자만하지 않는 겸손한 자세로 사랑
과 자비행(慈悲行)을 통한 선업(善業) 쌓기와 영적 깨달음을 위한 부단한
노력을 게을리 해서는 안 된다.

그리고 결국 이 책의 저자인 옴넥 오넥이 파라다이스(Paradise)와 같은 금성에서 지구로 올 수 밖에 없었던 이유 역시도 지구에서의 경험을 통해 이러한 교훈을 다시 한 번 배우기 위해서인 것이다.

- 도서출판 은하문명 편집부 -

# 나는 금성에서 왔다

개정판 1쇄 발행 / 2022년 9월 30일
저자 / 옴넥 오넥
옮긴이 / 편집부
발행인 / 朴仁鎬
발행처 / 도서출판 은하문명
등록 / 2002년 12월 05일 (제2020-000063호)
주소 / 서울특별시 서초구 서운로 160
전화 / (02)737-8436
팩스 / (02)6209-7238
인터넷 홈페이지 (www.ufogalaxy.co.kr)
한국어 판권 ⓒ 도서출판 은하문명

가격 26,000원

ISBN: 978-89-94287-23-2 (03000)